复杂地质隧道围岩稳定与结构设计理论

张军伟 著

科学出版社
北京

内 容 简 介

本书以作者近年来从事复杂地质隧道领域的研究成果为主要内容，以复杂隧道围岩稳定与结构设计为主线，系统阐述复杂地质隧道围岩稳定理论体系与结构设计分析方法，详细介绍软岩隧道开挖面变形计算理论、岩溶隧道岩盘水力破坏与衬砌水压力计算理论、寒区隧道洞口段温度场计算理论与围岩弹塑性分析以及强震山区隧道洞口段抗震设计理论等相关研究成果。全书依托具体工程案例，对复杂隧道围岩及结构的设计与施工方面的诸多理论与技术问题进行严密分析，对实际工程有重要的理论指导和参考价值。

本书可供从事复杂山岭隧道工程设计、施工以及建设管理的相关人员使用，也可作为高等院校地下工程专业研究生及本科生的参考用书。

图书在版编目(CIP)数据

复杂地质隧道围岩稳定与结构设计理论/张军伟著.—北京:科学出版社，2020.1

ISBN 978-7-03-059985-8

Ⅰ.①复… Ⅱ.①张… Ⅲ.①复杂地层-隧道工程-围岩稳定性-研究 Ⅳ.①U452.1

中国版本图书馆 CIP 数据核字（2018）第 282094 号

责任编辑：莫永国　刘莉莉/ 责任校对：彭　映
责任印制：罗　科 / 封面设计：墨创文化

科学出版社出版
北京东黄城根北街16 号
邮政编码：100717
http://www.sciencep.com

四川煤田地质制图印刷厂印刷
科学出版社发行　各地新华书店经销
*
2020 年 1 月第　一　版　　开本：787×1092　1/16
2020 年 1 月第一次印刷　　印张：19 1/2
字数：450 000

定价：149.00 元

（如有印装质量问题，我社负责调换）

前　言

我国已是世界上隧道和地下工程最多、发展速度最快、地质及结构形式最为复杂的国家。由于西部地区气候和地质条件较为复杂，交通隧道修建过程中不可避免要穿越软岩、岩溶、冻土以及地震断裂带等不良地质，由此将会造成塌方冒顶、突泥突水、冻胀以及震害等施工灾害问题，严重危及施工人员和施工机具的安全，阻碍施工安全和进度，严重时会导致整个施工的失败，并给隧道运营留下安全隐患。比如曾经发生塌方冒顶的阮家窑隧道、御河隧道，发生突泥突水的圆梁山隧道、野山关隧道，发生冻胀灾害的兴安岭隧道、大阪山隧道，发生震害的紫坪铺隧道、龙溪隧道等。因此，解决复杂地质隧道围岩稳定和支护结构设计问题成为地下工程界面临的重要难题。

半个多世纪以来，国内交通领域的科研、设计、施工、运营等单位和部门，对软岩、岩溶、冻土以及地震断裂带等复杂地质隧道的施工灾害预测与防治做了大量工作，取得了一定成效，积累了不少经验，对以后的科研和灾害防治工作颇有助益。然而，我国交通领域因软岩、岩溶、冻土以及地震断裂带等复杂地质而引发的隧道安全问题、经济损失和环境影响等教训也相当深刻。近年来频繁发生的各类隧道施工灾害结果表明，复杂地质隧道围岩稳定与结构设计问题始终是困扰我国隧道工程施工与设计的重要难题，并已发展成为国际性难题。可以说，复杂地质隧道围岩稳定和支护结构设计难题，还远远没有解决。而解决复杂地质隧道围岩稳定和支护结构设计难题的关键在于厘清软岩、岩溶、冻土以及地震断裂带等复杂地质隧道围岩和支护结构的力学行为。其中，急需解决的问题是：软岩隧道开挖面稳定、岩溶隧道岩盘水力破坏机制、寒区隧道纵向温度场分布与围岩稳定性以及强震山区隧道洞口段结构抗震性能等。

为此，需要利用收敛-约束法计算软岩隧道开挖面最大挤出变形、利用结构力学计算岩溶隧道岩盘安全厚度、利用传热学和弹塑性理论计算寒区隧道纵向温度场和融化作用下围岩与支护结构之间的相互作用以及利用动力学理论计算强震山区隧道洞口段的抗震设防长度等，从而为复杂地质隧道围岩稳定和支护结构设计提供理论参考依据。

在四川省科技计划应用基础研究项目(2019YJ0349)的资助下，西南石油大学张军伟博士及其研究团队，通过开展“软弱围岩隧道开挖面变形控制分析”“岩溶隧道突水灾害发生机理及防治措施研究”“高海拔冻土隧道纵向温度场动态演化机理及分段防冻技术研究”以及“强震作用诱发隧道洞口段失稳的演化机理研究”等课题研究，获得了相应的研究成果，为解决复杂地质隧道围岩稳定和支护结构设计问题从力学机理和传热规律等方面提供了新的理论和方法，具有重要的理论和工程实际指导意义。于是，在项目研究成果基础上进一步总结提炼，撰写本专著。

本书主要分七个部分，即第一章绪论，第二章软岩隧道开挖面变形计算理论，第三章岩溶隧道岩盘水力破坏机制，第四章岩溶隧道衬砌水压力计算理论，第五章寒区隧道洞口段温度场计算理论，第六章融化作用下寒区隧道围岩弹塑性分析，第七章强震山区隧道洞口段抗震设计理论。

本书中所展现的研究成果是在西南石油大学及其研究团队全体成员共同努力下完成的，是大家共同辛勤劳动的结晶，在此表示衷心感谢！在完成基金项目过程中，中铁西南科学研究院有限公司梅志荣研究员、中国矿业大学深部岩土力学与地下工程国家重点实验室李亭老师，以及西南石油大学硕士研究生杨婉、曾艺、谭阳、李磊、孟宗衡、赵成林等给予了大力支持，在此一并表示感谢。最后，还要特别感谢中国矿业大学深部岩土力学与地下工程国家重点实验室对项目组的指导和帮助。

由于作者水平有限，书中难免有疏漏及不足之处，衷心希望读者批评指正！

作　者

2018 年 7 月于西南石油大学

目　录

第一章 绪　　论

第一节　国内外研究现状及发展动态分析

一、软岩隧道开挖面稳定性研究现状

针对隧道开挖受扰动最大的部位，国内外学者对开挖面围岩稳定性进行了大量研究。早在 1967 年，外国学者 Broms[1]利用极限解析法提出了黏性地层下隧道开挖面稳定系数 N 的表达式：

$$N=\frac{\left(\sigma_{s}+\gamma h-\sigma_{t}\right)}{S_{u}} \tag{1.1}$$

式中，γ ——黏性土的容重；σ_s ——地表外力荷载；S_u——不排水抗剪强度；σ_t ——隧道开挖面支护压力；N——稳定系数；h——隧道埋深(轴心到地表距离)。

根据现场的监控量测以及室内的模型试验，可以得 $N\leqslant 6$ 时工作面保持稳定。随后，Davis 等[2]在前人关于隧道开挖面稳定系数 N 的表达式的基础上，假设浅埋隧道开挖面的失稳模式如图 1.1 所示，在土体为理想弹塑性条件下，利用上限原理，得到了修正后的稳定系数表达式：

$$N=4\sqrt{C/D+\frac{1}{4}}-\frac{\gamma D}{c_{u}}\left(C/D+\frac{1}{2}\right) \tag{1.2}$$

式中，C——隧道埋深；D——隧道直径；γ ——土体容重；c_u ——土体黏聚力。

Leca 等[3]基于 Horn [4]提出三维楔形体模型的概念，假设被动破坏区是一个倒锥体。在关联流动法则下，根据图 1.1 提出了关于开挖面失稳的表达式：

$$N_{s}\sigma_{s}+N_{r}\sigma_{r}\leqslant\sigma_{t} \tag{1.3}$$

式中，N_s、N_r ——地基承载力无量纲常数；σ_s ——地表外力荷载；σ_r ——土体荷载参数；σ_t ——隧道开挖面支护压力。

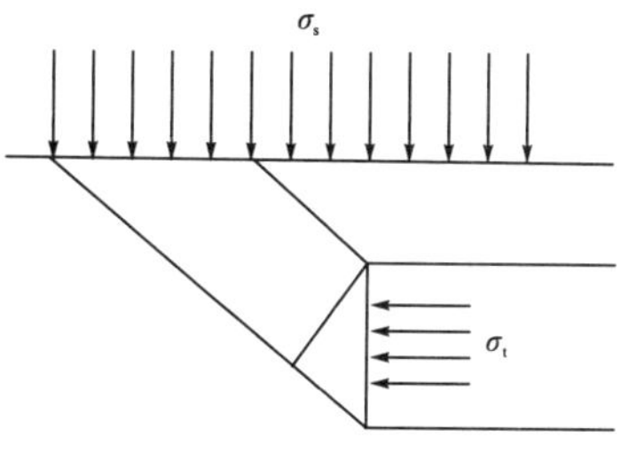

图 1.1　开挖面失稳模式

同时，利用上限法与下限法计算结果，确定维持开挖面稳定的最大、最小支护压力。进一步分析摩擦角对开挖面稳定系数 N 的影响，结果证明，摩擦角越大，稳定系数越大。Jancsecz 等[5]在三维楔形体模型上假设地层均匀，同时模型上部土体考虑松动土压力，以此来分析盾构隧道开挖面的极限支护阻力，如图 1.2 所示。

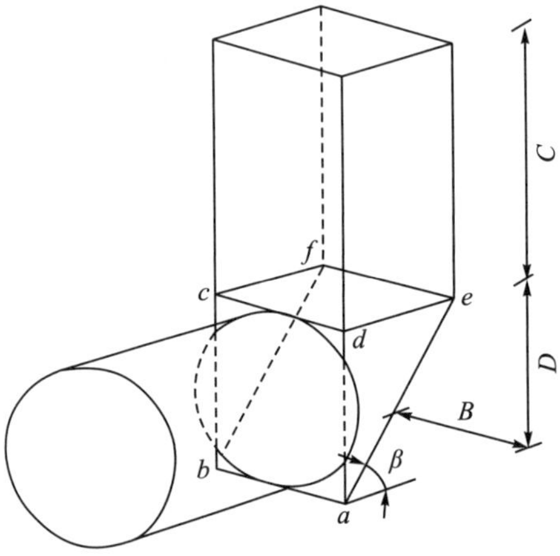

图 1.2　三维楔形体模型

C 为隧道埋深；D 为隧道直径；β 为楔形体倾角；B 为楔形体宽度

马积新[6]根据连续体颗粒状地层材料模型试验，分析了不同形状的开挖面对开挖面崩塌稳定性的影响，确定了隧道开挖面的稳定性不只与它本身的开挖面形状有关，而且与支护结构和开挖方式也有重要的联系。Broere [7]在传统的三维楔形体模型上增加了成层地基条件下不同形状开挖面对开挖面稳定性的影响。朱伟等[8]利用 FLAC^{3D} 计算软件，分析了盾构开挖中由于开挖面支护阻力大小和掘进引起的周围围岩变形和破坏，提出了在考虑位移量情况下的松动土压力计算。朱伟等[8]利用 FLAC^{3D} 计算软件，对砂土地层土压平衡式盾构施工中开挖面支护应力不足引起开挖面的变形及破坏问题进行了分析研究，探讨了隧道开挖面变形及破坏问题。魏纲等[9]根据盾构开挖时形成土拱效应，进一步修正了传统的楔形体模型。李昀[10]通过室内模型试验，模拟了泥水平衡盾构开挖的全过程，采用上限解原理以及改进三维隧道头局部破坏模型，提出了不同开挖施工方法的局部稳定性上限解，重新修正整体以及局部失稳区域。同时，利用数值模拟，得到不同土体材料中开挖面破坏的基本性质。高健等[11]通过提出的考虑渗透力垂直条分计算模型，得到作用在隧道开挖面的支护压力的计算公式：

$$\sigma_{\mathrm{t}}=\frac{\sum_{1}^{n}\left\{N_i\sin\alpha-\left[c'l_i+\left(N_i-u_{bi}l_i\right)\tan\varphi'\right]\cos\alpha\right\}}{D} \tag{1.4}$$

式中，D——隧道直径；N_i——作用在滑动面上的法向力；α——破坏面与水平面夹角；u_{bi}——作用在土条底部的孔隙水压力；l_i——采用垂直条分法时土条 i 的宽度；c'——土体有效黏聚力；φ'——土体有效内摩擦角；n——土条个数。

同时结合流固耦合模型分析结果与实测数据，得出支护压力与开挖面的变形关系。结果证明，渗透力会导致开挖面支护压力明显增大，严重降低开挖面的稳定性。肖晓春[12]利用引入安全系数概念的方法，用楔形体模型对新加坡地铁 C855 进行了开挖面稳定性分析。2013 年，Mollon 等[13]通过实验观察到开挖面失稳破坏形态，提出了两种不同的失稳模式，如图 1.3 和图 1.4 所示，利用数值模拟结果进行对比分析，认为图 1.4 所示失稳模式具有可行性。

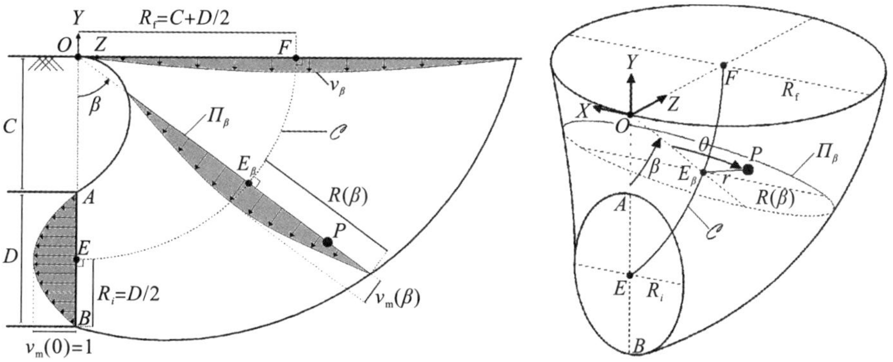

(a) (b)

图 1.3 对称挤出变形失稳模式

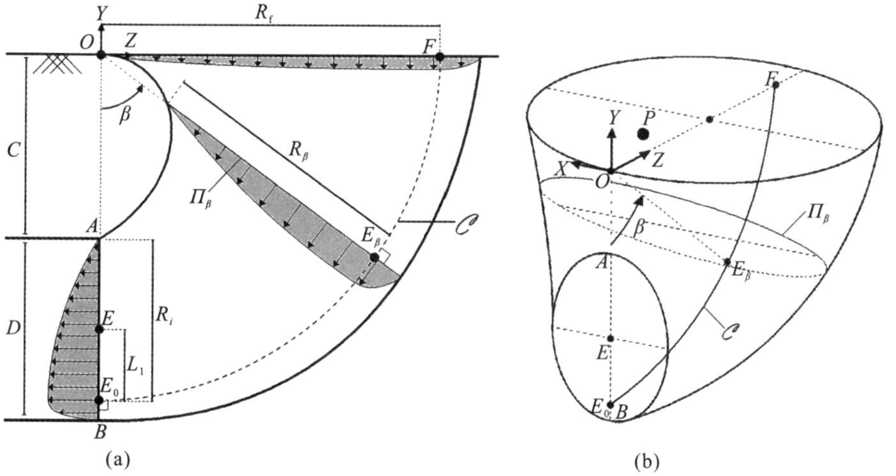

(a) (b)

图 1.4 非对称挤出变形失稳模式

李鹏飞等[14]根据渗流条件下暗挖海底隧道开挖面围岩稳定性问题，利用条分法模型、楔形体模型、极限分析上限法和二维对数螺旋线模型分别进行了开挖面极限支护压力的计算，与其他方法相比较，极限分析上限法具有更高的精度。周森等[15]提出了较符合实际工况的浅埋隧道开挖面的破坏模式。冯利坡等[16]提出一种在砂土下盾构隧道开挖面的极限支护压力的新的判别准则，同时引入了支护应力比概念，确定了土体饱和渗流系数、渗流持续时间、地下水位埋深与极限支护压力成正比关系。Perazzelli 等[17]通过改进 Anagnostou 等[1]的极限平衡方法，即没有关于垂直应力分布的假设条件，研究了开挖面在渗流条件下的稳定性，同时，提供了一种标准化图表，可以快速评估开挖面的稳定性。杨忠年等[18]采用 Plaxis8.2 有限元计算软件，分析内摩擦角、水头高度、埋置深度、隧道直径、地下水产生的渗流力和超孔隙水压力对开挖面稳定性的影响。Han 等[19]提出了一种新三维失效机理，基于极限分析方法分析了多层内聚摩擦土中开挖面的极限支撑压力。

由上述分析可知，开挖面是软岩隧道施工中受扰动最大的部位。开挖面作为隧道开挖的关键位置，在开挖过程中，由于地质条件较差，岩体受到扰动变形较大以及施工不当等，极易发生塌方事故。尽管国内外学者对隧道开挖面变形进行了大量研究，但由于隧道施工的隐蔽性以及开挖面前方围岩的特殊性，仍然有一些方面需要更进一步研究。其中软岩隧道的开挖面对于隧道整体来说，无论是在施工或者是在设计中都是难点、重点，而且开挖面由于存在围岩条件较差等不利因素，使其成为隧道施工的关键部位。在多因素影响的前提下，对软岩隧道开挖面稳定性研究还远远不够，完整度和精确度还需提高。综合考虑隧道不同方面的影响因素，建立全面准确反映工程实际的理论模型和数值模型是隧道开挖面研究的关键。

二、岩溶突水灾害发生机理研究现状

目前岩溶隧道突水灾害力学发生机理主要是从以下几个方面进行分类：

(1) 按岩溶水的储藏条件进行分类，可分为高压裂隙突水、溶洞(腔)突水、地下暗河与岩溶管道突水、断层突水。

(2) 从力学角度分析可将岩溶隧道突水灾害发生机理分为宏观力学突水机理与微观力学突水机理。

(3) 从突水发生的空间位置可将突水灾害发生机理分为顶位交错模式、底位交错模式、上侧位交错模式以及下侧位交错模式。

按以上方式进行分类后再研究岩溶隧道突水突泥灾害发生机理是近年来研究的热点，但是目前还没有一种理论或方法能真正揭示岩溶隧道突水机理的本质特征。

(一) 水力劈裂破坏研究

将断裂力学理论引入到岩溶隧道突水机理中进行研究，其内容主要涉及以下两点：裂纹起裂条件研究和裂纹扩展或贯通的水力耦合研究。

第一，裂纹起裂条件的研究。王建宇、王建秀等[20,21]认为水力劈裂是导致岩溶隧道突水机理的一种方式。当高水头管道或裂隙网络和施工隧道之间存在着相对弱导水的水力屏障时，在巨大水头压力作用下，可能导致局部变形甚至劈裂破坏，从而使水头压力得到释放。为得出水力破坏的力学机制，采用断裂力学方法分析非贯通盲端裂纹及贯通裂纹的横向扩展条件，得出了非贯通盲端裂纹尖端应力强度解析解公式。黄润秋等[22]认为高水头压力作用可能导致隧道围岩中断续延伸结构面的劈裂，进而相互贯通，成为地下水的集中涌出通道，其表现形式即为高压突水。从断裂力学角度分析认为：高压突水裂纹的扩展机理多属于Ⅱ型裂纹断裂扩展问题，并根据此思路推导了水力劈裂作用发生的临界水头压力值的解析解，通过和锦屏隧道突水案例的实际数据进行对比后证实了之前的猜想。李利平等[23]认为岩溶隧道裂隙水突出是裂隙岩体在岩溶水及水压的持续作用下受施工外力干扰发生劈裂的结果，岩溶水和水压在裂隙岩体突水破坏过程中的力学作用主要体现在 4 个方面，即突水蓄势期岩溶水对裂隙岩体的软化溶蚀作用、水压对裂隙岩体的劈裂作用、突水失稳期水流的冲刷扩径作用、水压对突水量的动力控制作用。

第二，裂纹扩展或贯通的水力耦合研究。郭佳奇[24]认为岩溶隧道突水灾害的形成主要有两种形式，一种是完整岩体整体破坏导致的突水，即没有明显的地质缺陷；另一种是有地质缺陷式非完整岩体的突水，在围岩二次应力重分布及高压岩溶水作用下，岩体中的原有裂隙活化、起裂、扩展，最终形成突水。突水灾害过程不但与裂隙本身属性有关，同时与水压、地应力以及爆破施工等外界干扰因素密切相关。

(二)岩溶隧道岩盘安全厚度研究

工程地质条件是影响隧道与隐伏溶洞间安全距离的最主要因素。主要包括以下几个因素：①地层岩性：不同时代、不同成因的岩石产状或力学性质有很大区别，如施工经过断层破碎带时，软弱夹层将加大隧道与隐伏溶洞间的安全距离。②地质构造：褶皱、断层、节理的分布是影响隧道突水突泥的重要因素，一般来说背斜的翼部是溶隙管道发育的主要场所，向斜的核部、断层、节理都是地下水存储的重要场所。③水文地质条件：地下水的成因、埋藏、分布、动态和化学成分可以影响溶腔水压力及水对岩石的溶蚀程度，因此对安全距离也有间接影响。④地形地貌：地表的形态可以改变地表水的分布，进而影响地下水的流动状态，因此间接作用于隧道安全距离。⑤地下水：地下水的流动状态、水量大小、含泥沙量、水压大小等对安全厚度的影响非常大。⑥地应力：不同地区的地应力大小不同，进而影响隧道开挖所引起的围岩的应力重分布。安全厚度受破坏的实质正是重分布应力达到并超过了围岩极限抗压或抗剪强度所致，因此，地应力也能够影响隧道围岩的安全厚度。除此之外，当地的气候条件、溶腔的跨度、隧道的埋深、侧压力系数以及人为的扰动对隧道的安全厚度也有影响。比如，周毅等[25]以叙(永)大(村)铁路某高压充水溶洞隧道为工程背景，利用 FLAC^{3D} 软件研究了多级水压、不同围岩级别条件下隧道围岩稳定性，以及不同水压条件下隧道施工围岩的安全厚度值，最终得出围岩级别和溶洞水压都影响着隧道安全厚度的取值，且围岩级别越低，安全厚度越大；而溶洞水压通过影响岩体应力来影响安全厚度，水压越大，安全厚度越大；并且得出围岩级别对安全厚度的影响比溶洞水压力对安全厚度的影响更大。刘超群等[26]通过数值模拟手段，得出了影响隧道与开挖面前方溶腔安全距离的影响因子，主要包括：①岩体物理力学参数、②层面峰值强度参数、③岩层倾角、④岩体侧压力系数、⑤溶腔洞径、⑥溶腔水压、⑦隧道埋深，并通过正交试验，将这 7 个指标对安全厚度的影响进行排序①＞⑦＞④＞⑤＞⑥＞③＞②；另外分别从经验类比法、理论计算法和数值分析方法求出宜万铁路某隧道的安全距离，所得结果可为施工决策提供参考。孙谋等[27]在前人的研究基础上，采用数值手段探讨施工条件对突水突变现象的影响，得出当开挖面接近至最小安全距离时，开挖面失稳突水的模式不但与围岩参数、防突岩体厚度以及水体属性有关，并且明显受掘进速度的影响；并将隧道简化为圆形，建立了工作面失稳的折叠突变模型，通过对系统势能函数的分析，推导出隧道工作面发生破断的突水条件和最小安全厚度计算公式，最后通过工程实例验证了其可行性。资谊等[28]利用薄板理论与剪切破坏理论对隧道涌突水灾害发生机理和过程特征进行了研究，首先将隔水岩板简化为薄板，约束条件为四边简支，通过弹性力学薄板理论计算得出临界水压力与有效安全厚度的解析解；其次假设隔水岩柱受剪切应力破坏，通过计算得出剪切破坏时临界水压力与安全厚度的关系式。

目前水力压裂破坏理论得到了越来越多的科研工作者的重视，学科的交叉以及综合必将有利于揭示岩溶隧道突水灾害的发生机理，运用断裂力学理论解释突水机理给科研工作者提供了一条新思路。除此之外，当隧道施工前方遭遇大型高压溶腔时，由于施工对围岩造成了扰动，开挖造成开挖面前方的岩盘安全厚度变薄，最终才导致突水事故的发生。部分学者主要采用无水压含水溶腔简化为空洞进行数值模拟，大部分学者将地下岩土体简化为连续性介质进行求解，并且无法考虑到高水压的作用，与实际有较大出入，因此数值模型中不容忽视高水压的存在。但是目前该理论还没有得到广泛的认可，有待进一步的研究。

三、岩溶衬砌水压力研究现状

国内率先意识到衬砌水压力问题并着手研究衬砌水压力问题是在水利部门在输水隧洞、泄水隧洞、导水隧洞等水工隧洞隧道的建设中起步的。张有天[29]对隧洞水荷载的静力计算做出了探讨，并指出水荷载是水工隧洞的主要荷载，决定了衬砌尺寸和形式，且在静力计算中水荷载应作为场力而不是边界力计算，极大地缩小了误差，并在南水北调穿黄隧洞、引滦入津输水隧洞、东江水电站一级泄洪洞、天生桥一级水电站导流洞等实际工程中得到了验证，在实践中更进一步地充实和发展了这一计算方法。

针对《铁路隧道设计规范》(TB10003—2016) 第 36 条规定“在浸水地层中建筑隧道衬砌，其承受荷重计算，应考虑静水压力与地层压力的共同作用，并须考虑水的浮力作用”没有给出具体详细的确定公式，岑玉荣对计算式展开了具体探讨。但在随后的 20 多年里由于交通隧道发展相对缓慢、选址避开高压富水地层且在无法避免的区域选择排导模式避开水压问题等原因，导致隧道衬砌水压力的研究基本处于停滞状态。具体来说，到 20 世纪 80 年代后期交通隧道建设飞速发展、机车电气化对防水要求显著提高和隧道渗漏水等次生病害问题日趋严重以及长大隧道和穿越富水地层隧道的增多，铁路隧道才开始参照水工隧道做衬砌水压力研究。Farmer 等[30]研究了矿井支护的静水压力问题并着重分析了注浆的效用问题。

(一) 隧道围岩渗流模型

解决隧道衬砌水压力问题的前提是解决岩体渗流的问题。岩体渗流的数学模型主要包括：裂隙网络模型、双重介质模型以及等效连续多孔介质模型。

裂隙网络模型(非连续介质模型)：认为岩石不透水，水的流动路径仅限于裂隙网络，通过几何参数和裂隙水力学参数来描述渗透性。早在 1951 年苏联学者 Ломие[31]就通过试验得出了著名的单个裂隙水流运动的“立方定律”并撰写了《裂隙岩石中的渗流》一书，是最早的岩石水力学专著，而后学者将前者的结论系统化整理并发展，撰写了《裂隙岩体渗透性》一书，并由此奠定了这一理论基础。Louis 等[32]系统研究了裂隙岩体的渗流，对于将裂隙岩体当作连续介质还是非连续介质做出了探讨，增加了裂隙粗糙度的修正系数以此改进立方定律，并于 1974 年开创了“岩体水力学(Rock Hydraulics)”这一科学概念的先河。1987 年 Tsang 等[33]认为，由于张开度的变化及岩桥的存在，裂隙渗透会出现沟槽流现象，从而否定了立方定律。后期，大量学者通过实验发现，立方定律仅能近似描述岩体渗流规律，要求裂隙开张度大且侧壁光滑无填充物，并在此基础上整理修正得出了广义的立方定律。但此模型由于参数较难获得，多只作为理论分析。

双重介质模型(裂隙孔隙介质模型)：这一模型最先是由 Barenblatt 等[34]提出的，其认为岩体是由孔隙介质和裂隙介质构成的连续介质，在孔隙储水、裂隙导水的基础上分别建立渗流模型，通过二者的水交换建立耦合方程求解。我国学者张有天[29]通过裂隙网络模型提出了一种增量渗透荷载的裂隙岩体渗流-应力耦合分析方法，并指出：虽然双重介质模型更为贴合实际，但实际应用难度较高。

等效连续多孔介质模型：这一模型最先由加州大学伯克利分校的劳伦斯伯克利国家实验室(Lawrence Berkeley National Laboratory，LBNL)提出，其认为岩体渗流问题可将裂隙的透水率平均到不透水的岩体当中去，从而通过渗透张量抽象裂隙岩体得到一个各向异性的等效连续介质体，此时裂隙问题皆可以转化为传统的孔隙介质渗流理论求解，概念清晰，计算方便。然而能否简化的关键在于“典型单元体”(Representative Element Volume，REV)体积问题，即裂隙间距尺寸问题。Wilson 等[35]在分别将裂隙岩体作为连续和不连续介质计算对比得出，最大裂隙间距与建筑物最小边界尺寸之比小于 0.02 时，才应该按连续介质考虑，否则应该按不连续介质计算。Louis 等[32]通过计算则认为判别值应取 0.05。而张有天[29]认为裂隙岩体的 REV 值过大或者根本不存在。总之等效模型虽然简便易行准确有效，但其前提必须是渗流样本的单元体 REV 存在并且相对于整个计算范围来说非常非常小。因实际工程普遍满足要求，所以等效连续多孔介质模型被广泛使用。

(二)隧道衬砌水压力计算相关规范

1. 国内各类隧道工程设计规范

1）《地铁设计规范》(GB50157—2013)

采用盾构法修建的地铁隧道，一般采取管片式拼装衬砌，接口密封，同时配合注浆封堵，是封堵模式，此时衬砌结构要承担所有的水头压力即需按照“静水压力”考虑水荷载：

$$F = \gamma_{\mathrm{w}} h \tag{1.5}$$

式中，F——衬砌结构外水压力，kPa；γ_{w}——水的容重，kN/m³；h——水头高度，m。

2）《铁路隧道设计规范》(TB10003—2016)

采用矿山法修建的山岭隧道，一般采用排导模式处理水问题，不考虑衬砌水压力，故水压力恒为 0。

3）《水工隧洞设计规范》(SL279—2016)

水工隧道对于衬砌水压力的处理并不像铁路隧道一样简单绝对，在水压力的计算时会根据具体不同情况给定一个折减值：

$$F = \beta \gamma_{\mathrm{w}} h \tag{1.6}$$

式中，F——衬砌结构外水压力，kPa；γ_w——水的容重，kN/m³；h——水头高度，m；β——水压力折减系数，如表 1.1 所示。

这样的计算方法基本囊括了地铁和铁路隧道的计算方法，很大程度上提高了计算的准确性，但是由于β值是由定性判断得出的，所以准确程度也有限。

表 1.1 水工隧洞外水压力折减系数(建议值)

级别	地下水活动状态	地下水对围岩的影响	β值
1(无)	洞壁干燥或潮湿	无影响	0
2(微弱)	沿结构面有渗水或滴水	风化结构面充填物质，降低结构面的抗剪强度，对软弱岩体有软化作用	0～0.4
3(显著)	沿裂隙或软弱结构面有大量滴水，线状流水或喷水	泥化软弱结构面充填物质，降低抗剪强度，对中硬岩体有软化作用	0.25～0.6
4(强烈)	严重股状流水，沿软弱结构面有小量涌水	冲刷结构面中充填物质，加速岩体风化，对断层等软弱带软化泥化，并使其膨胀崩解，以及产生机械管涌，有渗透压力，能鼓开较薄的软弱层	0.4～0.8
5(剧烈)	严重滴水或流水，断层等软弱带有大量涌水	冲刷携带结构面充填物质，分离岩体，有渗透压力，能鼓开一定厚度的断层等软弱带，能导致围岩塌方	0.65～1.0

4)《公路隧道设计规范》(JTG 3370.1—2018)

隧道处于常水位以下且不宜排导时，隧道衬砌应承担部分水压力，防排水设计参考《铁路隧道设计规范》(TB 10003—2016)中的“防排截堵，因地制宜，综合治理”。至于具体的衬砌水压力如何考虑没有详细说明，只给出了这一梗概。

2. 国外隧道工程设计规范

1)《隧道标准规范(盾构篇)及解释》(日本，1986)

考虑到结构的安全性，在做相关水压力计算时，需将施工过程中以及周期性的可能变化水位因素考虑进来，且由于不透水设计，衬砌水压力需按静水压力计算。我国在盾构隧道设计时参考了这一计算方式。

2)《铁路隧道的设计、施工与养护标准》(德国，DS 853—1993)

德国联邦铁路规范：衬砌结构荷载需根据最高水头考虑山体潜水水压力并对零水压情况进行研究分析。并指出需考虑采用复合式衬砌时二次衬砌除自重只承担水压力的情况。在水压降低效果持续有效的情况下可以考虑折减部分水压力，这一观点与如今的堵水限排的理论基本吻合，也就是只有在不完全堵水的情况下，二次衬砌上的水压力才能通过各种手段进行折减。

3)《隧道衬砌设计指南》(英国，2004)

隧道衬砌设计的关键就在于合理的水压力估算以及水压力对支护系统潜在的和长远的影响，具体设计应根据不同工程实际分析。

4)《隧道衬砌设计原则》(美国，1984)

1984 年美国土木工程师协会(The American Society of Civil Engineers，ASCE)在 *Guidelines for Tunnel Lining Design* 中着重讨论了衬砌水压力问题，但也是只有原则性描述，没有定量分析和具体计算。

综合来看，国内外规范对于衬砌水压力问题的处理虽然在一定程度上推进了隧道水害研究的发展，提高了研究人员对于衬砌水压力的重视程度，但由于多采取定性取值或者太过于陈旧不再适宜。

（三）隧道衬砌水压力计算方法

到目前为止，国内外对于隧道衬砌水压力的研究如下。

1. 折减系数法

我国学者张有天[29]在水工隧道规范对水压力进行系数折减的基础上将初始渗流场、围岩和衬砌以及排水系统作用考虑进来，分别针对此三项设置修正系数，并将三者的乘积作为水压力折减系数：

$$F=\beta_1\beta_2\beta_3\gamma_w h \tag{1.7}$$

式中，F——衬砌结构外水压力，kPa；β_1——初始渗流场修正系数；β_2——围岩及衬砌修正系数；β_3——排水系统及措施修正系数；γ_w——水的容重，kN/m³；h——水头高度，m。

对于特殊地形的初始渗流场修正系数值提出了具体范围，具体如表 1.2 所示。

表 1.2 特殊地形初始渗流场取值范围

特殊地形	傍山隧洞	孤立山包下的隧洞	岩溶发育区域隧洞
初始渗流场修正系数 β_1	0.8～1.2	0.4～1.9	0～0.6

张有天[29]将多个影响因素用折减系数在水压力计算公式中表述的这一方法非常具有代表性。邹成杰[36]、张祉道[37]、王建宇[20]以及一些科研院所、设计院、高校的专家学者也分别针对不同影响因素使用折减系数法来考虑衬砌水压力，但大家对衬砌水压力的影响因素持有不同见解，自然此时的折减系数并不拘泥于三个，也是根据不同情况和不同考虑来设定的。由于折减系数并不能定量获取，只能根据现象描述、经验判断，所以目前关于折减系数法更多的是对于折减数值确定和获取的研究，比如邓谊明[38]根据岩溶发育度的不同确定折减系数，郑波[39]则通过预估涌水量反向确定折减系数。折减系数法简单有效，对于实际工程的计算较有帮助。但由于影响因素的考虑有限加之取值的定性判断，计算结果粗糙，往往只能得到一个大致的范围值，且对实践经验过分依赖，这样的近似解并不能满足高精度隧道工程计算的需要。

2. 理论解析法

Harr[40]早在 1962 年基于镜像法原理和叠加原理求得了适合高水压的隧道围岩孔隙水压力分布：

$$P=\gamma_w(h_w-r\sin\theta)-\gamma_w(h_w-r_0\sin\theta)\frac{\ln\left[1+\dfrac{4h_w}{r}\left(\dfrac{h_w}{r}-\sin\theta\right)\right]}{\ln\left[1+\dfrac{4h_w}{r_0}\left(\dfrac{h_w}{r_0}-\sin\theta\right)\right]} \tag{1.8}$$

式中，P——孔隙水压力，Pa；γ_w——水的容重，N/m³；h_w——隧道中心线距地下水位线的垂直距离，m；r——从隧道中心到计算点的距离，m；θ——从隧道与虚拟隧道中心连线顺时针算起的角度；r_0——隧道半径，m。

经过实践证明，Harr[40]求得的隧道围岩孔隙水压力解是相对比较精确的，而Kolymbas[41]则是根据保角变换原理求得了隧道涌水量和隧道衬砌水压力的计算公式；王建宇[20]在合理简化的基础上推导了衬砌背后的孔隙水压力和作用在衬砌范围内的渗流力；王梦恕等[42]采取复变函数方法对海底隧道注浆圈外水压力的计算公式进行了推导；王秀英等[43]在无限含水层竖井理论的基础上也得到了涌水量和水压力的计算公式。

综合来看，各国学者关于通过理论解析法研究预估涌水量和衬砌范围水压力的时候大多数都是基于不同的简化假定方式及经典渗流理论采用不同的数学方法以求解的。可见，如果假设得当且简化合理，理论解析法具有相较于其他方式无可比拟的优势，但是难度就在于无法合理简化导致的计算复杂或者简便的计算带来的考虑不周，需要进一步推敲研究，这也是本书的研究重点。

3. 数值分析法

国内最早使用数值分析方法对地下工程水问题进行研究，但局限于水工隧道排水孔排布在渗流场中数值模拟的方法研究。王建秀等[21]提出了解析-数值法，当断面尺寸远小于水头高度时可做点井处理，首先采用经验解析法预估涌水量，将预测得到的数值代入二维隧道渗流剖面模型中模拟排水时围岩渗流场分布，后根据折减系数法得到外水压力；南泽寿等[44]采用数值分析方法研究了海底隧道的衬砌-地基的压力水作用。

综合来看，目前国内外研究者都比较推崇针对工程实例或者理论分析采用数值分析法，因为数值分析对于实际工程的复杂情况及多影响因素能够较好地模拟，虽然其计算精度、复杂问题处理的细致程度都有或多或少的问题，但足以满足目前工程计算精度需要。然而数值计算越来越依赖于复杂的数学模型和更先进的计算机及计算方法，现场实际调研工作不够细致，导致对于实际工程的计算或多或少地出现不匹配的问题，甚至出现“数字游戏”的问题，这都是不正常发展的数值观念。数值分析法需要配合翔实的水文地质调研与更为细致的模型思考才能发挥其最显著的功效。该方法与示踪法有异曲同工之妙，为高水压山岭隧道衬砌水压力计算方法开拓了一种全新的思路，不拘泥于传统渗流分析，值得开展深入研究。

四、寒区隧道温度场研究现状

(1) 有关隧道温度场的现场观测方面。Bansal 等[45]根据 1974 年新德里地区气象数据的年变化，对温暖地区的不同地表状况进行了地温分布年变化的研究；乜风鸣[46]对嫩林线西罗奇 2 号隧道洞内和洞外气温分布曲线进行了研究；张先军[47]针对青藏铁路昆仑山隧道洞内气温及地温分布特征进行了现场试验研究；吴紫汪等[48]对大坂山公路隧道洞内和隧道洞壁的温度变化规律进行了现场测试和研究；孙继东等[49]对鹧鸪山隧道洞内外温度的年变化和日变化规律进行了测试和分析，得出隧道洞内外温度的年变化和日变化规律；陈建勋等[50]

对秦青公路梯子岭隧道进行了温度场的现场测试和分析，得出了隧道洞内外温度随时间、长度、深度的变化规律，以及最大冻结深度随长度的变化规律；赖金星等[51]对青沙山隧道纵向与轴向地温场的分布规律进行了测试与分析。在施工期间温度监测方面，黄双林[52]基于围岩温度场现场测试，研究了昆仑山隧道温度场的变化规律及防寒保温参数；刘志春等[53]在风火山隧道施工过程中对洞内外环境温度进行了长期系统的观测与分析，不仅为隧道施工决策提供了科学依据，也为隧道及邻近冻土地区后续研究工作开展提供了参考。

(2)理论分析和数值模拟方面。俄国学者在19世纪初就开始研究冻土的温度场分布特征，但是其研究的内容只是使用实验分析和以理论分析为主。到20世纪70年代，计算机的发明出现和数值模拟方法的使用，可以解决复杂温度边界条件下的非线性问题有关的一些温度场问题。此时，北美等一些国家和地区对冻土温度场的研究也得到了快速发展，在有限元理论的快速发展和有限元程序的出现以后，开始慢慢完成有关温度场非线性方面的数值模拟。20世纪80年代以后，各国冻土研究者利用其他学科的研究成果成功推动了冻土温度场研究领域的快速发展，由单一二维温度场研究向三维温度场以及考虑相变的非线性问题及多场相互作用理论模型的建立和求解方法发展；由单独研究隧道横断面温度特征向隧道纵向方向温度场特征发展；由不考虑相变的影响分析冻土隧道温度场到考虑相变利用简化解析解以及有限元软件分析冻土隧道的温度场。

(3)理论解析解方面。Shamsundar[54]提出了沿管道轴向变温边界条件下圆形管道外侧温度的解析解；赖远明等[55]运用无量纲量和摄动技术给出了考虑隧道相变的圆形隧道温度场的近似解析解；张耀等[56]运用微分方程求解方法与贝塞尔特征函数的正交和展开定理得到了寒区有隔热层的圆形隧道温度场解析解；夏才初等[57]利用能量守恒法及经验公式法求得寒区隧道洞内气体年平均气温及年温度振幅沿隧道轴向随时间变化的解析表达式，并得出年平均温度在隧道轴线方向呈指数增长，而年温度振幅呈负指数增长的规律，另外根据能量守恒，建立了隧道洞内气体的气-固耦合传热模型，获得了洞内气体年平均温度和温度振幅的显式解析解；Kawamura等[58]结合工程实例根据洞内能量守恒等，获得了隧道洞内温度沿着隧道长度方向变化的解析解；夏才初等[59]基于多层圆筒壁热传导理论，结合斯蒂芬公式以围岩与衬砌之间的温度为0℃作为控制条件，推导了隧道多年冻土段隔热层铺设时所需的解析解公式。

(4)数值分析方面。在单一温度场研究方面，1983年Bonacin得到了考虑相变的一维非线性温度场的数值解；Comini 等[60]对相变热传导温度场的非线性问题进行了有限元分析；晏启祥等[61]利用三维瞬态有限元软件分析了不同隔热层厚度的隧道温度场分布特征；张学富等[62]则运用三维有限元方法研究了寒区隧道围岩沿轴向温度分布的规律，根据传热学和渗流力学的基本理论，建立了渗流场和温度场的耦合模型，并利用伽辽金法进行有限元分析；赖远明等[63]运用传热学、渗流理论以及冻土力学提出了带相变的温度场、渗流场和应力场耦合问题的数学力学模型以及控制方程，并使用伽辽金法导出了这一问题的有限元计算公式，另外在考虑洞内空气对温度场的影响方面，考虑围岩的热传导和空气与围岩的对流换热，对风火山隧道进行了三维数值非线性的温度场分析；何春雄等[64]通过对严寒地区隧道现场的基本气象条件进行分析，建立了隧道内空气与围岩对流换热及固体导热的综合模型；郭海庆等[65]利用 $FLAC^{3D}$ 软件模拟了考虑与不考虑渗流的寒区隧道的温度场变化特征；谢红强等[66]采用相变温度场有限元模型，针对不同保温层厚度进行对比分析，并结合现场试验，给出了合适的寒区隧道保温层材料及厚度。在考虑隧道施工期间温度场方面：王星华等[67]以昆仑山隧道为背景，使用热应力分析方法得到了施工环境温度变化引起多年冻土围岩裂隙状态的变化规律，从而影响了围岩的稳定性；李现者[68]根据热力耦合机理对高海拔冻土隧道洞内施工环境温度场进行数值模拟，得出冻胀力与温度的关系，并推导出了温度场物理模型建立过程中洞内环境空气温度场和风筒内气体温度场的导热方程。

由此可知，现场监测得到的隧道温度数据为以后验证理论解析解和数值分析解提供了依据，同时根据现场温度数据拟合的隧道温度变化特征为以后分析冻土隧道温度变化以及采取合理的抗冻保温措施提供了方便，但并没有研究基于现场的温度变化特征，尤其没有研究基于隧道长度方向的温度变化特征，也没有考虑隧道保温防冻措施变化对隧道长度方向温度变化的影响；也没有基于现场温度监测数据、理论解析解以及数值模拟相结合的方法提出冻土隧道抗冻设防长度的概念以及规律。因此，需要提出合理的抗冻设防长度来为以后的多年冻土隧道防冻保温措施设置提供依据。除此之外，在理论解析方面，大部分研究都基于洞内能量守恒定律和传热学规律，利用数学物理方法或摄动理论得到隧道横断面和纵断面的温度变化特征，再结合工程实例的实测值检验解析解的正确性；但这些公式较为复杂，不适合应用于工程实践；有的研究基于考虑使隧道初衬和二衬之间的温度大于0℃，以防止排水系统所在的温度出现冰点而提出了工程隧道的保温长度，也有基于冻土隧道的洞内温度以及隧道洞壁沿隧道长度的变化解析解以及隧道常见冻害沿隧道长度方向的分布位置来提出隧道的抗冻设防长度的研究。尽管以上研究提出了冻土隧道洞内温度沿进深呈抛物线分布，暖季中间段低，两端高，寒季相反；隧道内不同地段温度差值受隧道长度制约，隧道越长，洞外—洞口—洞内温度差值越大，并通过相关理论分析得出了隧道洞内的温度变化规律。但上述研究并没有将隧道洞内纵向的温度变化特征与隧道的抗冻设防长度结合起来进行研究。

五、寒区隧道围岩变形研究现状

在国外，日本、瑞典、美国、英国、加拿大、德国、波兰等国家均对冻土的强度及冻胀、蠕变方面进行了研究。Okada 等[69]针对日本地区寒区隧道围岩的冻结深度和冻融破坏情况进行了研究； Grechishchev[70]研究了寒冷地区多年冻土的预测和分析方法，并提出了寒区土壤热融沉降的计算方法，利用热传导理论的热力学平衡和热传质运动学理论，研究了咸水土壤冻结过程中冰和孔隙水迁移的原理，并构建了发生冻结融化过程中各成分间相互转变的动态物化模型。

贾晓云等[71]运用有限元分析软件，模拟了不同施工工况下围岩的温度场，研究了不同工况下隧道支护结构稳定性受融化圈深度变化的影响，为寒区隧道施工和设计指导提供一定的科学判据；王星华等[67]运用有限元软件模拟了温度场与应力场的间接耦合作用，分析了开挖阶段应力集中区和围岩的变形情况，来比较施工开挖方式的合理性和优化隧道衬砌结构形式，根据热应力变化的位置和大小，研究了围岩温度与围岩稳定性的关系，得出隧道施工环境温度变化不会直接导致岩体的强度改变，但是由施工环境温度变化导致的冻融循环引起局部断裂膨胀和塌陷；汪仁和等[72]根据某煤矿冻结法开挖，对施工过程中不同部位冻胀力以及孔隙水压力变化进行了现场观测分析，得出了巷道冻结与融化阶段冻胀力以及孔隙水压力的变化规律；徐兵魁等[73]根据中俄输油管道工程，采用一般工程的最不利状态概念并考虑一定安全系数，通过传热学理论推导出了围岩融化圈的计算公式，并以漠河段工程为工程实例，计算了管道在裸管及不同厚度保温隔热层条件下管道地基融化圈范围；汤国璋等[74]通过对多年冻土隧道围岩变形监测，建立了施工控制预报评估体系，探讨了多年冻土隧道温度场与围岩局部崩塌的关系，将施工分为四个安全阶段以降低施工风险；姚海波等[75]依托风火山隧道进行了多年冻土隧道开挖的数值模拟，根据冻土围岩性质等确定最优开挖方法；江亦元等[76]依托昆仑山和风火山隧道开展了湿喷混凝土支护配方及施工工艺研究，以保证隧道有效支护的同时减少对围岩温度的扰动；冯强等[77]根据季节性冻土隧道融化时围岩的应力分布规律，建立了理论模型及计算方法；沈世伟等[78]根据多年冻土隧道施工中喷射混凝土进行支护，研究了喷射混凝土对隧道围岩冻融圈的影响，并分析了其影响规律，以指导混凝土喷射施工；夏才初等[59]建立了融化作用下多年冻土隧道围岩的弹塑性模型，并利用 MATLAB 软件对此模型进行计算求解，同时利用约束收敛法分析了围岩与支护的相互作用，为设计施工中确定围岩的支护及支护时间提供一种参考方法。

总之，因融化作用而导致多年冻土隧道围岩变形破坏的影响因素很多，且相互耦合关系复杂。如果对冻土在融化作用下的力学性质未充分掌握，对融化冻土的变形作用机制未能充分掌握，势必会对冻土围岩进行建模、理论分析及数值模拟时容易造成与实际情况差别过大，或者计算方式过于复杂，不利于指导隧道设计与施工。因此，如何建立更为切合工程实际的计算模型，以及采用更为精确的计算方法，用以合理地指导冻土隧道的设计与施工，还需要进一步的研究工作。

六、强震山区隧道震害研究现状

有关隧道震害特征的研究起始于 21 世纪初，国内外学者通过现场调查，对隧道衬砌结构受损程度和震害原因进行了初步研究。如 Wang 等[79]针对台湾集集地震中的 57 个山岭隧道受损程度，率先将受损隧道分为无破坏、轻度破坏和重度破坏三个等级，并给出了隧道衬砌结构震害可能涉及的原因；吉随旺等[80]依据震害调查统计资料，研究认为地震惯性力和围岩失稳作用是导致隧道结构震害的两个主要原因；而高波等[81]认为山岭隧道震害多为面波、横波、地基失效和围岩作用所致。

然而，由于岩土-结构之间相互作用的复杂性和地震动的随机性，隧道抗震研究缺乏实时观测数据，于是很多研究学者开始致力于利用室内振动台模型来研究隧道洞口段的破坏模式、裂缝产生机理和震害原因。比如申玉生等[82]以高烈度地震区雅泸高速公路的某山岭隧道为研究对象，进行了大型山岭隧道结构的模型振动台研究试验，研究结果表明：在隧道模型洞口段地表层开裂缝均先从隧道拱顶偏向拱腰两侧 45° 位置分布，然后再斜向上发展；斜向和纵向开裂缝主要在隧道洞身进出口段分布较多，两端延伸到环向裂缝处就终止了；而在隧道洞身段模型试验中，两侧边墙中部和拱顶内缘衬砌均出现张拉性裂缝；压裂性裂缝或剪错性裂缝经常出现在仰拱部位，并伴有不同程度的相对位移，这也是受地震影响最大的部位，需要针对处理加固。李林等[83]采用振动台模型试验和数值分析方法对浅埋偏压隧道洞口段地震响应进行了研究，研究结果表明：随着高程的增加，震动加速度有非常明显的扩大效应，偏压隧道的地表临空坡面进一步导致这种效应明显增加；随高程的增加，地层产生相对位移，相对位移值大小呈抛物线分布且与围岩种类有关；地下隧道结构对其周围岩层有明显的依赖性和追随性；在隧道衬砌横断面共轭 45° 方向部位分布着较大的内力值；偏压隧道内力值分布较为不利，且峰值较大，对于无偏压隧道，衬砌结构横断面内力分布呈反对称；数值分析模拟结果和振动台模型试验结果具有很好的吻合性。李泽泽等[84]根据地质结构以及边坡的地形地貌分析了地下隧道结构在地震动作用下的变形及破裂特征，在此基础上研究了在Ⅺ度地震烈度动力荷载作用下龙溪隧道的动力响应；在地震作用下，隧道洞口段边坡的动力效应从下到上、从内到外整体上呈逐步增加的趋势；从崩坡积与基岩分界面至洞口处，主要在隧道衬砌段之间的施工缝处发生变形及相对错动，并且有逐渐加强的趋势；在隧道覆盖层与基岩分界面上，隧道衬砌结构变形值发生突变，衬砌开裂走向与覆盖界面产状基本一致。蒋树屏等[85]通过对嘎隆拉隧道洞口段纵向 100m 的大型振动台模型试验进行研究，认为：当土体卓越频率与地震动频率相近时，地震作用下的隧道与周围土体同步振动，并不表现出隧道自身的固有振动频率，相反还会过滤掉地震动高频部分，这说明地震惯性力对地下结构动力反应的影响不大，隧道抗震研究的重点是地震作用下围岩的失稳防治，减轻围岩失效对隧道结构产生的破坏是地下结构抗震设计的主要目的；地震反应中隧道结构的频谱特性不会随减震层和抗震缝的设置而改变，但在设置减震层后，减弱了围岩对隧道结构的约束，隧道结构的峰值加速度变大，所以加速度放大系数不应当作为减震效果的判断依据。

在理论研究方面，范厚彬等[86]基于岩石塑性应变梯度理论，发现地下隧道受开挖施工影响，围岩原地应力重新分布，靠近隧道的围岩变形局部化而出现塑性变形区。在此基础上进一步论证了在地震动作用下建立隧道围岩的数学力学模型时需要考虑岩石塑性应变梯度，首先从地下隧道弹塑性区内抽象出一个受力单元体，在地震横波作用下这个受力单元体受力情况必然是纯剪应力状态，并假设围岩岩体为双线性力学本构关系，建立围岩单元体的数学分析模型，推导隧道围岩软化区的宽度，进而阐述地下隧道结构失稳破坏的力学原理。

由上述研究不难看出，强震作用下隧道洞口段极容易发生围岩失稳及结构破坏，它们不仅同隧道偏压、埋深、洞口至崩坡积与基岩的分界面、覆盖层分界面、隧道基岩、加速度放大系数有关，而且还与地震波特性、震中距、地震烈度、地震力作用方向、衬砌条件、隧道埋深、结构形式、地质条件、所处岩层类型和地质构造、隧道所处的空间方位、隧道结构及支护厚度、隧道与围岩的相对刚度、隧道所处的地应力、施工方法、施工的难易程度以及施工过程中是否出现坍方等有关。

隧道洞口段作为抗震薄弱部位，在对地震区隧道进行抗震设计时，隧道洞口段的隧道衬砌一般应予以加强，但隧道洞口段衬砌的设防长度到底多长，结构抗震才能达到最优，是隧道工程界普遍关心的问题。比如《铁路工程抗震设计规范》(GB 50111—2006)也对隧道洞口段抗震设防长度做出了规定：设防长度可根据地形、地质及设防烈度确定，并不小于 2.5 倍结构洞跨，该设防长度主要根据一些宏观震害调查来确定。索然绪等[87]从弹性介质半无限空间的波动方程出发，建立瑞利波下的运动方程，得到了瑞利波下隧道的位移方程，进而推导出结构的地层峰值位移和地层峰值加速度表达式；在此基础上考虑隧道埋深、地层条件和波长对隧道设防的影响，分别从地层曲率、地震烈度和位移三个方面对洞口设防长度的取值进行了探讨，结果表明：洞口段埋深超过 150m，在 9 度地震作用下，地层对隧道的影响位移已很小，不需要再设防；根据抗防埋深确定洞口段抗震设防长度，应该延长现行隧道设计规范规定的洞口段抗震设防长度。耿萍等[88]以跨度 6.4m、单线 140km/h 的铁路隧道为例，利用数值模型分析了衬砌物理力学参数和围岩等级条件等因素对隧道洞口段在地震作用下衬砌内力变化的影响，数值分析结果表明：距离洞口段超过 3 倍隧道洞跨后，衬砌内力变化明显减小；振动台试验结果也证明取隧道洞口段为 3 倍隧道洞跨的设防长度时，减震效果显著。而高峰等[89]采用黏-弹性人工边界，运用隐式时间积分有限元单元法，对隧道三维地震反应分析来确定隧道洞口抗震设防长度；研究结果表明：隧道洞口段的围岩岩性主要关系着隧道抗震设防长度，洞口段围岩岩性越差，隧道抗震设防长度值就越大；隧道衬砌横断面形式和洞口段周围临空面的存在与否与隧道设防长度取值关系不大。周德培[90]根据南昆线上草庵隧道和乐善村 2 号隧道的试验结果，研究了强震区隧道洞口段的破坏形态和抗震设防长度。李育枢等[91]以国道 318 线上黄草坪 2 号隧道进口段为参考原型，针对隧道减震措施，开展大型振动台物理模型试验分析研究，研究结果表明：一般从距模型洞口 120～150cm（对应原型 48～60m）后，地震反应逐渐趋于平缓，等等。

第二节 主要研究内容及其创新性

本书所介绍的主要研究内容包括六个方面：软岩隧道开挖面变形计算理论、岩溶隧道岩盘水力破坏机制、岩溶隧道衬砌水压力计算理论、寒区隧道洞口段温度场计算理论、融化作用下寒区隧道围岩弹塑性分析、强震山区隧道洞口段抗震设计理论。

（1）软岩隧道开挖面变形计算理论。以软岩隧道开挖面塌方为研究对象，基于 180 多宗隧道塌方灾害典型案例，分析其发生时间、发生前征兆、塌方位置、塌方规模、影响范围、所在区域地质详细描述，由此确定软岩隧道开挖面塌方灾害特征及影响因素，在此基础上，结合收敛-约束法基本理论，对简化的假定模型进行求解计算得到软岩隧道开挖面最大挤出变形解析解并进行详细分析。进一步采用数值模拟和现场监测数据对理论分析进行补充和论证，同时研究不同施工工况对隧道开挖面变形的控制作用以及开挖面前方预加固锚杆对开挖面最大挤出位移的影响和作用机理。

（2）岩溶隧道岩盘水力破坏机制。将岩溶隧道岩盘简化为结构力学模型，考虑溶腔隐伏洞分别位于隧道顶部、底部以及侧部时，按抗弯以及抗剪强度推导出岩盘安全厚度的解析表达式，再以 $FLAC^{3D}$ 数值软件为基础，建立隐伏溶腔分别位于隧道顶部、底部以及侧部时的三种数值计算模型，并将溶腔内水压力简化为溶腔内等效的法向应力。根据水压力以及位移增长曲线可以判断出岩盘发生破坏的临界水压力，进而得出水压力和岩盘安全厚度之间的关系曲线，以此验证理论公式的合理性。

(3) 岩溶隧道衬砌水压力计算理论。针对地下水流网的特性对隧道及所在地层做无限含水层环向地层渗透计算模型简化，利用岩体水力学基本理论以及渗流理论结合数学物理方法，推导出不同位置关系条件下的隧道衬砌水压力及涌水量表达式，并通过研究地层注浆堵水固结加固圈相关系数以及水压力值、水压力分布、止水效率以及涌水量对复合式衬砌的影响，得到合理的围岩注浆加固圈参数值。参照渝怀线圆梁山隧道，通过 $FLAC^{3D}$ 模拟分析不同地层与隧道位置关系，以及工况条件下隧道围岩渗流场以及二次衬砌背后水压力分布情况。

(4) 寒区隧道洞口段温度场计算理论。以多年冻土隧道的纵向和横向温度场特征为研究对象，以圆形隧道横断面为模型，利用传热学相关理论，结合数学物理方程方法，推导冻土隧道的横向以及纵向的温度场分布特征表达式，并分析隧道埋深、洞内空气速度、有无保温层等对隧道横向和纵向温度场的分布特征的影响，推导出多年冻土隧道洞口段抗冻设防长度计算公式。基于风火山隧道模型，利用有限元软件 ADINA 建立隧道三维分析模型，研究隧道埋深、洞内空气速度、有无保温层等因素对多年冻土隧道温度场分布特征规律的影响，分析多年冻土隧道抗冻设防长度的分布特征。

(5) 融化作用下寒区隧道围岩弹塑性分析。根据冻土围岩变形破坏方式及影响因素，结合青藏铁路风火山隧道实际工程，建立融化作用下多年冻土隧道弹塑性分析模型，并对其求解，结合收敛-约束理论，分析围岩条件、融化圈深度、支护结构对隧道周边围岩变形的影响。同样融化圈深度和支护条件下，隧道周边围岩位移随围岩条件变差而增大；同样围岩位移和融化深度下，支护结构的强度越高、施作时间越早，隧道周边围岩位移越小；同样围岩条件和支护条件下，隧道周边围岩位移随融化圈深度增加而增大。以风火山隧道为模拟对象，采用 $FLAC^{3D}$ 模拟围岩条件、融化圈深度、支护结构对多年冻土隧道周边围岩变形的影响，得到其与围岩位移的相应关系，验证理论分析推导结果。

(6) 强震山区隧道洞口段抗震设计理论。以隧道结构为研究对象，以地基梁为模型，建立隧道动力平衡方程，推导衬砌纵向应力峰值表达式；根据振动微分方程分析衬砌内力和变形规律，研究剪切波速、隧道埋深、动力波方向等因素对衬砌内力的影响，建立隧道洞口段三维模型；在模型底部施加地震动力时程，在此基础上推导隧道洞口段抗震设防长度，考虑不同因素组合下隧道洞口段衬砌与围岩内力变化，得到隧道洞口段的影响长度并验证理论的正确性。

第三节　应用前景分析

在过去十多年里，我国不仅建设了兰渝铁路、贵广铁路、云桂铁路、沪昆铁路、成渝客专、宜万铁路、渝怀铁路等客运专线和城际高铁，还建设了包括共和至玉树高速公路、青藏高速公路等在内的寒区公路，以及目前正在我国西部高山峡谷地区建设的大理—瑞丽铁路、成兰铁路、成贵铁路、成昆铁路、蒙华铁路、渝怀铁路二线、黔张常铁路等。以上线路已经或正在遭遇高地应力、岩溶、多年冻土等复杂地质，尤其是长大隧道施工处治不当则可能引发塌方、突水、冻害以及震害等灾害，对施工安全和运营安全风险极大，甚至可能严重影响地表生态环境。大规模的铁路、公路、水利水电等基础工程建设在拉动国家及地方经济发展的同时，又不同程度地影响了自然环境。为此，针对中西部大开发中隧道施工的突出难题——塌方、突水、冻胀以及震害等灾害问题的解决开展基础理论研究具有重要意义。

本书所介绍的研究成果基于大量工程案例，考虑到开挖面对地应力响应、岩溶系统对气候环境因素响应、温度对多年冻土响应以及强震对隧道结构响应的敏感性，开展“复杂地质隧道围岩稳定与支护结构设计”研究，采用结构力学、岩体水力学、传热学、地质学等多学科交叉的方法，理论分析与数值模拟相结合，提出“复杂地质隧道围岩稳定与结构设计理论”，试图探索简便易行、普适性强的新理论和新方法来解决复杂地质隧道施工和运营过程中可能出现的塌方、突水、冻胀以及震害等灾害问题。研究成果具有很强的基础性和应用性，结合国家“十三五”发展规划相关内容，针对我国中西部高速铁路、高速公路及水利水电等地下工程，研究成果将对高地应力、岩溶、寒区等复杂地质隧道围岩稳定与地质灾害防治问题的解决具有很好的应用前景。

第二章　软岩隧道开挖面变形计算理论

第一节　概　　述

随着我国经济建设不断发展，城市规划不断完善，越来越多的基础设施被投入建设。加之我国山区面积广大，占全国陆地总面积的 2/3，给交通运输带来了一定困难。因此，为了创造便捷生活圈，各种已建或者在建的地铁、公路、铁路纵横交错。目前，中国已经是世界上隧道和地下工程最多、地质及结构形式最复杂、发展速度最快的国家。

然而，我国大部分地区地质条件不良，不良地质条件下围岩的稳定性问题已成为影响人员生命安全、施工正常进度、工程经济效益的关键因素。如果对围岩稳定性判断不当，采取过大或过小的支护措施，都有可能会造成施工事故。当围岩支护阻力过大，会造成地表隆起，破坏地面建筑；当围岩支护阻力过小，围岩会产生大变形发生失稳破坏，甚至塌方。而塌方是隧道施工中最主要、最常见的破坏形式。特别是对于软岩隧道，由于它特殊的力学特性，如何控制隧道塌方确保围岩的稳定，保证施工质量以及人员安全，是目前隧道工程工作者的设计重点。

软岩是一种特定环境下的具有显著塑性变形的复杂岩石力学介质。它强度低、孔隙度大、胶结程度差，施工时易发生变形造成隧道塌方。根据国家安全生产监督管理部门的事故查询系统，以及媒体公开报道，统计分析 2006 年到 2016 年之间隧道施工坍塌事故案例 49 起，死亡人数 208 人，受伤 47 人，平均每年死亡人数高达 20 人。可以看出，在软弱围岩条件下施工发生灾害事故数一直居高不下。

软岩隧道开挖面作为隧道施工的主要工作面，是整个隧道扰动最大的部位。迄今为止，尽管我国科学家在隧道开挖面的形状与稳定性，以及隧道开挖面破坏模式理论分析等方面做了大量研究，同时最近几年在施工中也越来越多地在开挖面上利用锚杆加固，但是却始终没有系统地对软岩隧道开挖面变形进行研究，分析开挖面变形敏感性因素以及最优支护方案。软岩隧道开挖面挤出变形仍然是整个隧道安全施工的关键，研究软岩隧道开挖面变形对于推动整个软岩隧道施工设计有着深远的理论意义和应用前景。

第二节　软岩隧道塌方灾害特征及诱发因素分析

本节收集我国 180 多宗软岩隧道塌方的公开资料，并对其进行详细分析，包括铁路隧道、地铁隧道等。本次收集资料的主要目的是通过对隧道施工塌方灾害的发生时间、发生前征兆(主要是监控量测数据、周边地表裂缝位置以及周边建筑变形情况)、塌方位置(开挖面塌方或洞室塌方）、塌方规模、影响范围、所在区域地质详细描述进行统计，分析隧道施工塌方灾害特征以及诱发塌方因素，根据统计分析结果提出合适的力学机理分析模型和开挖面变形计算方法。究其原因，因为隧道施工的特殊性，一旦发生坍塌事故，通常会造成巨大的人员伤亡，同时因其隐蔽性，救援难度十分大。

一、软岩隧道塌方灾害特征

对隧道塌方特征的研究主要有塌方荷载和塌方分类两个方面。

(1)塌方荷载方面。普罗托奇雅阔诺夫于 1907 年提出了计算地层压力的自然平衡拱理论。普氏理论认为洞室开挖后，洞顶岩体会形成一自然平衡拱；作用于衬砌上的垂直围岩压力可以认为是压力拱与衬砌间的岩石的重量，与拱外岩体无关；该理论后来得到广泛应用。太沙基将洞室围岩看作松散体，以应力传递概念推导出了作用于衬砌的垂直围岩压力，并考虑洞室埋深、尺寸、岩体存在一定黏聚力和内摩擦角。他并于 1946 年提出了用于松散岩体中的洞室松弛荷载计算公式，后来在西欧及美国得到广泛应用。我国王云飞等[92]利用有限元模拟软件，对地下洞室在不同开挖方法下洞室压力拱的演变进行了数值模拟；李奎[93]分析了开挖断面对人工或自然临界成拱埋深的关系，研究了围岩物理力学性质对人工或自然临界成拱埋深的影响；汪成兵等[94]利用采取理论分析与数值模拟相结合的方法，提出了隧道塌方动态压力拱的概念。

(2)塌方分类方面。刘洪洲[95]根据发生机理的不同，结合工程施工中常见的塌方实例，将隧道塌方分为危岩滑动型塌方、松散介质跨落型塌方、软岩蠕变型塌方、硬岩岩爆型塌方四类。汪成兵等[94]根据塌方形态的不同，将隧道塌方分为局部塌方、拱形塌方和塌穿型塌方。王毅才[96]根据塌方发生机制的不同，将隧道塌方分为蠕变型塌方、崩塌型塌方两类；根据塌方形态的不同，将隧道塌方分为局部塌方、拱形塌方、异型塌方、膨胀岩隧道塌方、岩爆五类；根据塌方发生位置的不同，将隧道塌方划分为拱顶塌方、侧壁塌方及开挖面塌方。

二、软岩隧道塌方灾害分析

(一)软岩隧道塌方灾害调查

通过对收集的 180 多宗软岩隧道资料进行分析整理，详细分析其隧道塌方的发生前征兆。隧道塌方灾害发生前主要表现为：土体内部滑移面有滑移趋势、节理发育、围岩裂隙异常发育、水通过裂隙不断渗透、混凝土掉块、地表沉降、地面出现裂缝、初期支护出现剥落或者有裂缝、支撑在拱腰与拱顶处的工字钢出现变形、工程出现裂缝、有泥土和岩石从隧道顶部坠落等。

对塌方发生后隧道进行系统分析。对塌方发生的部位进行记录，并对软岩隧道施工塌方灾害的发生时间、发生前征兆(主要是监控量测数据、周边地表裂缝位置以及周边建筑变形情况)、塌方位置(开挖面塌方或洞室塌方)、塌方规模、影响范围、所在区域地质详细描述进行分析，统计结果如表 2.1 所示。

表 2.1 隧道塌方灾害统计表

编号	隧道	塌方位置				塌方原因	严重程度
		洞口	开挖面	边坡	洞室		
1	白炭坞隧道	√				不良地质	损毁
2	白炭坞隧道	√				不良地质	严重
3	上官隧道	√				支护不当	严重
4	徐家梁子隧道	√				施工不当	严重
5	高阳寨隧道	√				不良地质	严重
6	南沟隧道	√				不良地质	严重
7	拴马岭隧道	√				支护不当	严重
8	绵阳机场直通隧道	√				不明	严重
9	甘孜隧道	√				不明	严重
10	大广高速 K3130 赣定段东坑隧道	√				水	严重
11	新青石沟隧道		√			不良地质	严重
12	大哗山隧道		√			水	严重
13	具茨山隧道		√			不良地质	严重
14	下车亭隧洞		√			不良地质	严重
15	北京碓臼石软岩隧道		√			不良地质	严重
16	北京碓臼石软岩隧道		√			不良地质	严重
17	大岗山水电站场内交通工程桃坝隧道		√			不良地质	中度
18	大坪尾隧道		√			水	中度
19	笔架山隧道		√			水	损毁
20	马垭口隧道		√			水	中度
21	那马隧道		√			水	严重
22	沙湾水电站引水隧洞		√			支护不当	严重
23	古榄隧道		√			施工不当	中度
24	御河隧道		√			施工不当	中度
25	福生庄隧道		√			水	中度
26	马尾隧道		√			不良地质、水	中度
27	秋千坪隧道		√			水	中度
28	铁寨子 1 号隧道		√			水	严重
29	金竹山隧道		√			水	严重
30	迎宾隧道		√			不明	严重
31	玉溪莫勒盖隧道		√			不良地质、水	严重
32	慈母山 1 号隧道		√			水	严重
33	杜家山隧道		√			水	严重
34	杜家山隧道		√			水	严重
35	唐家山隧道		√			水	严重
36	活沙兔隧道		√			施工不当	严重

续表

编号	隧道	塌方位置				塌方原因	严重程度
		洞口	开挖面	边坡	洞室		
37	雅克夏雪山隧道		√			支护不当	严重
38	雅克夏雪山隧道		√			水	严重
39	沔渡隧道		√			水	严重
40	玉庙隧道		√			水	严重
41	三联隧道		√			施工不当	严重
42	永兴隆隧道		√			不良地质、水	损毁
43	姜源岭隧道		√			水	严重
44	大南山隧道		√			不良地质	中度
45	金竹山隧道		√			水	严重
46	杨家山隧道		√			不良地质	严重
47	杜家山隧道		√			水	严重
48	杨家山隧道		√			不良地质、水	严重
49	杨家山隧道		√			不良地质、水	严重
50	杨家山隧道		√			不良地质、水	严重
51	杨家山隧道		√			不良地质、水	严重
52	骑马隧道		√			支护不当	严重
53	丽攀高速公路新庄特长隧道		√			水	严重
54	小平羌隧道		√			支护不当	严重
55	云中山特长隧道		√			水	严重
56	乌石隧洞		√			不明	严重
57	新松林堡隧道		√			支护不当	严重
58	兰渝铁路古子山隧道		√			水	严重
59	宴家隧道		√			水	严重
60	谷竹高速公路宴家隧道		√			水	严重
61	安沟隧道		√			不良地质	中度
62	安沟隧道		√			不良地质	中度
63	地铁隧道坍塌		√			不良地质	严重
64	二望坡隧道		√			降雨、爆破控制不当	严重
65	二望坡隧道		√			降雨、爆破控制不当	严重
66	安沟隧道		√			不良地质	严重
67	安基山隧道		√			降雨滑塌	严重
68	安基山隧道		√			降雨滑塌	严重
69	沈家山隧道		√			地震	严重
70	西铁车 2 号隧道		√			水	严重
71	茅荆坝隧道		√			施工不当	严重
72	油坊坪隧道		√			不良地质	严重
73	雷公山隧道		√			不良地质	严重
74	玉希莫勒盖公路隧道		√			施工不当	严重

续表

编号	隧道	塌方位置				塌方原因	严重程度
		洞口	开挖面	边坡	洞室		
75	永安隧道		√			施工不当	严重
76	多贤隧道		√			不明	严重
77	锣鼓洞隧道		√			水	严重
78	锣鼓洞隧道		√			不良地质	严重
79	引汉济渭秦岭隧洞		√			不良地质	严重
80	引汉济渭秦岭隧洞		√			不良地质	严重
81	铜锣山隧道		√			不良地质	严重
82	铜锣山隧道		√			不良地质	严重
83	仁竹山隧道		√			水	严重
84	仁竹山隧道		√			水	严重
85	仁竹山隧道		√			水	严重
86	峡口隧道		√			不良地质	严重
87	峡口隧道		√			不良地质	严重
88	洛古隧道		√			不良地质	严重
89	两河口水电站库区复建县道洛古隧道		√			水	严重
90	东岭隧道		√			不良地质	严重
91	东岭隧道		√			水	严重
92	东岭隧道		√			水	严重
93	山西省小浪底引黄工程隧洞		√			不良地质	严重
94	范家咀隧道		√			不良地质	严重
95	范家咀隧道		√			不良地质	严重
96	九连山隧道		√			不良地质	严重
97	佛岭隧道		√			不良地质	严重
98	小盘岭 1 号隧道		√			水	严重
99	小盘岭 1 号隧道		√			不良地质	严重
100	东皇庙隧道		√			不良地质	严重
101	富宁隧道		√			不明	严重
102	甘泉马岔村隧道		√			不良地质	严重
103	桃源 1 号隧道		√			不良地质	严重
104	广大铁路一号隧道		√			不明	损毁
105	南宁轨道交通一号线		√			水	严重
106	福建龙岩后祠隧道		√			施工不当	损毁
107	朱家山隧道		√			不良地质、支护不当	损毁
108	凤岭隧道		√			不良地质	中度
109	土地岭隧道		√			不明	中度
110	秦安县郭嘉镇朱家山隧道		√			不明	中度
111	新响沙湾隧道			√		水	中度

续表

编号	隧道	塌方位置				塌方原因	严重程度
		洞口	开挖面	边坡	洞室		
112	贵州习水隧道			√		水	中度
113	方斗山隧道			√		不良地质	损毁
114	台湾中横公路隧道			√		不明	损毁
115	石牙山隧道				√	水	中度
116	小金山隧道				√	不良地质	损毁
117	下车亭隧洞				√	水	严重
118	桃树垭隧道				√	水	严重
119	马垭口隧道				√	施工不当	严重
120	观音山隧道				√	水	损毁
121	沙湾水电站引水隧洞				√	不良地质	严重
122	阮家窑隧道				√	水	严重
123	缙云山隧道				√	水	严重
124	皮匠沟一号隧道				√	施工不当	严重
125	高坡冲隧道				√	水	严重
126	赣韶铁路岭足下 2 号出口隧道				√	支护不当	严重
127	长埠隧道				√	施工不当	严重
128	雅克夏雪山隧道				√	不良地质	严重
129	雅克夏雪山隧道				√	不良地质	严重
130	雅克夏雪山隧道				√	不良地质	严重
131	钨都大余隧道				√	不良地质	严重
132	南黎铁路那适 2 号隧道				√	不良地质	严重
133	烧锅地隧道				√	不良地质	严重
134	芒罕图隧道				√	施工不当	严重
135	那国隧道				√	不明	严重
136	梅冲河隧道				√	水	严重
137	梅冲河隧道				√	水	严重
138	沙子娅隧道				√	水	严重
139	对门坡隧道				√	不良地质	严重
140	对门坡隧道				√	不良地质	严重
141	对门坡隧道				√	不良地质	严重
142	大炮山隧道				√	不明	严重
143	龙潭湾隧道				√	不良地质	严重
144	龙潭湾隧道				√	不良地质	严重
145	路河山隧道				√	水	严重
146	大连南山隧道				√	支护不当	严重
147	南山隧道				√	支护不当	严重
148	大连南山隧道				√	支护不当	严重
149	安沟隧道左洞				√	不良地质	严重

续表

编号	隧道	塌方位置				塌方原因	严重程度
		洞口	开挖面	边坡	洞室		
150	沈家山隧道				√	地震	严重
151	凉风拗隧道				√	水	严重
152	西铁车 2 号隧道				√	支护不当	严重
153	天竺寺隧道				√	水	严重
154	后山坪隧道				√	支护不当	严重
155	丽攀高速公路华坪隧道				√	水	严重
156	西安地铁三号线暗挖隧道				√	支护不当	严重
157	四方石隧道				√	水	严重
158	东岭隧道				√	不良地质	严重
159	阿尔及利亚东西高速公路				√	不良地质	严重
160	阿尔及利亚东西高速公路隧道				√	支护不当	严重
161	工布江达隧道				√	水	严重
162	工布江达隧道				√	施工不当	严重
163	燕子岩隧道				√	支护不当	严重
164	雷打石隧道				√	水	严重
165	云桂铁路富宁隧道				√	不明	严重
166	云桂铁路富宁隧道				√	不明	严重
167	两天窝隧道				√	不明	严重
168	玉蟾山隧道				√	不良地质	严重
169	后祠隧道				√	不明	严重
170	后祠隧道				√	不明	严重
171	下沙隧道				√	不良地质	损毁
172	下沙隧道				√	不良地质	损毁
173	犁铧山隧道				√	不良地质	严重
174	犁铧山隧道				√	不良地质	严重
175	云南某水库输水隧洞				√	不良地质	严重
176	昆明市晋宁隧道				√	不明	严重
177	昆明市晋宁隧道				√	不明	严重
178	昆明市晋宁县昆阳镇安企村安企一号隧道				√	不良地质	严重
179	印度比拉斯布尔隧道				√	不明	严重
180	韩国水西—平泽段首都圈高铁（KTX）				√	不明	严重

通过对表 2.1 分析可知，软岩隧道发生塌方的位置主要为：一是开挖面塌方；二是洞口塌方；三是洞室塌方；四是开挖面后方围岩塌方。根据图 2.1 所示，洞室塌方占 32%，洞口塌方占 6%，由开挖面及开挖面引起的后方围岩塌方数占 62%。因此，开挖面塌方已经是软岩隧道施工事故的主要形式，具有十分重要的研究意义。

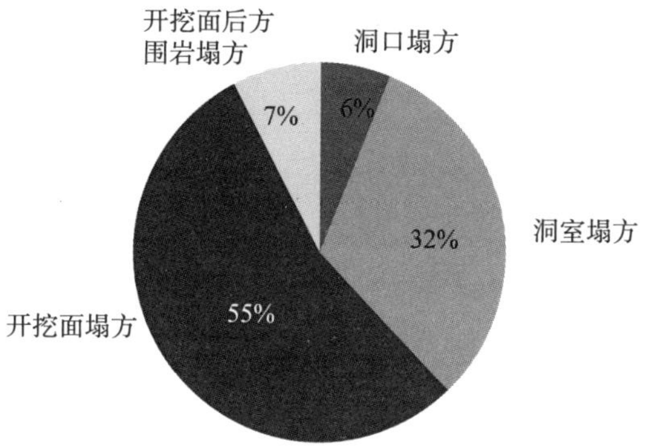

图 2.1　隧道塌方发生部位

1. 洞口塌方

在软岩隧道塌方中，有时也会发生如图 2.2 所示的洞口塌方。总结我国 100 多起隧道施工塌方案例，洞口塌方事故部分占总数 6%。洞口塌方主要表现为洞口处发生滑坡、洞口初期支护破坏以及洞口岩石出现破碎。

图 2.2　安康环城干道隧道洞口塌方

由于洞口一般处于结构面不发育、岩堆发育、风化严重、松散、破碎的岩体层，其自身的围岩稳定性差。施工时，由于隧道埋深浅，主要靠支护作用保证洞口的稳定性，随着时间的发展或者气候的变化，围岩自重增加，进而导致围岩初期支护变形、破坏，造成大面积的塌方，危害生命财产安全(图 2.2)。

2. 洞内塌方

根据在洞内塌方中不同的塌方时机，将其分为开挖面塌方(图 2.3)、洞室塌方和其他等三种塌方类型。

图 2.3 广西德保县多贤隧道塌方

(1) 开挖面塌方指还没有进行支护，或者正在喷射混凝土尚没有起作用前，刚开挖的拱、墙部或开挖面位置出现的塌方。该类塌方比较常见，约占总案例的 55%。塌方原因：支护不及时、对前方地质条件掌握不准确、超前支护措施不够等。预兆性：往往伴随渗水、突水、掉块、响声等。但是突发性强，反应时间几分钟到几小时。

(2) 洞室塌方指初期衬砌前后的塌方，主要是指在初期支护封闭前承载力有限或者初期支护封闭后由于设计不合理而发生的塌方。这类塌方占总案例的 32%。

(3) 其他是指在二次衬砌完成后发生的塌方，这类塌方比较少，占总案例的 7%，主要是由于设计不合理或者施工过程不合规范等。

(二) 软岩隧道塌方相关影响因素

由于软弱围岩强度低、自稳能力差，隧道开挖后在开挖面附近会产生松动区，使围岩与初期支护产生变形。一旦支护阻力或者施工方法不当，将极易发生初期支护变形侵限和隧道塌方。因此，影响软岩隧道塌方的因素大致可以分为以下四种：

(1) 隧道围岩分级是对隧道进行评价分析与设计施工的基础。隧道破坏塌方的主要影响因素是围岩的稳定性，而围岩稳定性的一个重要判别标准就是围岩分类。《公路隧道设计规范》(JTG 3370.1—2018) 中将隧道围岩划分为六级，级别越小，围岩性质越好，岩石强度越高，一般来说这样的围岩洞室越稳定。

(2) 埋深比即隧道开挖断面的顶部到地面的距离与隧道开挖直径之比。有研究指出，当埋深较小时，随着埋深比增大，开挖面前方破坏区增大；当埋深较大时，埋深比增大，隧道围岩竖向应力、位移、剪应力增大。

(3) 黏聚力 c 对软岩隧道塌方也有影响。如在砂土质隧道中，砂土越密实，黏聚力越大，围岩越稳定。

(4) 隧道半径与锚杆径向长度之比即隧道半径与开挖面加固锚杆长度的比值。软岩隧道由于自身地质条件的原因，一般情况下都会进行开挖面超前锚杆支护以防开挖面的塌方。超前支护有效地降低了渗透力，提供了支护阻力，提高了围岩的稳定性。据研究表明，锚杆的长度与隧道直径相关，当大于某一个值时，支护效果增强不明显。另外，随着锚杆的数量增加，支护效果增强，但当锚杆的数量超过一定的值时，支护效果不会有明显变化。

通过对大量资料的分析，开挖面作为软岩隧道开挖受扰动最大的部位，必须确定开挖面水平位移长度，为后续的软岩隧道施工提供技术依据。

(三)软岩隧道塌方分级

依据软岩隧道塌方灾害调查、统计，为准确描述隧道塌方程度，将隧道塌方灾害分为四级，如表 2.2 所示。

表 2.2　软岩隧道塌方程度分级

塌方程度	塌方描述
轻度破坏(A)	局部破坏但是可以修缮加固
中度破坏(B)	破坏较严重需要大量加固
严重破坏(C)	破坏严重，发生局部塌方并且造成人员伤亡
损毁(D)	破坏非常严重，隧道坍塌造成人员伤亡

(四)软岩隧道塌方分类

导致软岩隧道塌方的主要原因如下：

(1)不良地质条件。主要包括高地应力、断层破碎带、地下水；由不良地质条件导致的隧道塌方灾害，其以土体内部滑移面有滑移趋势、节理发育、围岩裂隙异常发育、水通过裂隙不断渗透、混凝土掉块、地表沉降、地面出现裂缝等为塌方发生前主要表现形式。

(2)开挖面水平挤出变形过大。主要指隧道施工时由于本身强度等级不够，为了保持围岩的稳定性从而施加支护力。开挖面水平挤出变形过大，造成开挖面前方围岩向开挖面聚集，终究因体积损失过大而造成塌落破坏。根据前面统计资料，建议将隧道塌方灾害按照如表 2.3 所示的塌方原因与灾害分级进行分类，以便确定如表 2.4 所示的在不同阶段采取相应的措施。由开挖面水平挤出变形过大导致的隧道塌方灾害，其以初期支护出现剥落或者有裂缝、支撑在拱腰与拱顶处的工字钢出现变形、工程出现裂缝、有泥土和岩石从隧道顶部坠落等为塌方发生前的主要表现形式。

表 2.3　不良地质条件导致的软岩隧道塌方灾害判定标准

发生概率	围岩裂缝	混凝土掉块	渗水	地面表现	不良土含量	备注
低	不存在裂缝或裂缝较少	—	不渗水或只从裂缝中少量渗水	地表不沉降或沉降量很少，有少量裂缝	不含或含有少量	不良土：软黏土、杂填土、冲填土、膨胀土、红黏土、泥炭质土、岩溶、湿陷性黄土等
中等	存在裂缝、错台、剥落，部分影响行车安全	衬砌垮塌且垮塌面积较小	从衬砌裂缝等处涌水，部分影响施工安全	路面隆起、错台，程度较小，部分影响行车安全	含有几种或含量较多	
高	存在裂缝、错台、剥落和掉块，结构物功能明显下降	衬砌垮塌、初支垮塌、塌方	从衬砌裂缝等处喷射水流，严重影响施工安全	地面隆起错台，隆起值较大，严重影响行车安全	不良土充满整个地层	

表 2.4 开挖面水平挤出变形过大导致的软岩隧道塌方灾害判定标准

发生概率	初期支护情况	钢支撑情况	锚杆情况
低	初期支护未剥落或裂纹较少	钢支撑未发生明显变形或形变轻微	锚杆未发生变形或变形较小
中等	部分出现剥落或者有裂缝	钢支撑在拱顶与拱腰处有形变，肉眼可见	部分锚杆产生弯曲，少量锁脚锚杆被切断
高	大面积出现剥落且裂缝较多	钢支撑在拱顶与拱腰处形变严重，部分钢拱架产生裂纹	锚杆被大量切断

三、小结

通过分析 180 多宗软岩隧道塌方事故的灾害特征及灾害影响因素，将软岩隧道的塌方灾害特征归纳总结为隧道洞口段塌方、开挖面后方已开挖洞室塌方、开挖面塌方三个方面，其中洞室塌方占 32%，洞口塌方占 6%，由开挖面及开挖面引起的后方围岩塌方数占 62%，开挖面塌方已经是软岩隧道施工事故的主要形式；不良地质条件和开挖面水平挤出变形过大是引起开挖面塌方的主要因素；根据不同类型塌方的特征，提出了隧道塌方的判定标准。

第三节 软岩隧道开挖面变形计算方法

结合本章第二节中软岩隧道塌方灾害特征和诱发因素，基于收敛-约束法基本理论，对软岩隧道全断面预加固条件下开挖面变形计算方法进行研究。

一、基本假设

在软弱围岩条件下进行隧道施工，其开挖面的变形和内力变化十分复杂，如何找到一种开挖面计算方法适用于具体的隧道施工对于设计者来说尤其重要。隧道作为一种建设在地层围岩介质中的隐蔽空间结构，可以把它考虑为空间球对称问题来解决，建立隧道开挖面前方待开挖围岩的平衡微分方程，由此推算出前方待开挖围岩的应力表达式，推导开挖面最大挤出位移的计算公式。

以下将隧道面视为球面，以开挖面前方受扰动区域为研究对象，建立球对称平衡方程分析隧道内力和变形。同时在计算前，依据如图 2.4 所示的隧道开挖面分析模型，对分析模型做出如下的基本假设：

(1) 假定隧道开挖面为球面，在径向布置有限长度的锚杆。同时假定隧道开挖面前方待开挖部分围岩位移、应变和应力场呈球形对称。

(2) 假设宏观应力张量是两部分的总和，第一部分是土，第二部分是锚杆。

(3) 假设在一段时间（由于开挖面向前推进）之后，最初位于断层面（图 2.4）内的点（点 A）在隧道面（点 B）处露出的应力将与位于开挖面上的另一个点（点 B）相同，并受到虚拟内部压力 P_i 的影响，该内部压力 P_i 从初始地应力减小到零。我们引入荷载参数 ΔP，从 0 到 P_∞ 有规律地增加。

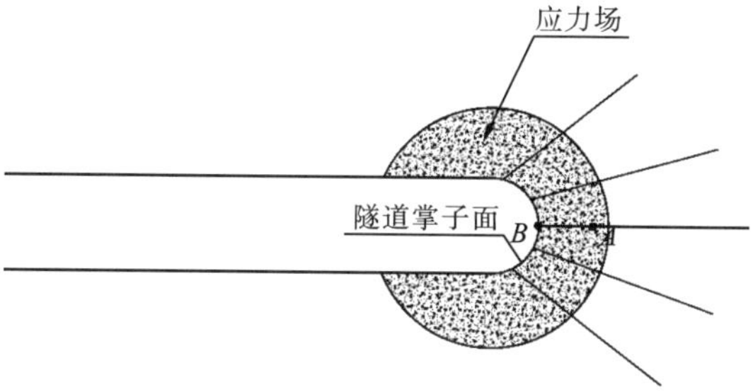

图 2.4　隧道假定几何示意图

(4) 假定土层和锚杆为理想弹塑性（采用莫尔-库仑准则作为塑性判断条件）。假定土层是不可压缩的（泊松系数 v_s=0.5）。

(5) 问题是静态的，只考虑小变形和位移场。此外，由于球面对称性，应力和应变张量是对角的，在 ϕ 和 θ 方向上具有相同的分量（ϕ 为极坐标系下球半径与 z 轴的夹角，θ 为 x 轴与球半径在 xoy 内投影之间的夹角），位移是纯径向的。

(6) 隧道是深埋隧道（$R/H \ll 1$，其中 R 是隧道半径，H 为隧道埋深），并且土层中的初始应力场是均匀的和各向同性的。侧压力系数 λ=1，隧道为圆形隧道，塑性区黏聚力 c、内摩擦角 φ 值为常数。

(7) 锚杆和围岩之间不产生相对滑动。

二、本构方程

假定锚杆是理想弹塑性，处于纯拉伸状态。即单个锚杆的极限抗拉强度：

$$T_{yb} = \sigma_{yb} S_b \tag{2.1}$$

式中，σ_{yb}——锚杆屈服强度；S_b——锚杆横截面面积。

假定围岩是理想弹塑性体，基于莫尔-库仑准则以及关联流动法则；同时锚杆与地层之间完全黏结在一起，不产生相对位移；它们的拉应力仅取决于平行于锚杆轴线方向上的纵向应变；因此，等效均质材料的应力张量可以表示如下：

$$\sigma = \sigma_s + \sigma_b \tag{2.2}$$

(一) 弹性本构方程

在均匀和各向同性的介质中，三维胡克定律为

$$\sigma_s = 2\mu_s \varepsilon + \lambda_s tr(\varepsilon)\boldsymbol{I} - \sigma_z \boldsymbol{I} \tag{2.3}$$

式中，σ_s——地层的初始地应力；μ_s——Lamé 的第一个参数；λ_s——Lamé 的第二个参数；$\boldsymbol{I}$——单位转换矩阵；σ_z——原始地应力。

同时，由于锚杆的位置分布，在相同的应变 ε 下，锚杆应力表示为：$\sigma_b = E_b \varepsilon_{rr} \leqslant \sigma_{yb}$。则每个锚杆的抗拉强度：

$$T_b = S_b E_b \varepsilon_{rr} \leqslant T_{yb} = S_b \sigma_{yb} \tag{2.4}$$

式中，T_b——单个锚杆抗拉强度；ε_{rr}——锚杆轴向应变；E_b——锚杆弹性模量；σ_{yb}——锚杆屈服强度；S_b——锚杆横截面面积。

由于在距离中心 r 处，锚杆的从属面积为：$S^*=(r^2/R^2)/d_b$。因此，

$$\sigma_b(r)=T_b/S^*=d_bS_bE_b\varepsilon_{rr}(R^2/r^2)\leqslant d_bS_b\sigma_{yb}(R^2/r^2) \tag{2.5}$$

式中，E_b——锚杆的杨氏模量；d_b——开挖面每平方米布置的锚杆数量；T_b——锚杆抗拉强度。

当锚杆在弹性区内：

$$\sigma_b=d_bS_bE_b\varepsilon_{rr}\left(\frac{R}{r}\right)^2\boldsymbol{e}_r\otimes\boldsymbol{e}_r \tag{2.6}$$

当锚杆在半径为 r 时发生屈服：

$$\sigma_b=d_bS_b\sigma_{yb}\left(\frac{R}{r}\right)^2\boldsymbol{e}_r\otimes\boldsymbol{e}_r \tag{2.7}$$

由于隧道假定为空间球对称，其中 R 是球面的半径，ε_{rr} 为径向应变，$\boldsymbol{e}_r$ 为单位径向矢量。根据不可压缩假设（$v_s=0.5$）与非零宏观应力有关的应变率方程如下：

$$\begin{bmatrix}\dot{\varepsilon}_{rr}\\ \dot{\varepsilon}_{\theta\theta}\end{bmatrix}=\left\{E_s\left(1+\frac{k^2}{r^2}\right)\right\}^{-1}\begin{bmatrix}1 & -1\\ -1/2 & 1/2\end{bmatrix}\begin{bmatrix}\dot{\sigma}_{rr}\\ \dot{\sigma}_{\theta\theta}\end{bmatrix} \tag{2.8}$$

其中，$k^2=[d_bS_b(E_b/E_s)]R^2=\beta R^2$；$\beta=\Delta E/E_s$，表示锚杆刚度的参数；$E_s$——岩体弹性模量。

（二）塑性本构方程

在塑性区内，假定 $\sigma_\theta=\sigma_\phi$，则围岩的塑性判断依据可以表示为

$$f(\sigma)=\xi\sigma_r-\sigma_\theta-R_c \tag{2.9}$$

$$\begin{cases}\xi=\dfrac{1+\sin\varphi}{1-\sin\varphi}\\ R_c=\dfrac{2c\cdot\cos\varphi}{1-\sin\varphi}\end{cases} \tag{2.10}$$

式中，c——围岩黏聚力；φ——内摩擦角；E_s——围岩杨氏模量；R_c——围岩单轴抗压强度。

规定 $f<0$ 表示弹性应力状态。当存在锚杆加固时，锚杆产生的径向拉应力与围岩产生的拉应力共同作用，联合式（2.2）和式（2.6）可得两个不同的塑性应力区。

①PL_1（围岩屈服，锚杆不屈服）：

$$\varepsilon_{rr}<\varepsilon_{yb}:\sigma_0(r)=\frac{k^2}{r^2}E_s\varepsilon_{rr}\rightarrow f(\sigma)=\xi\sigma_r-\sigma_\theta-R_c-\frac{k^2}{r^2}E_s\varepsilon_r \tag{2.11}$$

②PL_2（围岩、锚杆都屈服）：

$$\varepsilon_{rr}>\varepsilon_{yb}:\sigma_0(r)=\frac{k^2}{r^2}\frac{E_s}{E_b}\sigma_{yb}\rightarrow f(\sigma)=\xi\sigma_r-\sigma_\theta-R_c-\frac{k^2}{r^2}\frac{E_s}{E_b}\sigma_{yb} \tag{2.12}$$

式中，σ_{yb}——锚杆屈服应力；ε_{yb}——锚杆屈服应变，$\varepsilon_{yb}=\sigma_{yb}/E_b$。

根据$\sigma_\theta=\sigma_\phi$，可得

$$\dot{\varepsilon}^p=\frac{1}{2}\dot{\zeta}\left(\partial_\sigma f_{r\theta}+\partial f_{r\theta}\right)=\dot{\zeta}\begin{bmatrix}1&0&0\\0&-\frac{1}{2}&0\\0&0&-\frac{1}{2}\end{bmatrix} \tag{2.13}$$

式中，ζ——描述塑性径向应变张量，$\varepsilon_{rr}^p=\zeta$，$\varepsilon_{\theta\theta}^p=\varepsilon_{\phi\phi}^p=-\zeta/2$。

三、软岩隧道开挖面变形计算公式

(一)隧道变形问题的基本方程

从隧道开挖面前方围岩上取出如图2.5所示长度为dr的锚杆与围岩单元进行分析。在整个应力场内，任意一点的应力分量需满足平衡条件。对于球对称问题，不考虑体积力，则极坐标的平衡方程为

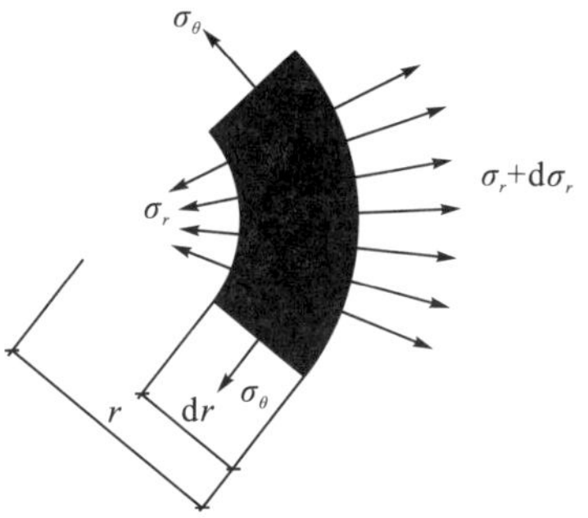

图2.5　单元分析模型

$$\frac{\partial\sigma_r}{\partial r}+\frac{2}{r}(\sigma_r-\sigma_\theta)=0 \tag{2.14}$$

同时由于体积不可压缩$\varepsilon_r+\varepsilon_\theta+\varepsilon_\phi=0$，可得

$$\frac{\mathrm{d}u}{\mathrm{d}r}+\frac{2u}{r}=0 \tag{2.15}$$

则：

$$u=-\frac{B}{r^2},\quad \varepsilon_r=\partial_r u=\frac{2B}{r^3} \tag{2.16}$$

式中，B——积分常数。

根据相容方程：$\partial_r u=\varepsilon_r$，$\varepsilon_\theta=u/r$以及增量理论，联立式(2.8)和式(2.13)，可得

$$\partial_r u=\left[E_s\left(1+\frac{k^2}{r^2}\right)\right]^{-1}(\sigma_r-\sigma_\theta)+\zeta \tag{2.17}$$

$$\frac{u}{r}=\left[2E_s\left(1+\frac{k^2}{r^2}\right)\right]^{-1}(\sigma_\theta-\sigma_r)-\frac{\zeta}{2} \tag{2.18}$$

其中，$k=\sqrt{\beta}R$。

图 2.6 隧道掘进示意图

如图 2.6 所示，随着隧道开挖面向前推进，研究断面 1-1 处的应力：

$$\sigma_r(R)=-P_i \tag{2.19}$$

式中，随着开挖面推进到断面 1-1，P_i 的值从 σ_z 逐渐变为 0。

圆形隧道条件下侧压力系数为 1，则：

$$\begin{cases}\sigma_x=\lambda\sigma_z=P_\infty \\ \Delta P=P_\infty-P_i \\ \Delta P^*=\dfrac{\Delta P}{c}\end{cases} \tag{2.20}$$

式中，σ_z 为竖直向原始地应力；σ_x 为水平向原始地应力；c 为黏聚力。

（二）六种不同工况解析模型

图 2.7 反映了围岩与支护结构之间的相互作用关系，当围岩处于塑性应力状态时，仍有部分支护结构处于弹性应力状态。因此，软岩隧道开挖面变形计算可以分为以下六种工况。

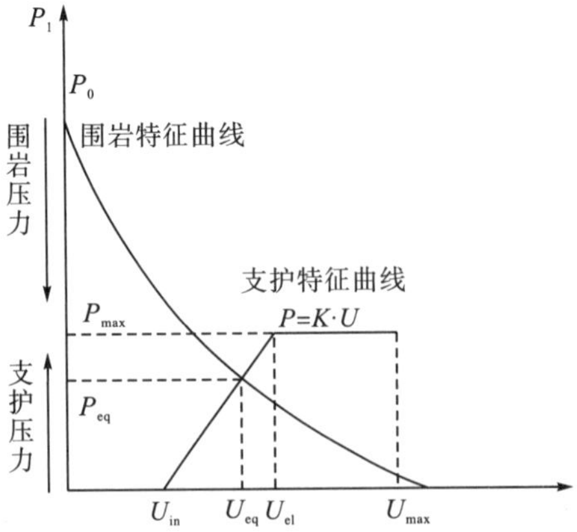

图 2.7 围岩与支护结构相互作用关系曲线（图中 K 为支护刚度，U 为围岩位移）

随着隧道开挖，研究断面 1-1 内部压力降低(则 $\Delta P = P_\infty - P_i$ 增加)，围岩保持一段时间的弹性应力状态，直到在 $x = R$ 时围岩发生屈服，此时 $\Delta P = \Delta P^{(1)}$ 。第一个塑性区 PL_1，此时围岩处于塑性应力状态，锚杆仍处于弹性应力状态。当 ΔP 达到第二个临界值 $\Delta P^{(2)}$ 时，锚杆在前面产生屈服，此时第二个塑性区 PL_2 出现并开始发展。随着塑性区 PL_1 逐渐达到加固区与非加固区的交界，临界值 $\Delta P^{(3)}$ 产生，此时同时存在四个不同的应力区(PL_2、PL_1、PL_3、EL)，其中 PL_3 出现在非加固区，此区域内的围岩处于塑性应力状态。当塑性区 PL_2 发展到加固区与非加固区的交界，即整个锚杆发生屈服，第四个临界值 $\Delta P^{(4)}$ 出现。假定 EL_b 很大，弹塑性区域的演变如图 2.8 所示六种工况。

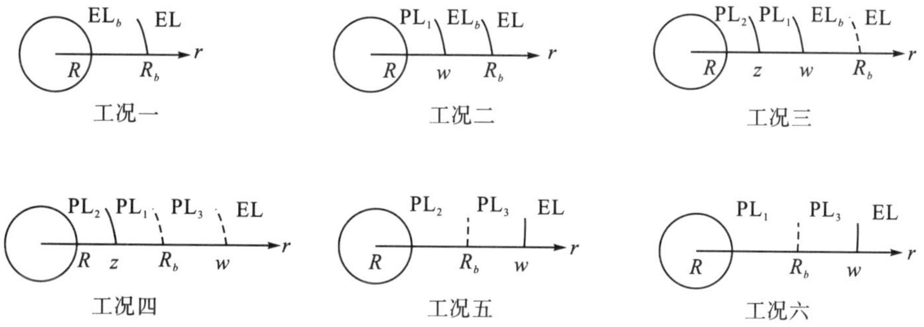

图 2.8　不同工况示意图

1. 锚杆与围岩均为弹性应力状态

假设锚杆与土层都处于弹性应力状态，则式(2.17)和式(2.18)中 $\zeta = 0$ 。开挖半径为 R，锚杆长度为 L_b，R_b=R+L_b。EL_b 表示加固区围岩与锚杆均处于弹性应力状态，EL 表示非加固区围岩处于弹性应力状态，如图 2.9 所示。

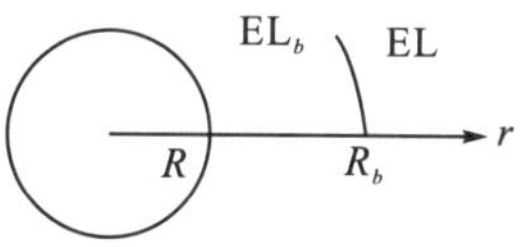

图 2.9　工况一计算示意图

把式(2.16)代入到式(2.17)，可得径向应力与切向应力差的表达式：

$$\sigma_r - \sigma_\theta = \frac{2B}{r^3}\left[E_s \cdot \left(1 + \frac{k^2}{r^2}\right)\right] \tag{2.21}$$

把式(2.21)代入式(2.14)可得到锚杆与围岩均处于弹性阶段的微分方程：

$$\frac{\partial \sigma_r}{\partial r} + \frac{4BE_s}{r^4}\left(1 + \frac{k^2}{r^2}\right) = 0 \tag{2.22}$$

当 r 趋近于无穷大时 $\sigma_r = -P_\infty$，则积分可得径向应力表达式为

$$\sigma_r = -P_\infty + 4BE_s\left(\frac{k^2}{5r^5} + \frac{1}{3r^3}\right) + D \tag{2.23}$$

式中，D——积分常数。

在非加固区（$r > R_b$），$k = 0$；在无穷远（$r \to \infty$）处 $\sigma_r = P_\infty$，则 $D = 0$。可得

$$\sigma_r = -P_\infty + \frac{4BE_s}{3r^3} \tag{2.24}$$

在加固区，由于径向应力的连续性，将式(2.23)与式(2.24)联立求解，可得

$$D = -\frac{4BE_s \cdot k^2}{5R_b^2} \tag{2.25}$$

把式(2.19)和式(2.25)代入式(2.23)，可以得出工况一下，开挖面的径向应力 $\sigma_r(R)$ 与积分常数 B 的表达式：

$$\sigma_r(R) = -P_\infty + 4BE_s\left(\frac{k^2}{5R^5} + \frac{1}{3R^3}\right) - \frac{4BE_s k^2}{5R_b^5} \tag{2.26}$$

由边界条件 $\sigma_r(R) = -P_i$，可知：

$$B = \frac{\Delta P}{4E_s}\left[\frac{k^2}{5}\left(\frac{1}{R^5} - \frac{1}{R_b^5}\right) + \frac{1}{3R^3}\right]^{-1} \tag{2.27}$$

(1) 当屈服没有发生时，具体计算分析如表 2.5。

(2) 当发生屈服时，由图 2.7 可知，锚杆的屈服应变高于围岩的屈服应变，因此后者的屈服先于前者发生。由于锚杆的密度和应力强度随着 r 的增大而减小，因此屈服不一定从 $r = R$ 开始。

表 2.5　工况一统计表

	$\mathrm{EL}_b(R < r < R_b)$	$\mathrm{EL}(R_b < r < \infty)$
u	$-\frac{B}{r^2}, B = \frac{\Delta P}{4E_s}\left[\frac{k^2}{5}\left(\frac{1}{R^5} - \frac{1}{R_b^5}\right) + \frac{1}{3R^3}\right]^{-1}$	
σ_r	$-P_\infty + 4BE_s\left(\frac{k^2}{5r^5} + \frac{1}{3r^3}\right) - \frac{4BE_s k^2}{5R_b^5}$	$-\sigma_z + \frac{4}{3}E_s\frac{B}{r^3}$
σ_θ	$-P_\infty - BE_s\left(\frac{6k^2}{5r^5} + \frac{2}{3r^3}\right) - \frac{4BE_s k^2}{5R_b^5}$	$-\sigma_z - \frac{2}{3}E_s\frac{B}{r^3}$

由表 2.5 可知 EL 时的应力场下径向应力与切向应力表达式：

$$\begin{cases} \sigma_r = -P_\infty + \dfrac{4}{3}E_s\dfrac{B}{r^3} \\ \sigma_\theta = -P_\infty - \dfrac{2}{3}E_s\dfrac{B}{r^3} \end{cases} \tag{2.28}$$

把式(2.28)代入式(2.9)可得屈服准则的表达式：

$$F(\sigma, r) = \xi\left(-P_\infty + \frac{4}{3}E_s\frac{B}{r^3}\right) - \left(-P_\infty - \frac{2}{3}E_s\frac{B}{r^3}\right) - R_c \tag{2.29}$$

由于 F 随着 r 的增大是单调递减的，因此屈服首先发生在 $r=R$ 处，则 B 的表达式：

$$B=A\frac{R^3}{E_s} \tag{2.30}$$

其中，$A=\frac{[R_c-(1-\xi)\sigma_z]}{2\xi+1}\cdot\frac{3}{2}$。

由式(2.27)可知：

$$\Delta P^{(1)}=\frac{\Delta P}{A}=\left[1+\frac{3}{5}\beta(1-b^{-5})\right]\cdot\frac{4}{3} \tag{2.31}$$

式中，$b=R_b/R$ 是表示锚杆长度影响的无量纲参数。

2. 加固区围岩处于塑性区，锚杆处于弹性区

如图 2.10 所示，弹性区 EL 和 EL_b 的表达式与表 2.5 保持一致，但是由于 EL_b 不再与 $r=R$ 接触，因此参数 B 的取值不同。当围岩屈服条件为 $r=w^+$ 时，

$$B=A\cdot\frac{w^3}{E_s} \tag{2.32}$$

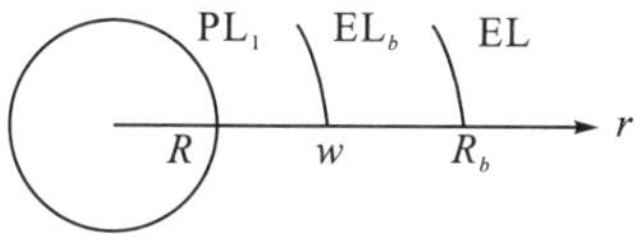

图 2.10 工况二简化计算模型

在塑性区 PL_1 中，把屈服准则(2.11)、平衡方程(2.14)和式(2.16)联立求解得出关于 σ_r 的微分方程：

$$\frac{\partial\sigma_r}{\partial r}+\frac{2}{r}\left(\sigma_r-\xi\sigma_r+R_c+\frac{2BE_sk^2}{r^5}\right)=0 \tag{2.33}$$

把式(2.32)代入，积分可得径向应力表达式：

$$\sigma_r=D\cdot r^{-2(1-\xi)}-\frac{R_c}{1-\xi}+\frac{4Aw^3k^2}{r^5(3+2\xi)} \tag{2.34}$$

令 $\frac{R_c}{1-\xi}=Q$，又在 w 处径向应力具有连接性，则

$$\sigma_r=-P_\infty+4Aw^3\left(\frac{k^2}{5w^5}+\frac{1}{3w^3}\right)-\frac{4Aw^3k^2}{5R_b^5}=D\cdot w^{-2(1-\xi)}-Q+\frac{4Aw^3k^2}{w^5(3+2\xi)} \tag{2.35}$$

可以求出径向应力：

$$\sigma_r=\left[-P_\infty+4Aw^3\left(\frac{k^2}{5w^5}+\frac{1}{3w^3}-\frac{k^2}{5R_b^5}-\frac{k^2}{w^5(3+2\xi)}\right)+Q\right]\left(\frac{w}{r}\right)^{2(1-\xi)}-Q+\frac{4Aw^3k^2}{r^5(3+2\xi)} \tag{2.36}$$

通过边界条件 $\sigma_r(R)=-P_i$，同时令 $W=\frac{w}{R}$，可知：

$$\Delta P = P_\infty + \left[-P_\infty + 4A\left(\frac{\beta}{5W^2} + \frac{1}{3} - \frac{\beta W^3}{5b^5} - \frac{\beta}{W^2(3+2\xi)} \right) + Q \right] W^{2(1-\xi)} - Q + \frac{4A\beta W^3}{3+2\xi} \tag{2.37}$$

(1) 围岩塑性半径 w 达到 R_b 前，锚杆在 $r = R$ 发生屈服时

$$\varepsilon_r(R) = \varepsilon_{yb} = \frac{2B}{R^3} \tag{2.38}$$

把式 (2.34) 和式 (2.39) 联立求解得

$$W^3 = \varepsilon^* = \frac{w^3}{R^3} = \frac{E_s \sigma_{yb}}{2AE_b} \tag{2.39}$$

简化式 (2.38) 可得

$$\Delta P^{(2A)} = P_\infty - Q + \frac{4A\beta W^3}{3+2\xi} + \left[-P_\infty + 4A\left(\frac{\beta}{5(\varepsilon^*)^{2/3}} + \frac{1}{3} - \frac{\beta\varepsilon^*}{5b^5} - \frac{\beta}{(\varepsilon^*)^{2/3}(3+2\xi)} \right) + Q \right] (\varepsilon^*)^{2(1-\xi)/3} \tag{2.40}$$

(2) 围岩塑性半径 w 已达到 R_b，锚杆仍未发生屈服，把 $W = b$ 代入式 (2.37)，可得

$$-P_i = \left[-P_\infty + 4A\left(\frac{\beta}{5b^2} + \frac{1}{3} - \frac{\beta}{5b^2} - \frac{\beta}{b^2(3+2\xi)} \right) + Q \right] b^{2(1-\xi)} - Q + \frac{4A\beta b^3}{3+2\xi} \tag{2.41}$$

可以求出荷载参数表达式：

$$\Delta P^{(2B)} = P_\infty - Q + \frac{4A\beta b^2}{3+2\xi} + \left[-P_\infty + 4A\left(\frac{\beta}{5b^2} + \frac{1}{3} - \frac{\beta}{5b^2} - \frac{\beta}{b^2(3+2\xi)} \right) + Q \right] b^{2(1-\xi)} \tag{2.42}$$

由式 (2.40) 和式 (2.42) 可知，如果 $\varepsilon^* < b^3$，则 $\Delta P^{(2A)} < \Delta P^{(2B)}$，围岩塑性半径 w 达到 R_b 前，锚杆在 $r = R$ 处发生屈服，反之亦然。具体情况变化如图 2.11 所示，工况二统计结果如表 2.6 所示。

表 2.6 工况二统计表

	PL_1 $(R < r < w)$	EL、EL_b
u	$-\frac{B}{r^2}, B = A\frac{w^3}{E_s}$	
σ_r	$\left[-P_\infty + 4Aw^3\left(\frac{k^2}{5w^5} + \frac{1}{3w^3} - \frac{k^2}{5R_b^5} - \frac{k^2}{w^5(3+2\xi)} \right) + Q \right] \left(\frac{w}{r} \right)^{2(1-\xi)} - Q + \frac{4Aw^3k^2}{r^5(3+2\xi)}$	
σ_θ	$\xi\left[-P_\infty + 4Aw^3\left(\frac{k^2}{5w^5} + \frac{1}{3w^3} - \frac{k^2}{5R_b^5} - \frac{k^2}{w^5(3+2\xi)} \right) + Q \right] \left(\frac{w}{r} \right)^{2(1-\xi)}$ $-(2-\xi)Q - \frac{2Aw^3k^2(1+2\xi)}{r^5(3+2\xi)}$	同表 2.5

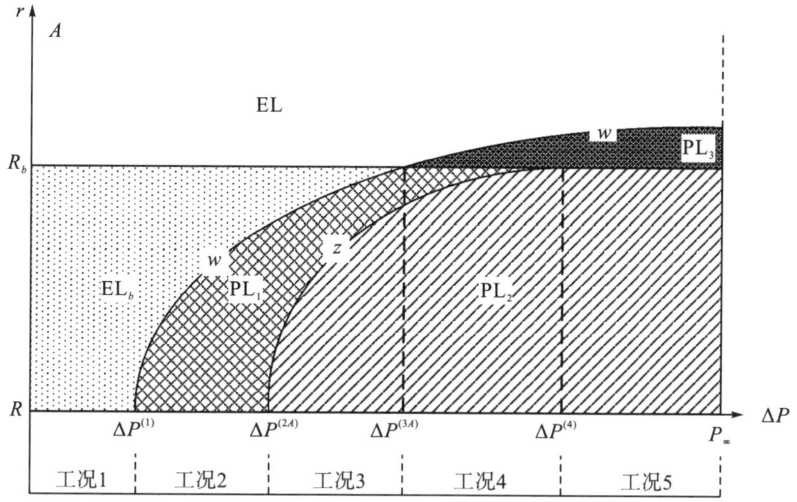

(a)表示当 PL_1 到达 R_b 前锚杆在 R 处屈服时塑性区发展

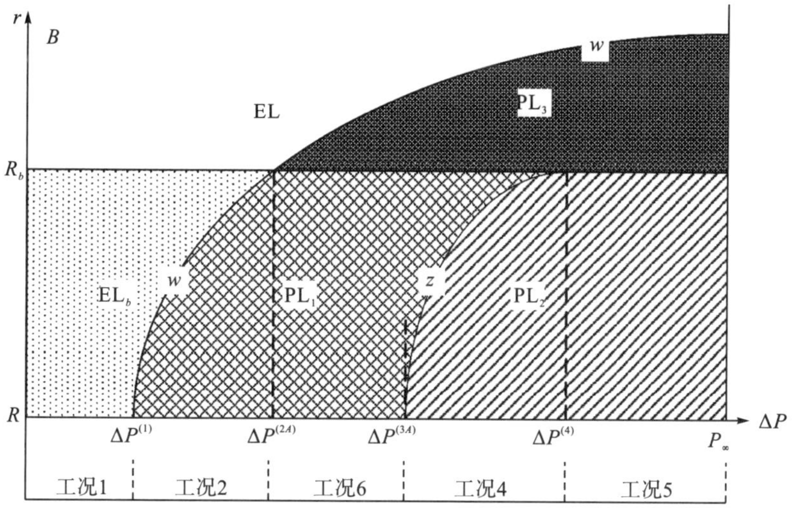

(b)表示当 PL_1 到达 R_b 时锚杆未发生屈服时塑性区发展

图 2.11　塑性区的发展

3. 加固区锚杆出现塑性区

表 2.6 中描述了三个区域的应力表达式，在图 2.12 中，由于 PL_2 的存在，即在 $(R<r<z)$ 范围内，锚杆与围岩均处于塑性应力状态，w 不能用式(2.37)确定。因此，通过屈服条件式(2.11)和式(2.30)可知：

$$\left(\frac{w}{z}\right)^3=\varepsilon^*=\frac{\varepsilon_{yb}E_s}{2A} \tag{2.43}$$

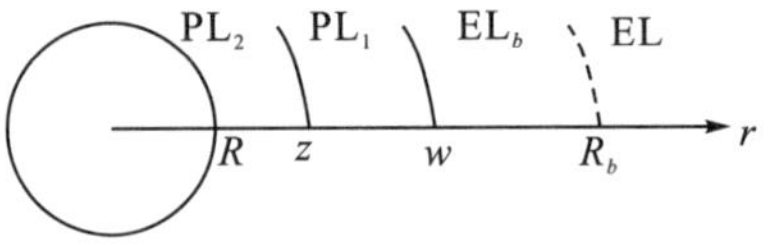

图 2.12 工况三简化计算模型

联立式(2.12)和式(2.14)可得到 PL_2 状态下径向应力微分方程：

$$\frac{\partial\sigma_r}{\partial r}+\frac{2}{r}\left(\sigma_r-\xi\sigma_r+R_c+\frac{k^2}{r^2}\cdot\frac{E_s}{E_b}\cdot\sigma_{yb}\right)=0 \tag{2.44}$$

则：

$$\sigma_r=D\cdot r^{-2(1-\xi)}-Q+\frac{1}{r^2}\cdot\frac{2A\varepsilon^*k^2}{\xi} \tag{2.45}$$

由边界条件 $\sigma_r(R)=-P_i$，可知

$$D=\left(-P_i+Q-\frac{2A\varepsilon^*k^2}{\xi R^2}\right)\cdot R^{2(1-\xi)} \tag{2.46}$$

因此，在 PL_2 状态下径向应力表达式为

$$\sigma_r=\left(-P_i+Q-\frac{2A\varepsilon^*k^2}{\xi R^2}\right)\cdot\left(\frac{R}{r}\right)^{2(1-\xi)}-Q+\frac{1}{r^2}\cdot\frac{2A\varepsilon^*k^2}{\xi} \tag{2.47}$$

围岩从 PL_1 状态发展到 PL_2 状态，因此径向应力在 $r=z$ 处具有连续性，则

$$\Delta P^{(3)}=P_\infty+Q-\frac{MA}{\xi}+\frac{6A\beta\varepsilon^{*^{1+\frac{2\xi}{3}}}}{\xi(3+2\xi)W^{2\xi}}-\left[P_\infty+4A\left(\frac{W^{2\xi+1}b^{-2\xi-3}}{3+2\xi}\cdot\beta-\frac{1}{3}\right)-Q\right]W^{2-2\xi} \tag{2.48}$$

工况三的统计结果如表 2.7 所示。

表 2.7 工况三统计表

	PL_2	PL_1、EL、EL_b
u	$-\frac{B}{r^2},B=w^3\frac{A}{E_s}$	
σ_r	$\left(-P_i+Q-\frac{2A\varepsilon^*k^2}{\xi R^2}\right)\left(\frac{R}{r}\right)^{2(1-\xi)}-Q+\frac{2A\varepsilon^*k^2}{r^2\xi}$	同表 2.6
σ_θ	$\xi\left(-P_i+Q-\frac{2A\varepsilon^*k^2}{\xi R^2}\right)\left(\frac{R}{r}\right)^{2(1-\xi)}-Q$	

4. 非加固区围岩出现塑性区

如图 2.13 所示，PL_2、PL_1 在上述中已经求出计算表达式，在此基础上围岩的塑性区继续发展，PL_3 表示在非加固区出现围岩的塑性区。联立式(2.9)和式(2.14)可得出 PL_3 状态下径向应力微分表达式：

$$\frac{\partial\sigma_r}{\partial r}+\frac{2}{r}(\sigma_r-\xi\sigma_r+R_c)=0 \tag{2.49}$$

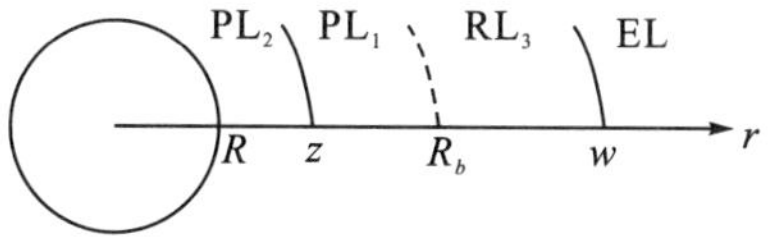

图 2.13　工况四简化计算模型

积分可得

$$\sigma_r = D\cdot r^{2(\xi-1)} - Q \tag{2.50}$$

由于在 w 处连续，此时 $B = A\cdot\dfrac{w^3}{E_s}$，则把式(2.28)代入式(2.51)可得 PL_3 下径向应力方程：

$$\sigma_r = \left(-P_\infty + \frac{4}{3}A + Q\right)\cdot\left(\frac{w}{r}\right)^{2(1-\xi)} - Q \tag{2.51}$$

应力状态从 PL_1 发展到 PL_2，径向应力在 $R = R_b$ 时具有连续性，则

$$\left[-P_\infty + 4Aw^3\left(\frac{k^2}{5w^5}+\frac{1}{3w^3}-\frac{k^2}{5R_b^5}-\frac{k^2}{w^5(3+2\xi)}\right)+Q\right]\left(\frac{w}{R_b}\right)^{2(1-\xi)} - Q + \frac{4Aw^3k^2}{R_b^5(3+2\xi)} = \left(-P_\infty + \frac{4A}{3}+Q\right)\left(\frac{w}{R_b}\right)^{2(1-\xi)} \tag{2.52}$$

则

$$-\frac{W^3}{5b^5} - \frac{1}{W^2(3+2\xi)} + \frac{1}{5W^2} = -\frac{W^{2\xi+1}\cdot b^{-2\xi-3}}{3+2\xi} \tag{2.53}$$

同时应力状态从 PL_2 到 PL_1，径向应力在 $R = z$ 时具有连续性，把式(2.55)代入式(2.50)，得

$$\Delta P = P_\infty - \left[P_\infty + 4A\left(\frac{W^{2\xi+1}b^{-2\xi-3}}{3+2\xi}\beta - \frac{1}{3}\right) - Q\right]W^{2-2\xi} + Q - \frac{MA}{\xi} + \frac{4A\beta\varepsilon^{*\,1+\frac{2\xi}{3}}}{(3+2\xi)W^{2\xi}} \tag{2.54}$$

当锚杆的塑性边界 z 达到 R_b(即当 $W^3 = \varepsilon^* b^3$)时，

$$\Delta P^{(4)} = P_\infty - \left[P_\infty + 4A\left(\frac{(\varepsilon^*)^{1/3}b^{-2\xi-3}}{3+2\xi}\beta - \frac{1}{3}\right) - Q\right]\left((\varepsilon^*)^{1/3}b\right)^{2-2\xi} + Q - \frac{MA}{\xi} + \frac{4A\beta\varepsilon^*}{(3+2\xi)b^{2\xi}} \tag{2.55}$$

工况四的统计结果如表 2.8 所示。

表 2.8　工况四统计表

	PL_2、PL_1	PL_3	EL、EL_b
u	同表 2.7	$-\dfrac{B}{r^2}, B = \dfrac{A}{E_s}w^3$	同表 2.7
σ_r	同表 2.7	$\left(-P_\infty + \dfrac{4}{3}A + \dfrac{R_c}{1-\xi}\right)\cdot r^{2(\xi-1)} - \dfrac{R_c}{1-\xi}$	同表 2.7
σ_θ	同表 2.7	$\xi\left[\left(-P_\infty + \dfrac{4}{3}A + \dfrac{R_c}{1-\xi}\right)\cdot r^{2(\xi-1)} - \dfrac{R_c}{1-\xi}\right] - R_c$	同表 2.7

5. 加固区锚杆完全处于塑性区，非加固区部分围岩处于塑性区

如图 2.14 所示三个区域的应力计算表达式见表 2.8，其中 $B=\dfrac{A}{E_s}w^3$ ，PL_2 与 PL_3 在 R_b 处径向应力连续，则：

$$\Delta P=P_\infty+\left[\left(-P_\infty+\frac{4}{3}A+Q\right)\left(\frac{b}{W}\right)^{2(\xi-1)}-\frac{MA}{\xi}\right]b^{2(1-\xi)}+\frac{MA}{\xi}-Q \tag{2.56}$$

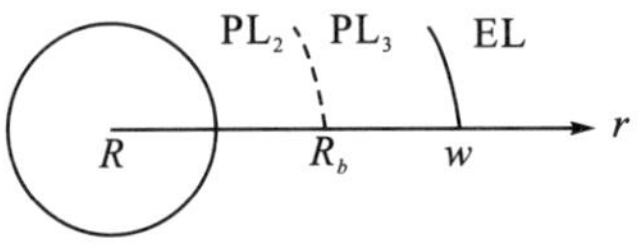

图 2.14 工况五简化计算模型

可以求出 W 的值为

$$W=b\left[\frac{\left(-P_i+\dfrac{R_c}{1-\xi}-\dfrac{MA}{\xi}\right)b^{2(\xi-1)}+\dfrac{MAb^{-2}}{\xi}}{-P_\infty+\dfrac{4}{3}A+\dfrac{R_c}{1-\xi}}\right]^{-\frac{1}{2(\xi-1)}} \tag{2.57}$$

当开挖到研究断面 1-1 时， $P_i=0$ 。则此时 $\Delta P=P_\infty$ 。

$$W=b\left[\frac{\left(\dfrac{R_c}{1-\xi}-\dfrac{MA}{\xi}\right)b^{2(\xi-1)}+\dfrac{MAb^{-2}}{\xi}}{-P_\infty+\dfrac{4}{3}A+\dfrac{R_c}{1-\xi}}\right]^{-\frac{1}{2(\xi-1)}} \tag{2.58}$$

6. 加固区锚杆完全处于弹性区，非加固区部分围岩处于塑性区

如图 2.15 所示三个区域的应力计算表达式见表 2.8，由于径向应力在 w 处具有连续性，其结果与工况二相同。

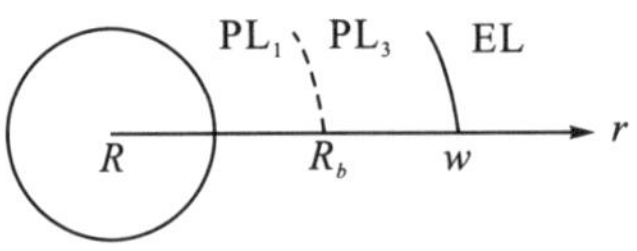

图 2.15 工况六简化计算模型

综上所述，表 2.9～表 2.12 描述了具体计算结果。

表 2.9 不同 ΔP 下 A 和 B 之间的过渡值

<table>
<tr><th>$A(b^3>\varepsilon^*)$</th><th>$B(b^3<\varepsilon^*)$</th></tr>
<tr><td colspan="2">$\Delta P^{(1)}=\left[1+\frac{3}{5}\beta(1-b^{-5})\right]\frac{4}{3}$</td></tr>
<tr><td>$\Delta P^{(2A)}=\left[\begin{array}{l}-P_\infty+Q\\+4A\left(\frac{\beta}{5(\varepsilon^*)^{2/3}}+\frac{1}{3}-\frac{\beta\varepsilon^*}{5b^5}-\frac{\beta}{(\varepsilon^*)^{2/3}(3+2\xi)}\right)\end{array}\right](\varepsilon^*)^{\frac{2(1-\xi)}{3}}-Q+\frac{4A\beta W^3}{3+2\xi}+P_\infty$</td><td>$\Delta P^{(2B)}=\left[\begin{array}{l}-P_\infty+Q\\+4A\left(\frac{\beta}{5b^2}+\frac{1}{3}-\frac{\beta}{5b^2}-\frac{\beta}{b^2(3+2\xi)}\right)\end{array}\right]b^{2(1-\xi)}-Q+\frac{4A\beta b^2}{3+2\xi}+P_\infty$</td></tr>
<tr><td>$\Delta P^{(3A)}=P_\infty-\left[P_\infty+4A\left(\frac{b^{-2}}{3+2\xi}\cdot\beta-\frac{1}{3}\right)-Q\right]b^{2(1-\xi)}+Q-\frac{MA}{\xi}+\frac{6A\beta{\varepsilon^*}^{1+\frac{2\xi}{3}}}{\xi(3+2\xi)b^{2\xi}}$</td><td>与 $\Delta P^{(2A)}$ 相同</td></tr>
<tr><td colspan="2">$\Delta P^{(4)}=P_\infty-\left[P_\infty+4A\left(\frac{(\varepsilon^*)^{\frac{1}{3}}b^{-2\xi-2}}{3+2\xi}\beta-\frac{1}{3}\right)-Q\right]\left((\varepsilon^*)^{\frac{1}{3}}b\right)^{2-2\xi}+Q-\frac{MA}{\xi}+\frac{4A\beta\varepsilon^*}{(3+2\xi)b^{2\xi}}$</td></tr>
</table>

表 2.10 不同工况下 ΔP 的表达式

工况	ΔP
二	$\Delta P=P_\infty+\left[-P_\infty+4A\left(\frac{\beta}{5W^2}+\frac{1}{3}-\frac{\beta W^3}{5b^5}-\frac{\beta}{W^2(3+2\xi)}\right)+Q\right]W^{2(1-\xi)}-Q+\frac{4A\beta W^3}{3+2\xi}$
三	$\Delta P=P_\infty-\left[P_\infty+4A\left(\frac{W^{2\xi+1}b^{-2\xi-3}}{3+2\xi}\cdot\beta-\frac{1}{3}\right)-Q\right]W^{2-2\xi}+Q-\frac{MA}{\xi}+\frac{6A\beta{\varepsilon^*}^{1+\frac{2\xi}{3}}}{\xi(3+2\xi)W^{2\xi}}$
四	与工况三相同
五	$\Delta P=P_\infty+\left[\left(-P_\infty+\frac{4}{3}A+\frac{R_c}{1-\xi}\right)\left(\frac{b}{W}\right)^{2(\xi-1)}-\frac{MA}{\xi}\right]b^{2(1-\xi)}+\frac{MA}{\xi}-\frac{R_c}{1-\xi}$
六	与工况二相同

表 2.11 不同工况下的挤出位移 $u(R)$

工况	开挖面的挤出位移 $u(R)$
一	$\frac{E_s}{A}\frac{u(R)}{R}=-\frac{\Delta P}{A}\left[\frac{4}{3}+\frac{4}{5}\beta(1-b^{-5})\right]^{-1}$
二、三、四、五	$\frac{E_s}{A}\frac{u(R)}{R}=-W^3$

表 2.12 不同工况下锚杆的拉力

工况	区域	锚杆的拉力 $T_b^*=\frac{d_b}{A}T_b$
一	EL_b	$2\beta\frac{\Delta P}{\Delta P^{(1)}}\left(\frac{R^3}{r^3}\right)$
二、三、四、六	PL_1	$2\beta W^3\left(\frac{R^3}{r^3}\right)$
三、四、五	PL_2	M

当隧道开挖到研究断面 1-1 时，$\sigma_r(R)=0$，则 $P^*=\frac{\Delta P}{A}=\frac{P_\infty}{A}$。此时 P^* 的表达式如表 2.13 所示。

表 2.13 不同工况下 P^* 的表达式

工况	P^*
二	$P^*=\frac{4\beta W^{2\xi+1}}{3+2\xi}(1-b^{-2\xi-3})+\frac{4}{3}+\frac{Q}{A}(1-W^{2\xi-2})$
三	$P^*=\frac{4}{3}+\frac{Q}{A}(1-W^{2\xi-2})+\frac{M}{\xi}W^{2\xi-2}-\frac{M\varepsilon^{*\frac{2\xi}{3}}}{\xi W^2}-\frac{4\beta W^{1+2\xi}\cdot b^{-2\xi-3}}{3+2\xi}+\frac{4\beta\varepsilon^{*\frac{3+2\xi}{3}}}{W^2(3+2\xi)}$
四	与工况三相同
五	$P^*=\frac{MW^{(2\xi-2)}}{\xi}(1-b^{2-2\xi})+\frac{4}{3}+\frac{Q}{A}(1-W^{2\xi-2})$
六	与工况二相同

四、理论计算参数确定

(一) 屈服应变

根据式(2.16)与式(2.34)可以得出围岩的屈服应变为 $\varepsilon_{ys}=2A/E_s$；同时锚杆的屈服应变为 $\varepsilon_{yb}=\sigma_{yb}/E_b$。假定 $M=d_bS_b\sigma_{yb}/A=\Delta A/A$ 表示锚杆强度的参数，根据式(2.40)，可以用 $\varepsilon^*=\frac{\varepsilon_{yb}}{\varepsilon_{ys}}=\frac{M}{2\beta}=\frac{\sigma_{yb}E_s}{2AE_b}$（假定 $\varepsilon^*>1$）来表示地层屈服应变与锚杆屈服应变之间的关系。同时，每一种工况之间的过渡遵循 $\varepsilon^*=b^3$。

(二) 锚杆应力张量

围岩与锚杆之间完全黏结，不产生相对滑移，则意味着锚杆的轴向应变和应力随着 r 的增大而减小。因此，在隧道开挖面锚杆应力最大。事实上，在有限的黏结强度下锚杆的应力张量在最前端应该为零，随后迅速达到最大值，再逐渐减小到零。但是，在计算时可以近似把隧道开挖面锚杆应力张量当作最大值处理。

（三）无量纲参数的确定

方程式$\Delta P = f(W,\beta,M,b)$中隐含有塑性半径$W = w/R$和$Z = z/R$。因此，可以把前面的公式表示为$W = F(\Delta P,\beta,M,b)$。同样关于锚杆的塑性半径$Z = z/R$可以写成$\dfrac{u(R)}{R} = \left(\dfrac{A}{E_s}\right)G(\Delta P,\beta,M,b)$。因此，基本的无量纲参数有四个：$\Delta P$、$\beta$、$M$、$b$，$\Delta P$表示静止土压力的影响；$\beta$表示锚杆刚度的影响；$M$表示锚杆强度的影响；$b$表示锚杆长度的影响。

（四）弹塑性地基参数的确定

我国现行的关于软弱结构面的地下洞室围岩工程岩体分级标准是在《工程岩体分级标准》（GB/T 50218—2014）提出的采用二级分级法基础上修正得到的，即：

$$[\mathrm{BQ}] = \mathrm{BQ} - 100(K_1 + K_2 + K_3)$$

式中，K_1——地下水影响修正系数；K_2——主要软弱面产状影响修正系数；K_3——天然应力影响修正系数。

为了方便分析软弱围岩隧道开挖面的变形，从而为软岩隧道开挖面支护阻力大小的确定提供依据，计算时选用GFRE锚杆加固；根据《工程岩体分类标准》（GB/T 50218—2014）和《铁路隧道设计规范》（TB 10003—2016），实例分析中选取了如表2.14所示的适当物理力学参数进行取值，同时假定为高密度锚杆布置，则隧道锚杆参数如表2.15所示。

表2.14　地层参数

隧道埋深/m	隧道半径/m	弹性模量/MPa	密度/(kg/m³)	黏聚力/MPa	内摩擦角/(°)	泊松比
100	7.2	60～3000	1900	2.5～0.15	10	0.5

表2.15　锚杆参数

弹性模量/MPa	单轴抗拉强度/MPa	横截面面积/mm²	锚杆加固密度S_b/(根/m²)
20 000	500	1500	1

因此，根据上述参数可知：$0.01 < \beta < 0.5$，$0.3 < M < 3$。

五、理论计算结果分析

基于表2.13代入参数计算，从锚杆强度和刚度、围岩黏聚力、隧道埋深和锚杆长度与隧道半径之比等参数分析隧道应力变化和其对隧道开挖面水平位移的影响。

（一）锚杆的刚度和长度对开挖面变形的影响

围岩在$r=R$时刚发生屈服，则由图2.16可知：锚杆的刚度对隧道开挖面的加载荷载影响很大。在相同锚杆长度下，随着锚杆刚度的增加，荷载逐渐增加。在 $\beta=0.3$ 时，随着锚杆长度的增加，荷载先增加后趋于平稳状态，当锚杆长度超过半径时，继续增加锚杆长度并不会继续提高围岩的承载能力，此时锚杆明显增加了 20%的荷载，提高了开挖面稳定性。同时，由图 2.17 可知在 $\beta=0.3$ 时，开挖面的相对挤出位移减小了 15%；在 β=0.5 时，开挖面的相对挤出位移减小了 24%。

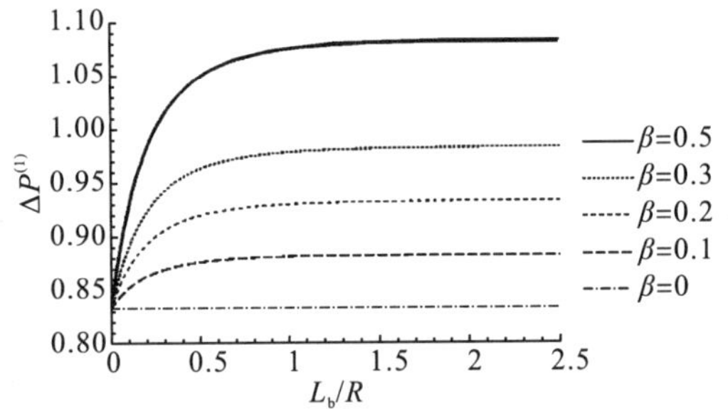

图 2.16 锚杆的刚度和长度对荷载 $\Delta P^{(1)}$ 的影响

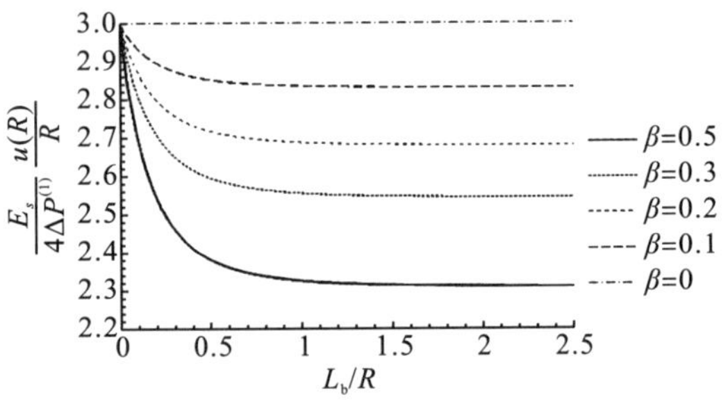

图 2.17 锚杆的刚度与长度对挤出变形的影响

(二) 围岩黏聚力对开挖面变形的影响

由图 2.18 可知，随着围岩黏聚力增大，隧道开挖面支护力呈线性增大，开挖面维持稳定所需要的支护力降低，因此，增大围岩的黏聚力可以提高开挖面的稳定性。同时，在相同的黏聚力条件下，随着埋深的增大，研究断面 1-1 支护力减小，即维持开挖面稳定所需的支护力增加。在埋深为 50m 时，研究断面 1-1 能够达到稳定，黏聚力需大于 0.4MPa；在埋深为 70m 时，研究断面 1-1 能够达到稳定，黏聚力需大于 0.6MPa；在埋深为 90m 时，研究断面 1-1 能够达到稳定，黏聚力需大于 0.8MPa。

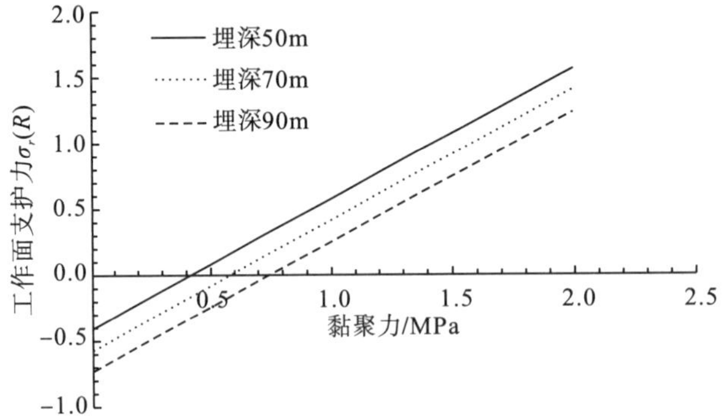

图 2.18 围岩黏聚力对开挖面挤出位移的影响

(三) 埋深对塑性区的影响

由图 2.19 和图 2.20 可知，在相同的黏聚力和摩擦角下，随着埋深的增加，P*增大，塑性区范围增大，在 $W>1$ 时，表现出明显的 W-P^* 之间的非线性关系。增加锚杆的长度会使塑性区范围减小。当 $P^* = 4$ 时，锚杆长度从 0 增加到 $0.25R$，W 从 2.55 到 1.8，减少了 30%。当锚杆长度超过 $0.5R$ 时，继续增加锚杆长度，对塑性区范围的影响减小。在任何情况下，锚杆的长度增加都会减小塑性区域的范围，降低前方的挤出变形。但当锚杆长度大于 $0.5R$ 时，这种作用就会减小。从 $0.5R$ 增加到 R 时，塑性区的范围仅减小了 6%。

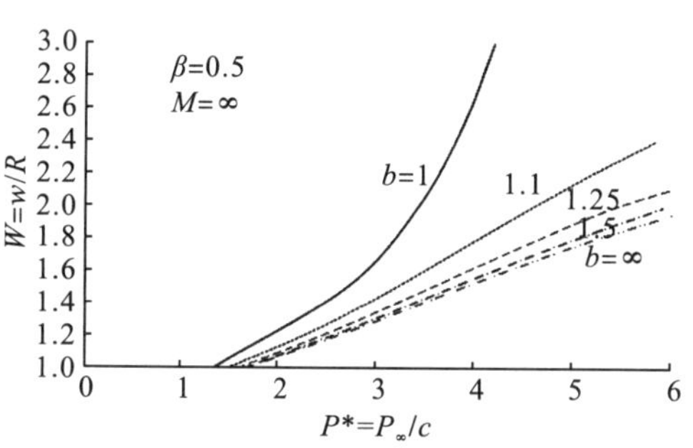

图 2.19 在 $M=\infty$ 时不同埋深对塑性半径的影响

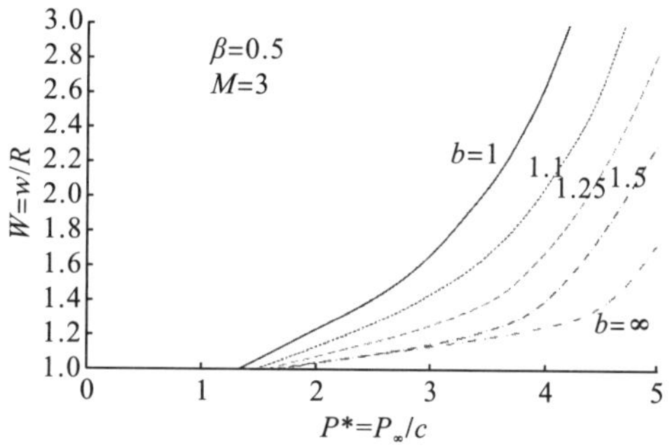

图 2.20 在 $M=3$ 时不同埋深对塑性半径的影响

由图 2.21、图 2.22 可知，随着锚杆强度 M 的增加，W 减小。当 $W=1$ 时，前方不存在塑性区，则前方挤出位移与地层静压力 P^* 呈线性关系。在 $W>1$ 时，增加锚杆长度会使塑性区范围减小。当 $P^*=3$ 时，锚杆长度从 $0.1R$ 增加到 $0.25R$，U^* 从 3 到 2.2，减少了 27%。当锚杆长度超过 $0.5R$ 时，继续增加锚杆长度，对开挖面挤出位移的影响减小。在任何情况下，锚杆长度增加都会减小开挖面的挤出位移。但当锚杆长度大于 $0.5R$ 时，这种作用就会减小。

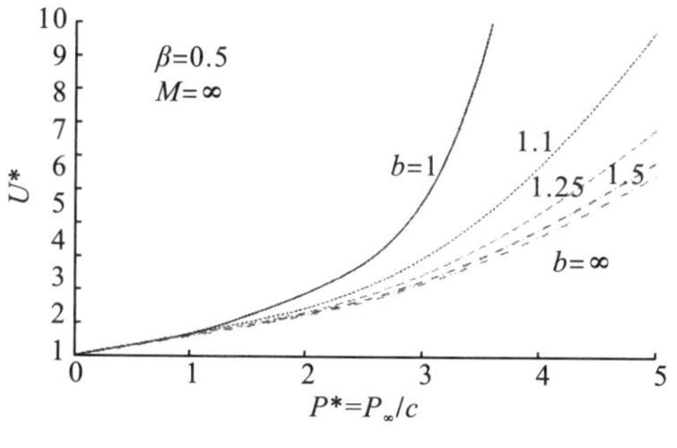

图 2.21 在 $M=\infty$ 时不同埋深对 U^* 的影响

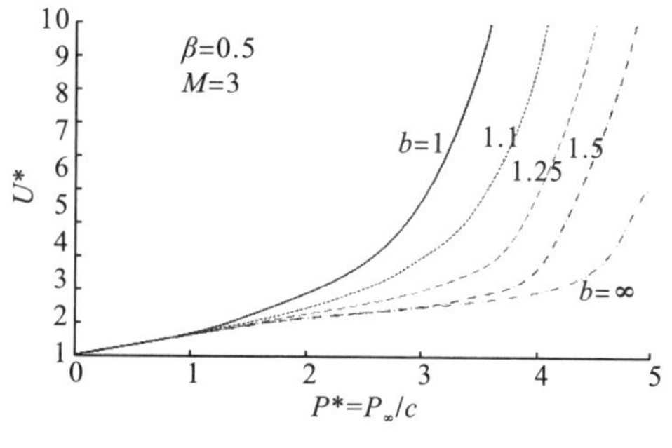

图 2.22 在 $M=3$ 时不同埋深对 U^* 的影响

(四)锚杆的强度和长度对塑性区和开挖面变形的影响

如图 2.23 所示，表示随着锚杆长度变化塑性区 W 和挤出变形 U^* 的变化。在 $b<2$ 时，随着锚杆长度增加，围岩塑性半径将逐渐减小；当锚杆长度大于等于隧道半径时，开挖面前方未开挖处围岩的塑性半径趋于一个稳定值。由图 2.24 可知，锚杆强度 M 在 $b<2$ 时，随着锚杆强度的增加，开挖面前方未开挖围岩的塑性范围减小。同时，不论锚杆强度如何增加，当锚杆长度大于等于隧道半径时，开挖面前方未开挖处围岩的塑性半径都趋于一个

稳定值。由图 2.25 和图 2.26 可知，刚度 0.2 和 0.5 这两条曲线发生重叠，是因为在这两种情况下，锚杆整个长度上都发生屈服。

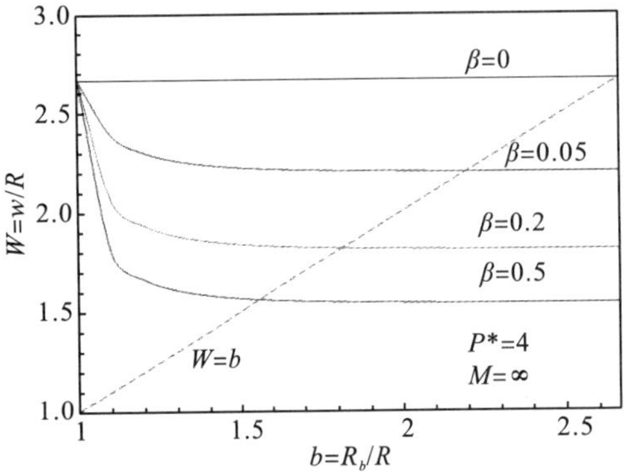

图 2.23　在 $M=\infty$ 时锚杆长度与刚度对塑性半径的影响

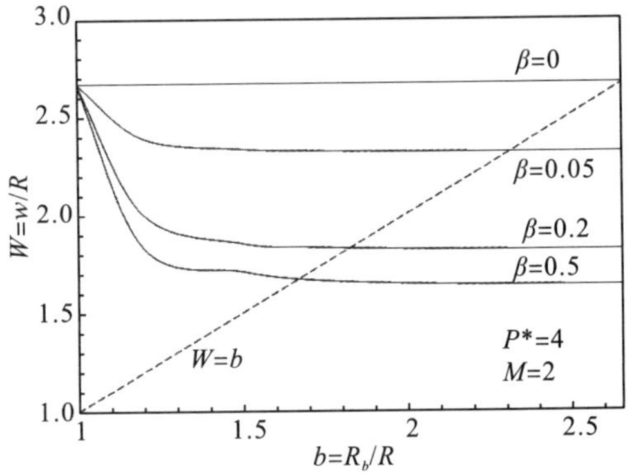

图 2.24　在 $M=2$ 时锚杆长度与刚度对塑性半径的影响

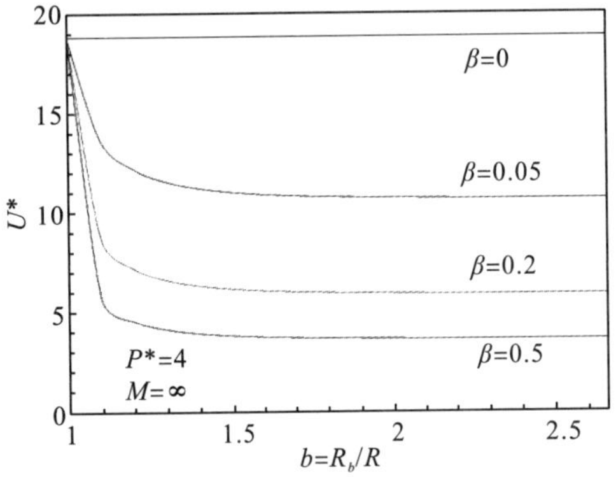

图 2.25　在 $M=\infty$ 时锚杆长度与刚度对 U^* 的影响

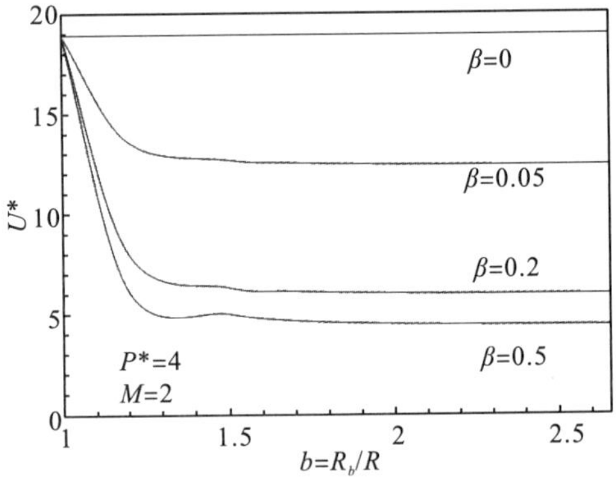

图 2.26　在 $M=2$ 时锚杆长度与刚度对 U^* 的影响

(五) 锚杆张力

由图 2.27 可知：预加固锚杆在一定的强度和刚度条件下，锚杆长度超过隧道半径时将不会引起任何变化。由图 2.28 可知，在锚杆未发生屈服前，锚杆的张力 T_b^* 和 M 是独立的两个曲线。当锚杆一旦达到屈服极限，锚杆张力停留在其极限抗拉强度 T_{yb}，此时不管初始地应力如何变化，锚杆的张力一直保持其极限抗拉强度 T_{yb}。同时可以看出随着锚杆的强度增加，其极限抗拉强度增大。

六、小结

利用收敛-约束法的基本原理进行了全断面预加固条件下隧道开挖面变形计算的研究，根据圆形隧道开挖面前方围岩与预加固锚杆的不同应力状态提出了六种不同分析模型，推导了六种分析模型下的径向应力计算公式，并确定了各种工况下开挖面最大挤出运动的无

量纲参数 U^*的计算公式。在理论计算的基础上，分析了黏聚力、隧道埋深以及锚杆的长度和刚度对开挖面挤出位移的影响。结果表明，随着埋深的增大，开挖面最大挤出位移增大，同时变化率也增加；锚杆的长度超过隧道开挖半径后，开挖面的最大挤出位移趋于一个稳定值；随着围岩的黏聚力增大，开挖面支护力增大，开挖面的最大挤出位移减小。

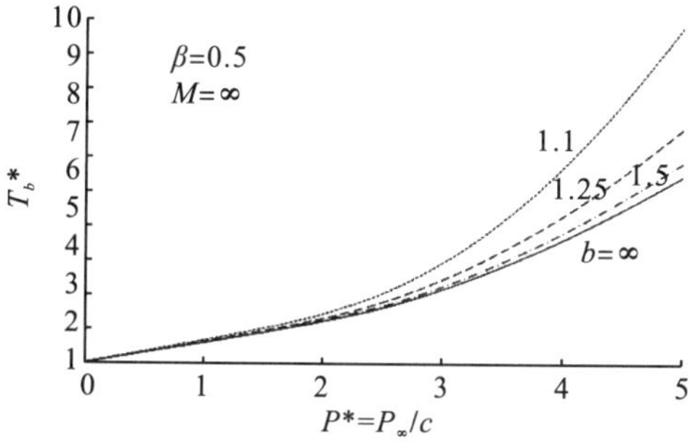

图 2.27　锚杆张力 T_b^* 与 P^*之间的关系

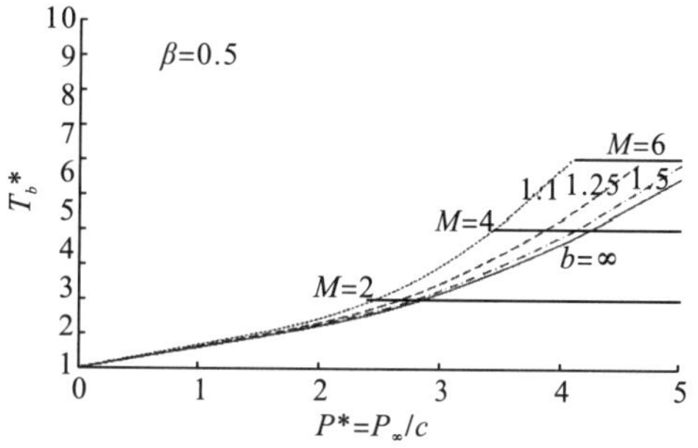

图 2.28　锚杆张力 T_b^* 与 P^*之间的关系

第四节　软岩隧道开挖面变形响应特征

本章第三节对软岩隧道开挖面失稳模式进行了分析，利用约束收敛法提出了开挖面变形的解析解，为了使分析结果与实际情况相结合，除第三节外还要通过数值模拟分析进行补充验证。本节将通过常用的计算软件 FLAC^{3D} 对隧道开挖面变形进行模拟并分析开挖面超前锚杆加固的状态及各参数对加固效果的影响。

一、分析建模

以某隧道为参考模型，进行数值分析。通过常用的计算软件 FLAC^{3D} 对隧道开挖面变形进行模拟并分析开挖面超前锚杆加固的状态及各参数对加固效果的影响。

(一)基本假定

进行开挖面变形分析时有几个基本假定：

(1)对隧道已开挖部分进行锚杆加固，可以通过提高锚杆加固区的物理力学参数等方法来实现。

(2)隧道数值模拟计算不考虑构造应力，通过有限元软件 FLAC^{3D} 初始地应力平衡获得隧道自重应力。

(3)模型采用莫尔-库仑弹塑性本构模型，并遵循相关流动法则。

(4)不考虑排水固结问题。

(二)计算模型

计算模型采用的隧道断面如图 2.29 所示，隧道内径为 6.41m，外径为 7.19m，初衬厚度为 0.5m，开挖跨度为 14.39m，高度为 12.34m，埋深为 50m。隧道左右两侧计算边界取 3 倍跨度，下部边界取 2 倍埋深，隧道纵向取 60m，则计算模型尺寸为 162m×130m×60m，以保证隧道开挖计算不受边界条件的影响。整个模型采用实体单元进行模拟。初期支护和二次衬砌采用弹性本构，围岩单元采用弹塑性本构并满足莫尔-库仑屈服准则。本次隧道分析模型(图 2.30)共有 84 000 个单元和 88 816 个单元节点。

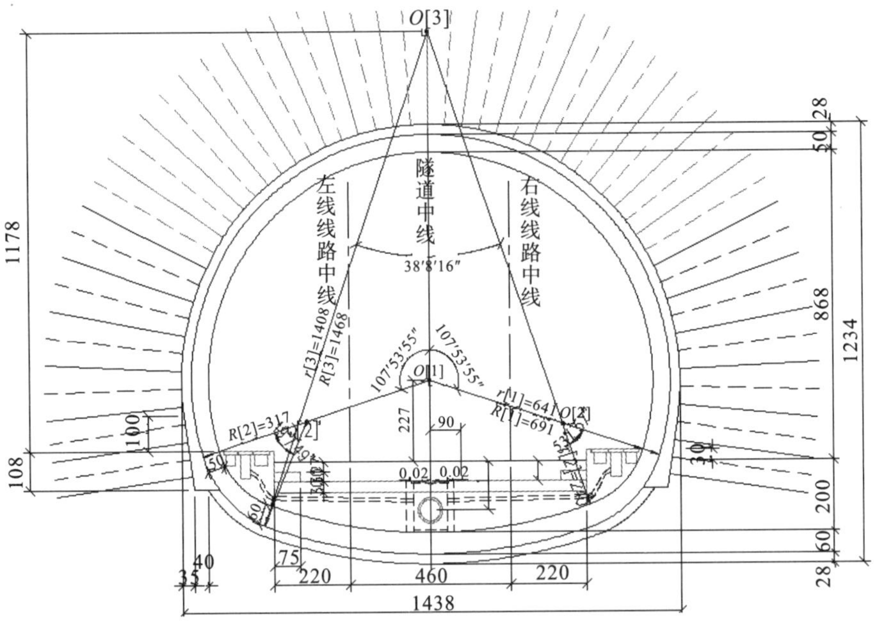

图 2.29　隧道施工断面图

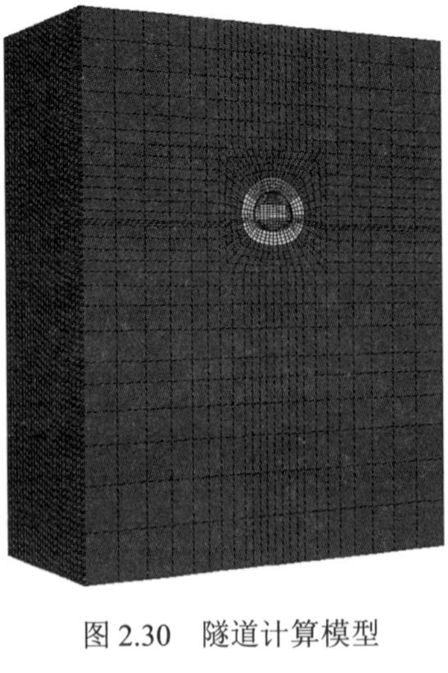

图 2.30　隧道计算模型

(三)计算参数

隧道内注浆一般能提高围岩体30%以上的弹性模量，提高岩体黏聚力和摩擦角的20%以上。参考《公路隧道设计规范》(JTG D70—2004)，地层及支护材料物理力学参数如表2.16所示，隧道支护结构参数见表2.17。

表 2.16 地层及支护材料物理力学参数

材料类型	密度/(kg/m³)	黏聚力/MPa	内摩擦角/(°)	弹性模量/GPa	泊松比
Ⅴ级围岩	1900	0.2	22	1	0.37
初期支护	2300	—	—	24.90	0.2
二次衬砌	2500	—	—	37.50	0.2

表 2.17 支护参数

初期支护								二衬(C35砼)	
喷砼厚度/cm	锚杆			素喷砼(C20)		钢架		拱墙/cm	仰拱/底板/cm
	位置	长度/m	间距/m(环×纵)	位置	钢筋网/(cm×cm)	直径/mm	每榀间距/m		
28	拱墙	4.0	1.2×1	拱墙/仰拱	拱墙 $\phi 8$ 20×20	118	0.8(全环)	50	55

二、不同施工工况对开挖面变形的影响

(一)隧道施工工况

目前隧道施工主要采用的施工方法为新奥法。新奥法与传统的施工方法比较，具有根据不同围岩条件采用不同施工方法的优点。新奥法主要包括全断面开挖法、台阶法、CRD法等。本次数值模拟主要分析采用全断面开挖法、三台阶法、三台阶预留核心土法施工对隧道开挖面稳定性的影响。

如图2.31所示，三台阶预留核心土法的施工工序如下：

第1步，上部弧形导坑开挖：施作拱部超前支护，环向开挖上部弧形导坑，预留核心土，核心土纵向长度为4.8m(钢架间距60cm，8榀钢架)，留置高度为上台阶开挖高度的2/3，留置宽度为上台阶开挖宽度的2/3。上台阶开挖高度约4m，上台阶开挖矢跨比宜大于0.3。随着开挖面掘进和中台阶的跟进逐步取消核心土，具体如图2.32所示。

第2、3步，左、右侧中台阶开挖：中台阶紧跟上台阶，左、右侧台阶错开2.4m(钢架间距60cm，4榀钢架)，开挖高度一般为33.5m。

第4、5步，左、右侧下台阶开挖：下台阶紧跟中台阶，左、右侧台阶错开2.4m(钢架间距60cm，4榀钢架)，开挖高度一般为33.5m。

第6步，隧底开挖：隧底开挖至开挖面的长度宜为20.4m。每循环开挖长度宜为3m，完成3个隧底开挖、支护循环后，一次施作仰拱衬砌10.4m(如图2.33，同拱墙一次浇筑长度)。

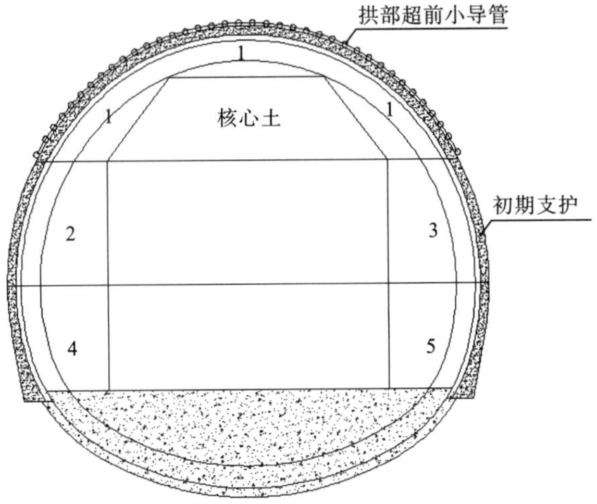

图 2.31 三台阶预留核心土法施工工序正面示意图

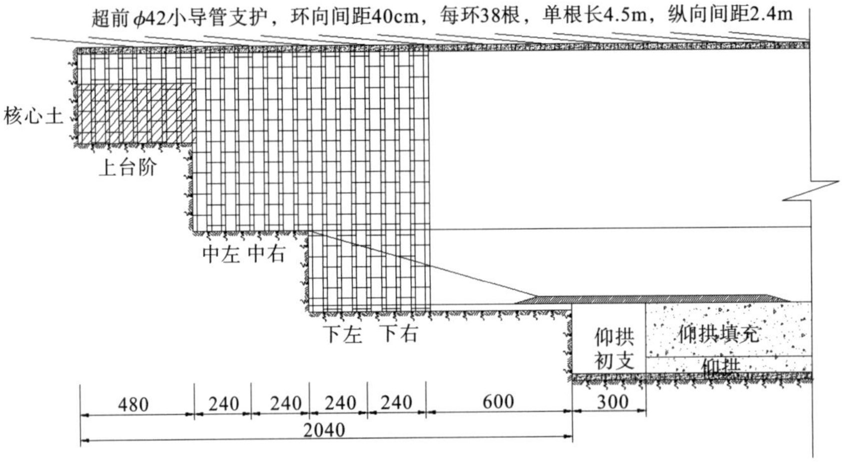

图 2.32 三台阶预留核心土施工工序纵断面示意图

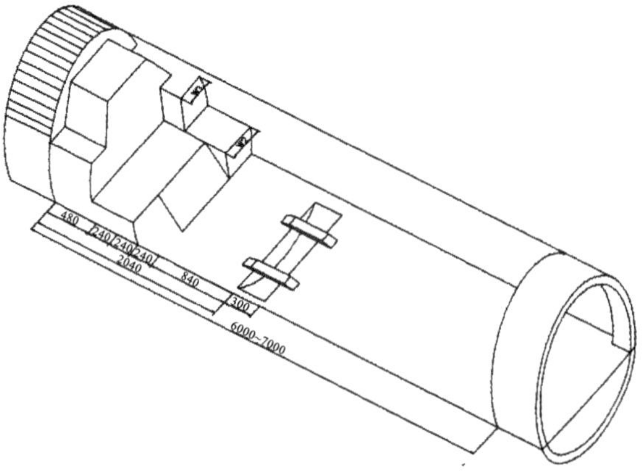

图 2.33 三台阶预留核心土法施工工序透视图

（二）计算结果分析

1. 围岩变形分析

在隧道埋深为100m时，不同工况下施工引起的围岩变形大小是隧道是否稳定的直观反映，图2.34～图2.35为不同工况下不同方向的变形图。

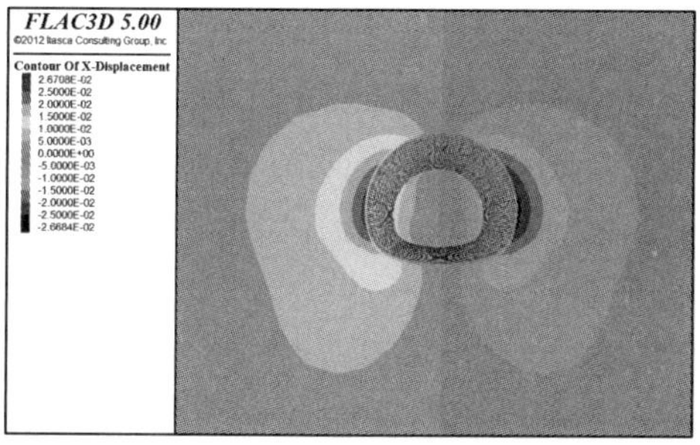

(a) 全断面开挖法

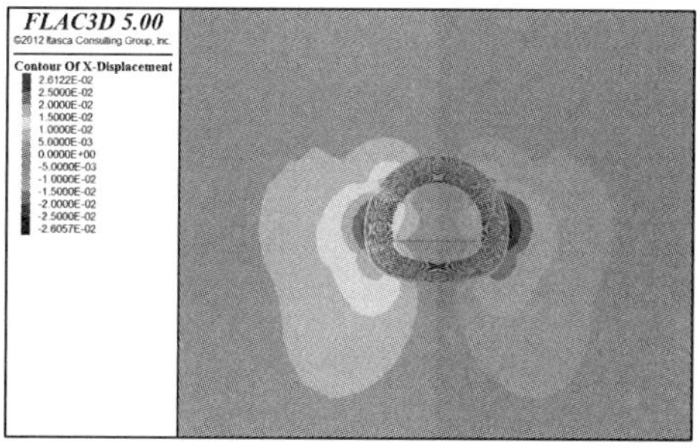

(b) 三台阶法

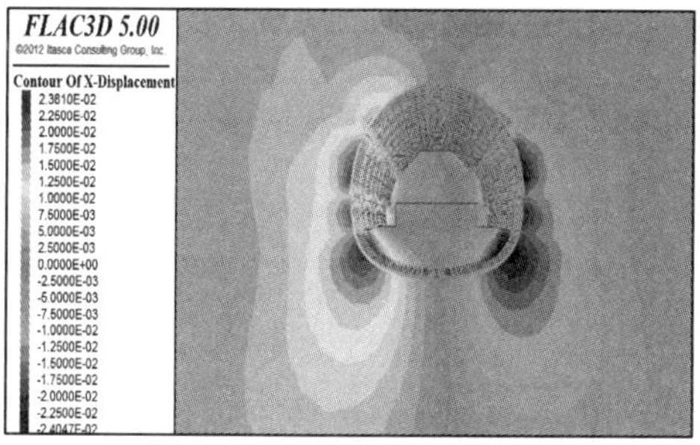

(c) 三台阶预留核心土法(长度3m)

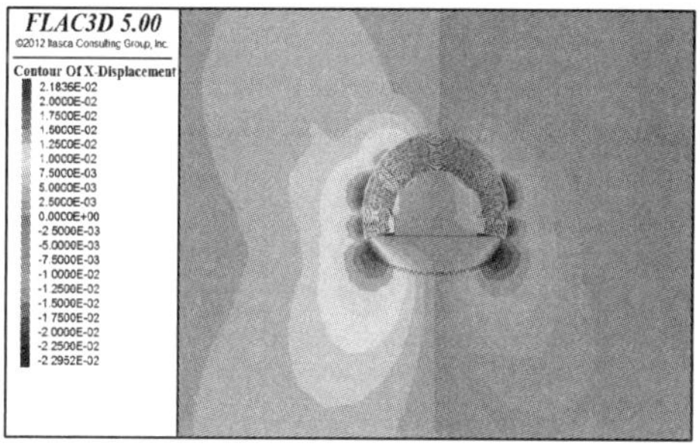

(d) 三台阶预留核心土法(长度6m)

图2.34 不同工况下水平方向

从图2.34可以看出，在开挖过程中全断面法最大水平位移为2.66cm，三台阶法最大水平位移为2.60cm，三台阶预留核心土法台阶长度3m的最大水平位移为2.40cm，三台阶预留核心土法台阶长度6m的最大水平位移为2.29cm。相比较可知，核心土法对水平位移的控制效果大于三台阶法，三台阶法对水平位移的控制效果大于二台阶法；同时核心土的长度大小对水平变形量影响较小。

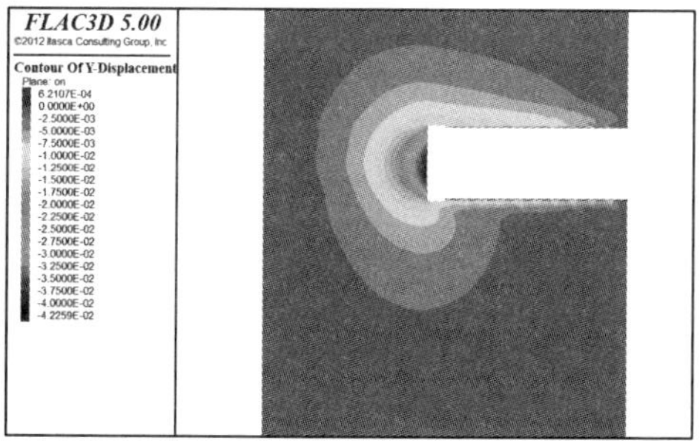

(a) 全断面开挖法

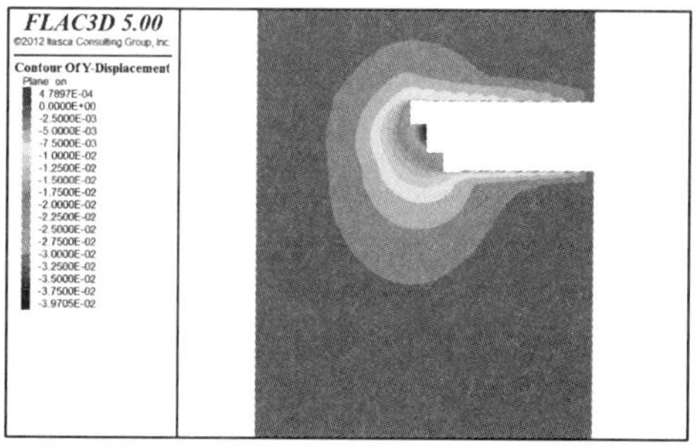

(b) 三台阶法

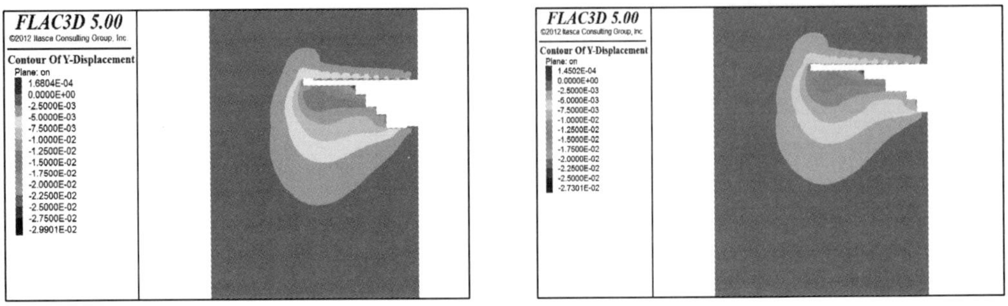

(c) 三台阶预留核心土法(长度3m)　　(d) 三台阶预留核心土法(长度6m)

图 2.35　不同工况下纵向方向变形

从图 2.35 可以看出，全断面开挖面最大挤出位移为 4.22cm，出现在开挖面的中心位置，影响范围很大，容易引起开挖面失稳；三台阶法最大挤出位移为 3.97cm，出现在中台阶位置，影响范围加大；三台阶预留核心土 3m 法最大挤出位移为 2.99cm，出现在核心土中部很小的范围内，对开挖面稳定性的影响很小；三台阶预留核心土 6m 法最大挤出位移为 2.73cm，出现在核心土中部很小的范围内。相比较可知，从全断面开挖法向三台阶预留核心土开挖法过渡过程中，正是由于台阶长度和核心土的阻力，限制了开挖面挤出位移的发展。预留核心土可以有效防止开挖面的失稳。

图 2.36 以开挖到 33m 时的隧道断面为研究面，其中垂直坐标的 0 点为开挖面中心。由图可知，全断面开挖法施工开挖面挤出位移最大，最大挤出位移量发生在开挖面的中心部位；台阶法有效地控制了研究断面的挤出变形，每次台阶交接点研究断面的挤出变形量都会出现明显的拐点；随着预留核心土法台阶长度的增大，对研究断面挤出变形的控制效果越好。

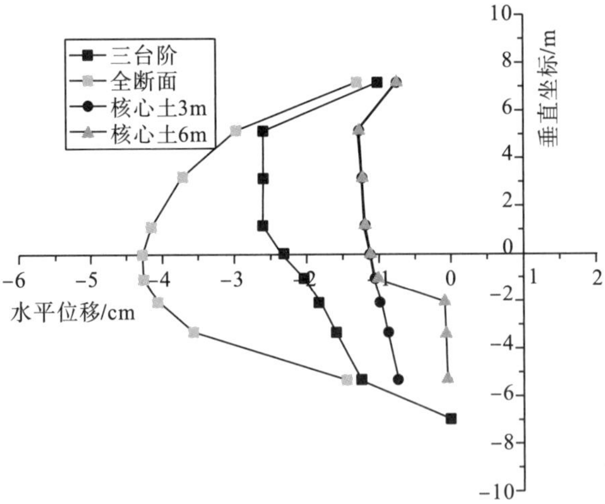

图 2.36　研究断面开挖面挤出变形量

2. 台阶长度与隧道应力的关系

隧道在开挖过程中，由于周围围岩的应力重分布，可能出现应力集中现象。图 2.37～图 2.39 分析了不同工况下的围岩应力分布。

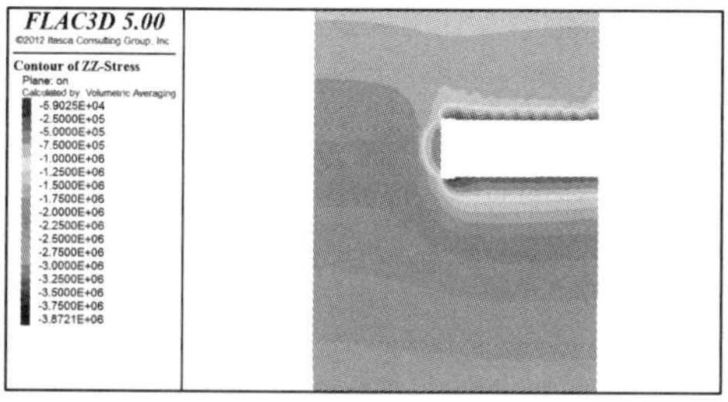

(a) 全断面开挖法

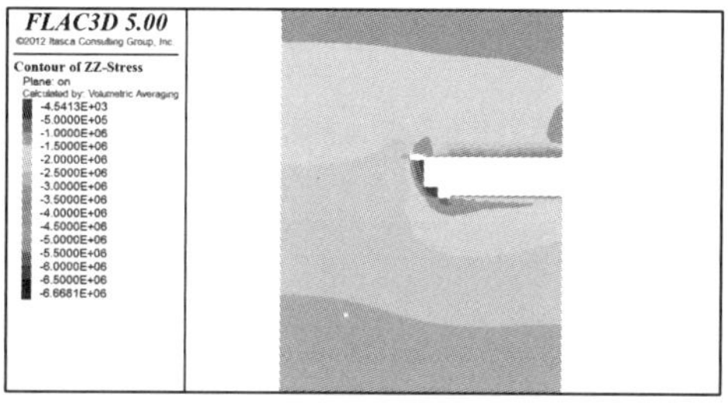

(b) 三台阶法

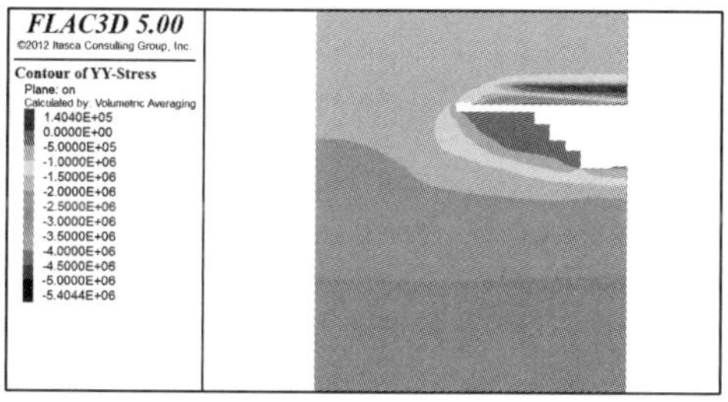

(c) 三台阶预留核心土法(长度3m)

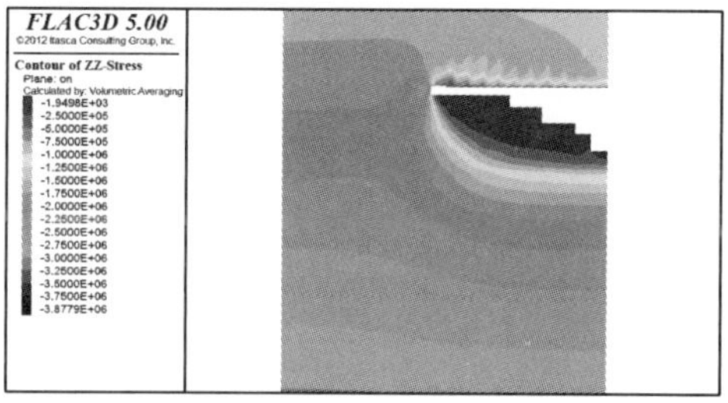

(d) 三台阶预留核心土法(长度6m)

图 2.37 不同工况下竖向应力

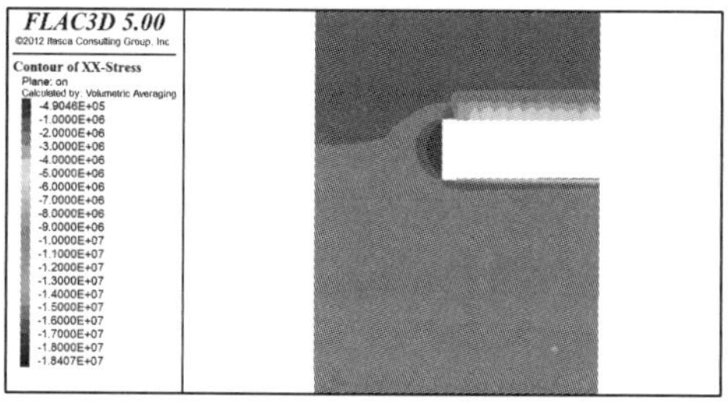

(a) 全断面开挖法

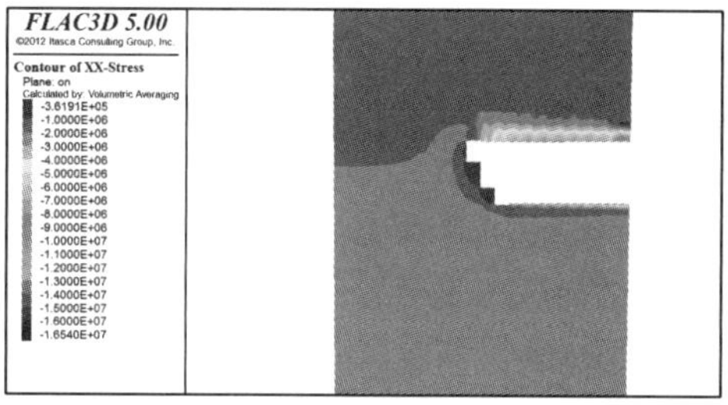

(b) 三台阶法

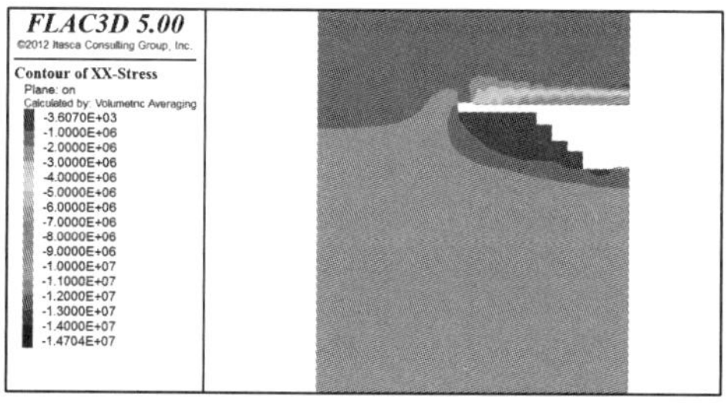

(c) 三台阶预留核心土法(长度3m)

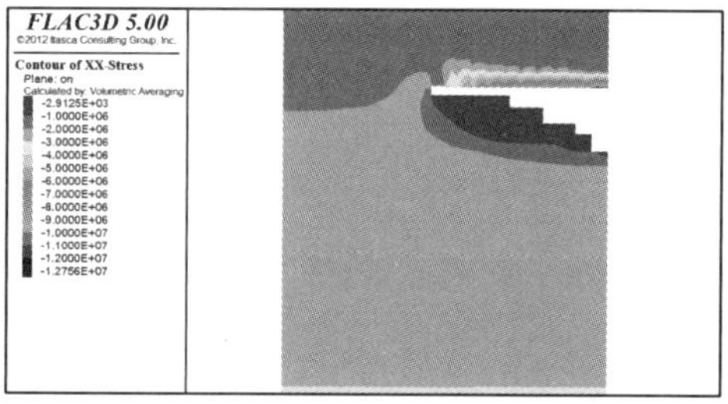

(d) 三台阶预留核心土法(长度6m)

图 2.38 不同工况下水平应力

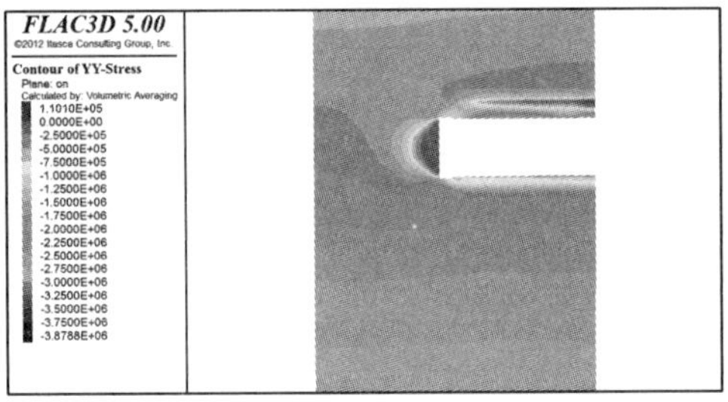

(a) 全断面开挖法

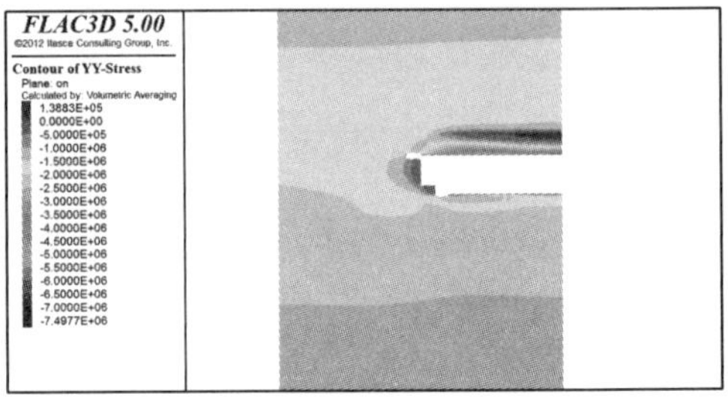

(b) 三台阶法

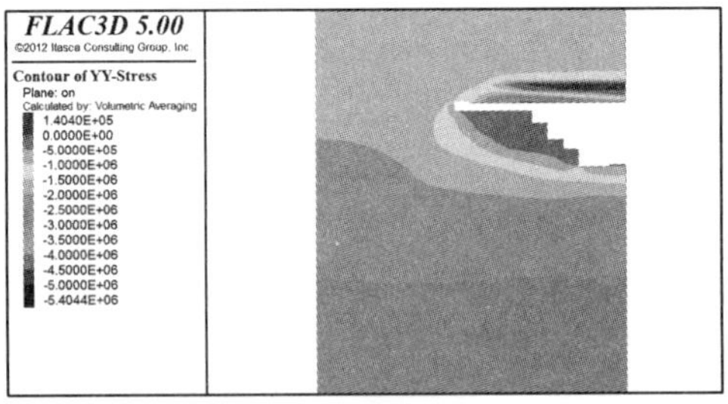

(c) 三台阶预留核心土法(长度3m)

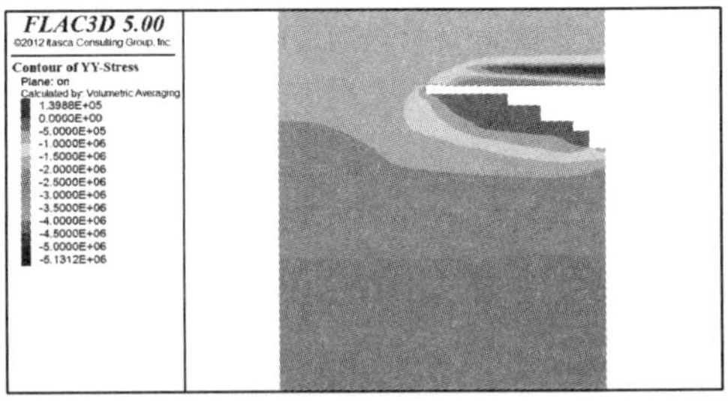

(d) 三台阶预留核心土法(长度6m)

图 2.39　不同工况下纵向应力

由图 2.37～图 2.39 可知，竖向的最大应力发生在三台阶预留核心土工况，为 1.75MPa，水平方向的最大应力发生在三台阶预留核心土工况，纵向最大应力发生在三台阶预留核心土工况。由此可知，在隧道台阶法施工时，围岩不能尽早形成一个闭合的圆形以发挥自承能力来承受岩体的荷载，分部开挖施工法的工序越多越容易产生应力集中现象。和其他工况相比，全断面开挖法使得围岩形成了一个封闭的圆形提高了围岩自承能力，因此降低了不同方向上的应力。

3. 台阶长度与隧道横向塑性区的关系

图 2.40 中，p 表示该区域过去处于塑性区，n 表示该区域现在处于塑性区。根据过去的塑性区范围可知，与预留核心土法和台阶法相比较，全断面开挖法对塑性区的影响较小，由于全断面开挖法在开挖完成后围岩形成一个封闭圆形，使得围岩尽早地发挥自承作用。预留核心土法对塑性区的影响较大，特别是顶部围岩的塑性区，其原因可能是预留核

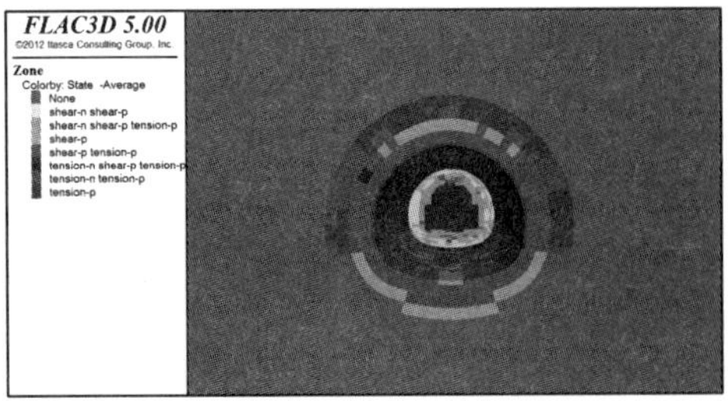

(a) 全断面开挖法

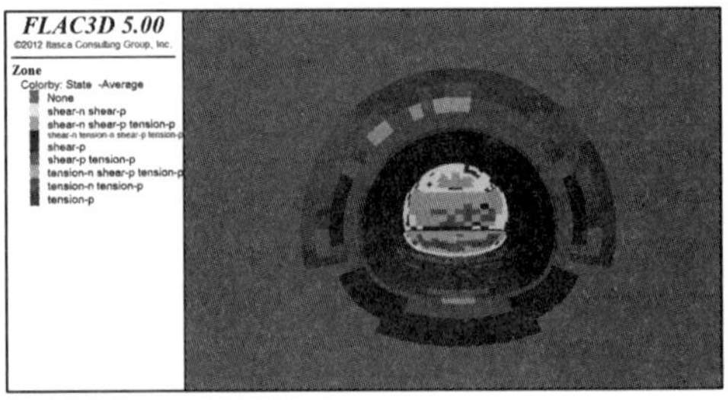

(b) 三台阶法

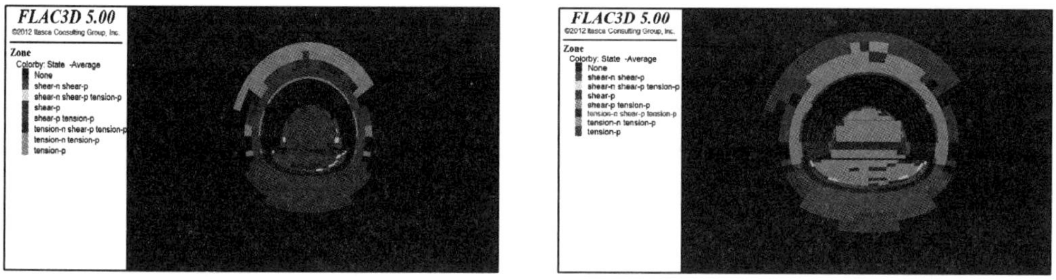

(c) 三台阶预留核心土法(长度3m)　　(d) 三台阶预留核心土法(长度6m)

图 2.40　不同工况下塑性区

心土有效地阻碍了开挖面的挤出变形，同时已经开挖的顶部围岩竖直方向没有受到约束；根据当前的塑性区范围可知，当前塑性区范围最小的是三台阶预留核心土法，全断面开挖法的塑性区范围最大。

4. 拱顶沉降

从图 2.41 可以看出，在整个隧道开挖过程中，不同工况对隧道开挖面前方竖向位移的影响比较明显。其中全断面开挖的最终拱顶沉降变形量最大，变形量为 1.95cm，其次为三台阶法变形量为 1.81cm，三台阶预留核心土 3m 法和三台阶预留核心土 6m 法的变形量基本一致，均为 1.75cm。

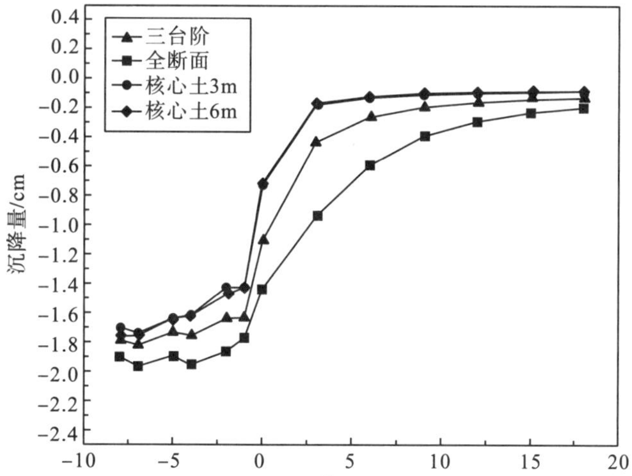

图 2.41　不同工况下拱顶沉降

三、不同埋深对开挖面挤出运动的影响

本节计算在埋深为 50m、100m、150m、250m 时采用全断面开挖施工隧道的开挖面最大挤出位移，进行软岩隧道开挖面计算理论与数值分析对比(图 2.42～图 2.44)。

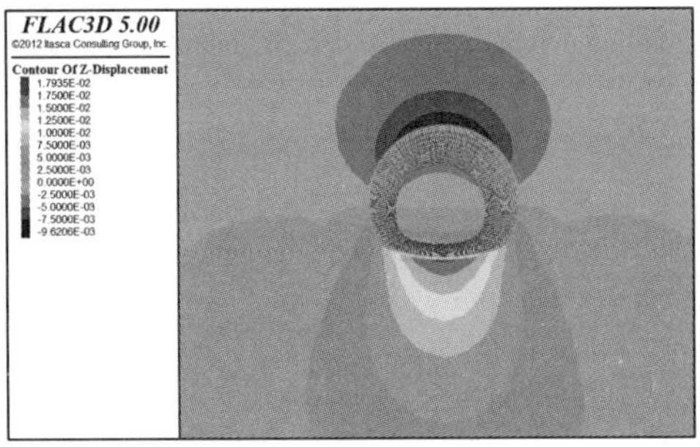

(a) 埋深50m

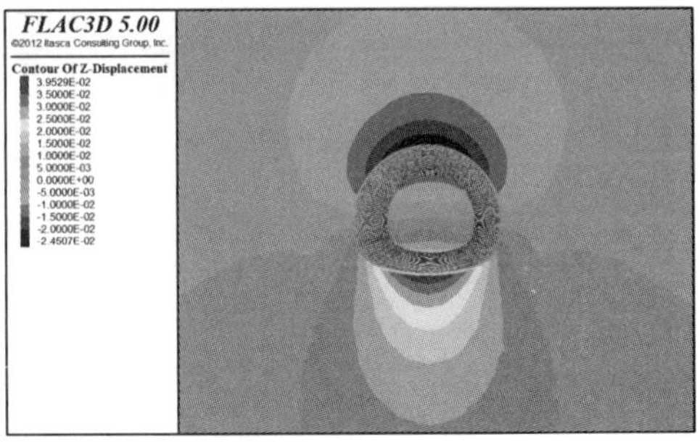

(b) 埋深100m

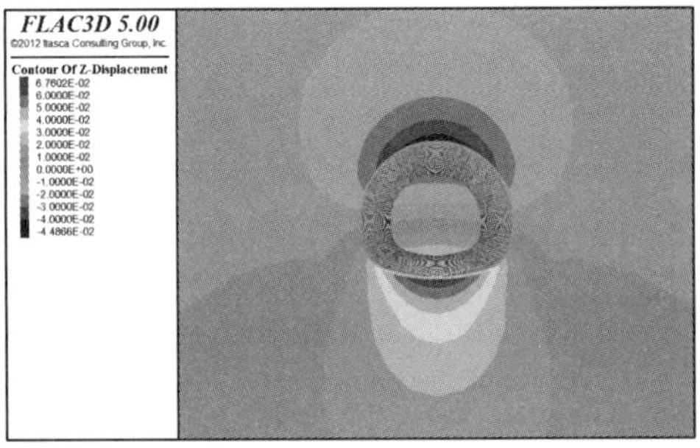

(c) 埋深150m

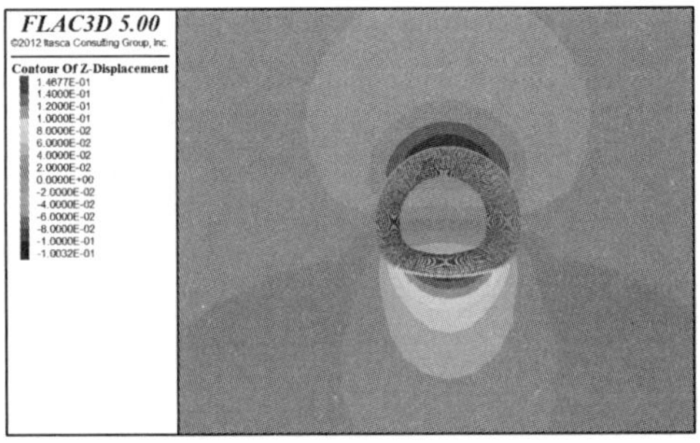

(d) 埋深250m

图 2.42　不同埋深下的竖向变形

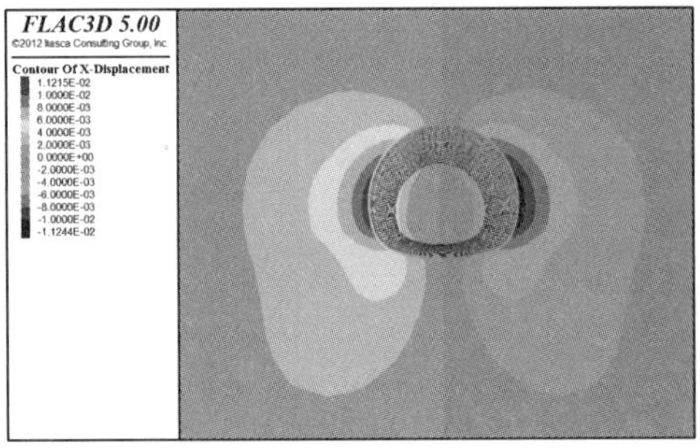

(a) 埋深50m

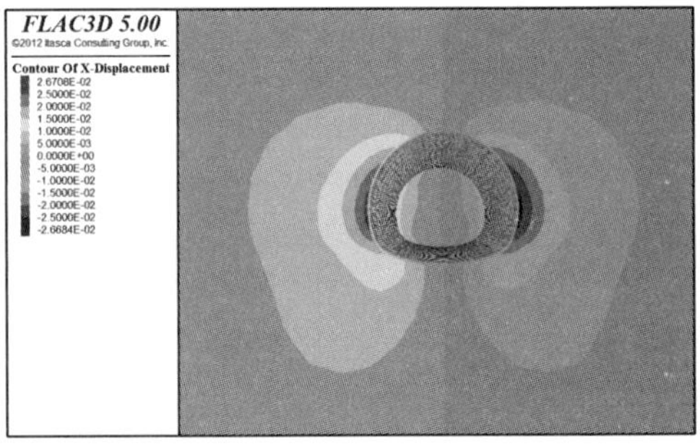

(b) 埋深100m

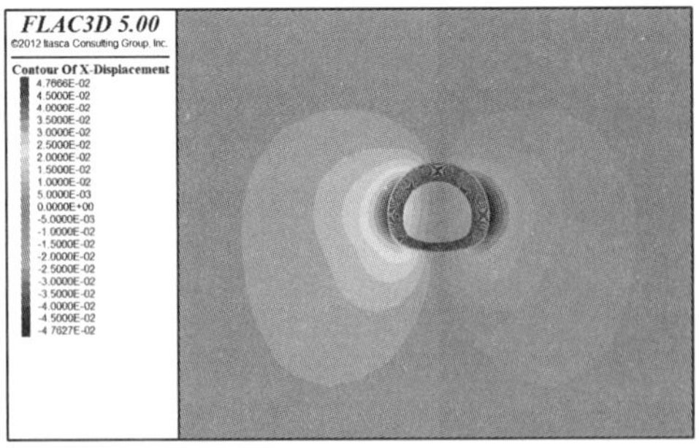

(c) 埋深150m

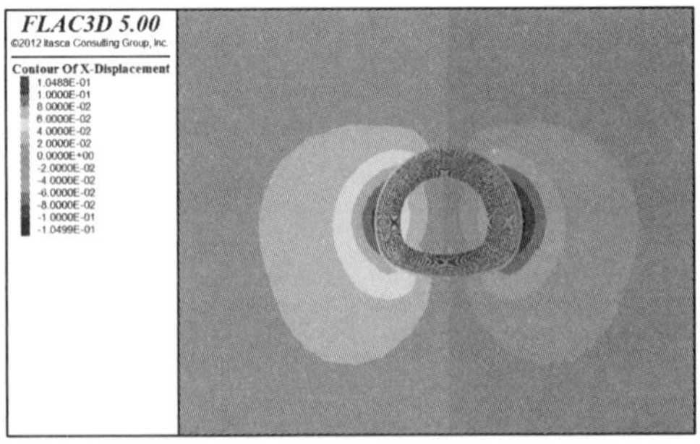

(d) 埋深250m

图 2.43　不同埋深下的水平变形

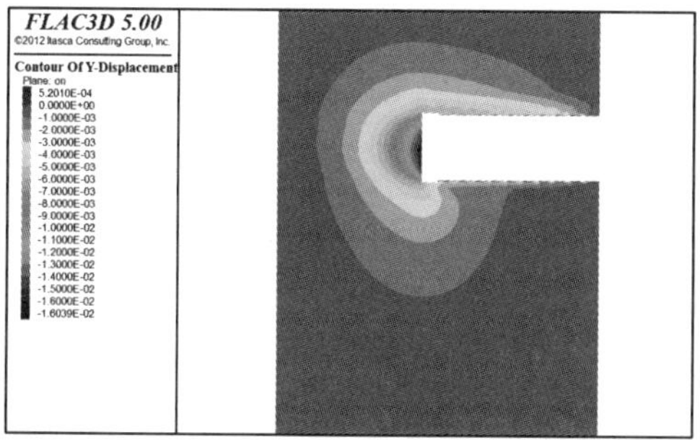

(a) 埋深50m

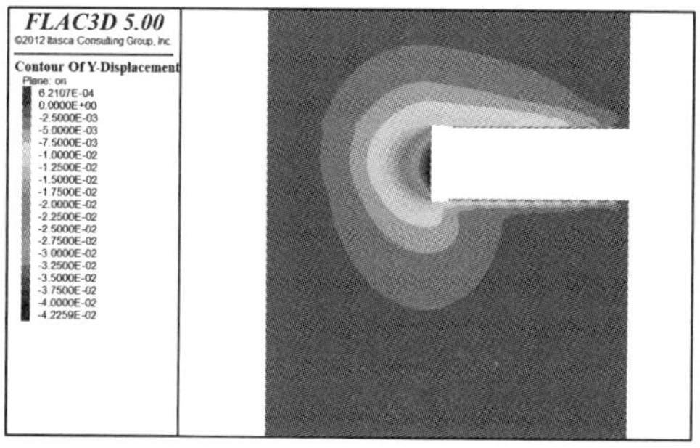

(b) 埋深100m

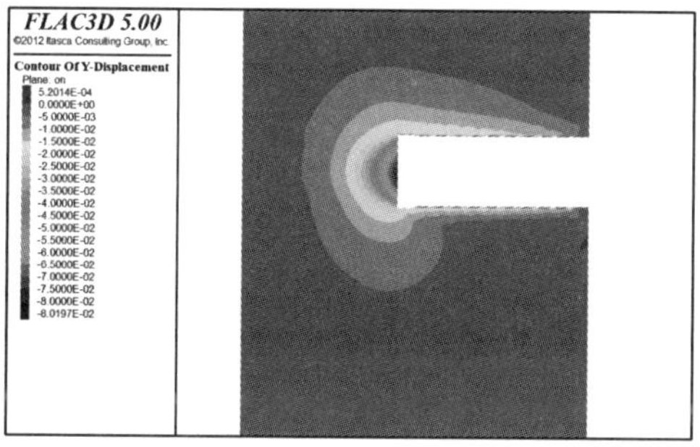

(c) 埋深150m

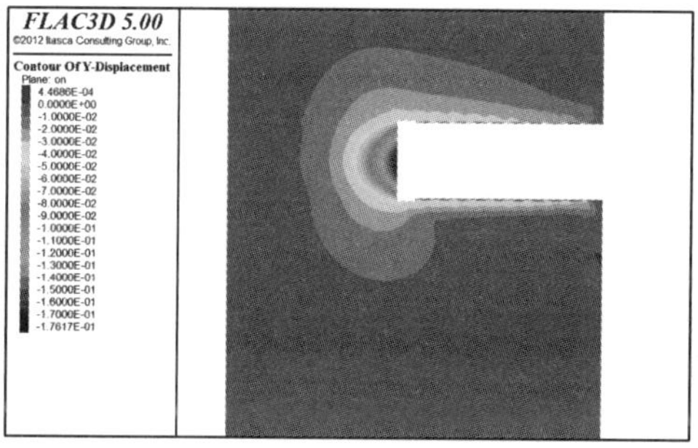

(d) 埋深250m

图 2.44　不同埋深下的纵向变形

由图 2.42、图 2.43、图 2.44 可知，随着隧道埋深的增加隧道的变形量增加，不同埋深纵向最大挤出位移都发生在开挖面的中心。根据第三节理论分析可知，在一定的黏聚力和摩擦角下，随着埋深的增加，P^*增大。因此，把表 2.16 的计算参数代入式(2.31)，则隧道埋深 50m、100m、150m、250m 对应的 P^*值分别为 1.83、2.08、2.19、2.29。把 P^*的值代入表 2.13 中的计算公式，得出在没有超前锚杆加固情况下不同埋深下开挖面最大变形值理论计算结果，并将其与数值模拟结果进行比较，具体如表 2.18 所示。表中，An 表示理论分析结果，Nu 表示数值模拟结果，Di 表示两者间的相对误差。

表 2.18　不同埋深下 U^*的值

P^*=1.83			P^*=2.08			P^*=2.19			P^*=2.29		
An	Nu	Di	An	Nu	Di	An	Nu	Di	An	Nu	Di
1.63	1.89	15.6%	2.50	3	22%	4.784	4.03	−15.8%	5.18	5.73	10%

四、超前锚杆加固对开挖面变形的影响

管棚加固对限制开挖面水平变形效果并不明显，必须采用其他的预加固措施来维持开挖面的稳定。近些年，国内外隧道施工经常采用向开挖面前方待开挖围岩打入锚杆的方法进行超前加固，以控制维持开挖面的挤出位移，维持开挖面的稳定。由于玻璃纤维锚杆具有较强的抗拉强度，杆体横向易切割、价格低廉，因此在施工现场被广泛使用。上文分析

了隧道在不同工况下开挖面的挤出变形，这里模拟隧道全断面开挖施加超前锚杆加固下开挖面的挤出变形，分析锚杆对开挖面的锚固作用。

(一)开挖工况设计

图 2.45 和图 2.46 为隧道在埋深 100m，锚杆加固密度为 0 和 0.5 根/m² (每平方米锚杆的数量)条件下竖向应力与位移的变化云图。由开挖面进行预加固处理的计算结果可知，锚杆的加固可以明显改善开挖面前方未开挖围岩的竖向应力分布。锚杆对开挖面进行预加固后，开挖面前方的竖向应力集中几乎消失。这种现象的产生主要是由于锚杆加固了开挖面前方围岩后，围岩的强度大大提高，能够承受因开挖产生的纵向应力差，增加了开挖面的支护力，从而约束开挖面的挤出位移。

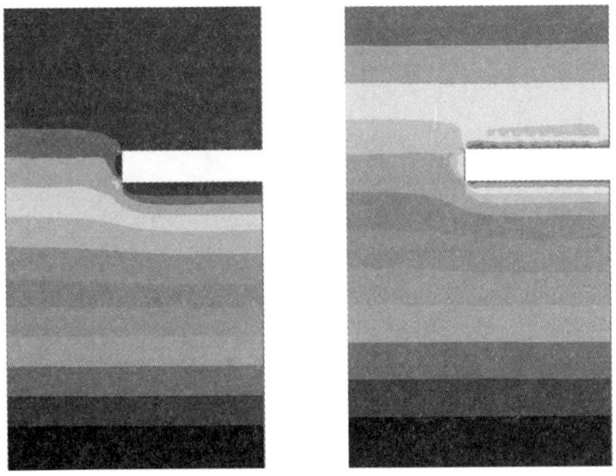

图 2.45 垂直应力对比

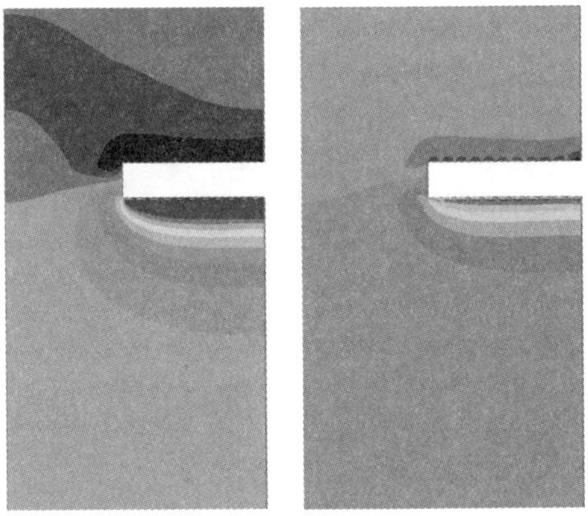

图 2.46 垂直位移对比

在研究超前锚杆的最佳布置密度d_{opt}方面，国内外学者都做了很多研究，如Dias[97]通过有限软件 FLAC^{3D} 分析了在埋深 100m、直径 12m 的圆形隧道中，超前加固锚杆的最佳布置数量为 80 根，即最佳布置密度为 0.71 根/m²。

Anagnostou 等[1]在设计围岩条件很差的粉质砂土开挖直径为 12m 的隧道时，采用超前锚杆布设密度为 1 根/m²，在现场施工取得较好的效果。Yoo[98]利用软件分析了 4 种不同埋深以及 3 种不同围岩条件下，直径为 8m 的圆形隧道的加固效果。分析得出，随着锚杆的密度增加，开挖面的挤出位移减小，当锚杆的数量达到某一临界值时，继续增加锚杆的预加固密度，此时开挖面挤出位移基本不变。

鉴于以上研究结果，这里针对软岩隧道在开挖断面面积为 138.06m²、外径为 7.2m 的隧道中分别设置了如表 2.19 所示的几种工况，锚杆的布置见图 2.47，具体参数见表 2.20。

表 2.19 工况设计

工况	一	二	三	四	五	六	七	八
锚杆长度 L_b/m	0	3	6	9	12	15	12	12
锚杆根数	0	69	69	69	69	69	29	97
锚杆密度/(根/m²)	0	0.5	0.5	0.5	0.5	0.5	0.2	0.7

表 2.20　锚杆参数

弹性模量/MPa	抗拉强度/MPa	横截面面积/m^2	水泥砂浆外圈周长/m
20 000	500	0.0015	1

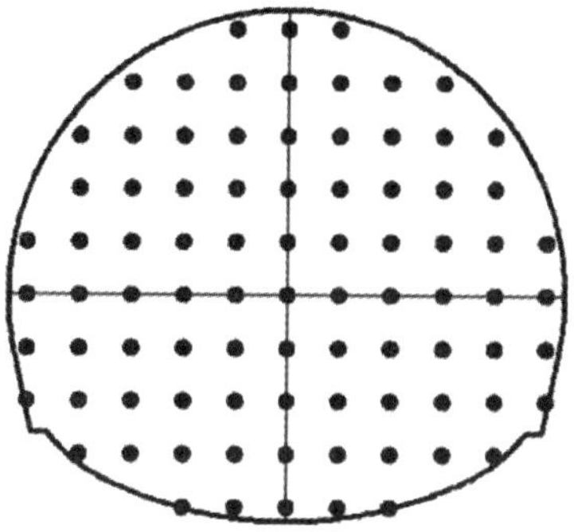

图 2.47　锚杆布置图

(二)锚杆长度对挤出变形的影响

图 2.48 表现出锚杆直接作用在开挖面上，主要是为了控制开挖面的挤出变形。因此对隧道开挖到 33m 时开挖面的挤出变形进行分析。

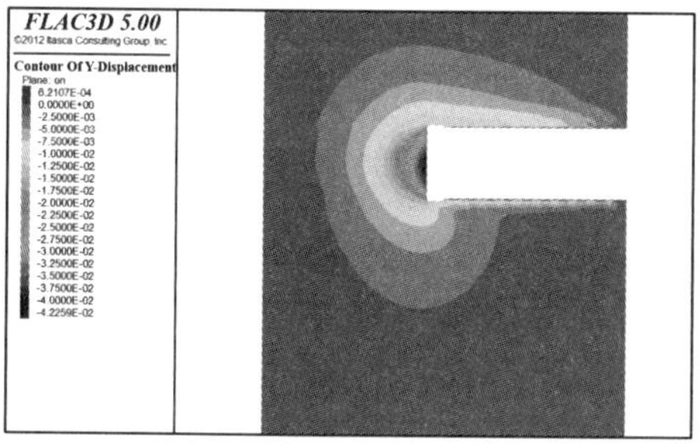

(a) 工况一

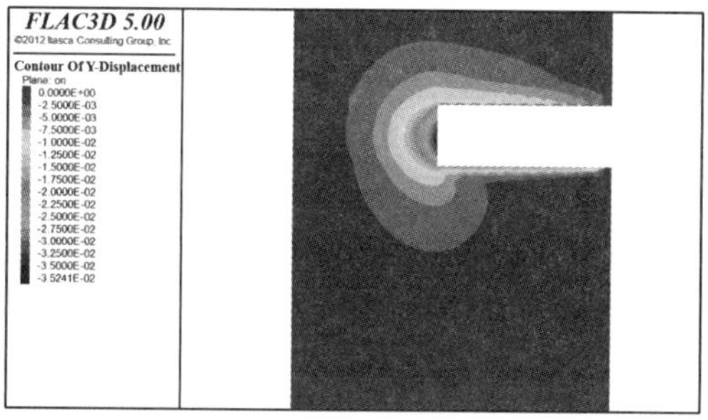

(b) 工况二

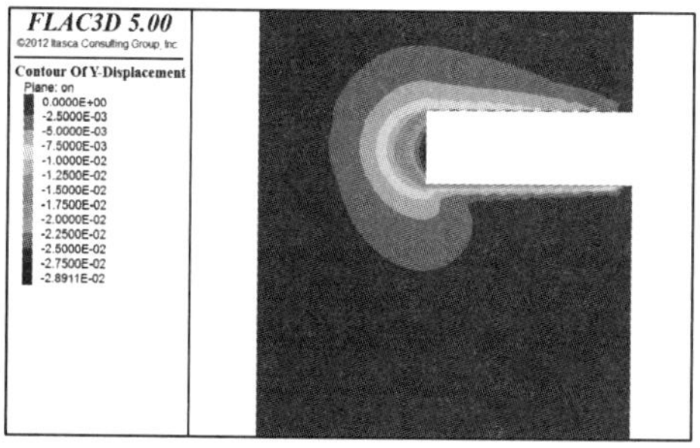

(c) 工况三

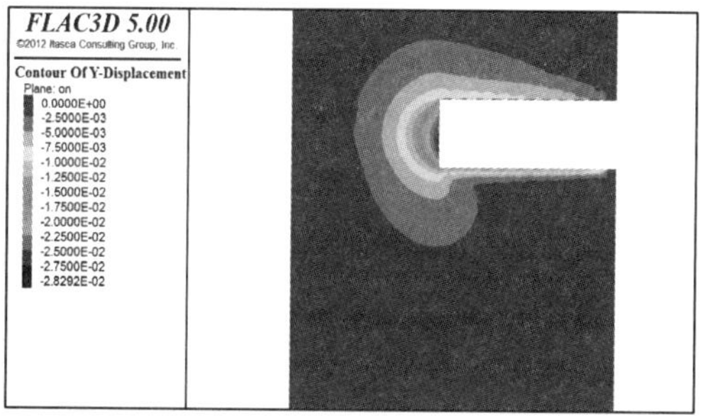

(d) 工况四

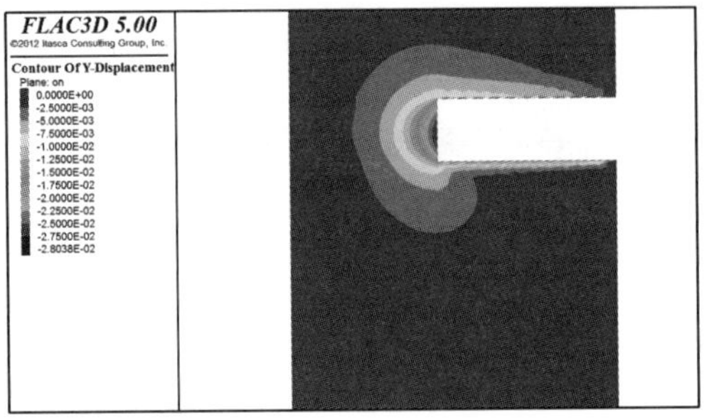

(e) 工况五

图 2.48 不同工况下纵向位移云图

图 2.49 为不同工况下开挖面的最大挤出位移，其中垂直坐标的 0 点为开挖面中心，由此可知开挖面的挤出变形最大值在隧道中心部位。由图 2.50 可知，开挖面预加固锚杆很好地控制了开挖面前方待开挖围岩的隧道中心线上的挤出变形，随着锚杆长度的变化加固效果不断加强，而工况三、工况四、工况五的曲线基本重合，说明当锚杆长度增加到一定的临界数值后，长度继续增加锚固效果基本不增强。由图 2.51 可以看出，锚杆加固长度等于隧道半径时，锚杆的加固作用达到了最大值。这与本章第三节理论分析结果相符合。

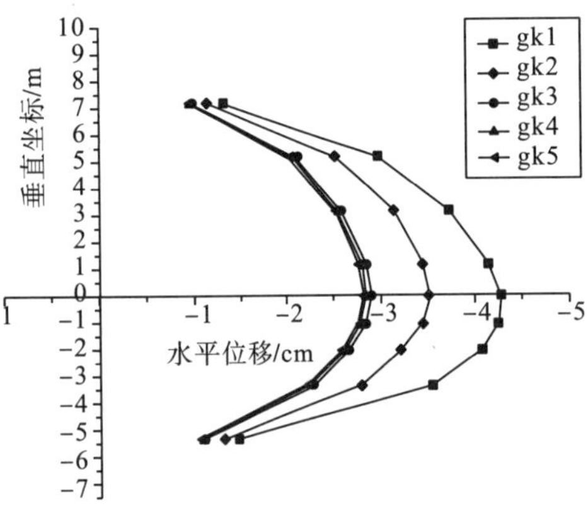

图 2.49 不同锚杆长度下开挖面的水平位移

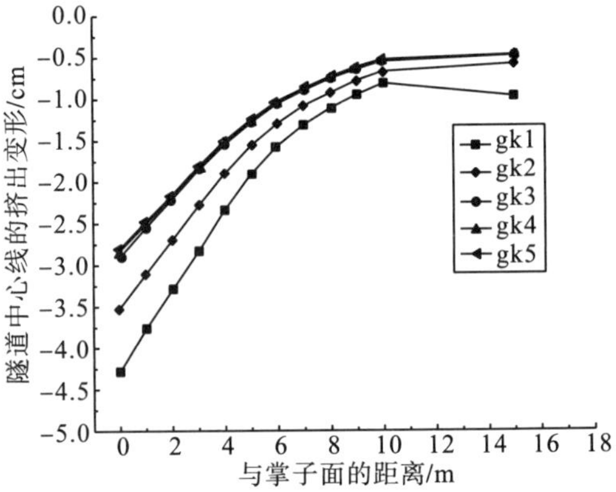

图 2.50 隧道中心线挤出位移

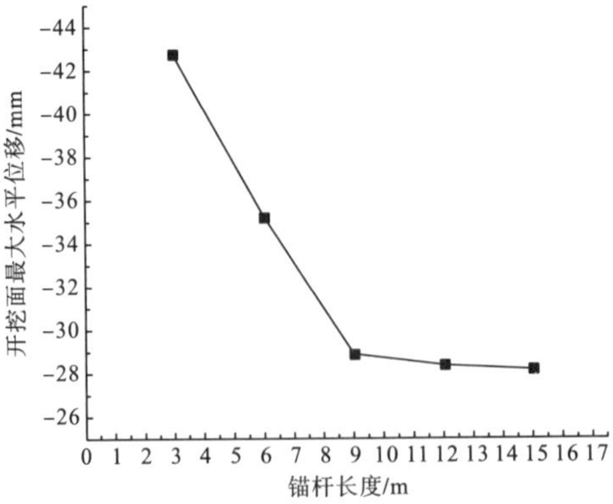

图 2.51 锚杆长度同开挖面最大挤出位移关系

(三)锚杆密度对挤出变形的影响

由图 2.52、图 2.53 可知，预加固锚杆的密度对控制开挖面的挤出变形有很大的影响，预加固锚杆密度越大，锚固作用越好。由图 2.54 可知，垂直坐标的 0 点为开挖面中心，由此可知开挖面的挤出变形最大值在隧道中心部位。未加固锚杆的开挖面挤出位移为 4.46cm，当锚杆密度到达 0.7 根/m² 时，开挖面的挤出位移为 2.5cm，减少了 44%。根据前面理论分析可知，当锚杆密度为 0.2 根/m²、0.5 根/m²、0.7 根/m² 时，相应的 β 为 0.012、0.03、0.42。把 β 的值代入表 2.13，得出在没有超前锚杆加固情况下不同埋深下开挖面最大变形值理论计算结果，并将其与数值模拟结果进行比较，具体如表 2.21 所示。表中，An 表示理论分析结果，Nu 表示数值模拟结果，Di 表示两者间的相对误差。

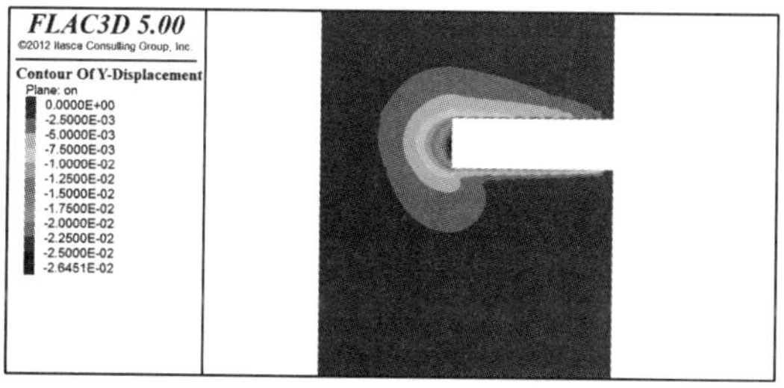

(a) 工况六

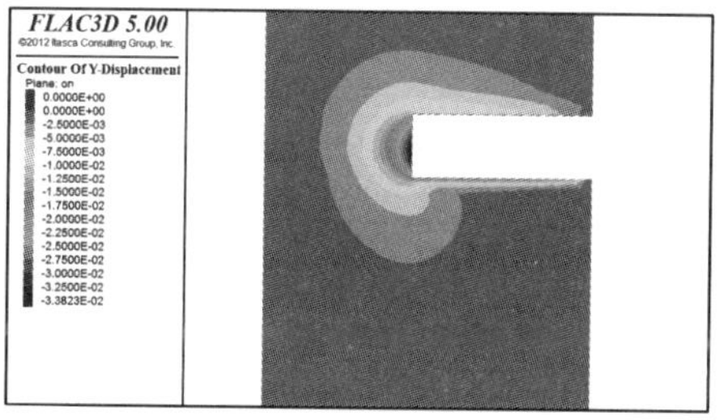

(b)工况七

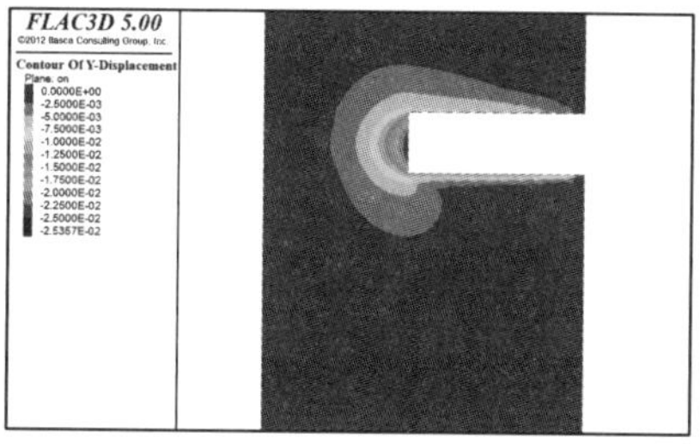

(c) 工况八

图 2.52　不同工况下纵向位移云图

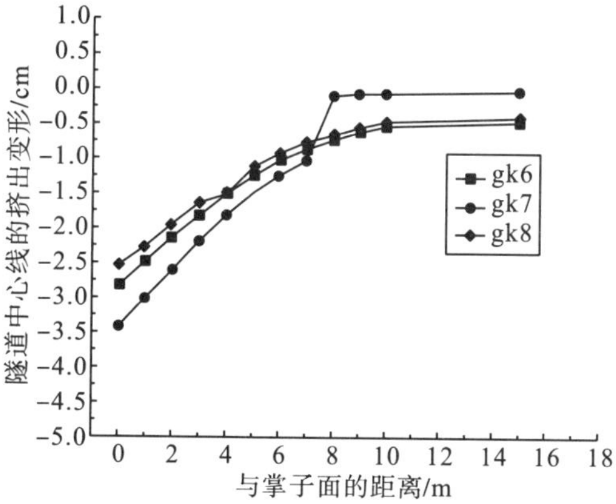

图 2.53　不同工况下纵向变形

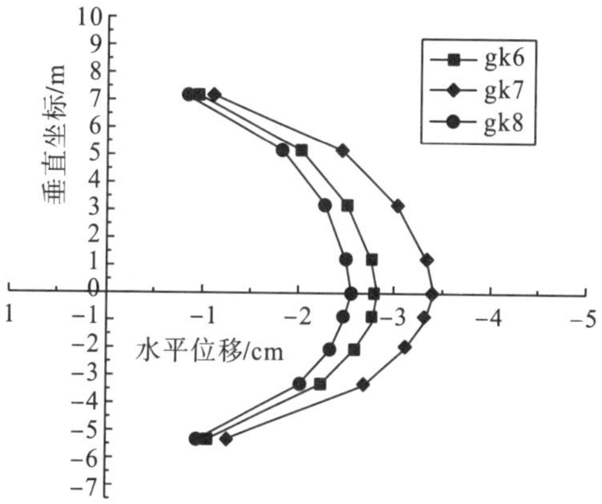

图 2.54　不同工况下研究断面纵向变形

表 2.21 不同埋深下 U^*的值

β=0.2			β=0.5			β=0.7		
An	Nu	Di	An	Nu	Di	An	Nu	Di
2.424	2.411	−0.5%	2.33	1.98	−15%	1.53	1.77	15.7%

五、小结

(1)某隧道主要采用全断面开挖法进行施工，结合实际采用的开挖方法，分别采用三台阶开挖、三台阶预留不同长度核心土开挖进行模拟，发现与全断面开挖相比台阶法能明显减少开挖面的最大挤出位移，与三台阶法相比三台阶预留核心土法对开挖面变形和周边围岩的变形控制效果更加明显。

(2)根据实际工程某隧道研究的开挖断面的埋深为 50m，在此基础上分别模拟了埋深 100m、150m、250m 下隧道开挖面的最大挤出位移大小。将其结果与理论计算值进行比较分析，两种分析模式之间的最大差异达到 22%。这种精度水平在实际的初步设计中是可以接受的。

(3)在实际工程的基础上对开挖面进行预加固模拟分析，发现随着锚杆密度的增加开挖面最大挤出位移减小，随着预加固锚杆的长度增大开挖面的最大挤出变形减小；当锚杆长度大于隧道半径时，开挖面的最大挤出变形保持在一个稳定值，与理论分析相吻合。将开挖面最大挤出位移值与理论计算值进行比较分析，两种分析模式之间的最大差异达到 15.7%。这种精度水平在实际的初步设计中是可以接受的。

第三章　岩溶隧道岩盘水力破坏机制

第一节　概　　述

岩溶又名喀斯特，是水对可溶性岩石(碳酸盐岩、石膏、盐岩等)进行化学溶蚀作用为主，流水的冲蚀、潜蚀和崩塌等机械作用为辅的地质作用，以及由这些作用所产生的现象的总称。据不完全统计，岩溶在全世界分布面积接近 $50\times10^6km^2$，主要分布于美国、法国、英国、中国、南非、巴尔干半岛等国家或地区。我国岩溶面积达 $3.443\times10^6km^2$，约占我国陆地国土面积的 1/3；我国岩溶遍及多个省、自治区、直辖市。其中，西南地区是岩溶最发育的地区。

截至 2013 年底，我国已建成隧道有 7400 余座。据统计，其中 27%～35%隧道穿越岩溶地层，这些岩溶隧道的特点是埋深深、岩溶比较发育，施工过程中经常发生突水事故，如西南隧道、华蓥山隧道、渝怀铁路的圆梁山隧道、武隆隧道、歌乐山隧道等。国内典型的岩溶隧道突水、突泥事故见表 3.1。除此之外，日本的青函隧道和清水隧道、俄罗斯北穆隧道、黎巴嫩阿瓦利隧道、法国仙尼斯峰隧道都发生过大规模的突水突泥事件。

表 3.1　国内部分突水事故统计表

隧道名称	突水原因	发生规模
塘冲煤矿	断层	工作面大量涌水，由 $20m^3/h$ 急剧增加到 $450m^3/h$
济宁煤田	断层	从最初淋水开始 5 天后，发生特大突水，突水量在 $3000m^3/h$ 以上
平阳隧道	暴雨	涌水量最大 $5\times10^4m^3/h$，并涌出 1 万余 m^3 的黄沙和粉质黄色泥浆
乌池坝隧道	大量降雨	雨季涌水量会显著增大，出现短时涌水或突泥现象
华蓥山隧道	揭露高压溶腔	揭露溶腔后水量高达 $14\,400m^3/h$，涌泥沙 $463m^3$
永夏矿区	节理裂隙引发	最大突水量达到 $850\,450m^3/h$
明月山隧道	节理裂隙发育	发生大股涌水且水压较大
黄陵矿区	导水裂隙	最大涌水量为 $140m^3/h$
季家坡隧道	岩溶裂隙	初始涌水量约为 $100m^3/h$，随后逐渐减小
天池隧道	构造裂隙	先后共发生 8 次涌水突泥灾害，其涌水突泥总量达 16 万 m^3
祁东煤矿	松散承压含水层	最大涌水量达到 $1520m^3/h$
大瑶山隧道	大雨	涌水总量为 652×10^4t，突泥、涌砂总量 4.8×10^4t
关西隧道	施工爆破	大量泥石涌出，约为 $3000m^3$
大相岭隧道	柱状节理发育	在开挖到里程为 K61+773 时，工作面涌水量达 $17\,000m^3/d$，最大达到 $32\,000m^3/d$
冯营矿矿井	断层、采动裂隙	建井以来共发生突水 73 次，突水量大于 $60m^3/h$ 的达 40 次，最大突水量达 $2\,220m^3/h$
大相岭隧道	断层	瞬间最大流量为 $150m^3/h$，2 个小时后工作面后 50m 范围内已淤积厚约 1.2m 的泥浆

从国内外岩溶隧道突水灾害事件看出，岩溶隧道突水灾害已成为岩溶区地下工程建设中最常见、最易发生以及破坏性最强的灾害之一。然而，由于岩溶的发育与含水、导水构造赋存规律的复杂性和隐蔽性，加上隧道突水、涌水机理涉及多门学科知识(包括岩溶学、构造地质学、水化学、地下水动力学、断裂力学、矿物岩石学、沉积学、流体力学、岩体水力学等)，因此，对岩溶隧道突水灾害力学发生机理的研究是一项浩大的工程。虽然目前探测开挖面前方水体的方法众多，但是仍不能完全判断出隐藏于地下深处的裂隙、管道、溶腔等含水部位，地下水连通情况也同样十分复杂，于是突水灾害仍是目前隧道建设中最主要的灾害之一。突水灾害将对工程建设造成巨大的危害，具体表现在以下几个方面。

一、突水事故对工程建设和人员造成危害

当隧道穿越不良地质段时，如果设计或施工不当，便会发生突水事故。突水过程中有时伴有大量泥、沙，轻则淹没隧道、冲毁机具、造成隧道施工中断、延误施工周期，重则造成大量施工人员伤亡。比如圆梁山隧道在施工中，先后遇到了五个深埋充填型溶洞，受高压、富水、岩溶等诱导因素的影响，突发了多次大规模的涌水、涌砂等工程地质灾害，给工程的安全顺利施工造成了极其严重的影响；大瑶山隧道班古坳竖井平导洞施工至1994m+213m 时，突发携带大量泥沙的岩溶水，涌水总量为 652×10^4t，突泥、涌砂总量 4.8×10^4t，造成竖井和洞内设备被淹没，中断施工长达 1 年之久；襄渝铁路大巴山隧道在通过下寒武统石龙洞灰岩含水层中，揭露一溶洞突然突泥、突水，最大突水量为 $15\times10^4 m^3/d$，中断施工 3 个月，该隧道处于暗河口以下 120m，岩溶管道沿断层强烈发育，最后采取堵、排、绕处理等方案才顺利通过；马鹿箐隧道 “978 溶腔” 于 2006 年 1 月 21 日，工作面拱顶突然开始突水崩塌，平导突水约 5min 后，水通过平导和正洞之间的横通道涌入正洞，使正洞进行出渣作业的人员被堵在洞内，涌水过程中除正洞两人被水冲出洞外，其余作业人员全部遇难。具体数据见表 3.2。

表 3.2 2006～2012 年期间隧道重大突水灾害事故

事故发生时间	隧道名称	灾害统计
2006 年 1 月 21 日	宜万铁路马鹿箐隧道	这次事故除多人逃生外，造成 10 人死亡，1 人失踪
2007 年 8 月 5 日	宜万铁路野三关隧道	造成 3 人死亡，19 人受伤
2007 年 11 月 20 日	宜万铁路高阳寨隧道	事故共造成 31 人死亡，1 人失踪，1 人受伤
2008 年 4 月 11 日	宜万铁路马鹿箐隧道	事故造成 4 人死亡，1 人失踪
2010 年 1 月 16 日	南广高铁白云隧道	6 人死亡，4 人受伤
2010 年 6 月 9 日	重庆 S103 线天池隧道	造成 3 人死亡，4 人受伤，13 辆汽车不同程度受损
2010 年 6 月 9 日	茶涪路天池隧道	3 人死亡，4 人受伤，13 辆汽车不同程度受损
2012 年 5 月 26 日	兰渝铁路古子山隧道	共造成 2 人死亡，直接经济损失约 200 万元

二、突水事故产生地面塌陷和地面沉降

岩溶地区地面塌陷的主要原因就是突水、突泥产生的次生灾害。一般来讲地面塌陷的客观因素有：地质构造条件、地应力状态、地下水活动状态、地层状况。隧道施工前地下水主要是沿着岩石裂隙、管道或者暗河流动，呈一种相对稳定和平衡的状态，当施工揭露地下含水体，地下水快速流动一方面会加剧岩土颗粒的流失，造成岩土体应力平衡被打破，在岩土体自重作用下造成地面塌陷或者沉降；另一方面大量的水体流失也可能导致岩土体中的孔隙水压力骤降，而有效应力增加，造成地面塌陷或者沉降。第三个可能就是隧道突水使地下水位急剧下降产生真空负压，使溶洞上部的岩土体在真空吸蚀的作用下发生塌陷或沉降。如 2009 年底，龙岩新祠龙厦高铁象山隧道 1 号斜井在地下 160m 左右施工时，开挖面及初期支护出现开裂，并逐步发展为塌方、涌水，初期涌水量约为 200m³/h，最大涌水量达 7227m³/h（次日），10 天后水位降幅逐渐趋稳，日平均涌水量为 603m³/h 左右。突水致使该隧道南侧龙岩新祠盆地地表发生地面塌陷和沉降，累计发现塌穴 40 多处，最大沉降量达 612mm，最大沉降速率为 0.65mm/h，最大影响距离约 1500m，最大塌坑规模长 20m、宽 10m、深 2m，造成盆地内 27 幢民房倒塌，某水泥厂宿舍、办公楼、车间、水泥库等大型建筑物的基础发生变形、不均匀沉降和倾斜而被迫停产，高铁工程项目工期延误半年，直接经济损失达数亿元。

三、突水造成隧道周围水资源减少或枯竭

隧道开挖后，由于其集水和汇水作用，岩溶区地下水不断排入隧道中，随着地下水不断地涌入隧道，地下水储存量被大量消耗，使降落漏斗不断扩展，引起地下水渗流场和补排关系明显变化。只要地下水系统的疏干水量满足不了隧道的排出水量，地下水位就将持续下降，继而导致地表井泉干涸，河溪断流。

新建龙岩—厦门铁路中的象山隧道位于福建省境内，隧道开挖后，岩溶地下水不断排入隧道中，隧道成为地下集水廊道。隧道突水后，岩溶水管道更加畅通，地下水径流条件进一步得到强化，导致隧址区附近各厂矿、单位水井地下水水位急剧下降，甚至干枯、无法使用。后来在“堵排结合”原则指导下，采取一系列处理措施，地下水位才开始缓慢上升。

四、突水造成水质变差及周围水环境污染

在天然状态下，隧道地下水系统中各岩溶含水层基本上是相对独立的，彼此间不存在水量交换或是只有少量的水量交换。然而，由于隧道大量突水，地下水的快速流动打破了地下水系统内部原有的水力平衡，加速了水交替的速度，有利于氧化作用的充分进行以及岩土体中某些矿物质溶解在水中，从而促使地下水中一些酸根离子含量增加或 pH 值发生变化，使地下水具有较强的腐蚀性，腐蚀和毁坏隧道的二次衬砌结构和其他施工设备，危

害作业人员的健康。另外，隧道周围水体补给时被污染的或在隧道施工环境中被污染的地下水不经处理就直接排入周围环境，引起地表水和地下水二次污染。

通过对以上多条岩溶隧道突水、突泥案例的分析可以看出，岩溶隧道突水、突泥危害涉及面非常广，不但对施工建设产生重要影响、对施工人员的生命安全造成威胁，对隧道周边人民的生活和生命财产安全及环境也造成重大影响。近年来，有关岩溶隧道的突水灾害引起了隧道工程界的极大关注，其中断层也是造成岩溶隧道突水灾害的主要诱因。施工揭示的地层普遍发育隐性节理、断层、糜棱岩化破碎带、岩脉等，其中断层是引发岩溶隧道突水、突泥事故的最重要因素，如表 3.3 所示。

表 3.3 断层诱发突水案例

隧道名称	与断裂关系	灾害情况
野三关隧道	隧道主要穿越孙家坪断裂(F_{18})、叶朝湾断裂(F_{17})、水洞坪断裂(F_{16})、大坪断裂(F_{12})	日常涌水量达 20 万 m^3/d，历经 88 次突泥、突水考验。2007 年 8 月 5 日发生突水突泥事故，造成 52 人被困，13 人死亡。其中 F_{18} 断层为大型压扭性断层，断层带物质为黄色、灰色的黏土、淤泥及粉细砂，连通 3 号暗河，最大流量 328 204m^3/d
大支坪隧道	穿越支井河断裂(F_2)、小风垭断裂(F_3)、向家坪断裂(F_4、F_5、F_7)、团包断裂(F_8)和 F_9 断裂	自开工以来，共遭遇溶腔 82 个，发生大规模突水突泥 14 次。2006 年 5 月 20 日，平导发生突水，日出水量达 30 万 m^3
别岩槽隧道	隧道主要穿越茨竹垭 F_1 大断层	该段埋深 320m，隧道开挖后，预测该段正常涌水量达 34 956m^3/d，最大涌水量 154 627m^3/d。超前探孔实测最大水压达 2.2MPa，单孔涌水量 22m^3/h
齐岳山隧道	隧道穿越 F_{11} 断层破碎带	断层上、下盘构造岩体破碎，透水性强且富水。开挖后导致大突水，地表水的漏失还造成地下水位下降
大相岭隧道	隧道穿越 A、B 两条断层	A 为压性断层，B 为压扭性断层，两断层相距约 300m，其中 B 断层附近形成约 20cm 厚的断层破碎带，富水导水明显，最大涌水量 25 100m^3/d
锦屏隧道	隧道主要穿过 F_5、F_6、F_8、F_{25}、F_{26} 断层	除 F_8 是张扭、平移断层外，其余全部为压扭性断层，断层破碎带都较发育，厚度约 115m，断层导致锦屏隧道多次发生突水突泥事故
大瑶山隧道	隧道穿过 8 条断裂	南北向发育 3 条压性断裂，北北东方向发育 5 条压性、压扭性断裂。断层破碎带峰值涌水量为 280 000m^3/d

综上所述，针对我国岩溶隧道施工过程中频繁遭遇的突水灾害造成重大损失和人员伤亡的现状，对岩溶隧道突水力学机理的研究已迫在眉睫。如果岩溶隧道突水特征以及突水灾害的相关力学机理问题能得以解决，那么研究成果对于有效遏制突水、突泥等大型地质灾害事故的发生，保障隧道安全施工和安全运营具有重大意义，必将减少岩溶地区隧道建设的资金投入，降低该地区隧道建设突水灾害风险，有助于我国地下工程建设事业的蓬勃发展。

第二节 岩溶隧道突水灾害特征及影响因素分析

为了揭示岩溶隧道突水灾害的机理，本节在归纳和整理大量文献的基础上对岩溶隧道突水灾害特征进行总结性分析，并对影响岩溶隧道突水灾害的相关因素和岩溶的储水构造进行总结。研究内容为后续的岩溶隧道突水灾害理论和数值分析提供了必要的前提和基础。

一、岩溶隧道突水灾害特征

(一) 岩溶突水灾害水力特征

(1) 突发性。通过大量岩溶隧道施工实践来看，这种类型溶洞的充填介质为不透水物质，溶洞的周壁为结构完整的岩体，溶洞的形成往往是呈垂直向发育，倾角大，因而溶洞的充填物和上部的水体所积储的势能很大，当隧道开挖时势能急剧释放，形成爆喷突发性灾害。

(2) 高压性。通过大量岩溶隧道施工实践来看，发生突水灾害时，往往伴随泥沙，且被高压喷出，充分体现了岩溶的高压特点。

(3) 富水性。通过大量岩溶隧道施工实践来看，发生突水灾害时，往往存在大量涌水以及泥沙，充分体现了岩溶富水、富泥的特点。

(二) 岩溶突水灾害频数特征

岩溶隧道突发性可以分为高发性、中发性、低发性三种类型，其分类情况如表 3.4 所示。

表 3.4　岩溶突水灾害频数特征

突发类型	高发性	中发性	低发性
突发频度/次	≥10	3～10	≤3
充填介质	粉细砂	泥沙	硬—软塑状黏性土
危害性	极大	大	极大
施工难度	极大	极大	前期易爆喷，之后施工难度不大

(1) 高发性溶洞发生突发性涌突水频数很高，施工难度极大，在施工中往往采取措施后仍会发生涌水现象。

(2) 中发性溶洞发生突发性涌突水频数较高，在施工时辅以措施，比如注浆、管棚等，施工安全还是有保证的。

(3) 低发性溶洞发生突发性涌突水频数较低，此类溶洞充填介质为透水性极差的硬塑～软塑状黏性土，其发育往往是呈近垂直向落水洞，倾角大，这样，溶洞的充填介质和上部的水体所形成的总势能很大。在水的润滑作用下，充填介质和溶洞洞壁之间的摩阻力减小。当隧道开挖时，总势能会很快释放，形成突发性爆喷灾害。但灾害发生后，已形成岩溶管道，危险性和危害性已经解除。针对这种类型溶洞，提高超前探测的准确率是确保施工安全的关键。

(三)岩溶突水灾害充填物特征

(1)泥砾型填充物。在施工中能够依据实际情况采取措施，比如“以堵为主”的排水措施就较“以排为主”措施要安全得多，也为后续施工带来便利。

(2)细砂型填充物。由于粉细砂层颗粒细，且为透水介质，因此，预注浆施工困难。工程实践表明，在该类充填物介质岩溶隧道施工中，容易发生涌水、涌砂现象。

(3)黏土型填充物。黏土型填充物属于不透水层，在施工过程中一旦揭露此类岩溶填充物，极易发生爆喷突泥灾害。

(四)岩溶突水灾害与工序关系特征

岩溶突发性涌水、突泥主要发生在开挖和初期支护完成后这两个环节。隧道开挖后，原溶洞应力状态、水力特征发生变化，若处治措施不当，易发生突发性涌水突泥。初期支护完成后出现突发性涌水突泥与施工对象和施工方案选择有关。由于岩溶填充物类型不同或者岩溶类型不同，在施工中采取的措施将有差异，这就导致施工方案上存在差异，工序上存在不同。

(五)岩溶突水动态变化特征

通过大量实践，对比隧道进口洞内涌水量与地表降雨量两者的相关性，结合施工情况，基本上可以将岩溶突水动态变化特征分为未连通阶段、基本连通阶段和完全连通阶段等三个阶段。

(1)未连通阶段。洞内涌水量不随地表降雨量而变化，和地表降雨量不存在相关性，该段属于未连通阶段。

(2)基本连通阶段。基本连通阶段主要受外界条件影响比较明显，比如地表突降暴雨、洞内岩溶区(别处)涌水等，使得洞内涌水量与地表降雨越来越明显，泄水洞等使涌水量与地表降雨量呈现出不相关性。

(3)完全连通阶段。完全连通阶段使得溶洞和地表完全连通，地表降雨对隧道施工影响变得十分敏感。

二、影响岩溶隧道突水灾害因素分析

岩溶区隧道突水是在多种因素的影响和制约下发生的，因此必须总结出造成岩溶隧道突水突泥的相关因素，尤其是断层区域内影响突水的相关因素。如图 3.1 所示岩溶发育的基本条件有三个：一是具有可溶性岩石；二是具有溶蚀能力的水；三是具有良好的水循环交替条件，即具有良好的地下水的补给、径流和排泄条件。

(一)岩溶发育程度的影响

任何岩溶隧道突水灾害都与岩溶的发育程度有不可分割的关系，因此对影响岩溶发育的因素进行调查和分析是必不可少的，在此基础上才能明确突水突泥的起因。

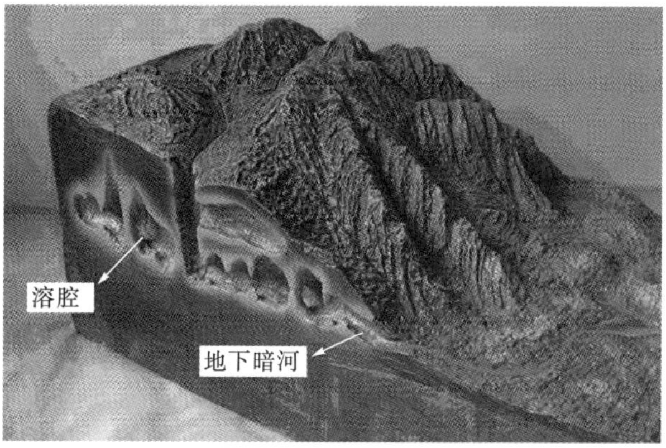

图 3.1 岩溶地貌模型图

1. 碳酸盐岩岩性的影响

可溶性岩石是岩溶发育的物质基础，而岩溶发育区域主要的岩石成分是碳酸盐岩，其成分比较复杂，主要由方解石、白云石和酸不溶物(泥质、硅质等)组成。当各组分含量不同时，可构成性质不同的各种岩性。通常多以方解石、白云石和酸不溶物三者的含量不同所构成的三角图进行碳酸盐岩的分类和命名，如图 3.2 所示。

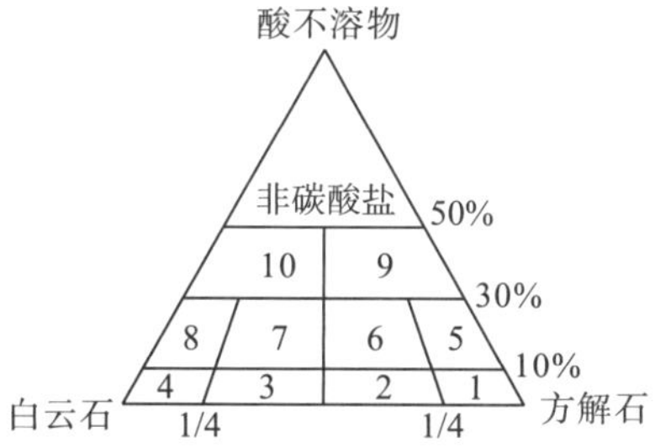

图 3.2 碳酸盐岩三角分类图

碳酸盐类岩石通常以其组分不同划分为灰岩和白云岩两大类型，岩石中所含方解石或文石在 50%以上的属于灰岩类；含有 50%以上白云岩的属于白云岩类。当酸不溶物含量超过 10%时，应以实测的物质(泥质、硅质)等参与碳酸盐岩的命名，当酸不溶物大于 50%时为非碳酸盐类。按图 3.2 命名得出的类型分别是：1-灰岩，2-白云质灰岩(云灰岩)，3-灰质白云岩，4-白云岩，5-泥(硅)质灰岩，6-泥(硅)质云灰岩，7-泥(硅)质灰云岩，8-泥(硅)质白云岩，9-泥(硅)灰岩，10-泥(硅)白云岩。

不同类型的碳酸盐岩的溶解度相差甚大，为揭示其溶蚀强度和溶蚀速度的难题，工程地质学中引入比溶蚀度和比溶解度来衡量：①比溶蚀度=试样溶蚀量(试验前后的质量差)/标准试样溶蚀量；②比溶解度=试样溶解速度(试样单位时间的溶蚀量)/标准试样溶解速度。

根据中国科学院地质与地球物理研究所张寿越(1979 年)的室内溶蚀试验，测得碳酸盐岩比溶蚀度由大到小所对应的岩性依次为：灰岩、云灰岩、泥灰岩、方解石、大理岩、泥质灰岩、灰云岩、泥质灰云岩、白云岩、泥质白云岩。

以上结论说明当隧道穿越灰岩、云灰岩等地层时面临突水的情形会比其他地层要多，岩溶越发育，岩体中存在的裂隙、溶洞、暗河等储水构造越多，因此碳酸盐岩是突水的重要影响因素。

2. 地形地貌的影响

地下水的循环交替条件在很大程度上依赖地形地貌，因此区域的地形地貌控制了地下水的运动趋势和方向，从而达到控制岩溶发育的结果。当地表水在地势高差悬殊的地段会加速流动，地下水的循环交替条件越好，岩溶发育越强烈，越容易形成冲沟、落水洞等。

不同地貌上的岩溶发育形态各不相同，在岩溶平原区，垂直渗入带较薄，容易形成埋深较浅的溶洞和暗河；在高低悬殊的山地，高原或者高原边缘地区，垂直渗入带很厚，因此地下水的埋藏很深，以垂直岩溶形态为主，水平岩溶形态发育于埋深较大的地下水面附近。

地形地貌条件还影响地区小气候及区域气候的变化。随着高程的变化，岩溶形态类型具有明显的垂直分带性，这种现象在低纬度的高山区比较明显。

3. 地质构造的影响

地质构造是指岩石和岩体在内、外动力地质作用下发生的变形变位，形成的诸如褶皱、节理、断层、劈理以及其他各种面状和线状构造。其中影响岩溶隧道突水灾害的主要因素包括节理、断层、褶皱及碳酸盐岩与非可溶盐岩的组合特点。

规模较大的断层的积水和导水能力一般都很大，如果水源补给充足，断层面附近往往易于形成规模巨大的溶穴或者溶腔，这是导致岩溶隧道突水灾害的重大影响因子。

4. 新构造运动的影响

地壳的升降运动关系控制着地下水循环交替条件的变化趋势，从而控制了岩溶发育的类型、规模、速度及空间分布等变化趋势。当地壳处于相对稳定状态时，地下水面的位置比较固定，因此在地下水面附近可形成连通性较好、规模巨大的水平溶洞和暗河，这种情况下岩溶垂直分带现象也十分明显。当地壳上升时，地下水位相对下降，因此侧向岩溶作用相对较弱，导致水平溶洞和暗河不发育，而以垂直形态的岩溶形态为主，包括垂直管道、落水洞等。当地壳下降时，地下水的循环交替条件减弱，岩溶作用也随着减弱，若是地壳下降幅度较大，则已经形成的岩溶可能被新的沉积物所覆盖，成为隐伏岩溶或者大型掩埋型岩溶。

新构造运动的主要作用是决定岩溶发育的方向性、强弱性，因此其对于地下水储存构造的形成具有重要作用，进而对隧道突水突泥灾害造成一定的影响。

5. 气候的影响

气候的特点表现在气温高低、降水量大小、降水季节、蒸发量大小等，因此是影响岩溶发育的一个重要因素，其中气温高低及降水量大小对岩溶发育的影响最大。

降水量的大小影响了地下水的补给，从而影响地下水的循环交替条件，造成水对碳酸盐岩溶蚀能力的变化，另外降雨过程中还会携带大量游离 CO_2，综上条件将大大加强水对碳酸盐岩的溶蚀能力，这是降水量大的地区比降水量小的地区岩溶发育更加强烈的原因。

总而言之，在降雨量大、气温高的碳酸盐岩地区，岩溶发育的规模和速度都较大。比较典型的就是以广西为代表的热带地区，表现为地表的峰林、丘峰、溶洼及溶原等，地下洞穴系统、暗河也极其发育。

（二）不同的储水构造影响

1. 溶隙型储水构造

溶隙型储水构造一般由构造裂隙经溶蚀加宽后形成，其宽度一般很小，延续性较好，岩溶水从地层中缓慢渗出渗流。当这种储水构造储存少量的地下水时，一般发育在离地表较浅的地方，所以不能够形成较大的水压力，对突水的危险性较小。只有溶隙型储水构造发育成熟，即相互贯通后可以加大地下水的循环交替能力，进而有可能为其他大型储水构造输送大量的地下水，从这点来说对岩溶隧道的突水灾害具有间接的影响，所以工程中应当注意。

另外当隧道通过褶皱核部时，由于褶皱核部节理裂隙非常发育，且岩体破碎，地下水补充充足，隧道穿越时容易造成高压裂隙突水，甚至发生突水涌砂。如高阳寨隧道 990 裂隙涌水、大支坪隧道 540 裂隙涌水、齐岳山隧道背斜西翼多处高压裂隙突水、别岩槽隧道 715 裂隙涌水等，都给岩溶隧道的施工造成较大的危害。

2. 管道型储水构造

每年的夏季降雨量都会达到一个较大值，此时部分溶隙型储水构造经过地下水的溶蚀会进一步扩大和延长，进而形成脉管状或者管道型的储水构造，相对于溶隙型这样较小的储水构造而言其宽度明显较大，而且连通性较好，可以使地下水从地层中呈股状流出，此时的压力和水量仍然由地表水的补给量决定，且出水一般为清水。管道型储水构造已经具有了一定的输送水能力，能为较大的储水构造输入一定量的地下水，这对于突水突泥来说具有更大更重要的影响。目前的超前地质预报已经可以达到对地下水管道的运动状态进行部分的跟踪和了解。

脉管经溶蚀进一步扩大和延长，可以形成较大的管道，其宽度较大，且连通性很好。一旦被揭示，水和泥沙会涌出或喷出，一般呈有压状态，水量和水压较大，地下水和泥沙运动状态比较复杂。这种形式的涌水一般具有突发性，对施工和运营安全影响很大。

3.溶洞型储水构造

溶腔的空间体积一般较大，且形状不规则，有水溶洞内部充满大量的水和泥沙等充填物，甚至可能存在气体。大型溶洞或溶腔的形成一般伴随着岩溶裂隙和管道的作用，甚至暗河或者断层的作用，它们相互贯通和连接，为溶腔提供了大量水或泥沙的补给。当隧道施工离溶腔较近时，隧道与溶腔间的岩层厚度无法抵抗岩溶水压力及施工扰动双重影响，将发生富水性溶腔突水事故。这种形式的涌水突泥对施工安全影响很大，其危害程度很大，施工过程中必须进行超前探测以减少损失。

宜万线代表性的高压富水溶腔有马鹿箐隧道978溶腔、大支坪隧道990溶腔、大支坪隧道367溶腔、齐岳山隧道629溶腔、别岩槽隧道422溶腔等。齐岳山隧道629富水溶腔为大型充水溶洞，主要为清水，溶洞纵向延伸长度达27m，横向宽度大于60m，竖向高度超过21m(未探到溶洞底)，与地表降雨有较强的水力联系，降雨补给快，补给来源广泛，超前钻孔单孔最大涌水量330m³/h，最大水压0.68MPa。2004年9月11日，别岩槽隧道出口端上半断面开挖到DK406+422时，工作面炮眼孔出水量增大。中午12:30时，工作面爆开，突发大规模涌水，突水洪峰流量36 000m³/h，洞口涌水高度1.8m，涌水持续40min后水量稳定为500 m³/h。

4. 暗河型储水构造

暗河是指碳酸盐岩中发育的地下河，是由于地表河沿地下岩石裂隙渗入地下，岩石经过溶蚀、坍塌以及水的搬运，在地下形成了大小不同、长短不一、错综复杂的管道系统。其过水断面比管道大很多，水中泥沙含量低，出水一般为清水，运动状态一般为重力梯度或压力梯度流，基本符合伯努利方程。

若施工不小心揭开地下暗河系统，将诱发地下暗河突水，由于暗河系统储水能力强，因此若是造成暗河突水，隧道将遭受重大损失。宜万铁路五爪观隧道为Ⅱ级风险隧道，隧道区域内地下水以碳酸盐岩溶水为主，补给源为大气降水。五爪观暗河长约1km，属直线状倾斜厅-廊组合型，最大涌水量 115 976m³/d。隧道斜穿岩溶暗河大厅，大厅横向宽约120m，纵向长约71m，上部充填物为巨块状崩塌块石，下部为卵(块)石土及粉质黏土等，周壁多为坚硬完整灰岩。为顺利通过暗河区域，防止隧道开挖暗河段时发生突水突泥，根据隧道穿越暗河段工程水文地质条件，并结合岩溶大厅形态，提前对暗河大厅进行预加固处理，效果理想。

5. 断层储水构造

断层分为压性断层和张性断层，相比之下张性断层的导水和储水能力都非常强，断层带附近空隙、裂隙以及其他的岩溶水通道极其发育。隧道穿越复杂岩溶区域时，应尽量避免遭遇断层区域，尤其是深埋隧道。因为断层区域岩体一般较破碎，且储水量和水压力都较大，若遭遇突水突泥，将对施工人员和设备造成巨大的损失。

如宜万铁路野三关隧道 F_{18} 断层、齐岳山隧道西翼通过区域性 F_{11} 大断层、别岩槽隧道通过 F_1 大断层，断层破碎带宽达100～500m，长数十千米，断层带地表呈岩溶槽谷，汇水条件好，补给源长远，断层带岩溶水极其丰富，浅层还发育暗河，隧道埋深200～300m，岩溶地下水压达2MPa以上，施工期间多次发生大规模突水突泥或塌方，危及施工安全，延误工期，加大投资，给设计、施工、建设各方带来极大的困难。

6. 层间岩溶储水构造

当碳酸盐岩与不可溶岩石互为夹层时，层间岩溶溶蚀后会形成层状的蓄水构造，称为层间岩溶储水构造。这种储水构造的厚度往往有限，上下不透水层一般是页岩或者砂岩，也可能是相对隔水的泥质灰岩、白云质灰岩或硅质灰岩。地层的分界面往往是岩溶最为发育的区域，类似于断层带附近形成的分隔型岩溶发育特征，经过内外地质作用，这种地层结构一般发育在各种褶皱中而不是标准的水平结构中。

如京通铁路桃山隧道施工期间发生的涌水主要在灰岩与片麻岩、糜棱岩接触带位置和灰岩的溶洞中出现，又如南昆铁路通过岩溶中山区碳酸岩与碎屑岩交接部位常见大量岩溶泉出露，隧道在通过此部位时也应重点预防突水现象的发生。以上有关储水构造的相互对比见表 3.5。

表 3.5 储水构造的相互对比

储水构造	主要形成因素	发育部位	储水量	突水危害程度
溶隙型储水构造	地形地貌、地质构造以及新构造运动的影响	背斜轴部，浅表地带	一般较小，当裂隙逐渐贯通后水量较大	水量较小，危害较小
管道型储水构造	岩体构造裂隙相互贯通及扩展形成	浅表地带及其下方	有一定水压存在，雨季储水量明显增大	危害一般，造成施工终止，延长工期
溶洞型储水构造	地下岩体裂隙和管道的相互贯通以及水和岩石相互作用	发育在距离地表较深处	由于溶腔空间体积较大，所以储水量较大，尤其是封闭溶腔	危害很大，不仅对工程建设造成损失，还容易造成人员伤亡
暗河型储水构造	地下岩体裂隙和管道的相互贯通以及水和岩石相互作用	碳酸盐岩中的地下暗河，在地下较深处	暗河连通了地表水以及地下水，因此储水量非常大	危害很大，不仅对工程建设造成损失，还容易造成人员伤亡
断层储水构造	地质构造及新构造运动的影响	高地应力区，在地下较深处	断层处储水量较大，甚至地下水会沿着断层带上出露	危害很大，断层处岩体破碎，岩石强度较低，易发生突水突泥灾害
层间储水构造	岩层分层现象	当碳酸盐岩与不可溶岩石互为夹层时，可溶岩被水溶蚀形成储水构造	由夹层的储水能力而定，储水量一般较大	危害程度中等，层间储水构造水量不易于快速补充，所以持续时间较短

（三）施工因素

地下工程中最为常见的突水灾害往往是自然因素和人为施工因素共同作用而发生的。当隧道施工揭露了充水的岩溶管道网络系统时，地下水从揭露的含水系统中突出并且快速涌入隧道内造成突水灾害事故。如果突水岩溶部位连通了岩溶管道网络或接近地表浅埋溶洞部位时，还会将大量溶洞充填物和开口溶洞在地表土层中搬运的土体带入洞内，淤塞隧道，掩埋施工设备和人员，造成极大的危害和损失。比如 2006 年 1 月 21 日凌晨 6:00，马鹿箐隧道“978 溶腔”发生突水，事故发生前平导反坡施工到 PDK255+978，由于施工原因及溶腔水对岩土的不断渗透，工作面拱顶突然开始突水崩溃，水相继从平导、正洞涌出，大水封闭整个平导及正洞，并将洞外施工场地冲毁，最大涌水量达到 300 000m^3/h，直到 13:10 正洞才停止向外涌水，涌水量减弱至 300m^3/h 左右，这次突水、突泥发生的主要原因显然是施工前对工作面前方的溶腔毫无察觉，致使施工开挖后工作面前方的岩盘达不到理想的安全厚度所致。

三、小结

通过文献调研，分析了岩溶隧道突水灾害特征以及影响其突水的相关因素，岩溶隧道突水灾害发生的必备条件包括以下三点：

(1)岩溶隧道突水事故的首要必备条件是岩溶隧道遭遇高能储水构造。由于隧道周边的岩体所处的工程地质条件利于地下水的运移及储存，岩溶隧道突水事故才有可能发生。

(2)突水事故周边岩体节理裂隙较发育。发生大型突水事故一般与隧道所处的地质环境有很大关系，当节理裂隙或者断层发育时，非常利于地下水的运移及储存。

(3)施工扰动使围岩发生应力重分布，或者激活隧道周边裂隙、断层。因此施工扰动导致断层的活化是造成突水的直接因素。

另外通过分析整理岩溶隧道突水灾害的各项特征，可以让人们对突水涌水有更进一步的认识，对有效预防岩溶隧道突水以及大大减轻突水灾害对工程造成的人力、财力损失，推动岩溶隧道建设具有重大意义。

第三节　岩溶隧道岩盘安全厚度计算方法

一、假设条件

如果将断层引发突水简化为相似的力学模型来分析，则主要讨论岩体岩盘产生强度破坏所造成的突水。大尺度溶腔隐伏洞与隧道间的岩盘可简化为弹性梁板进行分析。假设条件如下：

(1)与隧道尺寸相比，溶腔尺寸远远大于隧道，当溶腔位于隧道顶、底板时，水平面内溶腔垂直隧道轴线方向的尺寸为隧道跨度的两倍以上；当溶腔位于隧道侧部时，隧道横断面内溶腔垂直隧道轴线方向的尺寸为隧道高度的两倍以上。

(2)将隐伏岩溶对隧道的安全威胁抽象为均布岩溶堆积物荷载及岩溶水压力荷载，根据水压力作用在隧道的顶部、侧部和底部等部位情况，进行突水类型的力学分析。

(3)隐伏溶洞与隧道间岩层(岩盘)为均质、连续的各向同性弹性体，变形符合小变形理论；中间岩层既能承受压应力，也能承受拉应力。

(4)不考虑溶洞与隧道间岩层的成拱效应，将溶洞与隧道间岩层简化为平板。

通过以上简化条件，可以将隧道与溶腔间的岩盘及其受力情形简化为对应的结构力学模型，实际上由于断层对岩盘的作用，岩盘受力模型不只能简化为两端固支模型，还可以将岩盘的受力情况简化为一端固支一端自由的受力杆件。

(一)断层形成机理

当岩石受力超过其强度，便开始发生破裂。破裂之初，首先出现微裂隙，微裂隙逐渐发展，相互联合，形成一条明显的破裂面，即断层两盘借以相对滑动的破裂面。当断裂面一旦形成而且应力差超过摩擦阻力时，两盘就开始相对滑动，形成断层。与图 3.3、图 3.4、图 3.5 依次相对应的为正断层、逆断层和平移断层的三种应力状态。

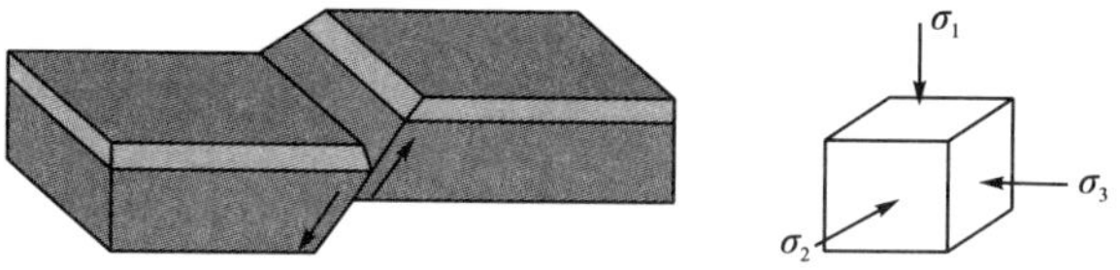

图 3.3　正断层及其形成机理

如图 3.3 所示，形成正断层的应力状态是最大主应力轴σ_1直立，σ_2和σ_3水平；σ_2与断层走向一致，上盘顺断层倾斜向下滑动，这样的力学机理决定了正断层属于张性断层。

形成逆断层的应力状态是：最大主应力轴σ_1和中间主应力轴σ_2是水平的，最小主应力轴σ_3是直立的，σ_2平行于断层面走向，水平挤压力越大越利于逆断层的形成，继而可知逆断层属于压性断层，具体如图 3.4 所示。

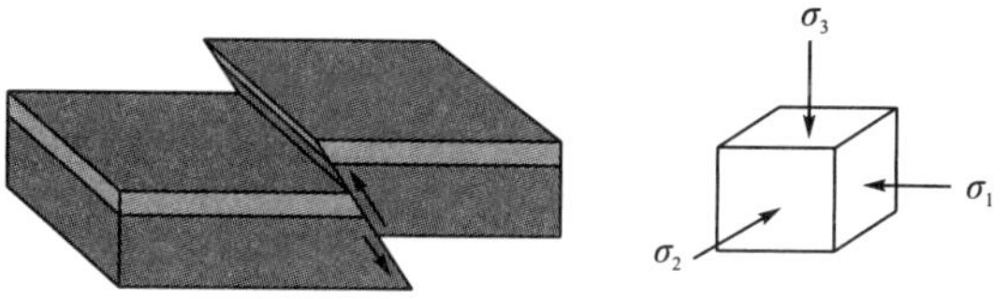

图 3.4　逆断层及其形成机理

形成平移断层的应力状态是：最大主应力轴σ_1和最小主应力轴σ_3是水平的，中间主应力轴σ_2是直立的。断层面走向与滑动面方向都垂直于σ_2，属于扭性断层，具体如图 3.5 所示。

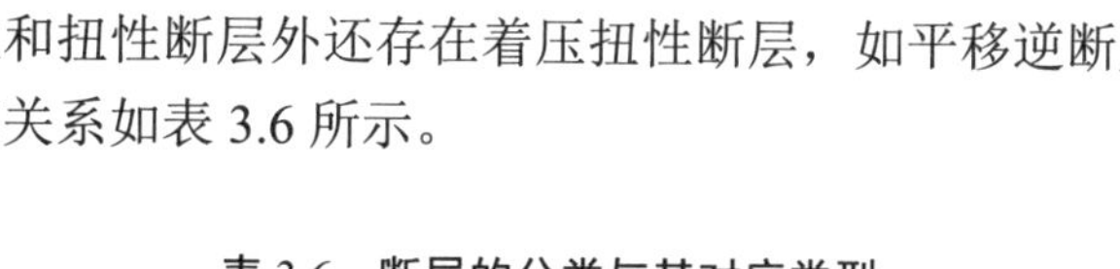

图 3.5　平移断层及其形成机理

除了张性、压性和扭性断层外还存在着压扭性断层，如平移逆断层或者逆平移断层。它们相互之间的对应关系如表 3.6 所示。

表 3.6　断层的分类与其对应类型

断层类型	断层分类
压性断层	逆断层(包括冲断层、逆掩断层)
张性断层	正断层
扭性断层	平移断层
压扭性断层	平移逆断层、逆平移断层

(二)断层岩溶隧道突水模式

隧道穿越断层的方式有三种，分别为：隧道走向与断层走向一致、隧道走向与断层走向垂直以及隧道走向与断层走向斜交。不同的穿越方式所引发的突水机理各有不同，并相当复杂，值得更多学者更进一步的研究。以下内容只讨论隧道走向与断层走向一致时岩溶隧道突水的力学机理。一般认为断层引发突水的模式有：

(1)断层两盘关键层在高水压作用下产生强度破坏形成导水通道。

2006年8月15日14:40，宜万线云雾山隧道PDK1+481.6工作面出完碴，喷混凝土封闭工作面工作即将完成时，拱顶向下1m中线位置处岩石突然被压垮，黄色泥浆水向外涌出，出水口由最初的直径约20cm逐渐扩大成约70cm×30cm的方孔。根据泥浆水流出情况可以看出：此次涌水由工作面左侧流入隧道。至8月15日15:30，出水口已扩大至直径约2.5m的圆洞，并开始向外涌出大量石块，至16日10:00，石块已堆积至与出水口同高。

(2)断层两盘产生过大的位移差或断层带岩体破碎，导水性较好，易形成导水通道。

青云山隧道2号斜井全长2620m，斜井进入正洞后向进口方向施工首先穿越F_9压扭性大断层，由于断层以碎裂岩为主，上下盘裂隙发育，2010年3月11日16:00，隧道左线进口施工至断层带部位时，工作面顶部左侧出现掉碴，并有小股地下水流出；18:00后掉块加剧，涌水量增大到约100m³/h；至3月12日13:50，涌水量达到1300m³/h，此时左线隧道已淹没至斜井交叉口；16:25，涌水量再次突然增大，伴随工作面出现坍塌掉块声，水位瞬间上涨，将斜井底部的泵站淹没，致使抽水停止；3月13日1:50，正洞及2号斜井井底150m范围均被淹没，洞内积水约15万m^3。

(3)在断层重新张开(或活化)时，承压水对断层带进行渗透冲刷形成导水通道，导致突水。

塘冲井田中上石炭统壶天群地层和下石炭统石英砂岩组成中低山地形，地势西北高，东南低，区内岩层出露较好，利于降水入渗补给地下水。2325 工作面位于该矿井西翼，采深300m，工作面走向长度210m，倾向长度78m，煤层倾角10°～15°，采高2m。采用炮采及单体液压支柱支护，最大控顶距4.2m，最小控顶距1.6m。

2007年8月11日，当开挖面推进到离断层还有15m时，工作面顶板突然整体下沉，下沉量最大达到850mm，靠采空区一排单体柱大部分被压垮，矿压呈现冲击地压特征，3小时后大量涌水，说明断层对采空区导水裂隙带高度的影响应是采空区突水的主要原因。

针对以上断层对岩溶隧道周边岩层产生的相关影响，在前人的基础上提出三种常见的结构力学模型，分别考虑溶腔隐伏洞分布于隧道顶部、侧部以及底部，推导出岩盘厚度值同水压力等相关因子之间的关系。

二、溶腔隐伏洞位于隧道顶部

(一)压性断层存在于岩盘中的理论计算

如图3.6所示，当溶腔分布于隧道顶部时，隧道顶部作用两种荷载，分别是沿岩盘分布的岩层自重应力以及溶腔水压力(包含充填物压力)(图3.7)。当岩盘中存在压性断层时，由于岩盘所受水平主应力较大，断层带几乎呈完全封闭状态，因此可以不考虑压性断层对岩体的破坏，依据岩盘受力状态，可将岩盘简化为两端固定梁且受均布荷载情况。

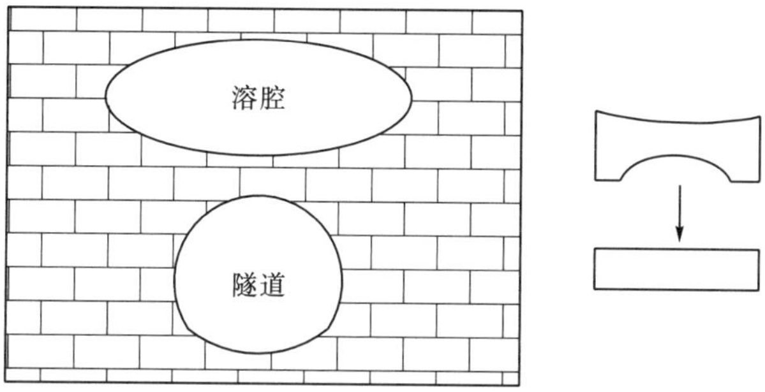

图 3.6　溶腔分布于隧道顶部

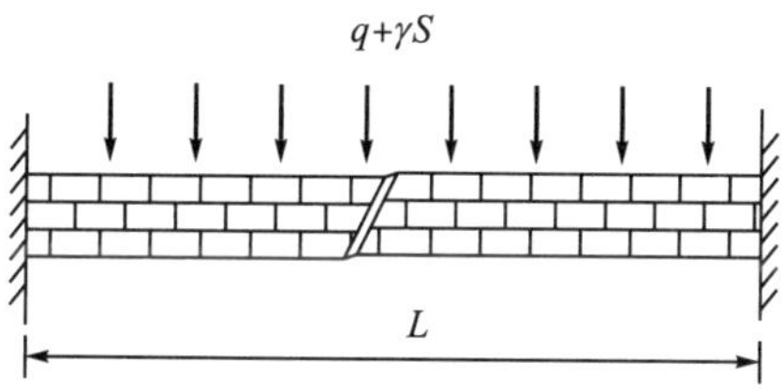

图 3.7　压性断层突水力学模型

根据结构力学相关公式，可以得出此时梁受到的最大剪力以及最大弯矩分别为

最大剪力：

$$Q = \frac{1}{2}(q + \gamma S)L \tag{3.1}$$

最大弯矩：

$$M = \frac{1}{8}(q + \gamma S)L^2 \tag{3.2}$$

根据抗弯强度公式 $\frac{6M}{BS^2} \leqslant [\sigma]$ 进行验算可得

$$S \geqslant \frac{3\gamma L^2 + L\sqrt{9\gamma^2 L^2 + 48q[\sigma]}}{8[\sigma]} \tag{3.3}$$

其中，q——溶腔水压力，kPa；γ——岩盘岩层重度，kN/m³；S——梁的厚度，即岩盘厚度，m；L——隧道水平跨度，m；B——梁的宽度，取 1m；$[\sigma]$——岩体许用抗弯强度，kPa。

岩体属于脆性材料，因此实际岩盘安全厚度必须通过修正。取修正系数 n 对以上公式进行修正可得修正后安全厚度：

$$S \geqslant n\frac{3\gamma L^2 + L\sqrt{9\gamma^2 L^2 + 49q[\sigma]}}{8[\sigma]} \tag{3.4}$$

式中，修正系数 n 取 0～1。

根据抗剪强度 $\frac{3Q}{2BS} \leqslant [\tau]$ 进行验算并修正可得

$$S \geqslant n\frac{3qL}{4[\tau]-3\gamma L} \tag{3.5}$$

式中，$[\tau]$——岩体许用抗剪强度，kPa。

(二)张性断层存在于岩盘中的理论计算

当隧道穿越张性断层带，最直接的突水方式是施工过程中水体沿着断层破碎带直接突入隧道，但是当断层破碎带物质渗透性较差时往往具有一定的阻水作用(如充填断层泥)，溶腔或含水体中的水突入隧道的方式一般是造成岩盘强度破坏而突水，如图 3.8 所示。

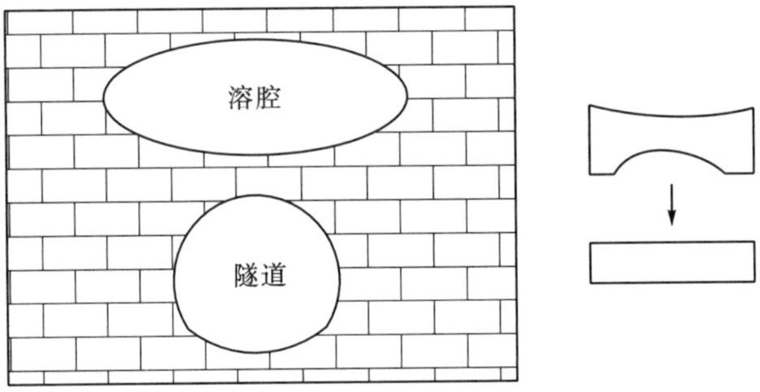

图 3.8 顶部溶腔张性断层突水力学模型

针对这一类型的突水，将图 3.8 的断层突水结构力学模型简化为一端固定、一端自由的梁进行验算，如图 3.9 所示。

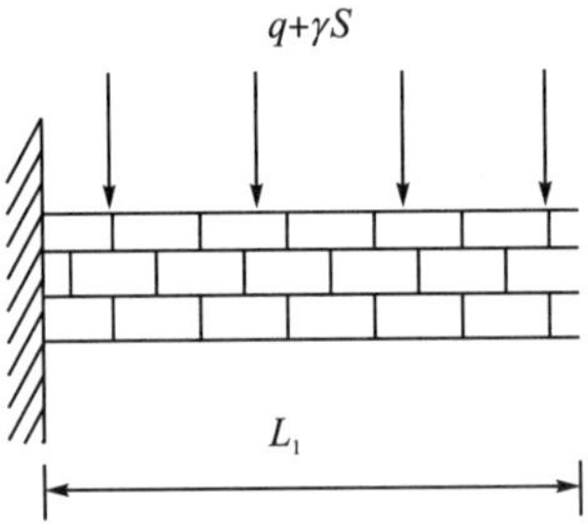

图 3.9 断层突水力学模型

根据结构力学相关公式，可以得出梁受到的最大剪力以及最大弯矩分别为

最大剪力：

$$Q=(q+\gamma S)L_1 \tag{3-6}$$

最大弯矩：

$$M=\frac{1}{2}(q+\gamma S)L_1^2 \tag{3.7}$$

根据抗弯强度公式 $\frac{6M}{BS^2}\leqslant[\sigma]$ 进行验算并修正可得

$$S\geqslant\frac{3\gamma L_1^2}{[\sigma]} \tag{3.8}$$

式中，L_1——岩盘一侧长度，m。

根据抗剪强度 $\frac{3Q}{2BS}\leqslant[\tau]$ 进行验算并修正可得

$$S\geqslant n\frac{3qL_1}{2[\tau]-3\gamma L_1} \tag{3.9}$$

其中，q——溶腔水压力，kPa；γ——岩盘岩层重度，kN/m³；S——梁的厚度，即岩盘厚度，m；$[\tau]$——岩体许用抗剪强度，kPa。

(三)岩盘安全厚度理论计算结果与分析

为求解出溶腔隐伏洞位于隧道顶部时的厚度值，可以参考上述得出的相关理论公式(3.4)、式(3.5)、式(3.8)、式(3.9)，其中式(3.4)、式(3.5)为完整灰岩区隧道与溶腔之间岩盘厚度的解析表达式；式(3.8)、式(3.9)为非完整岩区溶腔与隧道间岩盘发生破坏时的厚度与相关因子的解析表达式。为了解溶腔隐伏洞分布于隧道顶部时岩盘厚度与其他因子之间的相互关系，下面讨论水压力等因子变化对岩盘厚度的影响。

圆梁山隧道毛坝向斜区内岩溶的发育主要分布在二叠系的灰岩中，钻孔所取得的灰岩岩心经室内试验所得的相关参数见表3.7。岩体的极限抗压强度为28MPa，取岩体的许用抗剪强度为极限抗压强度的0.09倍，为2.52MPa；取许用抗弯强度为极限抗压强度的0.15倍，为4.2MPa。圆梁山隧道在经过高压富水区时为圆形隧道，直径为11.24m。

表3.7　石灰岩物理力学参数

岩性	容重/(kN/m³)	极限抗压强度/MPa	许用抗弯强度/MPa	许用抗剪强度/MPa	隧道跨度/m
石灰岩	25	28	4.2	2.52	11.24

1. 压性断层岩盘

由表3.8数据可以得出的曲线如图3.10所示，根据抗弯及抗剪计算公式得出的安全厚度值都是随着水压力的增加而不断增加，对比可以发现当溶腔水压力在 0～1.8MPa 时，按抗弯强度得出的安全厚度值比按抗剪强度得出的安全厚度值更大，因此为安全起见，水压力在0～1.8MPa时应该以岩体许用抗弯强度得出的结果为准；当水压力大于1.8MPa时，应该按岩体许用抗剪强度推导出来的公式进行岩盘安全厚度的计算。

表 3.8　压性断层中按抗弯及抗剪强度计算的安全厚度值

编号	水压力/MPa	岩体许用抗弯强度/MPa	岩体许用抗剪强度/MPa	重度/(kN/m³)	隧道跨度/m	修正抗弯安全厚度/m	修正抗剪安全厚度/m
1	0.0	4.2	2.52	25	11.24	0.00	0.00
2	0.5	4.2	2.52	25	11.24	2.92	1.46
3	1.0	4.2	2.52	25	11.24	4.03	2.92
4	1.5	4.2	2.52	25	11.24	4.88	4.38
5	2.0	4.2	2.52	25	11.24	5.60	5.84
6	2.5	4.2	2.52	25	11.24	6.24	7.30
7	3.0	4.2	2.52	25	11.24	6.81	8.76
8	3.5	4.2	2.52	25	11.24	7.34	10.22
9	4.0	4.2	2.52	25	11.24	7.83	11.68
10	4.5	4.2	2.52	25	11.24	8.29	13.14
11	5.0	4.2	2.52	25	11.24	8.73	14.60

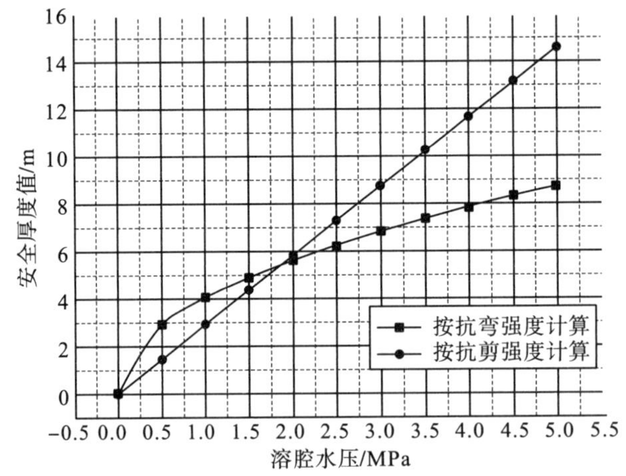

图 3.10　压性断层中不同水压力下的安全厚度值

2. 张性断层岩盘

当张性断层存在岩盘中时，岩盘长度也是不确定的，因此当水压力为某一个常数时，可以得到随着岩盘长度变化的岩盘厚度值。

首先假设水压力为 1.8MPa，求解岩盘厚度随着岩盘长度的变化关系，如表 3.9 所示。

表 3.9　张性断层中安全厚度值随岩盘长度的变化

编号	水压力/MPa	岩体许用抗弯强度/MPa	岩体许用抗剪强度/MPa	重度/(kN/m³)	岩盘长度/m	修正抗弯安全厚度值/m	修正抗剪安全厚度值/m
1	1.8	4.2	2.52	25.0	1.0	0.91	0.87
2	1.8	4.2	2.52	25.0	2.0	1.84	1.77
3	1.8	4.2	2.52	25.0	3.0	2.79	2.69

续表

编号	水压力/MPa	岩体许用抗弯强度/MPa	岩体许用抗剪强度/MPa	重度/(kN/m³)	岩盘长度/m	修正抗弯安全厚度值/m	修正抗剪安全厚度值/m
4	1.8	4.2	2.52	25.0	4.0	3.74	3.65
5	1.8	4.2	2.52	25.0	5.0	4.72	4.63
6	1.8	4.2	2.52	25.0	6.0	5.71	5.65
7	1.8	4.2	2.52	25.0	7.0	6.71	6.70
8	1.8	4.2	2.52	25.0	8.0	7.73	7.78
9	1.8	4.2	2.52	25.0	9.0	8.76	8.91
10	1.8	4.2	2.52	25.0	10.0	9.81	10.07
11	1.8	4.2	2.52	25.0	11.0	10.88	11.27

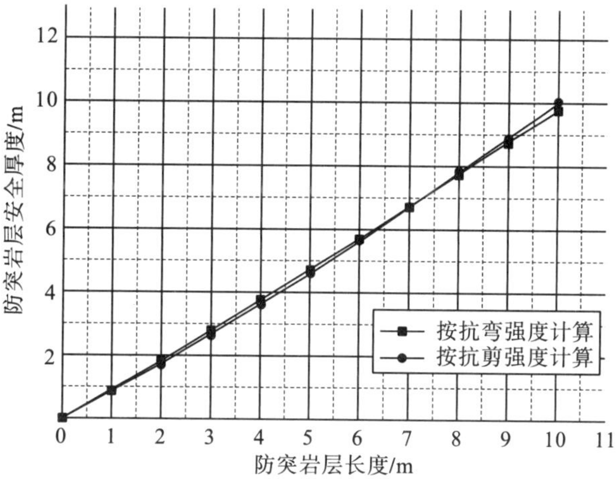

图 3.11　张性断层中岩盘厚度随其长度的变化

表 3.9 和图 3.11 说明随着断层位置在岩盘中位置的不同，岩盘长度与岩盘安全厚度之间基本呈正比例关系；且岩盘越长越容易破坏，当张性断层存在于岩盘中时，岩盘最易破坏处为如图 3.12 所示的圆圈区域；不管是按哪种计算公式，得出的结果基本一致。

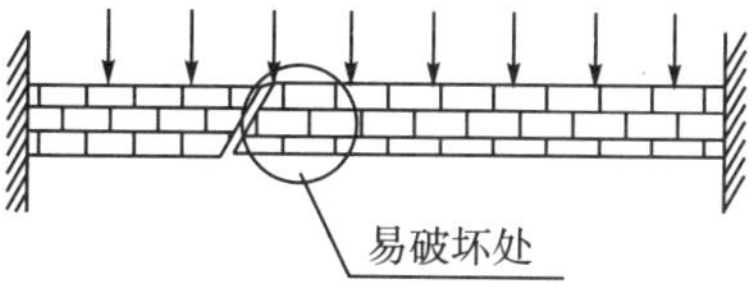

图 3.12　岩盘易破坏处

取岩盘长度为隧道直径的 1/3、1/2、2/3，即分别是 3.75m、5.62m 和 7.49m，分别检验水压力变化时岩盘厚度随水压力的变化关系。相关数据见表 3.10。

表 3.10 张性断层中岩盘厚度随水压力的变化

编号	水压力/MPa	抗弯强度/MPa	抗剪强度/MPa	重度/(kN/m³)	岩盘长 3.75m		岩盘长 5.62m		岩盘长 7.49m	
					抗弯	抗剪	抗弯	抗剪	抗弯	抗剪
1	0.0	4.2	2.52	25.0	0.20	0.00	0.45	0.00	0.80	0.00
2	0.5	4.2	2.52	25.0	1.89	0.95	2.92	1.46	4.01	2.01
3	1.0	4.2	2.52	25.0	2.64	1.89	4.03	2.92	5.48	4.01
4	1.5	4.2	2.52	25.0	3.20	2.84	4.88	4.38	6.62	6.02
5	2.0	4.2	2.52	25.0	3.68	3.78	5.60	5.84	7.58	8.03
6	2.5	4.2	2.52	25.0	4.11	4.73	6.24	7.30	8.42	10.04
7	3.0	4.2	2.52	25.0	4.49	5.67	6.81	8.76	9.19	12.04
8	3.5	4.2	2.52	25.0	4.84	6.62	7.34	10.22	9.89	14.05
9	4.0	4.2	2.52	25.0	5.17	7.57	7.83	11.68	10.54	16.06
10	4.5	4.2	2.52	25.0	5.47	8.51	8.29	14.14	11.16	18.06
11	5.0	4.2	2.52	25.0	5.77	9.46	8.73	14.60	11.74	20.07

由表 3.10 可知，随着水压力的增大，不管岩盘长为多少，岩盘厚度都会随着水压力的增加而增加，但是增加的程度有所不同。由图 3.13 可知，按抗弯计算时岩盘厚度随着水压力的增长呈两个阶段，第一个阶段是当水压力在 0～0.5MPa 时，岩盘厚度会急剧增加；当水压力大于 0.5MPa 时，岩盘厚度随着水压继续增加，且基本呈直线状增长，增长斜率分别为 0.70、1.04、1.39。

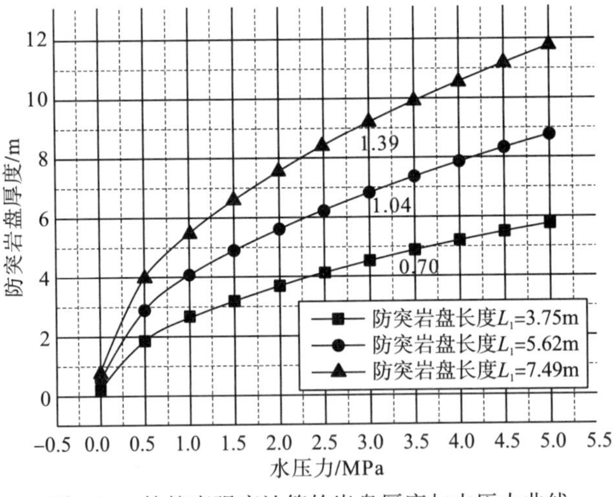

图 3.13 按抗弯强度计算的岩盘厚度与水压力曲线

图 3.14 是按抗剪强度计算公式得出的岩盘厚度与水压力之间的关系。由图可知，随着岩盘长度的增加，岩盘厚度和水压力按一定斜率增长，且增长斜率 4.01、2.92、1.89 分别对应的岩盘长度为 7.49m、5.62m、3.75m。此外，当张性断层中岩盘厚度大于其长度为隧道直径的一半时，按抗弯强度以及抗剪强度计算得出的安全厚度值与压性断层中计算出的结果一致，值得注意。

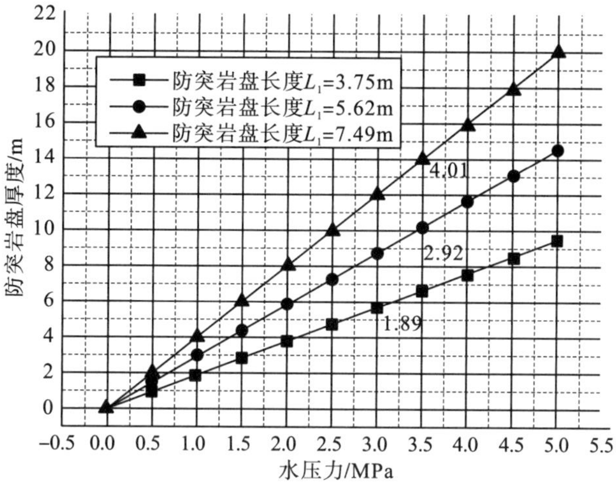

图 3.14　按抗剪强度计算的岩盘厚度与水压力曲线

三、溶腔隐伏洞位于隧道底部

(一)压性断层存在于岩盘中的理论计算

如图 3.15 所示，当溶腔分布于隧道下方时，隧道下方的岩盘受到两种荷载作用，分别是沿岩盘分布的岩层自重应力以及向上的溶腔水压力(包含充填物压力)(图 3.16)。当岩盘中存在压性断层时，由于岩盘所受水平主应力较大，断层带几乎呈完全封闭状态，此时将岩盘简化为两端固定梁受均布荷载情况。

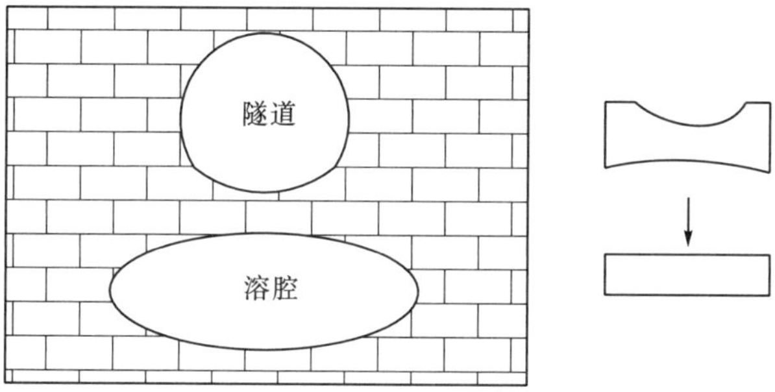

图 3.15　溶腔分布于隧道底部

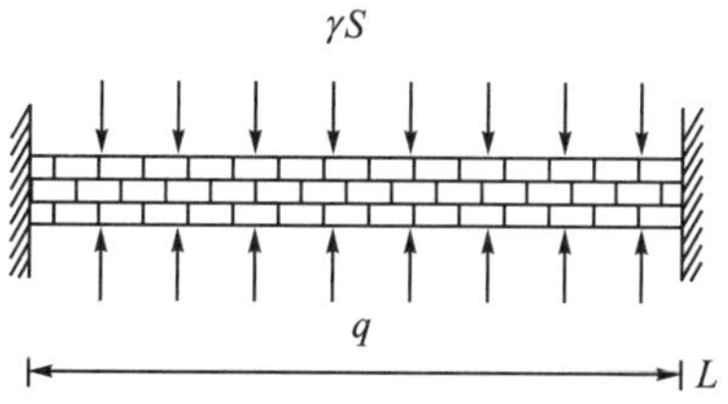

图 3.16　底部溶腔压性断层突水力学模型

压性断层存在于岩盘中时，对应的结构力学受力模型简化为图 3.16 所示，此结构模型的最大剪力和弯矩分别为

最大剪力：

$$Q=\frac{1}{2}(q-\gamma S)L \tag{3.10}$$

最大弯矩：

$$M=\frac{1}{8}(q-\gamma S)L^2 \tag{3.11}$$

根据抗弯强度公式 $\frac{6M}{BS^2}\leqslant[\sigma]$ 进行验算并修正可得

$$S\geqslant n\frac{-3\gamma L^2+L\sqrt{9\gamma^2L^2+48q[\sigma]}}{8[\sigma]} \tag{3.12}$$

根据抗剪强度 $\frac{3Q}{2BS}\leqslant[\tau]$ 进行验算并修正可得

$$S\geqslant n\frac{3qL}{4[\tau]+3\gamma L} \tag{3.13}$$

其中，q——溶腔水压力，kPa；γ——岩盘岩层重度，kN/m³；S——梁的厚度，即岩盘厚度，m；L——隧道水平跨度，m；B——梁的宽度，取 1m；$[\sigma]$——岩体许用抗弯强度，kPa；$[\tau]$——岩体许用抗剪强度，kPa。

（二）张性断层存在于岩盘中的理论计算

张性断层存在于岩盘中时，对应的结构力学模型简化为图 3.17 所示。

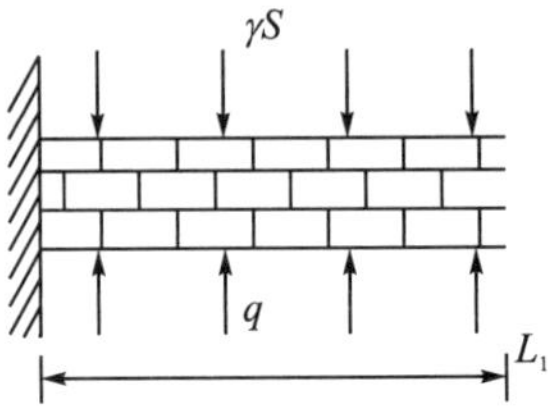

图 3.17　底部溶腔张性断层突水力学模型

针对这一类型的突水，将上述断层突水结构力学模型简化为一端固定、一端自由的梁进行验算。根据结构力学原理，该梁受到的最大剪力及弯矩分别为

最大剪力：

$$Q=(q-\gamma S)L_1 \tag{3.14}$$

最大弯矩：

$$M=\frac{1}{2}(q-\gamma S)L_1^2 \tag{3.15}$$

根据抗弯强度公式 $\frac{6M}{BS^2}\leqslant[\sigma]$ 进行验算并修正可得

$$S \geqslant n\frac{-3\gamma L_1^2 + L_1\sqrt{9\gamma^2 L_1^2 + 12q[\sigma]}}{2[\sigma]} \tag{3.16}$$

根据抗剪强度 $\frac{3Q}{2BS} \leqslant [\tau]$ 进行验算并修正可得

$$S \geqslant n\frac{3qL_1}{2[\tau] + 3\gamma L_1} \tag{3.17}$$

其中，q——溶腔水压力，kPa；γ——岩盘岩层重度，kN/m³；S——梁的厚度，即岩盘厚度，m；B——梁的宽度，取 1m；$[\sigma]$——岩体许用抗弯强度，kPa；$[\tau]$——岩体许用抗剪强度，kPa。

(三)岩盘安全厚度理论计算结果与分析

根据上述已经推导出的溶腔分布于隧道下方时岩盘厚度的相关结构力学理论公式，按公式(3.12)、式(3.13)计算得出的安全厚度值如表 3.11 所示。

表 3.11　压性断层中按抗弯及抗剪强度计算的安全厚度值

编号	水压力/MPa	岩体许用抗弯强度/MPa	岩体许用抗剪强度/MPa	重度/(kN/m³)	隧道跨度/m	修正抗弯安全厚度/m	修正抗剪安全厚度/m
1	0.0	4.2	2.52	25	11.24	0.00	0.00
2	0.5	4.2	2.52	25	11.24	2.47	1.23
3	1.0	4.2	2.52	25	11.24	3.58	2.47
4	1.5	4.2	2.52	25	11.24	4.43	3.70
5	2.0	4.2	2.52	25	11.24	5.15	4.94
6	2.5	4.2	2.52	25	11.24	5.79	6.17
7	3.0	4.2	2.52	25	11.24	6.36	7.41
8	3.5	4.2	2.52	25	11.24	6.89	8.64
9	4.0	4.2	2.52	25	11.24	7.38	9.88
10	4.5	4.2	2.52	25	11.24	7.84	11.11
11	5.0	4.2	2.52	25	11.24	8.27	12.35

由表 3.11 以及图 3.18 可知，溶腔分布于隧道下方时按抗弯及抗剪计算公式得出的安全厚度值也是随着水压力的增加而不断增加，对比发现溶腔水压力在 0～2.2MPa 时，按抗弯强度得出的安全厚度值比按抗剪强度得出的安全厚度值更大。因此，为了安全起见，水压力在 0～2.2MPa 时，岩盘厚度应该以岩体许用抗弯强度推导得出的结果为准，参考式(3.12)；当水压力大于 2.2MPa 时，应该按岩体许用抗剪强度推导出来的公式(3.13)进行岩盘安全厚度计算。另外按抗剪强度计算的安全厚度值与水压力大小呈正比关系，增长斜率值为 3.47。

当张性断层存在于岩盘中时，岩盘长度也是不确定的，因此，当水压力为某一个常数时，可以得到随着岩盘长度变化时的岩盘厚度值。

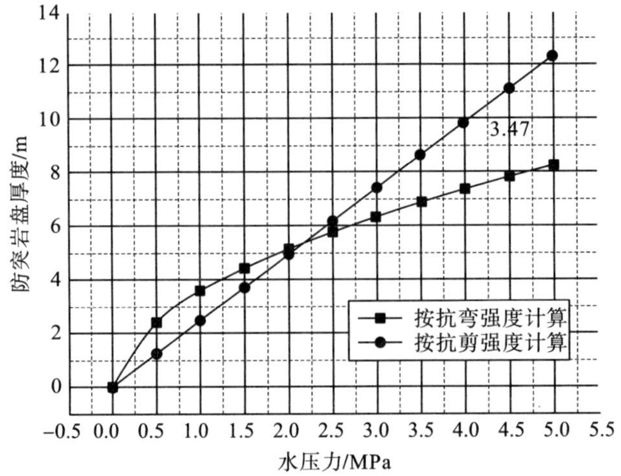

图 3.18 压性断层中不同水压力下的安全厚度值

假设水压力为 1.8MPa，求解岩盘厚度随着岩盘长度的变化关系，见表 3.12。

表 3.12 张性断层中安全厚度值随岩盘长度的变化

编号	水压力/MPa	岩体许用抗弯强度/MPa	岩体许用抗剪强度/MPa	重度/(kN/m³)	岩盘长度/m	修正抗弯安全厚度值/m	修正抗剪安全厚度值/m
1	1.8	4.2	2.52	25.0	1.0	0.91	0.87
2	1.8	4.2	2.52	25.0	2.0	1.84	1.77
3	1.8	4.2	2.52	25.0	4.0	2.79	2.69
4	1.8	4.2	2.52	25.0	4.0	3.74	3.65
5	1.8	4.2	2.52	25.0	5.0	4.72	4.63
6	1.8	4.2	2.52	25.0	6.0	5.71	5.65
7	1.8	4.2	2.52	25.0	7.0	6.71	6.70
8	1.8	4.2	2.52	25.0	8.0	7.73	7.78
9	1.8	4.2	2.52	25.0	9.0	8.76	8.91
10	1.8	4.2	2.52	25.0	10.0	9.81	10.07
11	1.8	4.2	2.52	25.0	11.0	10.88	11.27

由表 3.12 以及图 3.19 可知：溶腔分布于隧道下方时，根据张性断层存在于岩盘中的相关结构力学公式(3.16)、式(3.17)可以得出按抗弯强度以及抗剪强度计算得出的岩盘厚度值随岩盘长度变化的关系，即：随着岩盘长度的变化，岩盘厚度随之呈正比例关系，按抗弯及抗剪计算的结果得出的增长率分别为 1.20、1.07，对比可知按抗弯强度得出的安全厚度值更加可靠。

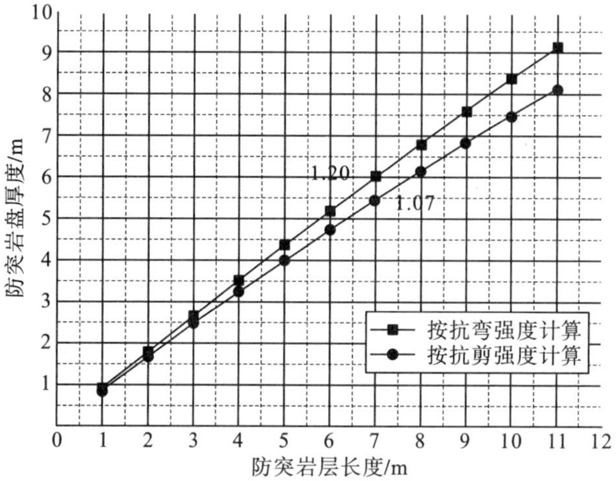

图 3.19 张性断层中岩盘厚度随其长度的变化

取岩盘的长度为隧道直径的 1/3、1/2、2/3，即分别是 3.75m、5.62m 和 7.49m，分别检验水压力变化时岩盘的安全厚度随水压力的变化关系。相关数据见表 3.13。

表 3.13 张性断层中岩盘厚度随水压力的变化

编号	水压力/MPa	抗弯强度/MPa	抗剪强度/MPa	重度/(kN/m³)	岩盘长 3.75m		岩盘长 5.62m		岩盘长 7.49m	
					抗弯	抗剪	抗弯	抗剪	抗弯	抗剪
1	0.0	4.2	2.52	25.0	0.00	0.00	0.00	0.00	0.00	0.00
2	0.5	4.2	2.52	25.0	1.70	0.85	2.47	1.23	3.20	1.60
3	1.0	4.2	2.52	25.0	2.44	1.69	3.58	2.47	4.68	3.21
4	1.5	4.2	2.52	25.0	3.01	2.54	4.43	3.70	5.81	4.81
5	2.0	4.2	2.52	25.0	3.49	3.38	5.15	4.94	6.77	6.42
6	2.5	4.2	2.52	25.0	3.91	4.23	5.79	6.17	7.62	8.02
7	3.0	4.2	2.52	25.0	4.29	5.07	6.36	7.41	8.38	9.63
8	3.5	4.2	2.52	25.0	4.64	5.92	6.89	8.64	9.08	11.23
9	4.0	4.2	2.52	25.0	4.97	6.77	7.38	9.88	9.74	12.84
10	4.5	4.2	2.52	25.0	5.28	7.61	7.84	11.11	10.35	14.44
11	5.0	4.2	2.52	25.0	5.57	8.46	8.27	12.35	10.93	16.04

由表 3.13 可知，随着水压力的增大，不管岩盘长为多少，岩盘厚度都会随着水压力的增加而增加，但是增加的程度不同。由图 3.20 可知，按抗弯计算时岩盘厚度随着水压力的增长呈两个阶段，第一个阶段是当水压力在 0～0.5MPa 时，岩盘安全厚度随着水压力急剧增加，随后岩盘厚度随着水压力增大呈缓慢增长趋势。

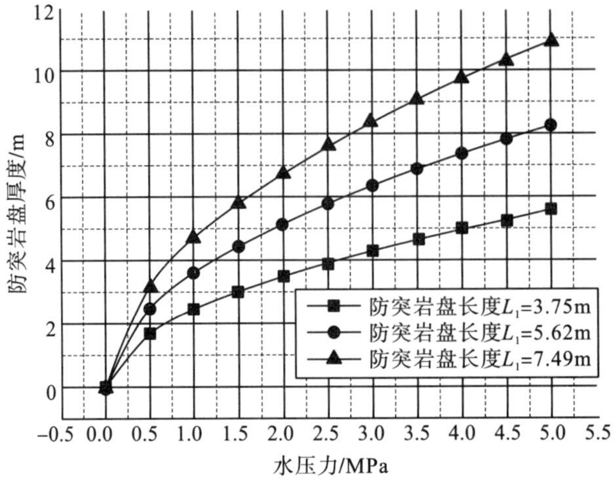

图 3.20 按抗弯强度计算的岩盘厚度与水压力曲线

图 3.21 是按抗剪强度计算公式得出的岩盘厚度与水压力之间的关系，由图可知，随着岩盘长度的增加，岩盘厚度和水压力按一定斜率增长，且增长斜率 3.20、2.47、1.69 分别对应的岩盘长度为 7.49m、5.62m、3.75m。

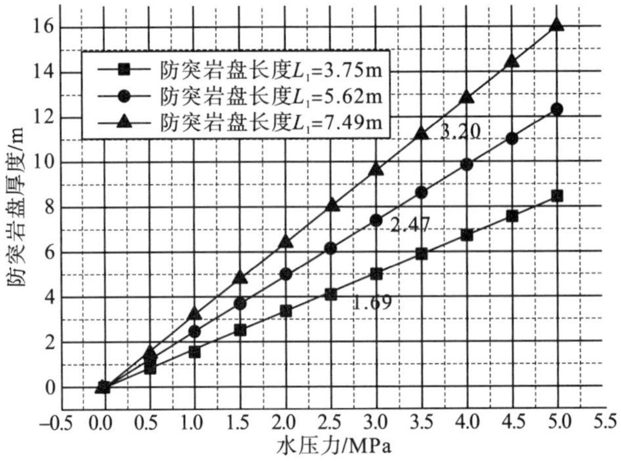

图 3.21 按抗剪强度计算的岩盘厚度与水压力曲线

四、溶腔隐伏洞位于隧道侧部

(一)压性断层存在于岩盘中的理论计算

当溶腔分布于隧道侧部时，隧道与溶腔之间的岩盘厚度主要受到溶腔内水压力以及溶腔充填物压力作用，如图 3.22 所示。当岩盘中存在压性断层时，可以假设岩盘跟完整岩层一致，将岩盘简化为两端固定梁受均布荷载情况，受力情形如图 3.23 所示。

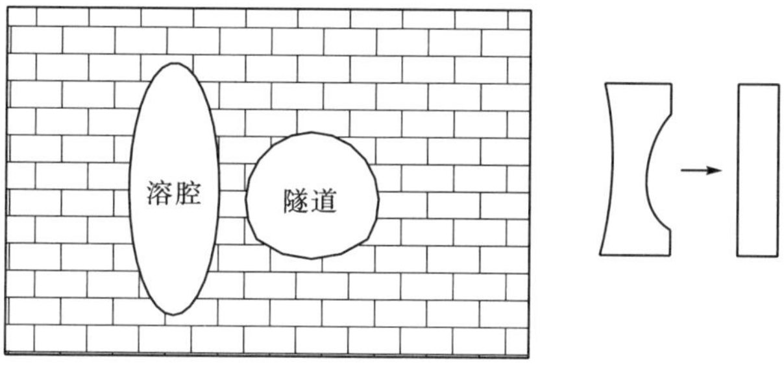

图 3.22 溶腔分布于隧道侧部

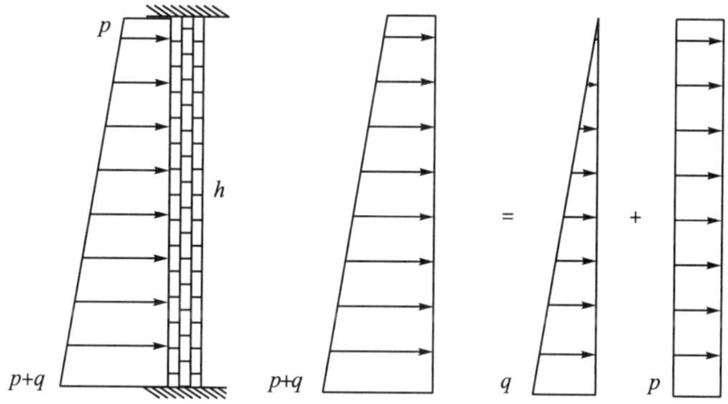

图 3.23 侧部溶腔压性断层突水力学模型

当溶腔分布于隧道的侧面时，溶腔主要受到溶腔内水压力以及溶腔充填物压力作用，压性断层结构力学模型可简化为如图 3.23 所示结构，按此结构可计算出模型的最大剪力和最大弯矩，分别为

最大剪力：

$$Q=\frac{1}{2}ph+\frac{7}{20}qh \tag{3.18}$$

最大弯矩：

$$M=\frac{1}{12}ph^2+\frac{1}{20}qh^2 \tag{3.19}$$

其中，p——溶腔内与隧道拱顶等高处水压力，kPa；q——溶腔内充填物沿竖直方向压力，$q=\rho gh$，kPa；h——隧道顶底部高度，m；ρ——溶腔内充填物密度，kg/m^3。

根据抗弯强度公式$\frac{6M}{BS^2}\leqslant[\sigma]$进行验算并修正可得

$$S\geqslant n\sqrt{\frac{5ph^2+3\rho gh^3}{10[\sigma]}} \tag{3.20}$$

根据抗剪强度$\frac{3Q}{2BS}\leqslant[\tau]$进行验算并修正可得

$$S\geqslant n\frac{30ph+21\rho gh^2}{20[\tau]} \tag{3.21}$$

（二）张性断层存在于岩盘中的理论计算

张性断层的力学结构模型如图 3.24 所示，将岩盘简化为上下受力不同的结构。图 3.24 中 h_1 为隧道张性断层上部分高度，m。

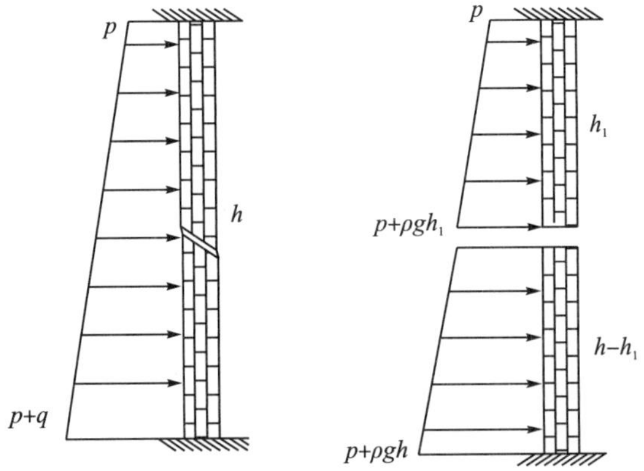

图 3.24 侧部溶腔张性断层突水力学模型

对于图 3.24 中右部的上部结构，对其进行力学分析，将梯形荷载简化为如图 3.25 所示的三角形荷载和矩形荷载。

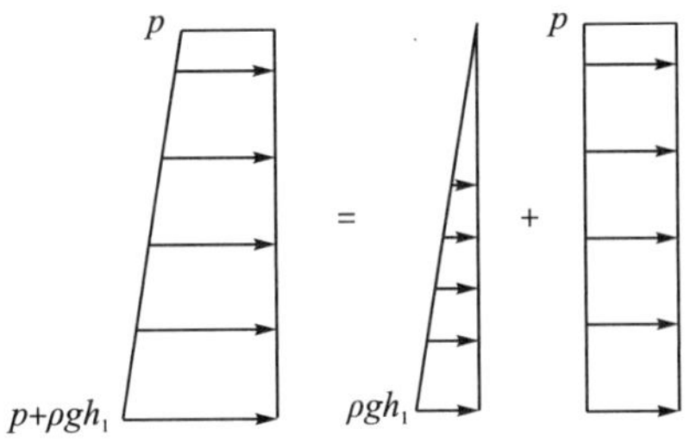

图 3.25 岩盘上部结构突水力学模型

最大剪力：

$$Q = ph_1 + \frac{1}{2}\rho g h_1^2 \tag{3.22}$$

最大弯矩：

$$M = \frac{1}{2}ph_1^2 + \frac{1}{3}\rho g h_1^3 \tag{3.23}$$

根据抗弯强度公式 $\frac{6M}{BS^2} \leqslant [\sigma]$ 进行验算并修正可得

$$S \geqslant n\sqrt{\frac{3ph_1^2 + 2\rho g h_1^3}{[\sigma]}} \tag{3.24}$$

根据抗剪强度 $\frac{3Q}{2BS} \leqslant [\tau]$ 进行验算并修正可得

$$S \geqslant n\frac{6ph_1 + 3\rho gh_1^2}{4[\tau]} \tag{3.25}$$

对于图 3.24 中右部的下部结构，对其进行力学分析，将梯形荷载简化为如图 3.26 所示的三角形荷载和矩形荷载。

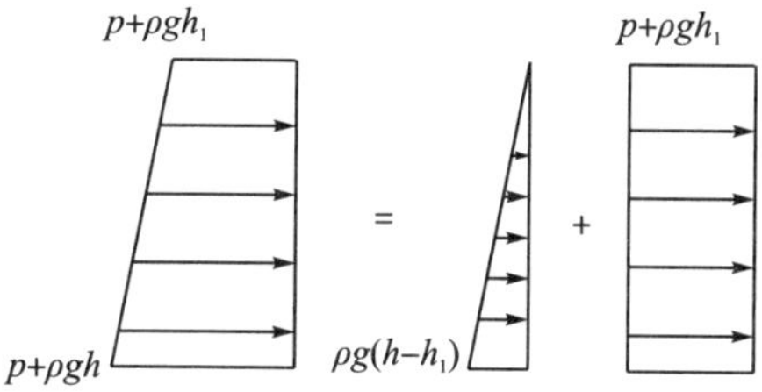

图 3.26　岩盘下部结构突水力学模型

最大剪力：

$$Q = (p + \rho gh_1)(h - h_1) + \frac{1}{2}\rho g(h - h_1)^2 \tag{3.26}$$

最大弯矩：

$$M = \frac{1}{2}(p + \rho gh_1)(h - h_1)^2 + \frac{1}{3}\rho g(h - h_1)^3 \tag{3.27}$$

根据抗弯强度公式 $\frac{6M}{BS^2} \leqslant [\sigma]$ 进行验算并修正可得

$$S \geqslant n\sqrt{\frac{3(p + \rho gh_1)(h - h_1)^2 + 2\rho g(h - h_1)^3}{[\sigma]}} \tag{3.28}$$

根据抗剪强度 $\frac{3Q}{2BS} \leqslant [\tau]$ 进行验算并修正可得

$$S \geqslant n\frac{6(p + \rho gh_1)(h - h_1) + 3\rho g(h - h_1)^2}{4[\tau]} \tag{3.29}$$

（三）岩盘厚度数据分析

1. 压性断层岩盘厚度

由表 3.14 以及图 3.27 可知，当溶腔分布于隧道侧面时，完整的岩盘(或是压性断层存在于岩盘中时)受到侧向的水压力以及溶腔充填物的作用，按抗弯强度计算得出的安全厚度值随水压力的增加并没有明显的变大；而按抗剪强度计算得出的安全厚度值随着水压力增加有明显的增长，且随着水压力的变化呈正比例的增长，增长斜率为 5.35；另外当溶腔水压力为零时，由于溶腔充填物作用或岩层的自重原因，岩盘厚度并不能为零，必须具有一定厚度，这对于隧道施工经过有侧向溶腔的情形时有一定的指导作用。

表 3.14 压性断层中按抗弯及抗剪强度计算的安全厚度值

编号	水压力/MPa	岩体许用抗弯强度/MPa	岩体许用抗剪强度/MPa	重度/(kN/m³)	隧道跨度/m	修正抗弯安全厚度/m	修正抗剪安全厚度/m
1	0.0	4.2	2.52	25	11.24	0.99	0.63
2	0.5	4.2	2.52	25	11.24	2.41	3.31
3	1.0	4.2	2.52	25	11.24	3.26	5.98
4	1.5	4.2	2.52	25	11.24	3.93	8.66
5	2.0	4.2	2.52	25	11.24	4.50	11.34
6	2.5	4.2	2.52	25	11.24	5.00	14.01
7	3.0	4.2	2.52	25	11.24	5.46	16.69
8	3.5	4.2	2.52	25	11.24	5.89	19.37
9	4.0	4.2	2.52	25	11.24	6.28	22.04
10	4.5	4.2	2.52	25	11.24	6.66	24.72
11	5.0	4.2	2.52	25	11.24	7.01	27.39

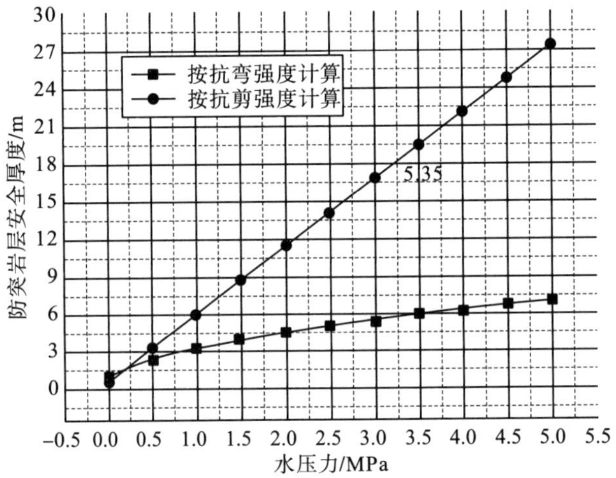

图 3.27 压性断层中不同水压力下的安全厚度值

2. 张性断层岩盘厚度

当溶腔分布于隧道侧部时，针对岩盘的上部结构以及下部结构，取岩盘的长度为隧道高度的 1/3、1/2、2/3，即分别是 3.75m、5.62m 和 7.49m，分别检验水压力变化时岩盘的安全厚度随水压力的变化关系。相关数据见表 3.15 以及表 3.16。

表 3.15　张性断层中上方岩盘厚度随水压力的变化

编号	水压力/MPa	抗弯强度/MPa	抗剪强度/MPa	重度/(kN/m³)	岩盘长 3.75m		岩盘长 5.62m		岩盘长 7.49m	
					抗弯	抗剪	抗弯	抗剪	抗弯	抗剪
1	0.0	4.2	2.52	25.0	0.49	0.05	0.90	0.11	1.39	0.20
2	0.5	4.2	2.52	25.0	1.86	0.94	2.83	1.45	3.84	1.98
3	1.0	4.2	2.52	25.0	2.58	1.84	3.91	2.79	5.25	3.77
4	1.5	4.2	2.52	25.0	3.14	2.73	4.74	4.13	6.36	5.55
5	2.0	4.2	2.52	25.0	3.62	3.62	5.45	5.47	7.29	7.33
6	2.5	4.2	2.52	25.0	4.04	4.51	6.08	6.80	8.13	9.12
7	3.0	4.2	2.52	25.0	4.42	5.41	6.64	8.14	8.88	10.90
8	3.5	4.2	2.52	25.0	4.77	6.30	7.17	9.48	9.58	12.68
9	4.0	4.2	2.52	25.0	5.09	7.19	7.65	10.82	10.22	14.47
10	4.5	4.2	2.52	25.0	5.40	8.09	8.11	12.16	10.83	16.25
11	5.0	4.2	2.52	25.0	5.69	8.98	8.54	14.49	11.41	18.03

表 3.16　张性断层中下方岩盘厚度随水压力的变化

编号	水压力/MPa	抗弯强度/MPa	抗剪强度/MPa	重度/(kN/m³)	岩盘长 3.75m		岩盘长 5.62m		岩盘长 7.49m	
					抗弯	抗剪	抗弯	抗剪	抗弯	抗剪
1	0.0	4.2	2.52	25.0	0.78	0.15	1.42	0.34	2.19	0.60
2	0.5	4.2	2.52	25.0	1.95	1.04	3.04	1.68	4.20	2.38
3	1.0	4.2	2.52	25.0	2.65	1.94	4.06	3.01	5.52	4.17
4	1.5	4.2	2.52	25.0	3.20	2.83	4.87	4.35	6.58	5.95
5	2.0	4.2	2.52	25.0	3.67	3.72	5.56	5.69	7.49	7.73
6	2.5	4.2	2.52	25.0	4.08	4.61	6.17	7.03	8.30	9.52
7	3.0	4.2	2.52	25.0	4.46	5.51	6.73	8.37	9.04	11.30
8	3.5	4.2	2.52	25.0	4.81	6.40	7.25	9.71	9.72	14.08
9	4.0	4.2	2.52	25.0	5.13	7.29	7.73	11.04	10.36	14.87
10	4.5	4.2	2.52	25.0	5.43	8.19	8.19	12.38	10.96	16.65
11	5.0	4.2	2.52	25.0	5.72	9.08	8.62	14.72	11.53	18.43

对比分析图 3.24 中的上下部分结构按抗弯及抗剪强度计算得出的岩盘厚度值可知，下部分岩盘所需的安全厚度值比上部分岩盘的厚度稍大，说明下部分岩体更容易发生破坏，施工过程中应多加注意。

五、算例分析

(一) 五爪观隧道

宜万线五爪观隧道里程 DK48+871～DK49+960 位于一宽缓向斜的核部，地表岩溶洼地、漏斗及消水洞发育，地下集中发育一溶洞，隧道穿越处溶腔宽 30m 左右，洞底标高

552.1m，隧道路肩标高 540.53m，相差 11.57m(图 3.28)。该段围岩等级为Ⅱ级，根据现有资料，该隧道处围岩侧压力系数为 1.1～1.6，该段隧道平均埋深为 120m，溶洞跨度为 30m，隧道断面宽 7.5m，溶洞为干溶腔，内部无充填碎石、泥沙和水。令水压力 p=0，岩体抗拉强度、抗压强度及重度分别为 0.6MPa、12MPa、26kN/m³。

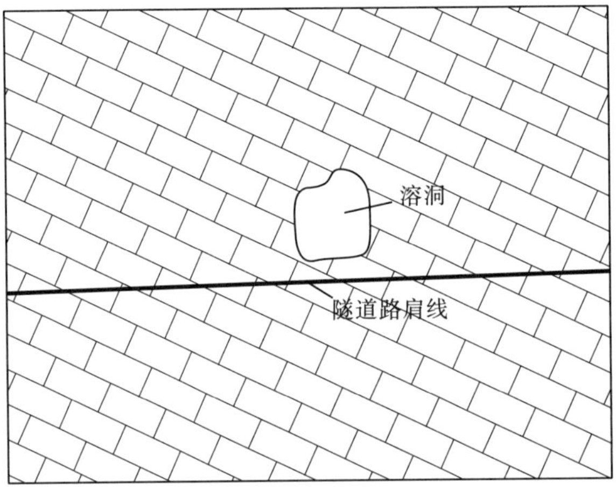

图 3.28 五爪观隧道与顶部隐伏溶洞位置关系

当溶腔分布于隧道顶部时，水压力在小于 1.8MPa 时应该按抗弯强度公式验算，岩体许用抗弯强度取为 0.15 倍的岩体抗压强度，为 1.8MPa。

当岩盘为完整岩体时：

$$S \geqslant \frac{3\gamma L^2}{4[\sigma]} \approx 0.61\text{m}$$

当岩盘为非完整岩体时，取 $L_1=L$，此时的安全厚度值是最有利的：

$$S \geqslant \frac{3\gamma L_1^2}{[\sigma]} \approx 2.43\text{m}$$

实际中采用的距离为 11.57m，可见设计资料中提供的安全厚度是可靠的，溶洞不会对隧道开挖施工产生灾害性的影响。为确保施工和运营安全，应做好该岩溶段隧道拱顶的变形量测，发现异常时，及时采取措施予以加固。

(二) 大支坪隧道

宜万线大支坪隧道位于恩施州巴东县大支坪镇，Ⅰ线全长 8775m，Ⅱ线全长 8789m，最大埋深 495m，纵坡为人字坡，进口段Ⅱ线右侧 30m 设置长 3991m 的排水洞。不良地质主要是岩溶、瓦斯、断层破碎带等，在唐坪向斜核部、栖霞组底部、长兴组、大冶组底部以及断层附近均为岩溶集中发育和岩溶水富集地段，可能发生突水、突泥岩溶灾害。Ⅰ线 DKl32+947～+957、DK133+006～+027 段、Ⅱ线 IIDK132+913～+921、DK132+973～+997 段发育大型富水充填溶洞，合并简称“990 溶腔”，基本上沿层面及岩层走向发育，Ⅰ、Ⅱ线溶洞连通。其中Ⅰ线左侧(以至万州方向为基准方向)DK132+960～+980 段有大型富水充填溶腔发育，溶腔充填物主要为砂夹卵砾石。

隧道最大埋深 495m，Ⅱ级围岩，溶腔与地表岩溶洼地通过岩溶管道、裂隙相通。地下水受大气降水控制，补给条件良好，降雨后雨水补给地下水较迅速，一般雨后 8～12 小时地下水开始明显增大，停雨后 1～3 天内地下水很快恢复正常。溶洞段水压虽受降雨的影响，但是由于该溶洞被砂夹卵砾石充填，观测到的水压力为溶腔充填物的渗透水压力，最大水压为 0.24MPa。

溶腔分布于隧道左侧，充填物容重为 24.5kN/m³，溶腔跨度 15m，高 8m，岩石单轴抗压强度为 10.5MPa，抗拉强度为 lMPa。岩体许用抗剪强度取为 0.09 倍的岩体抗压强度，为 0.945MPa。

当岩盘为完整岩体时采用公式(3.21)进行验算：

$$S \geqslant \frac{30ph + 21\rho g h^2}{20[\tau]} \approx 4.79\text{m}$$

当岩盘为非完整岩体时，取 $h_1=0$，得出极限安全厚度值，采用公式(3.29)进行验算：

$$S \geqslant \frac{6(p+\rho g h_1)(h-h_1)+3\rho g(h-h_1)^2}{4[\tau]} \approx 4.60\text{m}$$

实际在 DK132+960～+980 段富水充填溶腔距离大支坪隧道 I 线左侧(以万州方向为基准方向)边墙距离为 3～5m。由上述计算的岩盘安全厚度可知，在该段隧道施工时，极有可能发生突水、突泥等岩溶灾害。施工中根据岩溶发育情况、水文地质条件，综合考虑施工及运营安全等多种因素，遵循“排水降压、注浆加固、超前支护、综合治理”的原则进行综合处理，顺利通过了该侧部富水充填溶腔影响段。

六、小结

(1)本节对岩溶隧道岩盘结构力学理论进行了研究，包括溶腔分布于隧道顶部、溶腔分布于隧道底部以及溶腔分布于隧道侧部三种模式，每一种模式又分为两种条件解析解，它们分别为：完整的岩盘发生破坏时其厚度随水压力等参数变化的解析解、断层存在于岩盘中时其厚度随水压力等参数变化的解析解，对应的解析解公式对于深埋隧道的现场施工作业有一定的指导作用。

(2)当溶腔分布于隧道顶部，且水压力在 0～1.8MPa 时，应选择按抗弯强度计算得出的公式进行求解计算，水压力大于 1.8MPa 后按抗剪强度得出的公式进行求解计算。当溶腔分布于隧道下方，且水压力在 0～2.25MPa 时按抗弯强度得出的安全厚度公式进行计算，水压力大于 2.25MPa 后按抗剪强度进行计算。上述数据也说明隧道下方有大型溶洞比上方有大型溶洞时更安全。

(3)当溶腔分布于隧道侧方时，由上下部分结构按抗弯及抗剪强度计算得出的岩盘厚度值可知，下部分岩盘所需的安全厚度值比上部分岩体的厚度稍大，说明下部分岩体更容易发生破坏，施工过程中应多加注意。

(4)理论计算完成后，通过两个实例分析说明了本节推导出的公式应用于实际工程时，计算结果是比较准确的，对于实际工程具有一定的指导意义。

第四节 岩溶隧道突水发生机理数值分析

一、溶腔隐伏洞位于隧道顶部时岩盘安全厚度数值模拟分析

(一)岩溶隧道突水计算模型及物理力学参数

圆梁山隧道高压富水区段为抗水压衬砌，正洞断面为鹅卵形断面和圆形，圆形断面开挖直径 10～12m，数值模拟过程中取隧道直径 10m 计算。一般认为洞室开挖后引起围岩重分布应力的范围为隧道半径的 6 倍，且隧道长度远大于其横截面尺寸，可将围岩稳定性问题简化为平面应变问题来处理。考虑到溶腔尺寸的问题，取模型尺寸为 100m×95m×10m，溶腔半径为 10m，隧道半径为 5m，初期支护厚度为 25cm，二次衬砌厚度为 45cm，溶腔与隧道间安全厚度为 5m。所采用的围岩物理力学参数如表 3.17 所示。

表 3.17 围岩物理力学参数

项目材料	重度/(kN/m³)	体积模量/Pa	剪切模量/Pa	黏聚力/Pa	抗拉强度/Pa	内摩擦角/(°)
灰岩	25	3.13e6	6.06e6	8e5	8e3	40
溶腔充填物	15	8e5	6e6	3.5e5	0.2	12
初支	25	13.433e9	9.542e9	—	—	—
二衬	25.5	14.722e9	11.042e9	—	—	—

注：隧道埋深在地下 500m 左右位置，溶腔发育于二叠系，最大水平主应力 σ_1 为 18.61MPa，垂直(中间)主应力 σ_2 为 15.78MPa。

数值计算模型范围为：模型水平方向长度为 100m，为隧道直径的 10 倍，模型高为 95m，纵向延伸 10m。溶洞位于隧道顶部，其半径为 10m，以溶腔的中心为坐标原点，溶腔顶部距离模型顶部 35m，溶腔顶部距离模型底部 45m。根据隧道周边所测得的地应力大小，将其施加在模型边界上，模型前后左右及底部边界施加位移边界约束条件，模型前后左右边界施加岩体侧应力边界约束，模型上部施加上覆岩层的地应力边界约束。计算模型的局部放大图如图 3.29 所示。

计算过程中把围岩看作均质材料，计算采用莫尔-库仑模型，隧道围岩以及初支、二衬都采用实体单元，各级围岩的物理力学参数根据铁路隧道设计规范中的建议值选取。本模型的地应力平衡采用“更改强度参数的弹塑性求解法”将相关围压参数施加于模型后，通过求解模型达到地应力平衡，模型沿垂直方向的应力呈水平分布，底部地应力为−2.56～−2.5MPa，负号代表方向竖直向下。效果如图 3.30 所示。

模型计算步骤如下：

(1)将地应力平衡文件调出，首先将地应力平衡后 x、y、z 方向的位移值以及速度值清零，然后执行隧道与溶腔土体的开挖。

(2)用 FLAC^{3D} 软件中的法向面力替代溶腔内部的水压力，并将其施加在溶腔内部。

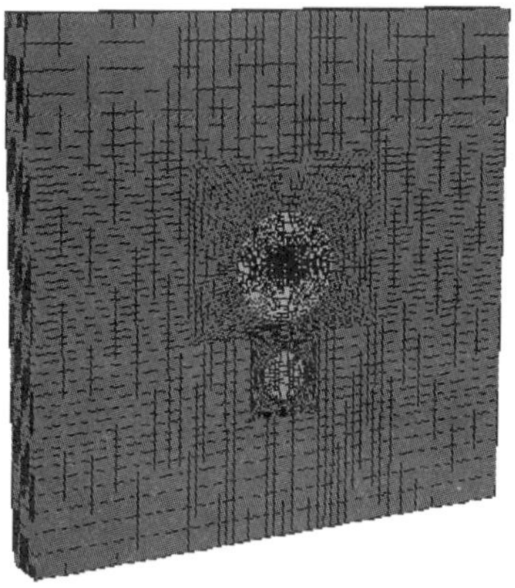

图 3.29　溶腔分布于隧道顶部数值模型图

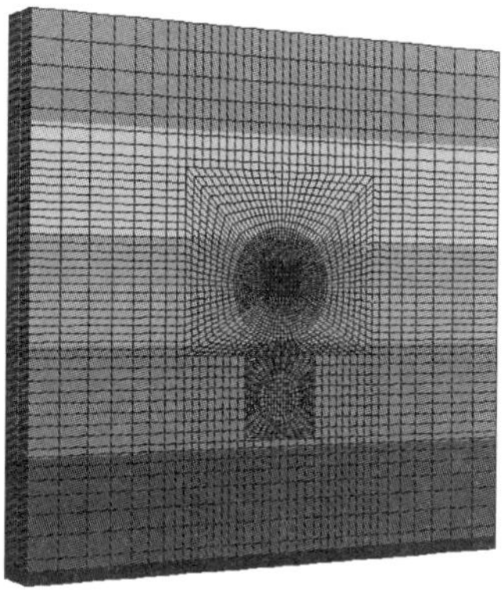

图 3.30　溶腔分布于隧道顶部地应力平衡图

(3)开挖隧道土体，自稳一定时步后将初期支护施加于隧道内部，再让隧道自稳一定时步后，施加二衬于隧道内部，其中初支和二衬采用线弹性模型，被认为不发生塑性屈服。

(4)模型计算直至满足精度要求，计算完成后查看隧道与溶洞之间岩体的塑性区分布，若隧道与溶洞之间的岩体塑性区贯通，则认为此距离不安全，反之若溶洞和隧道之间的塑性区未贯通，则认为此距离安全。详见图 3.31、图 3.32。

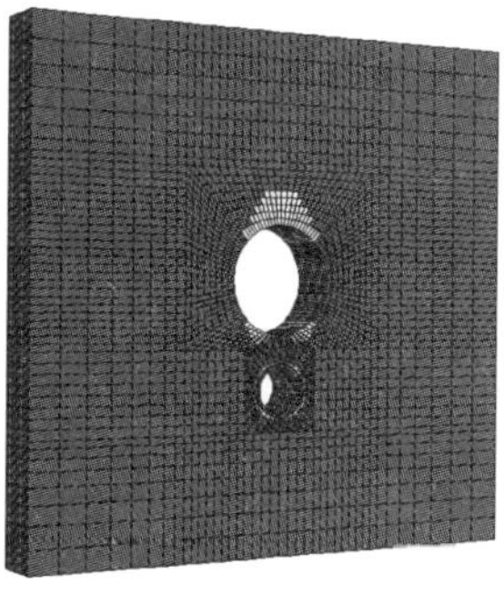

图 3.31　溶腔压力为 4MPa 塑性区分布图

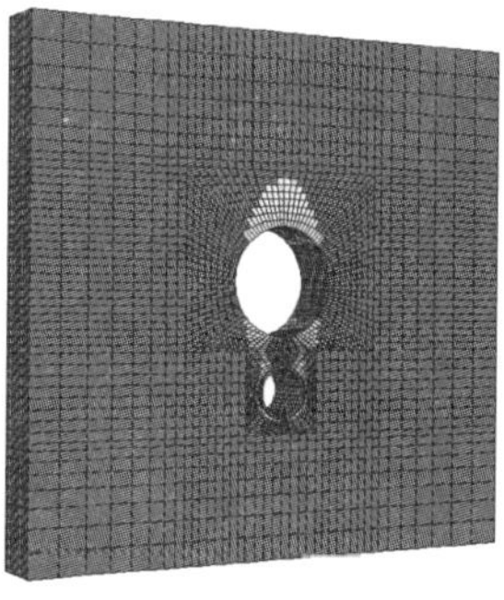

图 3.32　溶腔压力为 4MPa 塑性区贯通图

以上两图反映的是溶腔水压力为4MPa时，模型在计算过程中的塑性区分布以及塑性区贯通。FLAC^{3D}中通过活性塑性区域是否存在交线来判断模型部分区域是否发生破坏，只要塑性区相交则说明破坏机制正在发生。由模型中塑性区的贯通图3.32说明，当隧道正上方溶腔水压力达到4MPa时，从溶腔底部到隧道顶部的岩体极有可能发生破坏。

(二)计算结果与分析

由上述分析可知溶腔充填压力(默认为溶腔水压力)是影响隧道突水突泥的关键因素。为了得到不同水压力下的岩盘厚度值，将溶腔水压力分别设置为0MPa、1MPa、2MPa、3MPa、4MPa、5MPa，求解此时岩盘中塑性区贯通情况以及模型沿竖直方向发生的位移情形。结果如图3.33和图3.34所示。

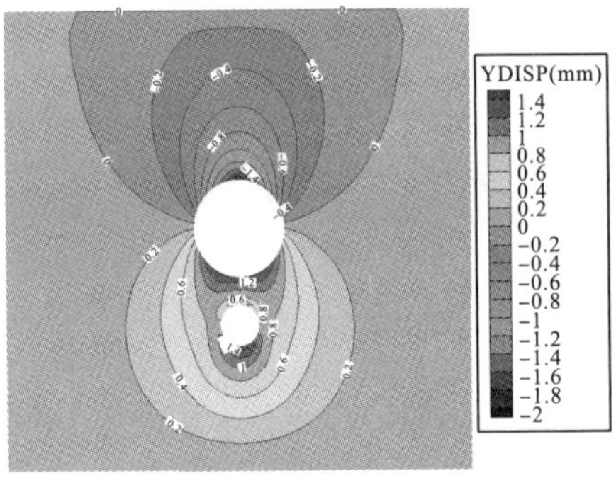

图3.33 溶腔无充填物压力

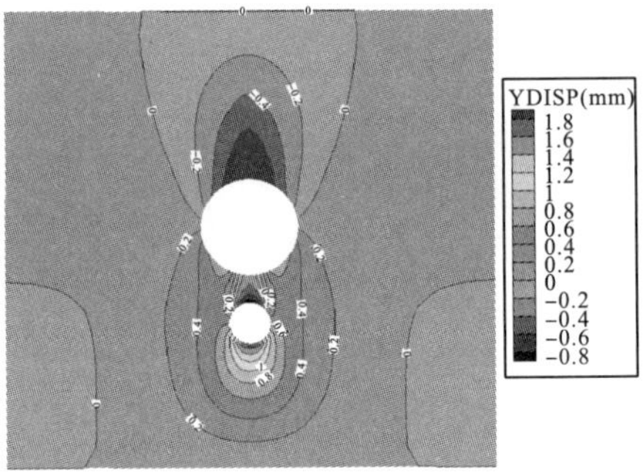

图3.34 溶腔充填物压力为1MPa

图3.33反映出溶腔没有充填物压力时，由于高地应力作用岩盘顶部以及隧道底部有部分岩体开始隆起，最大隆起值为1.4mm，岩盘中大部分岩体的位移值基本没有发生变化，可视为岩土岩层在溶腔无压力时保持稳定，隧道不会发生安全事故；溶腔顶部此刻在地应力作用下发生一定变形，顶部部分岩体最大沉降值为2mm。

图3.34反映的是当溶腔充填物压力为1MPa时，模型沿Y方向的位移等值线图。可以看出模型中最大沉降值分布在两个地方，其中一个地方是溶腔顶部，另外一处是隧道顶部的部分岩盘中，最大沉降值为0.8mm。模型平衡后发现岩盘中只有下部分岩体发生沉降，说明1MPa的水压力并不能将岩盘击穿，造成隧道发生突水突泥灾害，隧道仍然处于安全范围之内。

对比图3.34与图3.35可知，当溶腔充填物压力为2MPa时，从溶腔底部到隧道顶部的岩盘中有部分土体已经同时发生竖向位移，最大沉降位移值为2.5mm。只是目前不能判断出这部分岩体是否已经发生破坏，是否会造成隧道发生突水突泥灾害。

对比图3.35与图3.36可知，当溶腔充填物压力增大为3MPa后，岩盘沿着竖向方向的沉降值越来越大，最大沉降值为4.5mm。图3.35中发生沉降的岩体和图3.34相比有明显扩展趋势，隧道底部岩体发生的轻微隆起现象基本没有变化，由2mm变为2.5mm。

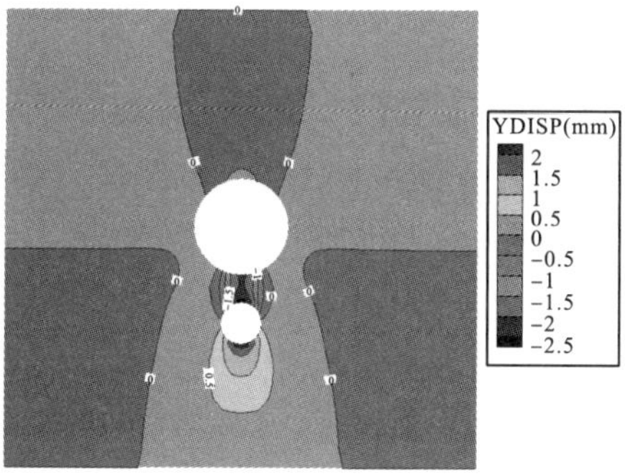

图 3.35　溶腔充填物压力为 2MPa

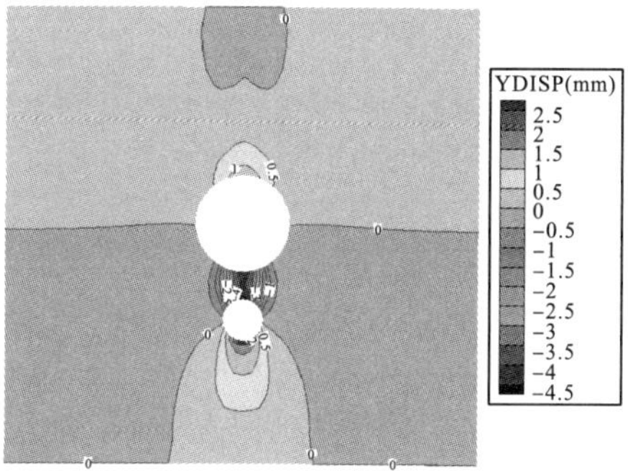

图 3.36　溶腔充填物压力为 3MPa

由图 3.37 可知，当溶腔充填物压力持续上升到 4MPa 时，岩盘中发生破坏的区域还在逐渐增大，竖向最大沉降值已经达到 8mm，此时岩盘的沉降值对隧道拱顶造成极大压力，隧道很有可能已经发生突水突泥灾害。

对比图 3.37 与图 3.38 可知，溶腔充填物压力达到 5MPa 时，此阶段岩盘发生沉降的范围没有继续扩展，但是它的沉降值仍然继续发展，最大沉降值已经达到 14mm，溶腔顶部也同时受到高地应力作用发生一定的位移变化。

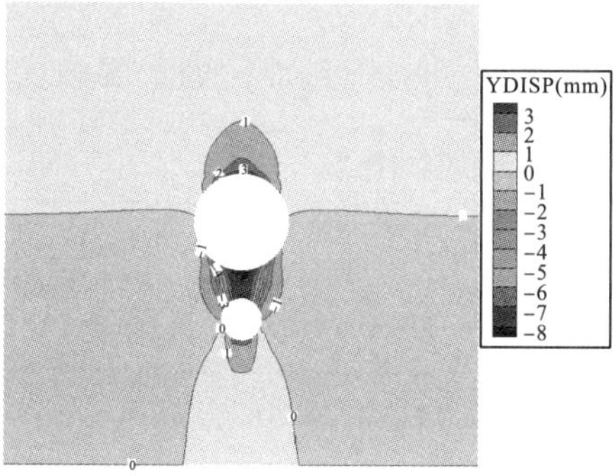

图 3.37　溶腔充填物压力为 4MPa

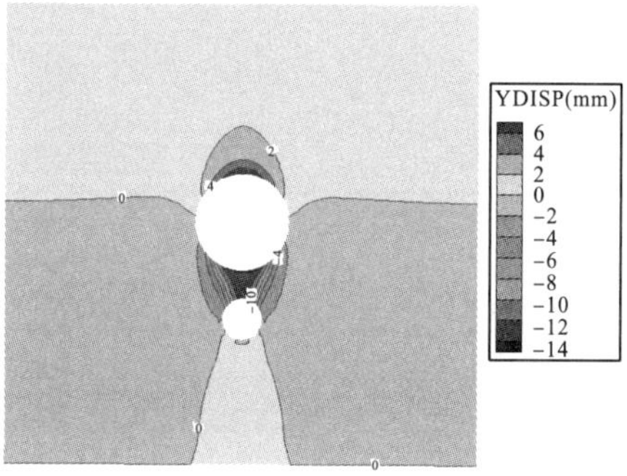

图 3.38　溶腔充填物压力为 5MPa

图 3.39 反映的是岩盘的竖向沉降值随溶腔充填物压力(溶腔水压力)的变化情况。曲线表明当水压力为 0～3MPa 时，岩盘的竖向位移值基本呈直线增长状态，增长斜率 k=1.67，而水压力在 3MPa 以后岩盘的竖向位移值有明显的增大，说明 3MPa 是岩盘发生破坏的临界水压力，此后岩体已经发生破坏，造成隧道突水突泥灾害。

由此还根据以上数据以及本章理论知识，可以反推出由 FLAC^{3D} 得出的安全厚度值与水压力之间的关系式：

$$S \geqslant 1.67p \tag{3.30}$$

根据本章第三节理论分析可知，当溶腔分布于隧道顶部时，对于完整岩或者压性断层存在于岩盘中时，可按以下两式对岩盘的安全厚度进行分析，即：

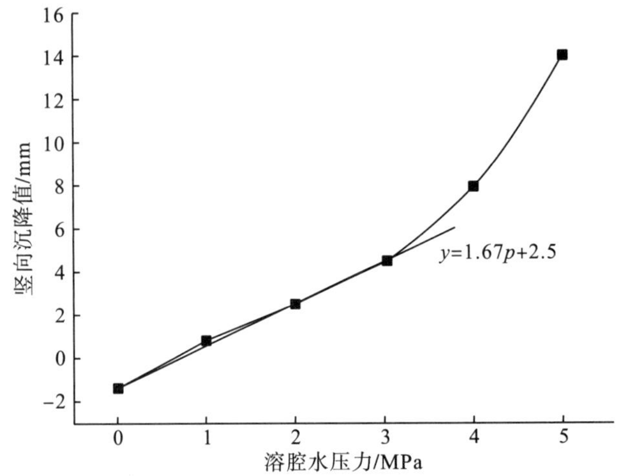

图 3.39 溶腔水压力与岩盘竖向位移曲线

$$S \geqslant n\frac{3\gamma L^2 + L\sqrt{9\gamma^2 L^2 + 48q[\sigma]}}{8[\sigma]} \tag{3.31}$$

$$S \geqslant n\frac{3qL}{4[\tau] - 3\gamma L} \tag{3.32}$$

结合以上几点分析内容，由式(3.30)、式(3.31)、式(3.32)可以得到如下数据，见表 3.18。

表 3.18 完整岩理论计算结果与数值计算结果对比表

编号	水压力/MPa	岩体许用抗弯强度/MPa	岩体许用抗剪强度/MPa	重度/(kN/m³)	岩盘长度/m	完整岩理论安全厚度平均值(n=0.8)/m	数值计算安全厚度值/m
1	0.0	4.2	2.52	25.0	10.0	0.00	0.00
2	0.5	4.2	2.52	25.0	10.0	1.93	0.83
3	1.0	4.2	2.52	25.0	10.0	2.75	1.67
4	1.5	4.2	2.52	25.0	10.0	3.61	2.50
5	2.0	4.2	2.52	25.0	10.0	4.41	3.33
6	2.5	4.2	2.52	25.0	10.0	5.17	4.17
7	3.0	4.2	2.52	25.0	10.0	5.91	5.00
8	3.5	4.2	2.52	25.0	10.0	6.63	5.83
9	4.0	4.2	2.52	25.0	10.0	7.33	6.67
10	4.5	4.2	2.52	25.0	10.0	8.02	7.50
11	5.0	4.2	2.52	25.0	10.0	8.69	8.33

对于非完整岩或岩盘中存在张性断层时，可以按以下公式进行计算：

$$S \geqslant \frac{3\gamma L_1^2}{[\sigma]} \tag{3.33}$$

$$S \geqslant n\frac{3qL_1}{2[\tau]-3\gamma L_1} \tag{3.34}$$

结合式(3.30)、式(3.33)、式(3.34)可以得到如下数据，见表 3.19。

表 3.19　非完整岩理论计算结果表

编号	水压力/MPa	岩体许用抗弯强度/MPa	岩体许用抗剪强度/MPa	重度/(kN/m³)	岩盘长度/m	非完整岩理论安全厚度平均值(n=0.8)/m
1	0.0	4.2	2.52	25.0	5.0	0.18
2	0.5	4.2	2.52	25.0	5.0	1.93
3	1.0	4.2	2.52	25.0	5.0	3.07
4	1.5	4.2	2.52	25.0	5.0	4.09
5	2.0	4.2	2.52	25.0	5.0	5.05
6	2.5	4.2	2.52	25.0	5.0	5.98
7	3.0	4.2	2.52	25.0	5.0	6.88
8	3.5	4.2	2.52	25.0	5.0	7.75
9	4.0	4.2	2.52	25.0	5.0	8.62
10	4.5	4.2	2.52	25.0	5.0	9.46
11	5.0	4.2	2.52	25.0	5.0	10.30

注：其中岩盘长度取为隧道的半径长度最为合理，因此取为 5m。

图 3.40 结果表明：理论结果和数值模拟结果对比发现它们存在某些相同点和不同点。相同点是随着溶腔充填物压力的增大，岩盘厚度都随着水压力呈一定比例的增长，且数值计算结果显示这种增长斜率 k_2=1.67，完整岩理论计算均值的增长率 k_1=1.39，非完整岩理论计算均值的增长率为 k_3=1.77，说明数值结果刚好介于完整岩与非完整岩之间。不同点是数值计算的安全厚度值是根据数值结果反算出来的，安全厚度值随水压力呈直线增长关系，而理论计算结果来源于推导出来的抗弯及抗剪公式的平均值。

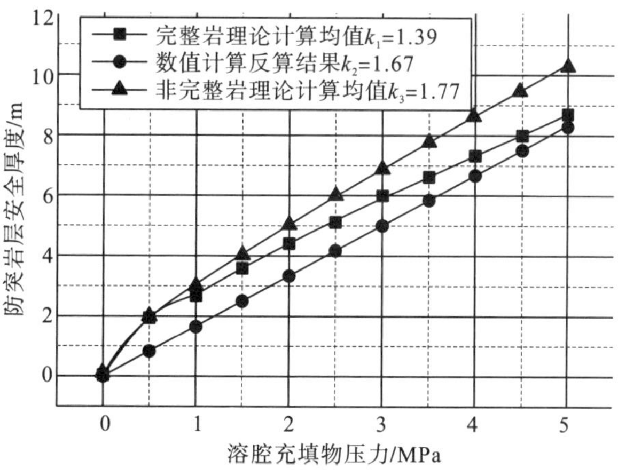

图 3.40　理论计算结果均值与数值计算分析结果对比图

二、溶腔隐伏洞位于隧道底部时岩盘安全厚度数值模拟分析

(一) 岩溶隧道突水计算模型及物理力学参数

圆梁山隧道高压富水区段为抗水压衬砌，正洞断面为鹅卵形或圆形，圆形断面开挖直径 10～12m，数值模拟过程中取隧道直径 10m 计算。一般认为洞室开挖后引起围岩重分布应力的范围为隧道半径的 6 倍，且隧道长度远大于其横截面尺寸，可将围岩稳定性问题简化为平面应变问题来处理。考虑到溶腔尺寸的问题，取模型尺寸为 100m×95m×10m，溶腔半径为 10m，隧道半径为 5m，初期支护厚度为 25cm，二次衬砌厚度为 45cm，溶腔与隧道间安全厚度为 5m。隧道顶部距离模型顶部为 25m，隧道下方距离溶腔顶部为 5m，溶腔底部距离模型底部 35m。根据隧道周边所测得的地应力大小，将其施加在模型边界上，模型前后左右及底部边界施加位移边界约束条件，模型前后左右边界施加岩体侧应力边界约束，模型上部施加上覆岩层的地应力边界约束。计算模型的局部放大图如图 3.41 所示，计算参数见表 3.17。

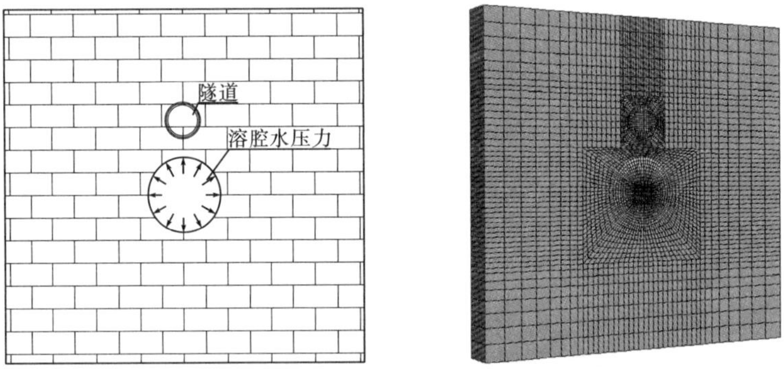

图 3.41　溶腔分布于隧道下方数值模型图

当溶腔充填物压力为 3MPa 时，塑性区并没有贯通，而当溶腔充填物压力为 4MPa 时，塑性区在逐渐扩展并发生贯通，见图 3.42 和图 3.43，说明 4MPa 的溶腔水压力可以使溶腔与隧道间的岩体产生破坏。

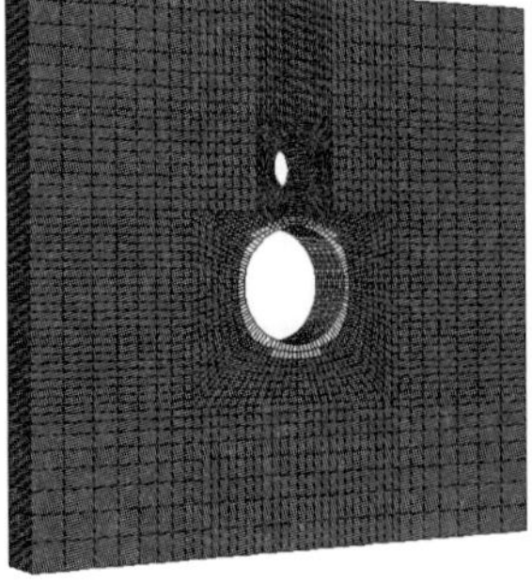

图 3.42　溶腔压力为 4MPa 塑性区分布图

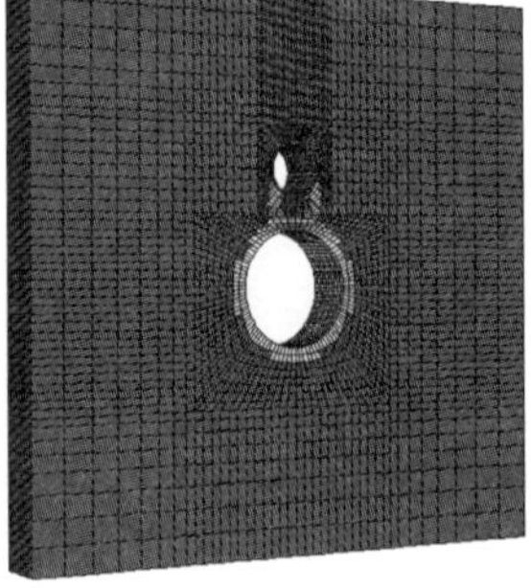

图 3.43　溶腔压力为 4MPa 塑性区贯通图

(二)计算结果与分析

由上述分析可知溶腔充填压力(默认为溶腔水压力)是影响隧道突水突泥的关键因素。为了得到不同水压力下的岩盘厚度值，将溶腔水压力分别设置为 0MPa、1MPa、2MPa、3MPa、4MPa、5MPa，求解此时岩盘中塑性区贯通情况以及模型沿竖直方向发生的位移情形。结果如图 3.44 和图 3.45 所示。

图 3.44 反映的是溶腔无充填物压力时，模型沿 y 方向的位移云图。由图可知，主要的颜色深浅变化发生在溶腔的顶部以及溶腔底部，溶腔顶部部分岩体最大沉降值为-3mm，顶部岩体发生轻微隆起，最大隆起值为 2mm，隧道周边并没有发生相应的位移变化。

图 3.45 反映的是溶腔内部压力为 1MPa 时，模型沿 y 方向的位移云图。由图可知，颜色最深的发生在溶腔底部以及隧道顶部，溶腔底部部分岩体发生的隆起与图 3.44 相比有所减小；隧道顶部最大沉降值为 1.6mm；岩盘此时并没有发生破坏，隧道保持稳定。

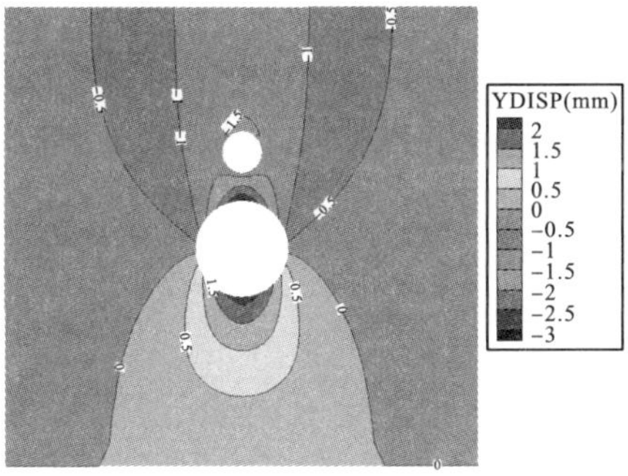

图 3.44　溶腔无充填物压力

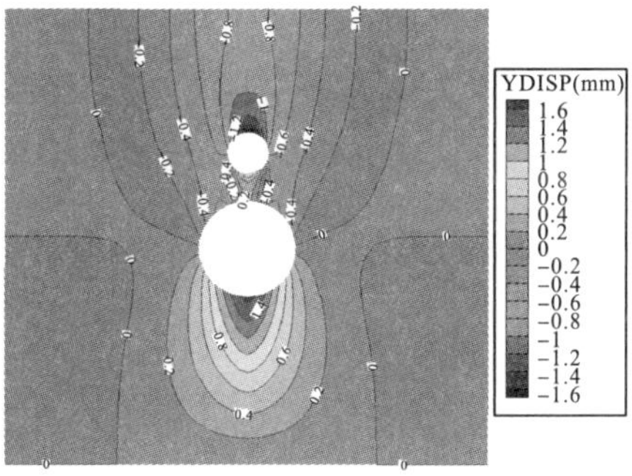

图 3.45　溶腔充填物压力为 1MPa

图 3.46 反映的是溶腔充填物压力为 2MPa 时模型沿 y 方向的位移云图。对比图 3.45 可知溶腔底部岩体发生的隆起值逐渐减少，隧道顶部岩体发生的沉降区域也在逐步减少。通过局部放大图 3.47 可知：当溶腔充填物压力达到 2MPa 时，岩盘 y 方向的位移值明显增加，区域颜色也逐渐加深，隧道顶部一小部分岩体的最大位移值为 3.5mm，说明溶腔水压力对岩盘造成了一定的影响，此时隧道仍然处于稳定状态，隧道底部也不会发生隆起。

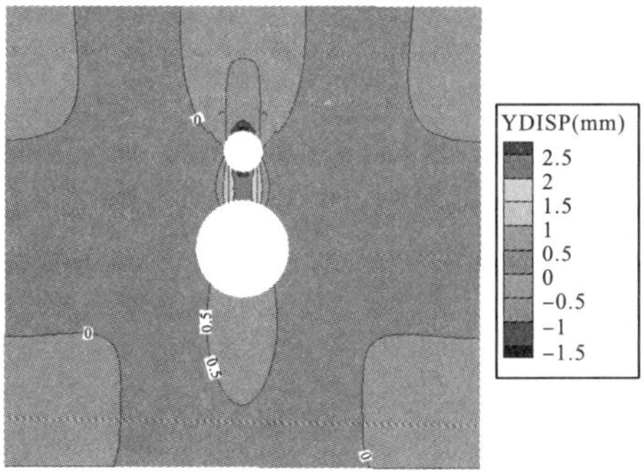

图 3.46　溶腔充填物压力为 2MPa

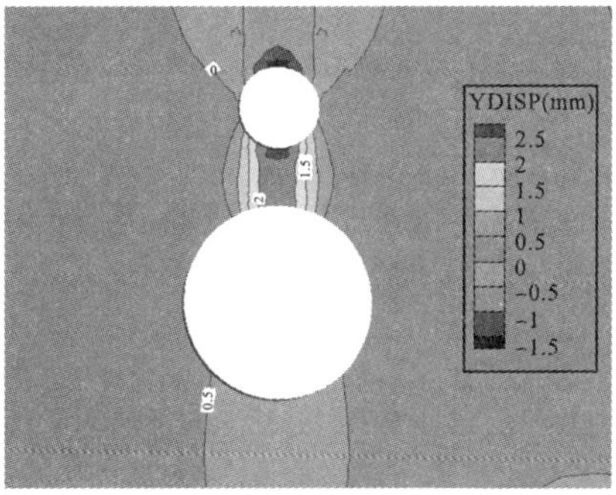

图 3.47　溶腔充填物压力为 2MPa 局部放大图

图 3.48 反映的是溶腔充填物压力达到 3MPa 时模型沿 y 方向的位移云图。由图可知模型中颜色最深的部分发生在溶腔与隧道之间的岩盘厚度上。通过对比图 3.47 可知，模型中的深色区域，即位移值最大的部分基本甚至贯通了岩盘，且最大值为 4.5mm。图 3.49 是岩盘的局部放大图，由图可知隧道顶部部分岩体的沉降值正在减小，模型中最为危险的区域正是岩盘，隧道此时处于突水突泥的关键时期。

图 3.50 反映的是溶腔充填物压力达到 4MPa 时模型沿 y 方向的位移云图。由岩盘中最深的颜色可知，岩盘中发生最大位移岩体以及贯通，沿着隧道底部到溶腔顶部，最大位移值为 8mm，溶腔底部岩体发生的沉降值和图 3.49 相比稍微增大，最大沉降值为 3mm。

图 3.51 反映的是溶腔充填物压力达到 5MPa 时模型沿 y 方向的位移云图。由图可知岩盘发生的位移急剧上升，最大位移值发生在岩盘中部，为 18mm，此时隧道周边岩体的位移值也逐步发生了变化，在高压溶腔和高地应力的作用下基本都有增大。溶腔底部部分岩体发生的沉降值同时也增大到 8mm，明显隧道此时极不稳定。

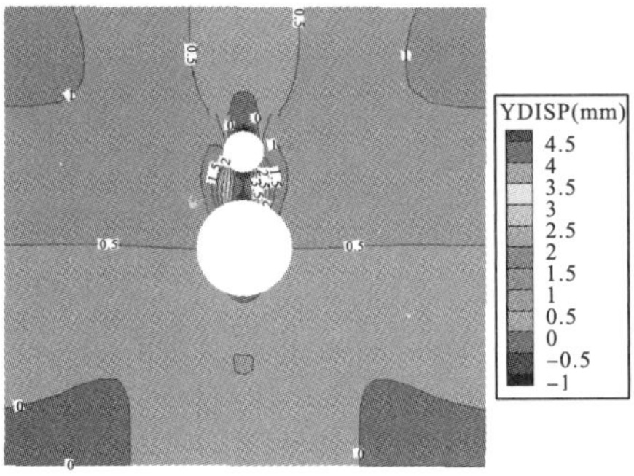

图 3.48 溶腔充填物压力为 3MPa

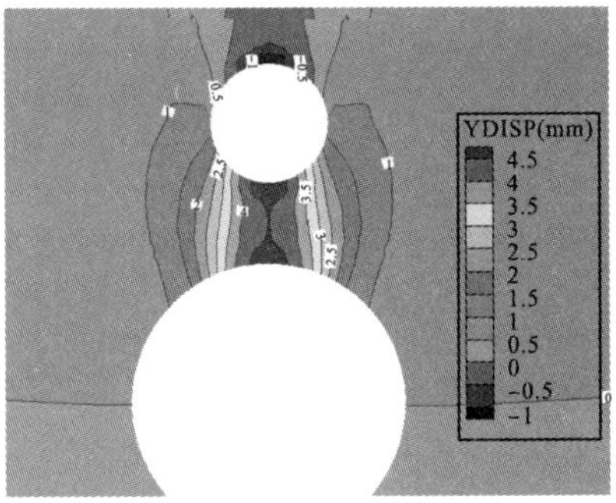

图 3.49 溶腔充填物压力为 3MPa 局部放大图

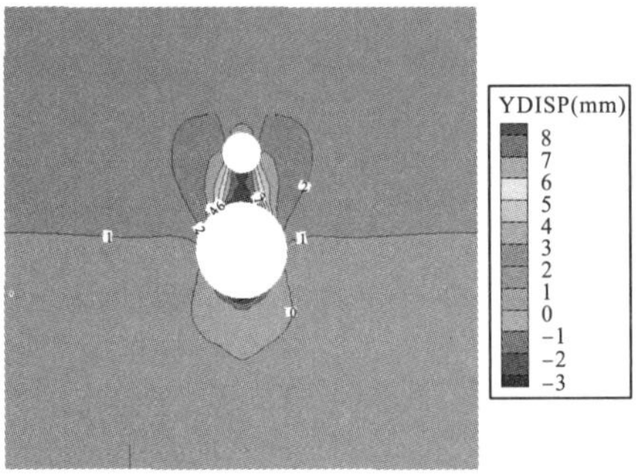

图 3.50 溶腔充填物压力为 4MPa

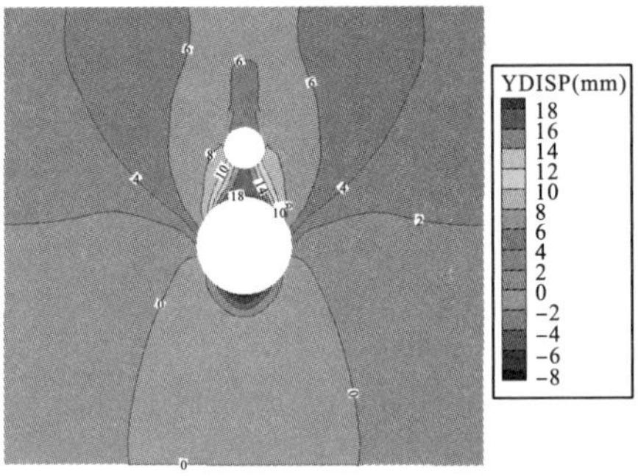

图 3.51 溶腔充填物压力为 5MPa

图 3.52 反映的是岩盘的竖向沉降值随溶腔充填物压力(溶腔水压力)的变化情况。曲线表明当水压力在 0～3.5MPa 时，岩盘的竖向位移值基本呈直线增长状态，增长斜率 k=2，而水压力在 3.5MPa 以后岩盘的竖向位移值有明显的增大，说明 3.5MPa 是岩盘发生破坏的临界水压力，此后岩体已经发生破坏，造成隧道突水突泥灾害。

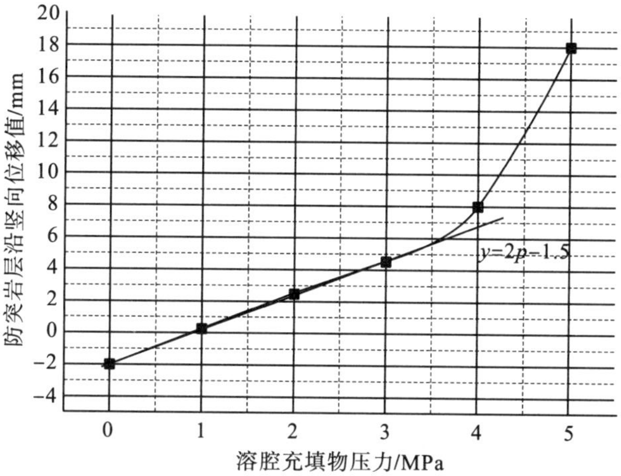

图 3.52　溶腔水压力与岩盘竖向位移曲线

由此还根据以上数据以及本章第三节理论知识，可以反推出由 FLAC^{3D} 得出的安全厚度值与水压力之间的关系式：

$$S \geqslant 2p \tag{3.35}$$

根据本章第三节理论分析可知，当溶腔分布于隧道顶部时，对于完整岩或者压性断层存在于岩盘中时，可按以下两式对岩盘的安全厚度进行分析，即：

$$S \geqslant n\frac{-3\gamma L^2 + L\sqrt{9\gamma^2 L^2 + 48q[\sigma]}}{8[\sigma]} \tag{3.36}$$

$$S \geqslant n\frac{3qL}{4[\tau]+3\gamma L} \tag{3.37}$$

结合以上分析内容，由式(3.35)、式(3.36)、式(3.37)可以得到如表 3.20 所示的数据。

表 3.20　完整岩理论计算结果与数值计算结果对比表

编号	水压力/MPa	岩体许用抗弯强度/MPa	岩体许用抗剪强度/MPa	重度/(kN/m³)	岩盘长度/m	完整岩理论安全厚度平均值(n=0.8)/m	数值计算安全厚度值/m
1	0.0	4.2	2.52	25.0	10.0	0.00	0
2	0.5	4.2	2.52	25.0	10.0	1.66	1
3	1.0	4.2	2.52	25.0	10.0	2.71	2
4	1.5	4.2	2.52	25.0	10.0	3.64	3
5	2.0	4.2	2.52	25.0	10.0	4.52	4
6	2.5	4.2	2.52	25.0	10.0	5.35	5
7	3.0	4.2	2.52	25.0	10.0	6.16	6
8	3.5	4.2	2.52	25.0	10.0	6.95	7
9	4.0	4.2	2.52	25.0	10.0	7.72	8
10	4.5	4.2	2.52	25.0	10.0	8.48	9
11	5.0	4.2	2.52	25.0	10.0	9.23	10

对于非完整岩或岩盘中存在张性断层时，可以按以下公式进行计算：

$$S \geqslant n\frac{-3\gamma L_1^2 + L_1\sqrt{9\gamma^2 L_1^2 + 12q[\sigma]}}{2[\sigma]} \tag{3.38}$$

$$S \geqslant n\frac{3qL_1}{2[\tau] + 3\gamma L_1} \tag{3.39}$$

结合式(3.38)、式(3.39)可以得到如下数据，见表3.21。

表3.21 非完整岩理论计算结果表

编号	水压力/MPa	岩体许用抗弯强度/MPa	岩体许用抗剪强度/MPa	重度/(kN/m³)	岩盘长度/m	非完整岩理论安全厚度平均值(n=0.8)/m
1	0.0	4.2	2.52	25.0	5.0	0.00
2	0.5	4.2	2.52	25.0	5.0	1.66
3	1.0	4.2	2.52	25.0	5.0	2.71
4	1.5	4.2	2.52	25.0	5.0	3.64
5	2.0	4.2	2.52	25.0	5.0	4.52
6	2.5	4.2	2.52	25.0	5.0	5.35
7	3.0	4.2	2.52	25.0	5.0	6.16
8	3.5	4.2	2.52	25.0	5.0	6.95
9	4.0	4.2	2.52	25.0	5.0	7.72
10	4.5	4.2	2.52	25.0	5.0	8.48
11	5.0	4.2	2.52	25.0	5.0	9.23

注：其中岩盘长度取为隧道的半径长度最为合理，因此取为5.0m。计算结果表明不管是完整岩(压性断层存在于岩盘)还是非完整岩(张性断层存在于岩盘)，按抗弯及抗剪公式得到的理论结果平均值相等，这说明当外力条件一定时，隧道拱顶上方受到的压力是最大的，也是最容易产生破坏的地方。

图3.53是理论结果的平均值与数值计算反算结果的对比曲线，可以发现两条曲线在溶腔充填物压力(水压力)大于1MPa后，基本呈直线增长趋势，且理论结果曲线的增长率$t_1 = 1.57$，而数值计算反算结果的增长率$t_2 = 2$，说明理论结果和数值模拟结果有一定的相似性。

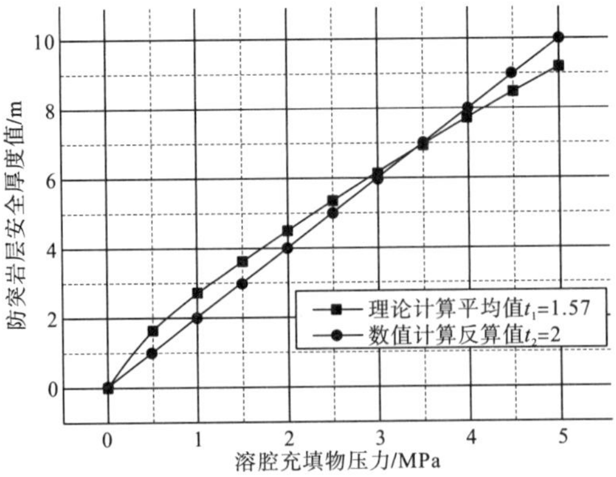

图3.53 理论计算结果均值与数值计算分析结果对比图

三、溶腔隐伏洞位于隧道侧部时岩盘安全厚度数值模拟分析

（一）岩溶隧道突水计算模型及物理力学参数

圆梁山隧道高压富水区段为抗水压衬砌，正洞断面为鹅卵形或圆形，圆形断面开挖直径 10～12m，数值模拟过程中取隧道直径 10m 计算。一般认为洞室开挖后引起围岩重分布应力的范围为隧道半径的 6 倍，且隧道长度远大于其横截面尺寸，可将围岩稳定性问题简化为平面应变问题来处理。考虑到溶腔尺寸的问题，取模型尺寸为 95m×100m×10m，溶腔半径为 10m，隧道半径为 5m，初期支护厚度为 25cm，二次衬砌厚度为 45cm，溶腔与隧道间安全厚度为 5m。隧道顶部距离模型顶部为 45m，隧道底部距离模型底部为 45m，溶腔顶部距离模型顶部为 45m，溶腔底部距离模型底部为 45m。根据隧道周边所测得的地应力大小，将其施加在模型边界上，模型前后左右及底部边界施加位移边界约束条件，模型前后左右边界施加岩体侧应力边界约束，模型上部施加上覆岩层的地应力边界约束。计算模型的局部放大图如图 3.54 所示，计算参数见表 3.17。

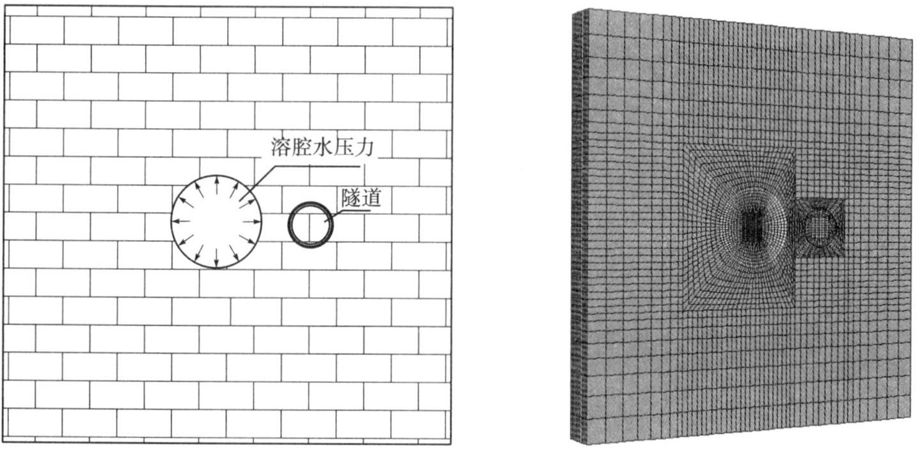

图 3.54　溶腔分布于隧道侧部数值模型图

图 3.54 左图显示的是有压溶腔和隧道之间的关系，在 FLAC^{3D} 数值模型中采用等效的法向面力来替代溶腔水压力。

从图 3.55 可以看出，当溶腔水压力为 4MPa 时，模型在计算过程中溶腔周边范围出现了部分塑性区；随着计算的继续进行，时步的增加，塑性区不断地增加并向隧道方向发展，最终塑性区开始贯通有压溶腔以及隧道，如图 3.56 所示，说明此时溶腔高水压正逐步将岩盘击穿，造成隧道发生突水突泥灾害。

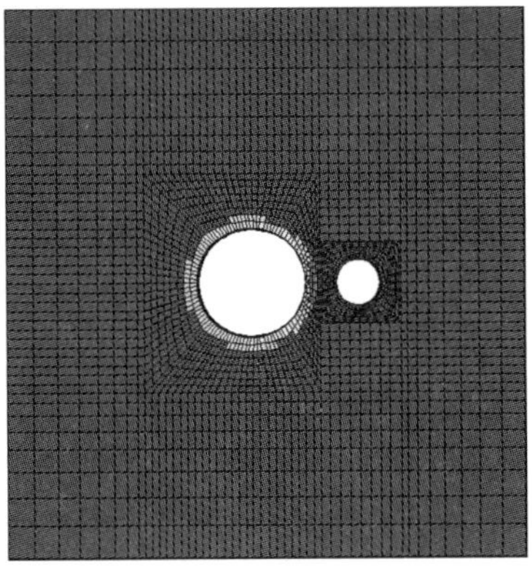

图 3.55 溶腔压力为 4MPa 塑性区分布图

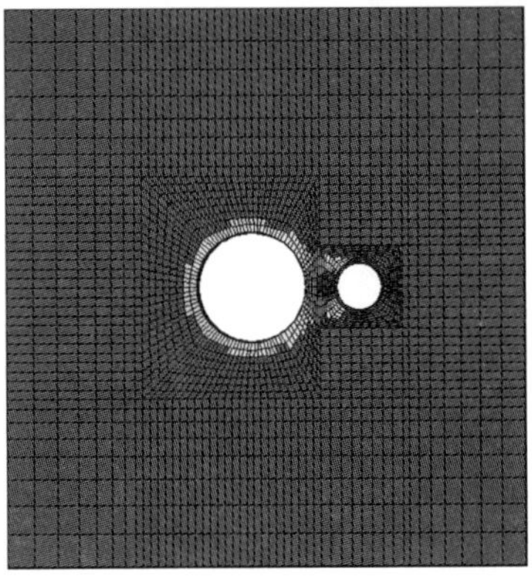

图 3.56 溶腔压力为 4MPa 塑性区贯通图

图 3.57 反映的是溶腔无充填物压力时，模型沿水平方向发生的位移情况。由图示颜色比较深的地方可以看出，溶腔左右部分以及隧道左右部分都发生了一定的位移，这是高地应力造成的结果，其中 x 正方向是靠近隧道方向，位移较小都不超过 1mm。由图示结果可知溶腔左侧岩体有向左侧移动的趋势，溶腔右侧以及隧道右侧有向右侧移动的趋势。

对比图 3.58 和图 3.57 可知有明显的不同，首先颜色较深的区域基本都发生在溶腔左右侧，这主要是溶腔压力造成的，其中溶腔左侧岩体向模型左侧移动的最大位移值为 1.8mm，而溶腔右侧的岩体向右侧移动的最大位移值为 2mm。此时隧道左侧岩盘并没有整体发生位移，说明隧道还是处于稳定状态。

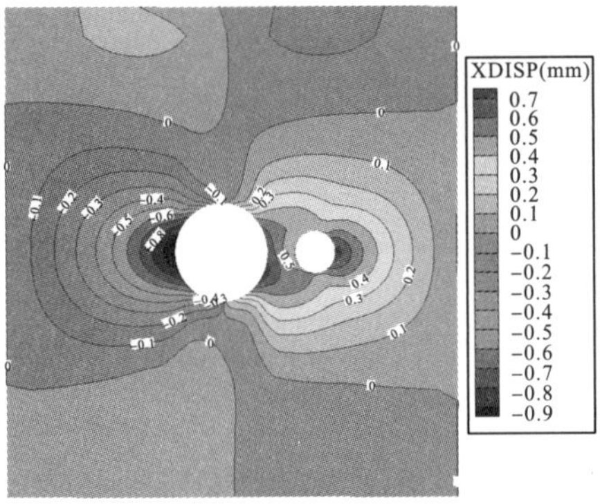

图 3.57 溶腔无充填物压力

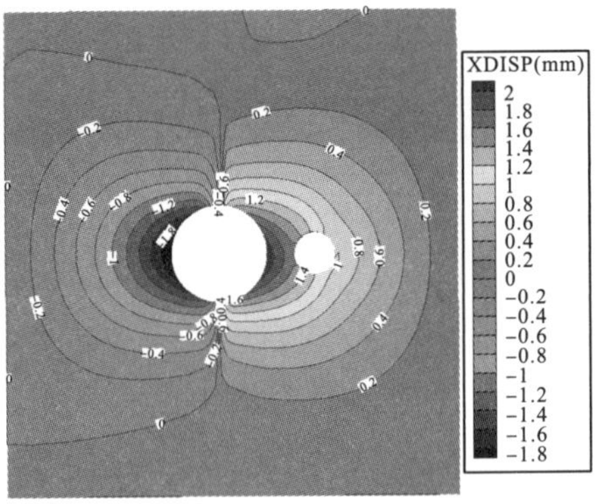

图 3.58 溶腔充填物压力为 1MPa

由图 3.59 与图 3.58 对比可知，当溶腔充填物压力为 2MPa 时，模型中发生水平位移的区域基本没有发生变化，只是当溶腔压力增大时，溶腔周边岩体发生的位移值也同时有所增大，其中溶腔左侧岩体向溶腔左侧发生的最大位移值为 3mm，而溶腔右侧岩体向隧道方向发生的最大位移值为 3.5mm；在溶腔压力增大的同时，溶腔右部分岩体由远及近发生的位移值也逐步增大。

由图 3.60 与图 3.59 对比可知，当溶腔水压力增大到 3MPa 时，溶腔左右两侧岩体沿着水平法向发生的位移值继续增大，并且波及的范围也相对增大，其中溶腔左侧岩体向左侧发生的最大位移值为 4mm，而溶腔右侧的岩盘向右侧发生的最大位移值已经达到 5mm，岩盘中的颜色基本呈深色，说明岩盘基本整体发生了水平位移，表明隧道此时并不安全，极有可能发生突水突泥地质灾害。

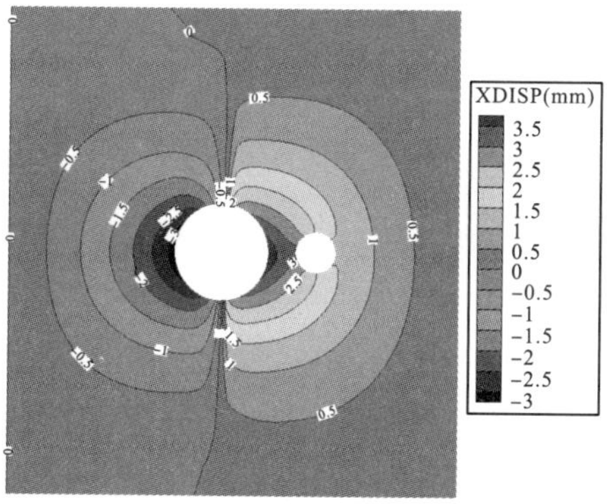

图 3.59　溶腔充填物压力为 2MPa

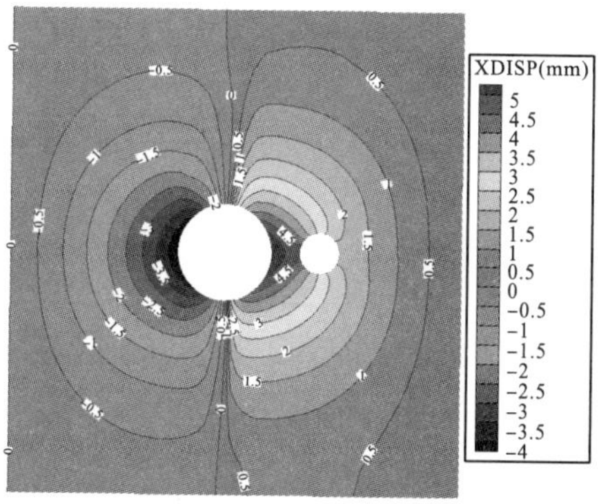

图 3.60　溶腔充填物压力为 3MPa

图 3.61 显示的是溶腔水压力达到 4MPa 时，模型沿着水平方向的位移云图，和图 3.60 对比发现云图并没有发生多大变化，且云图区域似乎也没有发生改变，溶腔两侧岩体发生的位移值有所增大，溶腔左侧岩体向模型左侧发生的最大位移值达到 5mm，溶腔右侧的岩盘向隧道方向发生的最大位移值达到 7mm，并且岩盘发生的位移变化还有进一步增长的趋势。图 3.62 显示溶腔周边的位移云图区域并没有发生显著变化，溶腔左侧区域岩体发生最大位移值为 6mm，而溶腔右侧的岩盘发生的最大位移值为 12mm，显然右侧岩盘岩体比左侧岩体更容易发生破坏，隧道应该是处于极不稳定的状态。

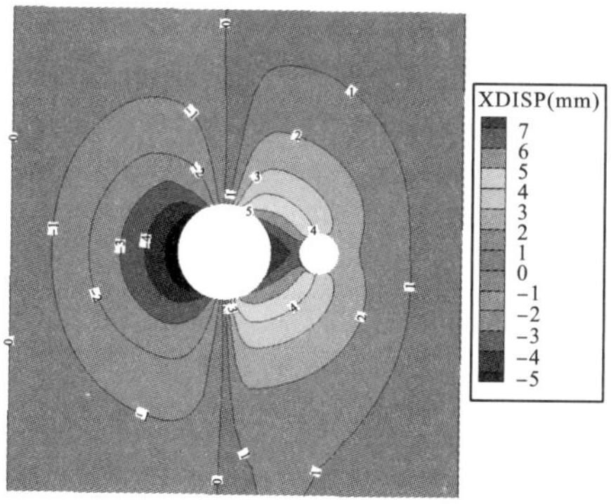

图 3.61　溶腔充填物压力为 4MPa

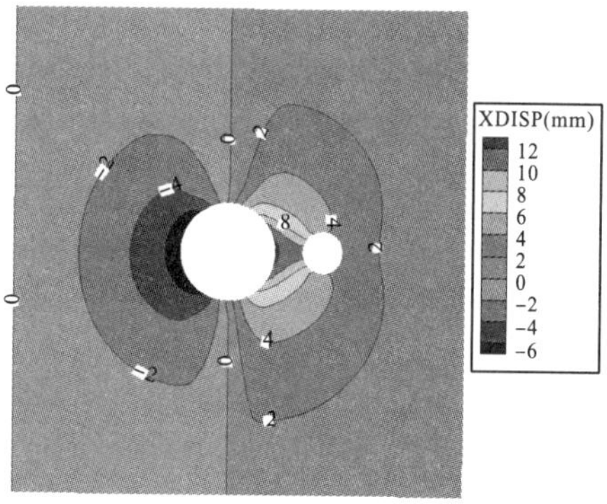

图 3.62　溶腔充填物压力为 5MPa

图 3.63 反映的是岩盘的水平位移值随溶腔充填物压力(溶腔水压力)的变化情况。曲线表明当水压力在 0～3.5MPa 时，岩盘的水平位移值基本呈直线增长状态，增长斜率

k=1.9，而水压力在 3.5MPa 以后岩盘的水平位移值有明显的增大，说明 3.5MPa 是岩盘发生破坏的临界水压力，此后岩体已经发生破坏，造成隧道突水突泥灾害。

由此还根据以上数据以及本章第三节知识，可以反推出由 FLAC^{3D} 得出的安全厚度值与水压力之间的关系式：

$$S \geqslant 1.9p \tag{3.40}$$

根据本章第三节理论分析可知，当溶腔分布于隧道顶部时，对于完整岩或者压性断层存在于岩盘中时，可按以下两式对岩盘的安全厚度进行分析，即：

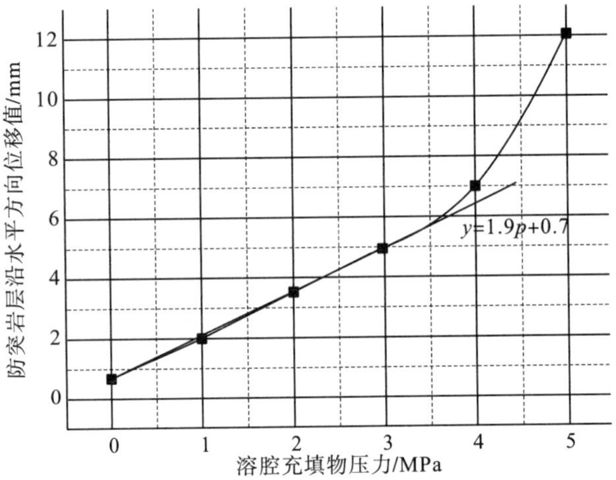

图 3.63　溶腔水压力与岩盘水平位移关系曲线

$$S \geqslant \sqrt{\frac{5ph^2+3\rho gh^3}{10[\sigma]}} \tag{3.41}$$

$$S \geqslant \frac{30ph+21\rho gh^2}{20[\tau]} \tag{3.42}$$

对于非完整岩或岩盘中存在张性断层时，可以按以下公式进行计算：

$$S \geqslant \sqrt{\frac{3ph_1^2+2\rho gh_1^3}{[\sigma]}} \tag{3.43}$$

$$S \geqslant \frac{6ph_1+3\rho gh_1^2}{4[\tau]} \tag{3.44}$$

$$S \geqslant \sqrt{\frac{3(p+\rho gh_1)(h-h_1)^2+2\rho g(h-h_1)^3}{[\sigma]}} \tag{3.45}$$

$$S \geqslant \frac{6(p+\rho gh_1)(h-h_1)+3\rho g(h-h_1)^2}{4[\tau]} \tag{3.46}$$

结合式(3.40)～式(3.46)可以得到如表 3.22 所示数据。其中在对非完整岩理论安全厚度进行计算时，岩盘厚度为 5m。

表 3.22　理论计算结果与数值计算结果对比表

编号	水压力/MPa	岩体许用抗弯强度/MPa	岩体许用抗剪强度/MPa	重度/(kN/m³)	岩盘高度/m	完整岩理论安全厚度平均值(n=0.8)/m	非完整岩理论安全厚度平均值(n=0.8)/m	数值计算安全厚度值/m
1	0.0	4.2	2.52	25.0	10.0	0.66	0.60	0.00
2	0.5	4.2	2.52	25.0	10.0	2.50	2.16	0.95
3	1.0	4.2	2.52	25.0	10.0	4.07	3.37	1.90
4	1.5	4.2	2.52	25.0	10.0	5.56	4.48	2.85
5	2.0	4.2	2.52	25.0	10.0	7.01	5.53	3.80
6	2.5	4.2	2.52	25.0	10.0	8.42	6.55	4.75
7	3.0	4.2	2.52	25.0	10.0	9.82	7.55	5.70
8	3.5	4.2	2.52	25.0	10.0	11.20	8.52	6.65
9	4.0	4.2	2.52	25.0	10.0	12.56	9.48	7.60
10	4.5	4.2	2.52	25.0	10.0	13.92	10.43	8.55
11	5.0	4.2	2.52	25.0	10.0	15.27	11.36	9.50

图 3.64 的数据说明按理论公式计算出的岩盘厚度值比数值结果明显偏大，完整岩的安全厚度值比非完整岩的安全厚度值随着水压力的增长变化更大。且按完整岩理论计算的增长率 $c_1 = 2.73$，按非完整岩理论计算的增长率为 $c_2 = 1.91$，与数值结果计算的结果 $c_3 = 1.9$ 基本持平。因为实际工程影响岩溶隧道突水突泥的因素众多，建议工程预留安全厚度取值在完整岩理论结果与数值结果范围内。

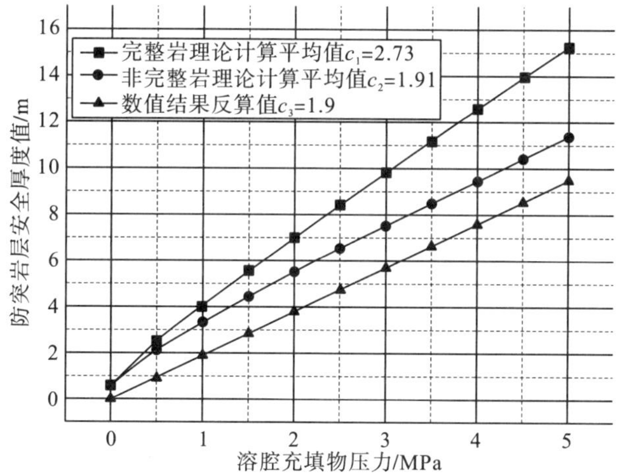

图 3.64　理论计算结果与数值计算结果对比图

四、小结

通过数值模拟对溶腔分布于隧道顶部、下方以及侧方三种工况进行分析，并考虑溶腔水压力分布为 0～5MPa 时，溶腔水压力对岩盘岩体的影响，进而判断出溶腔水压力对隧道的稳定性影响。数值模拟过程中将水压力简化为溶腔内部法向应力，观察溶腔与隧道间岩盘沿水平或者竖直方向的变化，通过岩盘发生的位移变化关系推算出岩盘发生破坏的临界水压力。得到了以下成果：

(1) 当溶腔分布于隧道顶部时，数值结果得出了岩盘沿数值方向发生的最大位移值。根据最大位移值的变化情况，可知当溶腔水压力在 0～3MPa 时岩盘的竖向位移值基本呈直线增长关系，增长率为 1.67，而当溶腔压力在 3～4MPa 时，岩盘向下的竖向位移值陡然上升，说明岩盘已经发生破坏，造成隧道发生突水灾害。并且根据岩盘竖向位移的增长曲线，反算出水压力与岩盘的安全厚度值，理论计算结果比数值计算结果稍大。

(2) 当溶腔分布于隧道下方时，数值结果得出了岩盘沿竖直方向发生的最大位移值。根据最大位移值的变化情况，可知当溶腔水压力在 0～3.5MPa 时岩盘的竖向位移值基本呈直线增长关系，增长率为 2，而当溶腔压力在 3.5～4MPa 时，岩盘向上的竖向位移值陡然上升，说明岩盘已经发生破坏，造成隧道发生突水灾害。并且根据岩盘竖向位移的增长曲线，反算出水压力与岩盘的安全厚度值，理论计算结果与数值计算结果基本持平，增长率分别为 1.57 和 2。

(3) 当溶腔分布于隧道侧部时，数值结果得出了岩盘沿水平方向发生的最大位移值。根据最大位移值的变化情况，可知当溶腔水压力在 0～3.5MPa 时岩盘的竖向位移值基本呈直线增长关系，增长率为 1.9，而当溶腔压力在 3.5～4MPa 时，岩盘的竖向位移值陡然上升，说明岩盘已经发生破坏，造成隧道发生突水灾害。并且根据岩盘竖向位移的增长曲线，反算出水压力与岩盘的安全厚度值，理论计算结果比数值计算结果稍大。

第四章　岩溶隧道衬砌水压力计算理论

第一节　概　　述

随着我国经济建设的飞速发展，对于基础设施的建设，尤其是对交通设施建设的需求变得越来越迫切。我国幅员辽阔，以公路、铁路为主的陆运交通是交通运输的主流方式。2008 年国家铁路局在修订的《中长期铁路网规划》中预期在 2020 年全国铁路的营运里程将达到 120 000km 以上，而 2016 年国家发改委在公布最新的《中长期铁路网规划》时表示，截至 2015 年底，我国铁路营运里程已达到 121 000km，提前实现目标，并提出在此次规划期 2016～2025 年间，截止到 2025 年，铁路网规模将达到 175 000km 左右，展望到 2030 年，基本实现内外互联互通、区际多路畅通、省会高铁连通、地市快速通达、县域基本覆盖。在交通运输网络的串接和延伸过程中，为提高路线线性标准，缩短里程，提高行车效率和安全性，势必修建大量的里程长、埋深大的交通隧道。

在隧道建设乃至后期使用运营过程中，隧道水害一直以来都是困扰国内外专家学者及建设者的难题。我国交通隧道水处理研究起步较晚，在高水压富水层地区修建隧道工程中，对于突涌水问题并不能很好地把握，甚至屡次发生重大安全事故，且对于已经竣工运营的隧道，因受限于建设时期设计及施工的技术条件，普遍存在衬砌结构渗漏水的问题。根据 1997 年铁路隧道技术状态检查统计，在此前建成的 5000 余座隧道中，近 70%遭遇过隧道水害，另有 1502 座即超过 30%的隧道在运营过程中仍受水害影响。

隧道水害中，已建成运营的隧道渗漏水对隧道侵害尤为严重。首先，渗漏水裹挟围岩中的侵蚀物质使衬砌开裂，膨胀变形，风化剥落。寒冷地区，渗漏水会使边墙结冰，拱顶挂冰，入侵建筑限界同时诱发衬砌冻胀，极大地破坏了衬砌结构的承载力。且长期渗漏形成的透水通道和反复的冻融使得衬砌水害恶性循环，愈演愈烈，导致衬砌变形，开裂错台，拱顶掉块甚至塌方。其次，渗漏水极大干扰了隧道内部设施的正常使用，损害道床基础，使基底裂损，路基下沉，大量涌水导致的翻浆冒泥及在高寒地区的冻胀均会导致铁路线起伏不平和路轨距水平变形超限，影响线路稳定。同时，隧道渗漏水会加速内部诸如钢轨、照明、通信、通风、排水等设备的正常使用，缩短寿命，增加维护维修费用等运营成本。特别是潮湿和锈蚀的铁轨会降低轮轨间的黏着力，造成机车牵引力降低，使列车减速甚至中断正常行车。总之，隧道渗漏水极大地影响隧道的性能和使用年限，甚至严重威胁到行车安全。

同时，传统的全排导方式，本着经济衬砌结构、便捷施工操作的目的，大量排导地下水，相当于在山体内“横置降水井”，造成严重的地表水流失，井泉干涸，水环境恶化，植被乃至整个生态系统被破坏。农田缺失灌溉用水，地层沉降及塌陷，使得原隧址居民流离失所。在海底隧道中，地下水的控制直接与安全相关的同时与运营成本也有极大关系。在渗漏表现较好的青岛胶州湾海底隧道，单日的抽水量达到了 4000m³，年抽水花费高达 800 多万元；而在我国首条海底隧道——翔安隧道，单日抽水量甚至达到 12 000m³，年抽水花费达 2000 多万元，是隧道运营的绝对沉重负担。而在采取防水材料和管片拼接式衬砌的地铁隧道，渗漏情况仍然不容乐观。在圆梁山隧道修建过程中，设计人员试图采取“巨型衬砌”的办法对抗水压力以及依赖衬砌结构自防水，但这种从环保和隧道耐久性出发的巨额花费办法并没有达到预期的效果。

随着环境保护问题的日益严肃和交通需求的快速增长，与之严重矛盾的隧道渗漏水问题将隧道工程建设者对于此问题的重视度提升到了一个新的层次。隧道渗漏水这一课题已经成为隧道灾害研究的一个十分重要的分支。然而，隧道渗漏水是隧道病害的代表性现象，成因众多，是多种病害的综合反映。所以，对于隧道衬砌结构防排水的研究已经迫在眉睫，需要找出一个经济有效的解决办法来对隧道工程的勘察设计和施工进行指导，且此举将不仅对隧道施工安全、环境保护、运营经济可靠有深远影响，同时将极大地丰富隧道设计理论。

第二节　隧道衬砌水压力特征及影响因素分析

一、隧道衬砌水压力特征

(一) 不同防排水模式下衬砌水压力分布特征分析

根据不同的功能需要，隧道需要进行防排水分级，再根据不同级别进行防排水模式的选择然后进行设计施工。国内外的隧道防排水模式一般来说有：排导模式、封堵模式、堵水限排模式三种模式。而在不同的防排水模式前提下，衬砌结构上的水的作用形式也是不同的，例如封堵模式下，衬砌不透水，其所承受的水压力是表面力(边界力)的形式；而在排导模式和堵水限排模式下，衬砌是透水的或者说衬砌背后的水是流动的，此时衬砌所承受的水压力则是体积力(渗流)的形式。具体特征如表 4.1 所示。

表 4.1　不同防排水模式下衬砌结构水压力特征

防排水模式	排导模式	封堵模式	堵水限排模式
水处理方式	开放式处理，自由排导	不透水设计，完全封堵	限制排量，有组织排水
水压力分布	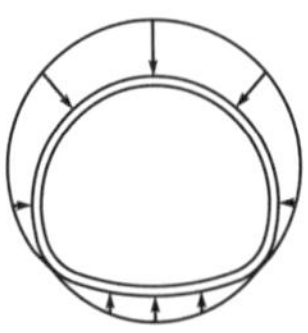	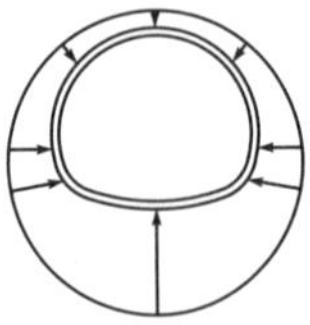	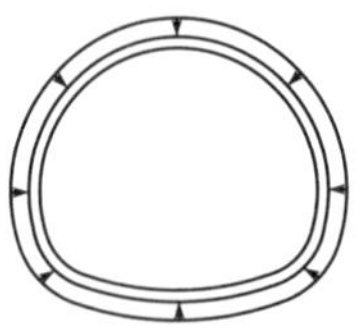
水压力形式	渗流体积力	表面力(边界力)	渗流体积力
水压力大小	几乎无水压	全部水头压力	部分水压

续表

防排水模式	排导模式	封堵模式	堵水限排模式
承压结构	衬砌结构	衬砌结构	注浆加固圈，初级支护，二次衬砌
优势	简单易行，便于施工，建设成本低	安全有效，运营成本低，较少干扰原始地下水环境	建设运营成本适中，安全、可靠、耐久性较好，对隧址生态干扰较小
缺陷	运营成本高，耐久、可靠性差，破坏生态环境	适用范围窄，超出适用范围则需加厚加强衬砌，致不经济，工序繁复	对地质勘查、结构设计及施工过程控制要求较高

衬砌结构上的荷载以围岩压力、水压力和自重为主，围岩压力会因为成拱效应降低，而且在新奥法引入后，充分利用围岩自稳能力，围岩压力在一定程度上被折减，而水压力则只能根据不同的排水模式考虑，所以不同防排水模式下水压力的大小是衬砌结构设计的关键。而且在高压富水地区，就水压力分布特征来看，在地下工程建设行业越来越规范的情况下，堵水限排模式是趋势。

(二)渗流场在隧道建设过程中的时间特征

在封堵模式下，衬砌结构做完全不透水设计，则根据连通器原理，水无论通过何种途径都会到达衬砌背后，无法折减，表现为全水头的静水压力，而另外两种模式则是表现为渗流体积力。但无论是三种模式中的哪一种，从原始地层、隧道开挖到衬砌施作结束，由于边界条件的变化，整个渗流场并不是始终不变的。学者张有天在 20 世纪 80 年代提出隧道设计三原则中反复提到了这一点。通过隧洞应力渗流荷载增量理论分析：

(1)隧道开挖前计算原始渗流场 h_0，再进一步求得包含渗流场力 p_0 及其他荷载在内的围岩应力场力为 σ_{r0}，如图 4.1(a)所示。

(2)隧道开挖后衬砌施作前计算渗流场 h_1 及场力 p_1，则此时渗流场力的增量为 $\Delta p_0=p_0-p_1$，再进一步求得渗流场力增量 Δp_0 作用下的围岩应力场增量 $\Delta\sigma_{r1}$，则此时的围岩应力场场力为 $\sigma_{r1}=\sigma_{r0}+\Delta\sigma_{r1}$，如图 4.1(b)所示。

(3)隧道衬砌施作至渗流场重新分布稳定后计算渗流场 h_2，则此时渗流场力的增量为 $\Delta p_1=p_2-p_1$ 及衬砌自重作用下围岩和衬砌应力场的增量分别为 $\Delta\sigma_{r1}$ 和 $\Delta\sigma_{c0}$，那么围岩和衬砌的应力分别为 $\sigma_{r2}=\sigma_{r1}+\Delta\sigma_{r2}$，$\sigma_{c0}=\Delta\sigma_{c0}$，如图 4.1(c)所示。

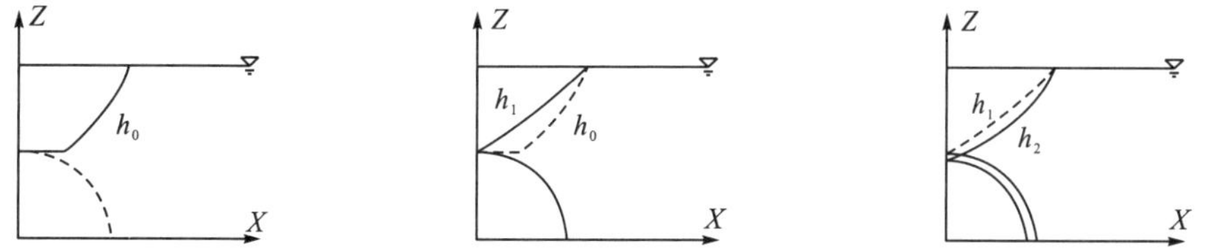

(a) 隧道开挖前　(b) 隧道开挖后衬砌完成前　(c) 衬砌施作至渗流场重新分布稳定

图 4.1 渗流荷载增量理论下隧道渗流场时间特征

由于隧道的开挖，原始渗流场被破坏，临空面的出现使得开挖边界上的渗透系数瞬间被放大，致使渗流场重新分布。而在衬砌施作之后，边界条件再次改变，再次导致渗流场的重新变位。张有天认为，当衬砌施作完成且渗流场重新分布稳定后，多数计算都以 h_2 作为荷载计算是不对的，此时衬砌的水荷载应该是重分布后的差值 h_2-h_1。

以不做任何防排水处理的隧道为例，衬砌施作后，对原有渗流场并未形成干扰，此时 $h_2=h_1$，渗流荷载增量为零，故而衬砌结构不受水压力作用。

(三)隧道围岩应力场与渗流场的相互作用

在高水压富水地层隧道工程的修建中，如强岩溶地区及跨海地区等，围岩中渗流场和应力场双场流固耦合问题是隧道受力的典型特征。未扰动的原始地层，裂隙岩体在历史的形成过程中，一般是处于有特定应力场分布的应力环境，而充斥其中并相对运移的地下水又产生了渗流场环境，且在长期的历史发展中二者相互作用达到一种相对稳定的动态平衡关系，而这种长期的相互作用主要表现为：裂隙岩体中的地下水渗流所表现出的静水压力及动水压力改变了原始地层中裂隙岩体赋存的地应力环境状态，与此同时裂隙岩体应力状态的改变势必改变裂隙结构，影响裂隙中的渗流场。具体表现为：

1. 隧道围岩渗流场对应力场的作用

1)水力作用

隧道围岩裂隙中的地下水在裂隙通道内运移过程中的渗流力以静水压力和动水压力两种机械力的形式表现，其对隧道围岩裂隙岩体的作用分别为：

(1)静水压力(表面力)。静水压力是一种全方位的表面力，均匀垂直施向裂隙结构面。在隧道围岩裂隙结构中，其使受力物体体积缩小的特性，使裂隙结构面发生拉-张型扩展(水平拉伸破裂)，隙宽开张度增大。澳大利亚学者 John Conrad Jaeger 提出，当

$$T_0+\sigma_x\leqslant p \tag{4.1}$$

式中，T_0——材料的拉伸强度，kPa；σ_x——垂直主应力，kPa；p——水压力，kPa。

此时将发生水平破裂，而因为地下水的存在减小了材料的抗拉强度和垂直方向的主应力，使得裂隙结构面极易发生拉-张型扩展。

与此同时，渗流水的存在也降低了裂隙结构面的 c、$\varPhi$ 值，这样的综合作用下，裂隙同样更易产生剪切性延展即增长裂隙结构面的延伸长度。

(2)动水压力(渗透力)。水头差的存在使地下水流动，而此时地下水在流动过程中受到来自结构裂隙面及裂隙填充颗粒的阻力，而裂隙结构面及填充颗粒受到水流过程中的拖拽反作用力，这组力被称为动水压力(渗透力)，作为一种体积力存在。基于动水压力这样一种特质，裂隙结构面及其间的填充颗粒极易产生剪切变形和位移，同时产生的变形和位移在渗流水的作用下继续产生新的剪切变形和位移，而且如此反复隙宽增大，围岩透水性增强，渗流水速度增快，使裂隙间达到流动极限的填充颗粒以结构管涌方式被裹挟着从裂隙通道中携出，继续减小裂隙结构面和填充颗粒对渗流水的阻碍，如此循环反复影响隧道围岩裂隙岩体。

2)潜蚀作用

在足够的水动力条件下，裂隙岩体的组成颗粒及其间的填充颗粒极易产生潜蚀作用。通常来讲，潜蚀作用以其作用机理可分为机械潜蚀和化学潜蚀。机械潜蚀与动水压力作用

类似，主要是渗流水作用使裂隙岩体颗粒及其间填充颗粒产生位移；化学潜蚀即在渗流水的水动力条件下，地下水对易溶盐如岩盐和较难溶盐进行溶解和溶蚀，尤其对裂隙岩体中的石英颗粒和碳酸盐的溶蚀和侵蚀最为典型，破坏颗粒结构间的胶结力使之分离分散再进一步加快溶解溶蚀。在溶解过程中，被溶解溶蚀的岩体扩大了裂隙通道，使得地下水流速加快，与裂隙岩体的摩擦能力增强，机械潜蚀作用更为明显。同时水流速度的提高，增大单位时间内接触面积，加快了反应速度，如此反复循环。由于二氧化碳的可溶性较强，地下水中二氧化碳、水、碳酸盐的三者反应最为典型，以致潜蚀作用在碳酸盐岩质裂隙岩体中的效果尤为明显，甚至形成大规模的地下孔穴、渗流管道(暗河)。潜蚀作用直接构成了岩溶裂隙岩体应力场发生改变的物理基础，同时吴顺华通过水文地球化学法计算衬砌水压力也是基于地下水中二氧化碳分压的大小变化，足以证明潜蚀作用在岩溶地区的渗流场和应力场分析中意义重大。

3)软化作用

地下水在不断的运动过程中，使得裂隙岩体的含水率不断发生变化(多表现为含水率升高)，而岩土体中含水率是岩土体的一个重要物理指标。岩土体颗粒周围形成的电场力会吸引水分子在其周围定向排列形成黏结水膜，由于电场力有限，岩土体颗粒与水的相互作用十分敏感。同样在裂隙岩体中含水率的升高会使得裂隙岩体组成颗粒间距增大，岩体逐渐由坚硬变软，发生裂隙结构由固态到半固态到塑态再到流态的一系列由“固向液”“弹向塑”的物理变化，以致裂隙岩体的抗压、抗剪强度等一系列物理特性发生变化。

裂隙岩体的含水率与其物理特性同向变化，且变化显著，所以地下水对裂隙岩体的软化作用是渗流场对应力场影响的一个主要方面。

2. 隧道围岩应力场对渗流场的作用

裂隙岩体中渗流场的存在本身就依附于岩体的渗透性以及岩体中连通的裂隙结构网络。岩体中存在地下水赋存场所及运移通道为渗流场的存在提供了水头差和渗流路径等先决条件，而裂隙岩体中空隙的分布形态、类型、大小、连通性决定了地下渗流水流速、容重、黏滞性等在内的一系列物理状态。

根据 Darcy 定律，对于不同的岩体状态和不同的渗流水，水的流速表达为

$$v=-\frac{k\rho g}{\mu}\frac{d_H}{d_S} \tag{4.2}$$

式中，v——流速，m^2/s；k——渗透率，$D(m^2)$；ρ——水的密度，kg/m^3；g——重力加速度，m/s^2；μ——动力黏度，$kN\cdot s/m^2$；$\frac{d_H}{d_S}$——水力坡度。

式中水的动力黏度根据牛顿黏性定律表示流体承受剪应力时，剪应力与剪应变梯度(剪应变随位置的变化率)的比值，是流体内部的一种流动阻力，和密度一样是地下水自身的一种属性，对于温度较为敏感。而渗透率为表征岩体被渗透能力的常数，其取决于岩体本身的粒度、成分、颗粒排布、充填状态、裂隙性质及其发育程度等物理性质，与地下水无关。但综合来讲，地下水在流动过程中溶解了部分可溶盐，侵蚀了较难溶盐，裹挟了岩体颗粒，其本身的各项物理性质受裂隙岩体影响发生了改变。对渗流场影响极大的渗透率

和水力坡度更是取决于裂隙岩体本身物理性质(隙宽、隙网分布)及地下水的存贮状态与位置且其渗流方式以及路径也依存于裂隙岩体的物理状态。

所以，在裂隙岩体应力场形成过程中，渗流场极大受到应力场不断改变的影响，一方面，地下水的渗流改变了应力场的分布，另一方面应力场的分布又决定了渗流场的状态，最终在二者互相作用的情况下达到动态平衡。而这种原始地层的动态平衡，随着隧道的开挖，衬砌的施作，在渗流场和应力场同时发生改变的情况下被破坏，然后继续互相作用，以达到新的平衡。在这个过程中整个围岩中的围岩应力和水压力始终是不断变化并最终达到稳定的，所以为前期建设和后期运营衬砌水压力的计算考虑，隧址区域围岩应力场及地下水渗流场的相互作用特征是不可忽视的重要一环。

二、影响因素分析

针对近十年来，较典型的高水压交通隧道在施工建设过程中以及建成运营过程中的突涌及渗漏病灾害做统计分析如表 4.2 所示。

表 4.2 隧道突涌、渗漏水病灾害统计分析

	隧道名称	时间	位置	具体描述
施工过程中	鹰嘴岩隧道	2007/1/1	拱顶靠右侧	4:40 左线隧道拱顶靠右侧出现大量涌水，水流湍急，颜色浑浊，泥沙含量大，涌水峰值流量估算为 2500～3000m³/h，由于涌水量较大，开挖面积水严重，施工工作难以开展，左线被迫停工
	贵昆铁路六沾段六盘水隧道	2008/4/11	拱顶靠右侧	出口开挖到 632m 处，隧道拱顶初期支护出现塌方并伴有涌水，后方 170m 处初期支护破坏坍塌，长 50m。该段为填充软土加块石溶腔
	大巴山隧道	2009/12/25	左侧拱腰	进口左线开挖至 LK1+418 桩号时在左侧拱腰部位发生了突泥涌水，大量黄色细沙和砂岩块石突出，块石最大体积约 3m³，最小约 0.5m³
	狮子寨隧道	2009/12/25	拱顶	隧道进口右线开挖至 K42+192 桩号时，开挖面发生拱顶局部掉块，并伴随有较大出水。截至 2010 年 1 月 7 日，狮子寨隧道进口右线开挖面涌水情况有所缓解，估测涌水量为 2000～3000m³/d，其中，开挖面左侧已无出水，开挖面右侧有股状出水，开挖面上方有淋雨状出水
	长拉山隧道	2012/7/20	左侧边墙	隧道左侧边墙部位出现涌水，平均涌水量为 2000～2500m³/d，8 月 8 日塌方处理完毕并待围岩稳定后，隧道继续施工，开挖面施工至 K80+982 断面时隧道开挖面前方围岩破碎程度开始增加，涌水量经测算已高达 13 000m³/d
运营过程中	野鸡山隧道	2008～2009	拱脚	2008 年出现局部渗水现象，2009 年渗水现象加重。据养护单位反映，冬季局部路面结冰现象严重，拱脚渗水。以崇礼方向洞口为起测点，赤城方向洞口为终止测点，隧道全长 1 655m
	天坛山隧道	2011	边墙 2m 以上	天坛山隧道明洞 K30+288～K30+458 段自隧道投入运营以来，隧道洞壁就不断出现渗水情况，而且渗水日益严重。渗水部位主要在隧道洞壁两侧边墙 2m 以上的位置，其他渗水部位主要在二次衬砌模板接缝处的拱顶和拱腰位置。当冬季气温较低时，隧道的渗水极易导致路面结冰，衬砌上形成挂冰。由于该隧道明洞段 170m 为连续渗水，隧道衬砌经过渗水的侵蚀，隧道两侧边墙 30%表面被剥蚀
	重庆秀山隧道	2011/10/11～2012/7/18	隧底、施工缝	秀山隧道自建成通车以来，共发生了两次较为严重的渗漏水病

续表

隧道名称	时间	位置	具体描述
重庆秀山隧道	2011/10/11～2012/7/18	隧底、施工缝	害，分别在2011年10月11日和2012年7月18日。灾害发生之前连日降雨致使隧道内路面隆起鼓包、施工缝开裂渗漏、排水沟侧边墙出现涌水，以及排水设施堵塞失效等严重的渗漏水病害。根据对秀山隧道的渗漏水病害统计，共计约67处施工缝渗涌水，275m的路面渗水，5处路面隆起鼓包。隧道渗漏病害最为严重的区段发生在左线的ZK38+700ZK38+810和右线的YK39+365YK39+460，在这两个区段内集中了道路路面鼓包、衬砌开裂、防排水设施失效，以及衬砌施工缝涌水等多种渗漏病害
六盘山隧道	2012	中心水沟、拱墙环缝	断层突水，引发4000m³泥石流；中心水沟急流漫管出流；拱墙环缝滴水成线，大面积渗漏，可见小股水涌渗，冬季挂结冰。路面漫流水，冬季结冰，积水井排水效果不佳
八苏木隧道	2013	环向裂缝、拱脚	2013年3月12日，集宁工务段发现隧道存在环向裂纹、渗漏水现象，建设处组织各方人员现场验证，共同核实。渗漏水主要有边墙渗水、道床板顶面渗水和水沟外侧边墙底渗水

通过统计分析发现，隧道病灾害部位并不统一，但以环向裂缝、拱顶拱脚以及隧道衬砌接缝处为主，均是以隧道衬砌或输水设施发生破坏导致，同时发生病灾害的原因都是基于复杂的地质情况和设计施工过程等一系列主要因素。

故而可知隧道工程处于复杂的地理地质环境中，工程建设受隧址区域的地形地貌、气候特征、地质构造、岩体结构及性质和地质体赋存环境(水、热、力)等一系列因素影响，且几乎没有两座隧道的情况是完全一致的。而对于特定的高水压山岭隧道衬砌水压力问题来说，前述中一部分因素会因为隧址处于高压富水的山岭地区表现得尤为激烈突出，同时隧道衬砌水压力问题与隧道的设计、施工、监管等整个建设过程息息相关，故以下将从隧址环境地质情况及设计施工整个过程两个方面探讨隧道衬砌水压力的具体影响因素。

(一)隧址环境条件

1. 地理地质情况

1)地貌与气候

地形地貌对于隧道衬砌水压力的影响主要体现在其贮水含水能力上，而气候因素主要体现在其对地下水的补给能力上。其中，岩溶地貌以其强大的贮水能力和复杂多变的地质情况影响最为剧烈，尤其在我国，岩溶地质面积占我国国土面积的近1/3，截止到目前已建成的隧道中超过三成需穿越岩溶地层，且或多或少地在建设过程中发生涌水突泥及一系列岩溶水诱发的地质灾害问题，后期运营过程中高水压导致的衬砌开裂、渗漏水等灾害情况也是不胜枚举。同时，在高原高寒地区，冻土环境带来的冻融问题会产生季节性水压力变化。而地表植被的丰茂程度以及地表径流情况等会与降水情况共同作用于地下水环境，并与隧道开挖后的涌水量、衬砌的水压力密切相关，且在排导模式下表现出一定的相对滞后性，往往是在降雨量达到峰值之后一段时间内涌水或压力值达到峰值。对于海底隧道，潮汐涨落也在一定程度上影响了隧道衬砌水压力。

2)地质构造

在造山运动等大规模的地壳变动中，岩层受地壳运动的作用发生变形与变位而遗留下来的形态，包括褶皱、断层、挤压破碎带、节理裂隙等。其中对于水压力影响最为直观的是褶皱及断层。

(1)褶皱。

①背斜转折端、轴部。背斜转折端主要受拉应力，地势高，裂隙发育，降水沿裂隙向翼部渗流，流速快，冲刷明显，多易形成垂直形态渗流管道。

②向斜转折端、轴部。向斜转折端受压应力，地势低洼，易于集水，渗流方式多为沿轴向水平运动，流速慢，水压高。

③翼部。翼部渗流路径为地表补给和背斜转折端渗流水综合作用，水流速度大，方向不固定，且较为活跃，若处于岩溶地貌条件下，岩溶发育强烈，渗流管道方式多种多样。

(2)断层。

断层的存在在水文地质中意义非常，含水带通常都由其构成，具有一定的宽度和深度，而断层的力学性质和两盘的岩性决定了含水带的富水程度。一般而言，通常根据断层的力学性质将其分为张性断层、压性断层和扭性断层(含张扭性和压扭性断层)三类。

①张性断层。破碎带的构造角砾岩结构疏松，空隙率大，断层面粗糙，不规整，断层带节理张开度大或者宽窄变化度大，但向两盘岩石延伸不远，在构造角砾岩等填充物尚未胶结时影响范围不大，且空隙度较大的情况下，利于水的贮藏和流动，极易形成地下水通道，尤其断裂带的中心部位最易导水，且极易连通地下岩溶含水层，使得地表径流和降水向次要含水层连续补给形成富水，岩溶发育通常更为强烈。

②压性断层。岩石破碎较剧烈，裂隙多呈闭合状态，断层面产状沿走向变化通常较大，呈波状起伏。受强烈挤压作用，两侧岩石形成挤压破碎带，出现片理、拉长、透镜体等现象，便于水的流通，但断层本身由于挤压密实，且粉碎性物质易风化成透水性及含水性差的断层泥，例如大型压性断裂带的中心常有不透水或透水性极低的糜棱岩，断层泥及胶结紧密的构造角砾岩，故反而使断层隔水性较好，不易于水的流通，特别以其中心的构造岩部位。若大规模压性断层上盘为脆性或可溶性岩时，破碎若适中且裂隙发育则常见为富水带。

③扭性断层。断层面稳定光滑，裂隙多闭合，甚至出现镜面产状，贴合度好，断裂带间填充物粒径小，出现糜棱岩，有时也出现一些应变矿物如绿泥石、绿帘石等，透水性较差。但同时，断裂面可以切穿岩层中的坚硬砾石和矿物，倾向角度大，易于接受地表径流垂直渗透，出现大量刮痕和擦沟，使裂隙张开程度好，反而易于水的流通，然而这种呈雁行状排列，走向断距大于倾向断距的扭张性断层并不多见。所以扭性断层情况下透水性常介于张性断层与压性断层之间，少数情况下透水性与张性断层相当。岩层中具纯扭性断层并不多见，常为压扭性断裂为主和少数张扭性断裂，故断层带两侧的破碎带上较富水。侵入岩体与围岩条件下，因构造裂隙和成岩裂隙发育，极易聚集地下水。

(3)特殊地质构造(海底风化槽、风化囊)。

位于海床之下的海底隧道，海水对其进行无限补给，同时受其形态影响无法自排水，加之水底勘察与探测工作不确定性因素多，故海底隧道的渗漏水防治问题比山岭隧道的水问题更加严重复杂，防治困难。

3)岩体性质与结构

根据岩体成因一般将岩石分为沉积岩、岩浆岩和变质岩三类，并且用岩土体结构定义岩土体结构面和结构体，以此描述结构面的发育程度、组合关系及结构体的规模、形状及其组合关系特征。

而岩体的透水性主要取决于结构面的透水性，受原生结构面、构造结构面以及次生结构面发育规律的控制和不同类型岩体的风化程度影响。故岩体本身性质与结构属性直接决定了岩体的透水性能，这样岩体的性质和结构直接决定了水压力计算中的一项重要参数即表示岩体透水能力的渗透系数 K，又称水力传导系数。根据 Darcy 定律，有

$$K=\frac{\rho g}{\mu}k \tag{4.3}$$

式中，K——渗透系数，m/s；ρ——液体密度，kg/m³；g——重力加速度，m/s²；μ——动力黏度，kN·s/m²；k——渗透率，D(m²)。

根据公式来看，渗透系数是我们便于分析问题给出的一个综合因素的代表值，而真正受岩体性质与结构影响的是渗透率。对于同一位置相同液体，在温度变化不大的情况下(等黏度)，不同岩体的渗透系数不同，这是因为不同岩体的孔隙度、松散程度、胶结及连通程度、填充方式及质量等一系列与渗透率相关的岩体性质与结构特征因素不同。

通过大量的试验和现场测试来看，岩体结构越松散，越破碎，岩土本身风化程度越高，岩体的透水性能越好；结构面越软弱，越容易受到地下水流动的影响，进而再进一步影响渗透能力，改变渗透率。

2. 地下水情况

地下水情况是直接影响隧道衬砌水压力至关重要的因素之一，具体来看，地下水的类型、水位高度、补给和排泄方式、地下水位的变动幅度等因素对于衬砌水压力的影响程度各有不同。

首先，从工程地质学角度来看，地下水的分类可从其埋藏条件及所在含水层的岩体的空隙性质可做如表 4.3 所示的分类。

表 4.3　地下水分类表

埋藏条件	含水层岩体空隙性质		
	孔隙水	裂隙水	岩溶水
上层滞水	包气带中部隔水层上的重力水，主要是季节性存在	裸露于地表的裂隙岩层浅部季节性存在的重力水	裸露岩溶化岩层上部岩溶通道中季节性存在的重力水
潜水	各类松散沉积物浅部的水	裸露于地表的坚硬基岩上部裂隙中的水	裸露于地表的岩溶化岩层中的水
承压水	山间盆地及平原松散沉积物深部的水	组成构造盆地、向斜构造或单斜断块的被掩覆的各类裂隙岩层中的水	组成构造盆地、向斜构造或单斜断块的被掩覆的岩溶化岩层中的水

1) 孔隙水

岩石颗粒及组合之间的空间的体积和数量决定了孔隙水的贮容能力。而这一空间的体积与岩体本身的体积的比值则被称为孔隙率。孔隙率取决于岩石粒度、形状、岩石密度、

胶结程度和分选。孔隙水存在于疏松的岩体当中，包括第四纪和硬基岩的风化壳，通常均匀连续呈层分布，有统一的水表面，其特征及存在条件取决于岩体的孔隙条件，因为孔隙的尺寸、数量、排布在决定岩石透水性能的同时也影响到水量、水质及其运动条件。

一般而言，颗粒大而均匀，含水层孔隙也大，渗透性好，流量大，流速快，水质好，反之亦反。

2)裂隙水

基岩在历史的发育中，岩石会产生裂隙裂缝，而基岩中埋藏和移动的地下水被称为裂隙水，并且由于裂隙尺寸的差异以及裂隙分布的不均匀性，裂隙水的埋藏、分布、富集程度以及水动力性质都不均匀，地质勘查过程中常会在同一地层邻近位置发现裂隙水的富集程度呈几何倍数差距的情况。同时，裂隙水的埋藏情况较为复杂，其受到地层岩性和地质构造的双重控制，一条含水断裂带可以以不同方式穿越多层岩层或岩体，而含水量也与裂隙发育程度正相关，越是发育则水越富集，反之亦反。

故裂隙岩层的渗透具有非均质性和各向异性的特点，裂隙发育程度直接关系到其发育方向上导水性能以及水力联系能力。裂隙越发育，水的通过能力越强，并且裂隙常呈带状层状分布，故而裂隙水的分布根据裂隙分布状态通常为含水带形式。通常情况下，裂隙中的水为层流水；若裂隙过度发育，紊流状态也存在。

根据裂隙成因的不同，裂隙水表现出不同的特征：

(1)风化裂隙水。

风化裂隙水存在于风化营力作用下岩石产生的裂隙中，埋深较浅，多分布于地表，含水层多表现为似层状及面状分布，通常隔水层分布不连续，以裂隙潜水为主，另有部分埋藏的古风化壳也可形成封闭水。风化带厚度受气候、地形、地质条件等多方面因素影响，一般在 40m(正负 10m)左右，局部结构断裂带可大于 100m。风化裂隙具有不规则的网状分布，且分布情况取决于风化区域厚度，所以富水程度如下：

$$\frac{\text{全风化裂隙带}}{\text{填充程度高}} < \frac{\text{微风化裂隙带}}{\text{裂隙少张开度差}} < \text{半风化裂隙带}$$

本章讨论的山岭地区是风化裂隙水的主要分布地带，补给主要来源为大气降水，而且经常暴露在山岭区域进入表面泉水或直接排泄入河道，就地补给排泄，径流短。风化裂隙水作为裂隙水的一种，受地形、构造和岩性影响最为直观：风化裂隙水多分布于山岭区域，而在分水岭地段，集水区地形梯度大，地表水流速快，不利于储存，地下水埋藏浅，风化裂隙水富集以至于在坡麓常常进入表面泉水；岩性的因素主要是考虑其被风化能力及其风化程度，易风化的脆性岩石含水量一般较大，而泥岩及花岗岩等抗风化能力强的岩石，裂隙开张度小并填充度通常较高，风化裂隙水含量较少；构造裂隙常与风化裂隙相辅相成，构造裂隙越发育，风化裂隙发育程度也越高，山岭区域交叉发育，又有利于保护风化壳与收集降水的地形和地质构造，情况复杂，建设及运营过程都极易发生事故。

(2)成岩裂隙水。

岩石在成岩时，在冷凝收缩(岩浆岩)、固结收缩(沉积岩)或脱水等一系列过程中产生的原生裂隙，一般而言均匀发育、层理分明。其中富集运移的地下水定义为成岩裂隙水。根据成岩裂隙产生的特征，岩性对成岩裂隙水起到决定性作用。成岩裂隙水在硬脆性岩浆岩中更为常见，具体来说喷出岩要比入侵岩更为发育，导水性更强，后者往往处于闭合状态。

在水文地质条件的考量中，最显著的是以玄武岩为代表的火山岩柱状节理，其裂隙在熔岩冷却面一端张开度大并且连通性好，发育均匀一致，含、透水性良好，一旦连通地表接受地表水、大气降水等补给便形成裂隙潜水。

(3) 构造裂隙水。

岩石在构造运动中，会产生指向明确但开张度差异较大、分布不均匀的裂隙，其中富集运移的地下水被定义为构造裂隙水，又根据其产状性质具体分为层状构造裂隙水及带状构造裂隙水。

①层状构造裂隙水。层状构造裂隙若分布于如砂岩、大理石和石英岩等硬脆团聚体中，则含水导水性良好；若分布于页岩、泥岩等较软弱岩体中时，则含水导水性较差。其埋藏分布由岩性控制。水的丰度基本取决于含水层厚度、裂隙发育程度、地形条件及补给状态等。另有若在构造恰当、软硬岩相间区域如煤系地层，层状裂隙水可形成均一弱水含水层，多体现出承压水性质。

②带状构造裂隙水。带状构造裂隙通常处于局部的构造断裂带中，可穿越不同地层和不同岩性的地层，受岩层界面限制少。前面提及的断层构造若含水，则是典型的带状构造裂隙水的一种，极易富集水，导水性良好。在山岭隧道建设中，带状构造裂隙水和岩溶水是诱发水灾并在后期运营中造成病害的主要地下水类型。

3) 岩溶水

可溶岩层溶隙和裂隙中的地下水定义为岩溶水，在地下水的分类中，其对于周边环境和自身性质状态具有非常强的改造能力，并产生了与其他地质构造截然不同的地下水分布和运动特性。岩溶水以其活跃的地质营造力在地表和地下造成了溶沟、溶槽、漏斗、落水洞、洼地、盆地、溶孔、溶隙、溶洞、暗河等一系列岩溶特有地质地貌，而活跃在其间的岩溶水水量大，流速快，并不定向流动，流网分布发散，常与地表径流联系密切，受气候影响明显。岩溶水基于这样一些特征和性质，往往对地下工程的干扰非常严重。岩溶成因往往比较复杂，受岩溶区域地理地质地貌、生态环境气候等一系列内外部地质力量的综合作用，同时这些作用在相互作用下达到一种发展中的平衡关系。虽然岩溶地貌非常复杂，但其在埋深方面还是表现出在发育程度与分布特征方面的呈带状分布的规律性，在岩层运动相对稳定和产状平缓的厚层石灰岩裸露区岩溶水的水动力特征有纵向分带的特征，自上至下水动力分布带如图 4.2 所示。

上述的岩溶水动力分布带也不是适用于所有情况的，以厚度较小的灰岩地带为例，其分带就不完整。若地壳运动呈多阶段交替性稳定上升，则在高度对应于各级河流阶地处会存在大量水平溶洞；反之若下沉，早期溶洞深埋于地下，则岩溶程度会被削弱。

其次，地下水位高度是影响水压力最为关键的因素。在长期的自然环境的相互作用中，地下水的补给和排泄方式都相对较稳定，水位高低也会呈现一种动态的周期平衡。在隧道建设前期的勘查工作中，水位高度的动态周期规律是可以确定获取的。但在隧道建设的过程中，尤其是在高压富水的山岭区域等可考虑为无限含水层的区域，隧道开挖相当于在山体中间“横置降水井”，故而类似于降水井抽水模型。隧道排水后，地下水排泄方式被重新定义，水位下降，在整个渗流场重新分布稳定后产生新的地下水位线(浸润线)，在隧道

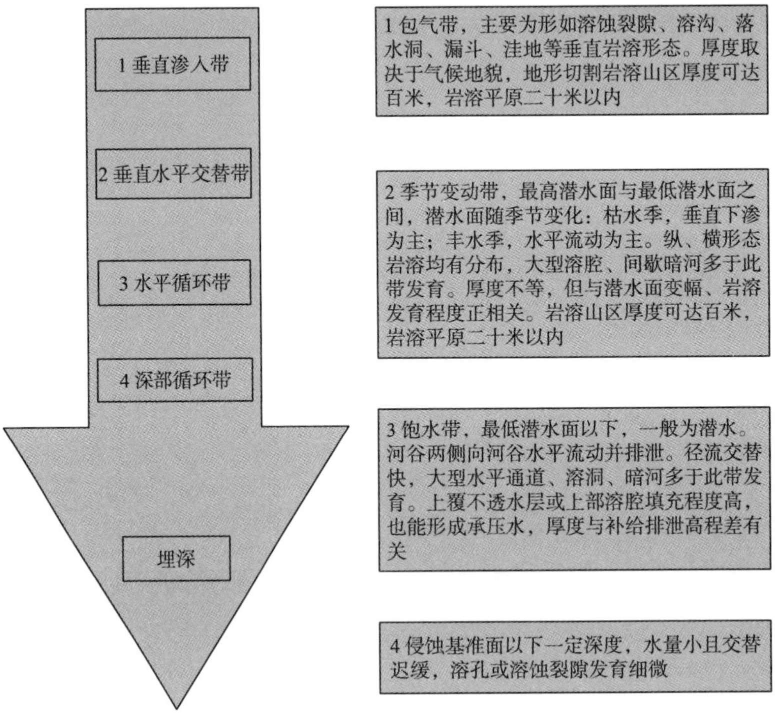

图 4.2　岩溶水水动力带分布图

顶部含水层形成疏干漏斗。新产生的地下水位线的高度以及整个疏干漏斗的范围与整个隧道环境内含水层的补给和排泄有关，补给方式如前文提及一般是季节性的周期稳定变化，所以排泄方式、排水量大小直接决定了水位高度和疏干漏斗范围。大量研究表明，排水导致的疏干漏斗范围是隧道建设诱发环境地质灾害的频发区域，地下水位的高度则直接作用于衬砌水压力，如图 4.3 所示。

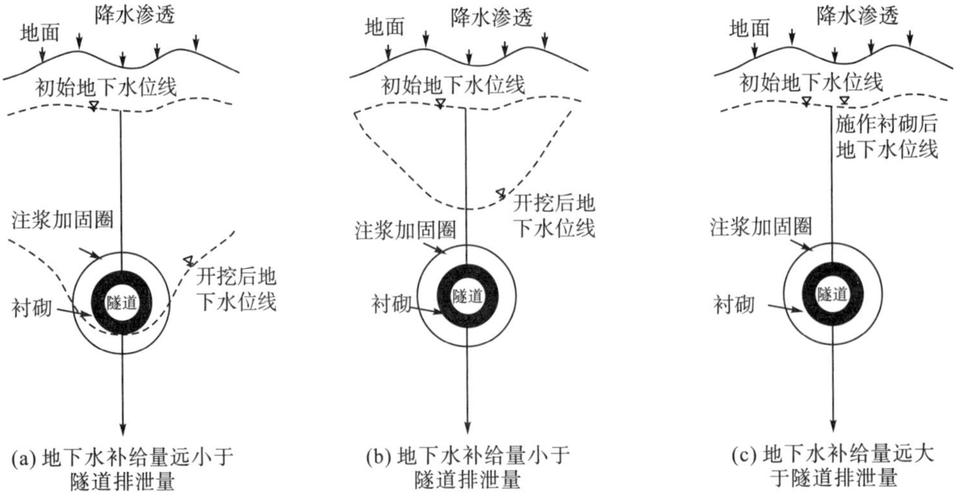

图 4.3　地下水补给量和隧道排泄量大小关系与地下水位变化

（二）防排水设计及施工过程控制

既有隧址环境因素确定的情况下，最为直观可控的影响隧道衬砌水压力和排水量的因素即为隧道建设过程中隧道的防排水设计和整个施工过程的管理控制。隧道建设打破了地层中原有的各类平衡，如何将扰动程度降到适合的范围，合理的设计以及对于设计的执行就显得尤为关键。如第一章所述，在日益注重生态环境问题的今天，一方面国内外地下工程从业人员及学者对于隧道衬砌水压力研究逐渐向更精密、更准确发展，水量预估及水压力计算方法和防排水技术均有不小的进步；另一方面具体到实际的工程应用当中则大打折扣，往往是在周密的计算、合理的考量情况下，对于隧道渗漏水问题和衬砌水压力的控制仍然不够理想。首先，对于严格执行设计方案，加强施工建设过程的管控是提高设计防排水效果的重要手段。其次，在对选定隧址的隧道防排水设计时，尽量在保证防排水效果和结构安全的同时简化施工过程，降低建设成本，采取更"聪明"的、能够更紧密结合具体施工的办法穿越高水压富水地层。

1. 防排水设计

在隧道防排水设计的历史发展中，防排水模式的选择始终是需要放在第一位考虑的，有了对隧道内地下水的处理模式，才进一步为了完善这种模式，展开对防排水技术、设施、管理等一系列具体问题的分析和考虑。而这三个部分也是影响隧道衬砌水压的最为关键因素。

1）防排水模式的选择

如前文所述，对于隧道内水的处理模式大致分为以下三种：

(1) 排导模式。此种模式是在隧道建设早期探索的过程中基于技术经济水平有限、隧道防排水要求低以及生态环境意识淡薄等历史因素所普遍采用的建设模式。虽然提出"防、截、排、堵结合，因地制宜，综合治理"原则很早，但是在实际操作中，普遍认为堵水是为排水做准备，目的在于集中，对于水的最终处理还是要排出去。且在早期，注浆堵水技术手段有限，成本高、效率低，严重影响工期和增加成本，堵水代价显著大于排导水，故而考虑排水。在新中国成立后近四十多年的隧道建设中，几乎全部采取排水降压方法来简化施工、经济衬砌结构、加快施工进度。但是这种模式付出的代价是相当巨大的，在第一章中有详细讨论，此处不再赘述。在更高更严的隧道防排水要求发展进程中，高压富水区域的隧道建设中不采取任何措施纯粹排水的模式已经逐渐退出历史舞台。尤其是在我国对海底隧道建设的探索中，传统的排导模式已经完全不再适用。

(2) 封堵模式。若采取封堵模式，即隧道做完全不透水设计，虽然杜绝了各类隧道渗漏水及其次生病害，但是，无论岩层内的水以何种方式到达衬砌背后，根据连通器原理，只要衬砌结构不透水，衬砌结构需承担全部水头压力。在高水压如圆梁山隧道中（岩溶强烈发育段，水头高度可达 450～500m），基于环境保护和耐久性的考量，曾经采用完全不透水的"全封堵"衬砌设计，为了对抗对应地下水位相应的 4.5MPa 超高水压力，采取了内径为 8.34m 的圆形断面，全封堵段衬砌厚度甚至达到 1m，并且在衬砌结构中以间距 0.33m 设置双环 50kg/m 的工字钢作为"劲型钢筋"，即便是采取如此严密防水策略以及足够承压考虑，在隧道建成后仍有地下水通过防水板的破损处从衬砌接缝以及结构本身渗入隧道。实践证明，在如此高水压的山岭区域采取完全封堵的模式得不偿失。如此规模浩大的衬砌结构施工难度高、工期长、成本高，但并没有达到预想的良好封堵效果，并未体现出全封堵模式的优势。相反，如第一节中所讨论的，在水头高度适宜的富水地区(30～60m，普遍在 30m 左右)，全封堵模式效果良好，尤以我国蓬勃发展的地铁交通为例，采用机械掘进方式的组合式管片衬砌，只要保证管片规格统一，安装精密，接缝间防水处理得当，必要时衬砌背后注浆或者超前注浆，就可保证效率高，效果好。这种模式对复杂的城市地下水扰动小，且为电气化程度极高的车辆运行提供了保证。

(3) 堵水限排模式。针对本章主要研究的高水压富水山岭隧道或者说海底隧道，完全采取不排水的封堵模式不现实，而任由地下水自由排导的模式又不再满足要求或者根本不再适宜。传统的隧道建设中，对于“防排截堵，因地制宜，综合治理”的理解有偏差，普遍认为堵只是有序地组织地下水，排才是目的。而根据大量工程实际来看，堵才是目的，排只是堵的辅助手段；只堵不排，水压力只能按照静水压力计算，除了巨型衬砌并没有其他办法对抗水压力，而在排水的情况下封堵，水压力以体积力的形式表现，通过改变地层渗透率、有组织排水等技术手段，可以对高水头进行折减，衬砌结构承担有限的水压力；同时控制隧道排水量，使疏干漏斗范围也有效地缩减，减小对原始地层和环境的侵扰度。

虽然注浆改变岩层渗透性质限制隧道水排放量的模式在水处理模式上体现出诸多优势，但是在执行堵水限排模式理念的过程中仍有许多关键技术、管理等问题亟待解决，诸如注浆范围、注浆方法、浆液配比、注浆效率、成本和工期等。故而合理的注浆加固圈参数是本章主要讨论的问题之一。

2) 防排水技术设施

(1) 注浆加固圈。对隧道周边围岩进行注浆加固，一方面提高了围岩自身强度，另一方面在隧道排水的情况下增加了地下水通过加固层孔隙的难度，即减小了隧道的渗透率。在整个渗流场中，与电场相似，加固圈的作用类似于电阻，降低了单位水力梯度下的单位流量，从而使得单位时间内到达衬砌背后的水量减少，从而有效地减小衬砌水压力。

(2) 衬砌结构。在利用喷射混凝土加固毛洞大获好评致充分利用围岩自稳能力的新奥法推广以来，目前国内几乎所有钻爆法施工的隧道全部搭配各种类型的复合式衬砌，首先在开挖毛洞打径向锚杆，再配合组装钢格栅、钢筋网，喷射混凝土作初级支护，后铺设防水卷材，施作防水构件做防水层，最后模筑二次衬砌，另在防水层和二次衬砌之间铺设一层透水垫层以防防水层诸多手段失效后能继续疏导地下水按照设计排放。这种组合方式极大地解决了隧道背后的水压力问题，但是在没有堵水的情况下，效果仍然不够乐观。高水压使地下水通过破损的防水层或者防水层接缝向二次衬砌渗透，而二次衬砌的接缝处同样成为水压力作用的最薄弱环节。有些隧道甚至因为水压过大直接使衬砌开裂破损，以中梁山隧道为例的很多复合式衬砌隧道运营后，出现衬砌渗漏水问题；只采取复合式衬砌的大瑶山隧道同样出现了渗漏水问题，甚至由于衬砌背后水压力过大，衬砌结构厚度预设不足，拱顶出现掉块现象；在采用矿山法修建的广州地铁隧道中，由于排水不畅且水压力过大导致衬砌结构底部开裂渗水。故而还是在前文中提到的，只有具体的模式搭配具体的技术手段才能达到综合治理的良好防排水效果。

(3) 衬砌接缝处防排水。二次衬砌接缝处是渗漏水病害的多发位置，采用橡胶止水带或者膨胀橡胶止水带等聚合物止水方法可以保证衬砌结构的连续防水性。由于多数防水层的可靠性不能完全保证，二次衬砌不可避免地承担一部分水压力，虽然衬砌结构可以抵抗这一部分压力，但对于施工缝的防水手段来说，还是过大，因此在众多工程实践中，接缝处是渗漏水的最频发点。故而施工缝处再设盲管导水是一种新的思路。

(4) 无纺布及渗水盲管。军工隧道的防排水效果非常良好，其通常采取的是离壁式衬砌，地下水直接排泄进入衬砌背后的墙脚的集水系统中，统一排出隧道，衬砌完全不受水压力的困扰，只要其所用的防水混凝土可靠性高，洞内通风适当，可始终保持干燥。然而就目前来讲，一般民用交通隧道如铁路、公路等隧道都做不到离壁式衬砌，围岩、加固圈、初级支护、防排水层以及二次衬砌都是紧密贴合的，所以衬砌背后的地下水主要靠防水卷材与初级支护间的无纺布和掘进方向上间隔排布的环形渗水盲管来收集地下水，为地下水的渗流提供导向性，使其有组织地向隧道内排水沟流动，从而排走衬砌背后地下水，减小水压力。无纺布和渗水盲管的作用也是非常有效的，多数情况下，水压力虽远未达到使二次衬砌开裂破损的强度，但其压力值足以破坏防水板等防水设施或者从接缝处渗入。尤其在股水或者超高水压里程段，其布置和排列应该更紧密以防高水压穿越或破坏防水层。

(5) 限压止水阀。为保证衬砌结构安全，广州地铁曾在隧道衬砌结构上设置限压止水阀，通过弹簧调整可承受的水压力值，一旦超过安全标准水压力，自动排泄地下水，水压减小后阀门自动闭合，但后期因为弹簧生锈而失去了调控衬砌水荷载的能力。在实际建设中，其构造复杂不易施工，同时极易被地下水中裹挟的杂质所堵塞，后置弹簧结构也极易受损，所以实际适用效率并没有设计时那么有效。限压止水阀如图 4.4 所示。

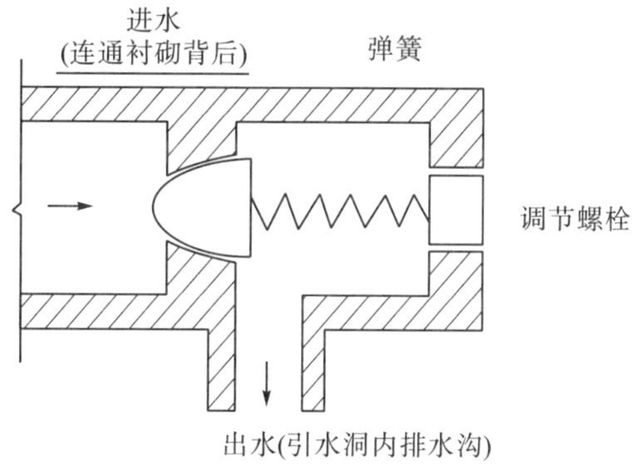

图 4.4　限压止水阀

2. 施作质量的管理及控制

一套合格的设计方案必然首先是要能够保证安全的，而一套优秀的设计方案必然方便于施作且高效可行的。因为一些关键性部位的设计如果太过繁复，在施工过程中会因为高成本或者延误工期甚至单纯地避免繁复的工序被自然而然地简化弱化，加强监管只能治标不能根治，以至于出现严重达不到设计要求的“货不对版”的情况。

同样，在既定的设计方案下，只有严格管理控制施工过程，才能确保工程质量达到预想的设计效果。很多隧道的衬砌开裂、渗漏水及其次生病害都是直接与施工质量不过关问题紧密相关的。注浆范围不够、浆液配比不达标、初期支护厚度强度不够、防排水措施处理不过关、防水卷材铺设搭接不合理、超挖随意填充以至于形成容水空腔、衬砌施工缝处理不妥当等一系列基础的施工质量问题通过管控是完全可以避免的。故而建设过程的监管和质量的把控也是影响隧道衬砌水压力的一个重要因素。

三、小结

本节从实践和理论两个方面系统地讨论了高水压山岭隧道的衬砌水压力的主要特征以及影响衬砌水压力分布和大小等因素，两方面均以隧址环境以及建设方式为切入点进行分析研究。通过分析研究认为：

(1)隧道衬砌水压力根据不同地理地质情况及相关处理方式有不同的大小、分布、流固耦合以及时间相关等特征。在隧道规划无法避免地需要穿越以相对发育的岩溶地区为例的地质情况严重不良的高压富水区域时，全排导模式下，衬砌结构几乎不受水压力作用，小部分几乎可忽略的水压力在拱顶及隧道底部分布；全封堵模式下，隧道衬砌承担巨大的全部水头压力，并且在隧道底部及拱脚位置压力最为集中，这也是高水压隧道隧底开裂的主要原因；在对地层进行注浆堵水之后，改变了隧道围岩的渗透率，衬砌水压力分布较为均匀且适宜。另外在一般隧道开挖过程中(不采取注浆加固)，隧址区域内渗流场先后历经三个状态两次重分布，在排水情况下，渗流场力先在开挖后陡然减小，并在随后的衬砌施作后小幅回升。并且在隧道开挖破坏了隧道所在原始地层的应力场和渗流场之后，其二者在重新分布的过程中相互作用相互影响，并达到新的动态平衡。

(2)对于隧道衬砌水压力，影响因素众多，最主要的两个方面为：地质及地下水因素和建设过程的具体细节。首先，根据地理地质因素以及地下水的情况，在前期隧址的选取上尽量避开不良地质和高压富水区域，在无法避免的情况下，为控制水压并减少对环境的破坏，根据选定的既有隧址区域的地调及勘查情况做出相应的防排水理念的选择和相关设计。既有隧址环境作为被动因素不可控，但在隧道建设中完全可以主动调节，首先通过注浆或地表河流改道疏浚等方式改善地层岩体的渗透性和地下水补给方式，然后在衬砌的设计上严密组织防排水，能够极大地解决环境即地下水位(疏干漏斗)和衬砌结构设计(水压和耐久性)的矛盾问题。通过大量的统计和理论分析可知，在本节研究讨论的高水压山岭隧道条件下，全排水已经不再适宜现代交通隧道发展要求，而全封堵并不适宜在高水头地区考虑，国内外普遍适用于水头高度极限在40～60m的地层，通常都在30m左右。通过地层注浆堵水，以堵为主、排为辅的“堵水限排模式”会是未来隧道水处理的发展主流和趋势，事实证明虽然该模式下仍有诸多问题如水压力、涌水量合理准确的计算以及注浆加固圈参数的研究等亟待优化，但在现阶段的隧道建设中确实效果效率效益最高。在我国蓬勃发展的海底隧道建设中，无限补给的高压水薄岩层条件下，采用注浆改善地层渗透性的堵水方式取得了非常良好的效果。

第三节　高水压山岭隧道衬砌水压力计算方法

以上章节对国内外高水压山岭隧道衬砌水压力的计算方法进行了研究讨论，在对比了诸多方法优劣之后，以下将从理论解析角度出发，结合第二节中高水压山岭隧道衬砌水压力的特征和影响因素，基于渗流基本理论，对高水压山岭隧道的衬砌水压力计算方法及合理注浆加固圈参数进行研究。

一、隧道衬砌水压力计算基本理论

1856 年，亨利·达西(Henry Darcy)结合法国第戎(Dijon)市的喷泉，研究了均质砂的垂直过滤器中的水流，通过实验得出了流量 q(单位时间内流过水的体积)与不变的横断面面积 A 以及水头差(h_1-h_2)成正比，而与长度 S 成反比的结论。后将此结论综合整理，得出了渗流理论中最基础也最经典的达西定律：

$$q = kA\frac{(h_1 - h_2)}{S} \tag{4.4}$$

式中，k 为比例系数，通常作为表达渗透能力的渗透系数。后将达西定律进行拓展，流体通过均质倾斜砂柱的渗流速度：

$$v = \frac{q}{A} \tag{4.5}$$

表示流体通过单位截面的体积流量，方向从高势端指向低势端。结合式(4.4)和式(4.5)，对流经长度和水头差取极限，令 $(h_1 - h_2) \to 0, S \to 0$，即有

$$v = -ki = -k \cdot \frac{\mathrm{d}h}{\mathrm{d}S} \tag{4.6}$$

式中，i 为水力梯度或水力坡降，因速度方向与压力增长方向异向，故在式中添入负号。

然而，上述简单边界的一维渗流并不能满足处理复杂的地下二维或三维的渗流问题，例如在以围岩、加固圈和隧道衬砌构成的地下水渗流场中，就需要将达西定律以微分方程的形式表达，并根据具体的边界条件进行求解。

从渗流场中取一个单元体进行分析，因为在整个渗流场中任何一个单元的流动都是遵守质量守恒定律的，再根据流体运动方式得到具体的表达守恒定律的连续方程。另外，达西定律的正确性是建立在稳定渗流场中的，即水头及流速等渗流要素不随时间改变而改变。

那么，针对此单元体，令其体积为 V=dxdydz，在 x、y、z 三个方向上的渗流速度分别为 v_x、v_y、v_z，则在单位时间内，流入此单元体的水量为

$$\mathrm{d}q_e = v_x \cdot 1 \cdot \mathrm{d}z\mathrm{d}y + v_y \cdot 1 \cdot \mathrm{d}x\mathrm{d}z + v_z \cdot 1 \cdot \mathrm{d}x\mathrm{d}y \tag{4.7}$$

单位时间流出单元体的水量为

$$\mathrm{d}q_0 = \left(v_x + \frac{\partial v_x}{\partial x}\mathrm{d}x\right) \cdot 1 \cdot \mathrm{d}z\mathrm{d}y + \left(v_y + \frac{\partial v_y}{\partial y}\mathrm{d}y\right) \cdot 1 \cdot \mathrm{d}x\mathrm{d}z + \left(v_z + \frac{\partial v_z}{\partial z}\mathrm{d}z\right) \cdot 1 \cdot \mathrm{d}x\mathrm{d}y \tag{4.8}$$

假定水流不可压缩，根据连续水流原理，在遵守质量守恒定律的情况下，单位时间内流入及流出单元体的水量应相等，即

$$dq_e = dq_0 \tag{4.9}$$

故联系式(4.8)及式(4.9)可得

$$\frac{\partial v_x}{\partial x}+\frac{\partial v_y}{\partial y}+\frac{\partial v_z}{\partial z}=0 \tag{4.10}$$

式(4.10)即为三维渗流连续方程。

再根据达西定律式(4.4)，在三个方向上有

$$\begin{cases} v_x = -k_x i_x = -k_x \dfrac{\partial h}{\partial x} \\ v_y = -k_y i_y = -k_y \dfrac{\partial h}{\partial y} \\ v_z = -k_z i_z = -k_z \dfrac{\partial h}{\partial z} \end{cases} \tag{4.11}$$

将式(4.11)代入式(4.10)中，即能得到一般条件下的三维稳定渗流场基本微分方程：

$$k_x \frac{\partial^2 h}{\partial x^2}+k_y \frac{\partial^2 h}{\partial y^2}+k_z \frac{\partial^2 h}{\partial z^2}=0 \tag{4.12}$$

式中，k_x、k_y、k_z 分别表示 x、y、z 方向上的渗透系数，针对各向异性的岩土体三个方向上渗透系数各不相同，但在各向同性的均质岩土体中有 $k_x=k_y=k_z$。结合式(4.12)则可得到各向同性的三维稳定渗流场基本微分方程：

$$\frac{\partial^2 h}{\partial x^2}+\frac{\partial^2 h}{\partial y^2}+\frac{\partial^2 h}{\partial z^2}=0 \tag{4.13}$$

式(4.13)即为著名的拉普拉斯(Laplace)方程。通过各向同性的岩土体内的稳定渗流所遵循的客观规律，利用微分方程将渗流场在岩土体中的各个单元的渗流值联系起来，从而能够定量地对渗流问题进行分析求解。

但是，单就方程本身而言是无法描述出所有工程条件下具体的渗流现象的，只有在各方条件保证岩土体内渗流场能被唯一确定的前提下，才能得到渗流问题的唯一解，这样的条件被称为微分方程的定解条件，包括边界条件和初始条件。在稳定渗流场中，水头及流速等渗流要素不随时间变化而变化，故而仅需边界条件限制即可求得定解。

(一)渗流场定解条件类型

1. 第一类边界条件(Dirichlet 条件)

如果在某一部分边界(Γ_1)上，各点在每一时刻的水头都是已知的(给定位势函数或水头分布)，则这部分边界就称为第一类边界或给定水头的边界，表示为

$$H(x,y,z,t)\big|_{\Gamma_1} = h(x,y,z,t),\ \ (x,y,z)\in\Gamma_1 \tag{4.14}$$

式中，$H(x,y,z,t)$ 表示为 t 时刻 Γ_1 边界上点 (x,y,z) 的水头；$h(x,y,z,t)$ 是 Γ_1 边界上的已知函数。实际工程中，可作为第一类边界条件处理的情况很多，区域内部的抽水井或者隧道

排水等都可以事先以给定水头的方式做给定边界处理。

2. 第二类边界条件(Neumann 条件)

如果某一部分边界(Γ_2)单位面积上的流入量 q(流出则为负)是已知的(给定位势函数或水头的法向倒数),则称为第二类边界或给定流量边界,表达式为

$$k\left.\frac{\partial H}{\partial n}\right|_{\Gamma_2}=q(x,y,z,t),\qquad (x,y,z)\in\Gamma_2 \tag{4.15}$$

式中,n 为边界 Γ_2 的外法线方向;$q(x,y,z,t)$ 表示边界 Γ_2 上单位面积的侧向补给已知函数。适用于隔水边界,抽水井和注水井也可以作为内边界处理。

3. 第三类边界条件(Chucay 条件)

如果在某一部分边界(Γ_3)上内水头差 h 和交换的流量 $\frac{\partial h}{\partial n}$ 的线性组合已知,即

$$\frac{\partial h}{\partial n}+h\lambda(x,y,z)=f(x,y,z) \tag{4.16}$$

式中,λ 和 f 均为已知函数,则称为第三类边界条件。一般条件下,第三类边界条件较为少见,通常是混合边界问题,即部分为第一类边界条件,部分为第二类边界条件。

(二)围岩条件的考虑

1. 围岩条件为均匀连续介质

对于饱和、均匀、连续、各向同性介质的围岩,其条件完全满足式(4.13)的拉普拉斯方程,且对于轴对称问题,地下水流经的所有环形断面流量相同,与半径无关。假定 Y 轴向上为正,则围岩中的水头差为

$$h=y+\frac{p}{\gamma_{\mathrm{w}}}+\frac{u^2}{2g} \tag{4.17}$$

式中,y——位置水头,m;p——孔隙水压力,kPa;γ_{w}——水的重度,kN/m³;u——水流速度,m/s;g——重力加速度,m/s^2。

地下水在孔隙介质中的流速几乎小到可以忽略不计,则式(4.17)简化为

$$h=y+\frac{p}{\gamma_{\mathrm{w}}} \tag{4.18}$$

渗流场中,渗流力即为孔隙水压力的梯度,故而可得

$$\begin{cases}F_x=-\dfrac{\partial p}{\partial x}=-\gamma_{\mathrm{w}}\dfrac{\partial h}{\partial x}=f_x^s+f_x^b\\[2ex] F_y=-\dfrac{\partial p}{\partial y}=-\gamma_{\mathrm{w}}\dfrac{\partial h}{\partial y}=f_y^s+f_y^b\\[2ex] F_z=-\dfrac{\partial p}{\partial z}=-\gamma_{\mathrm{w}}\dfrac{\partial h}{\partial z}+\gamma_{\mathrm{w}}=f_z^s+f_z^b\end{cases} \tag{4.19}$$

式中,f^s——渗流体积力,kPa;f^b——浮力,kPa。

在轴对称问题中，渗流力则表示为

$$f_r = -\gamma_w \frac{\partial h}{\partial r} \tag{4.20}$$

2. 围岩条件为裂隙块状介质

在地下工程建设中，并不总是能够保证遇到具有饱和、均匀、连续、各向同性介质等条件性质的围岩。在山岭隧道的修建过程中更多的情况下会碰到由节理裂隙、断层破碎带等结构面割裂成的岩块结构体。

裂隙岩体由于其岩块形状大小不均和裂隙随机排布等原因，渗透性表现出各向异性。非均质各向异性多孔介质的渗透率要用渗透张量表示，在三维问题中渗透张量有 6 个分量（有 9 个分量，但由于对称性，其中有 6 个分量是独立的）。当坐标轴方向与主方向同向时，达西定律即表达为一般条件下的式(4.11)，同时裂隙岩体中的三维稳定渗流场基本微分方程即为式(4.12)中的一般条件式。

此时，若衬砌结构与围岩紧密贴合，裂隙壁面上的孔隙水压力仍然会传递到衬砌上，衬砌与围岩接触面上的孔隙水压力值与衬砌结构表面的水压力集度相当，在复杂的实际条件下考虑到计算公式的实用性，可对裂隙岩体做等效连续介质简化。通过理论推导证明了裂隙围岩条件下衬砌所承担的水压力荷载集度与衬砌围岩交界面的孔隙水压力相当，且与裂隙块体的大小形状无关。故而，根据边界条件，仍可根据连续介质体模型求得水头 $h(x,y,z)$，从而得出渗流荷载。

二、高水压山岭隧道衬砌水压力计算方法

通过第二节隧道衬砌水压力特征及影响因素分析，基于复杂地质情况以及防排水设计的重要性，以下分析将基于地层考虑从隧道开挖断面横向、纵向跨地层穿越时对围岩进行注浆堵水加固的程度进行探讨。

（一）基本假设

(1) 隧道围岩各地层、注浆圈、衬砌结构均为各向同性的均匀介质体；
(2) 地下水不可压缩且处于稳定渗流状态符合渗流定律；
(3) 不计初始渗流场及相应的渗流力；
(4) 为便于计算，注浆圈及衬砌结构断面均为等效周长的圆形断面；
(5) 地下水能够通过二次衬砌均匀排出；
(6) 实际工程中，地下水通过初期支护和二次衬砌间的盲管等排水系统集中排放，考虑到排水系统的效率，将此部分地下水均匀分布到全断面上，做“折合渗透系数”考虑。

（二）计算模型

排水模式下的隧道，其地下水渗流流网如图 4.5 所示。

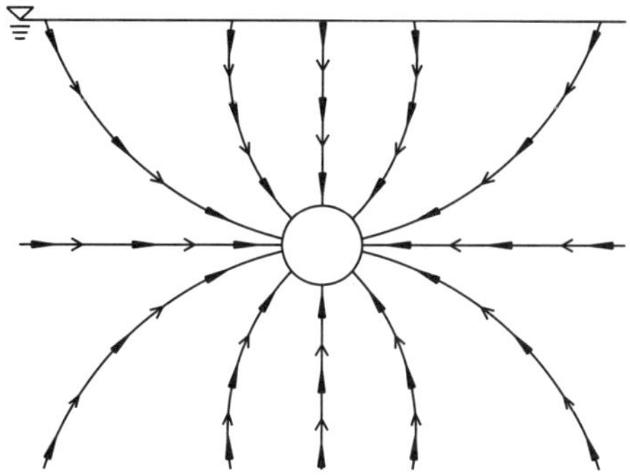

图 4.5　地下水渗流流网图

图 4.5 中流线为水质点的流动路线，流线上任意一点切线方向即为流速矢量方向。在实际工程中，围岩是由多层透水性不同的地层不规律交替组成的层状结构，在同一地层内渗透性相差无几，但地层与地层之间，渗透性存在明显差异。在以往的计算中，研究者均将围岩按照均匀连续介质考虑欠妥，故以下模型的建立将基于隧道断面与不同渗透性地层的位置关系。

1. 隧道开挖断面位于均质地层内

如图 4.6 所示，当隧道开挖断面在单一地层内时，基于流网性质和无限含水层假设，考虑到地层法线方向经过隧道断面圆心的流线穿过地层距离最短，对水流的阻碍作用最小，故取此处同地层内渗流最为激烈的地层厚度，将地层也视作环向分布于隧道断面外，在不影响对称性简化的同时，提高了计算公式的准确性和可靠性。由此可得出简化的计算模型如图 4.7 所示。

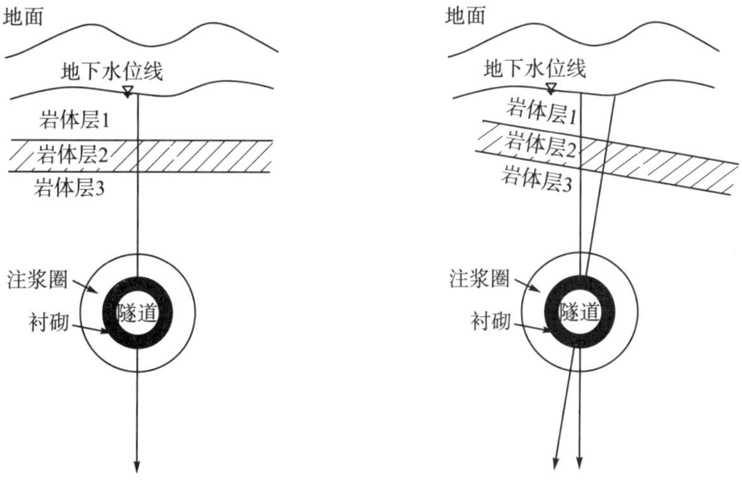

图 4.6　隧道开挖断面位于均质地层内

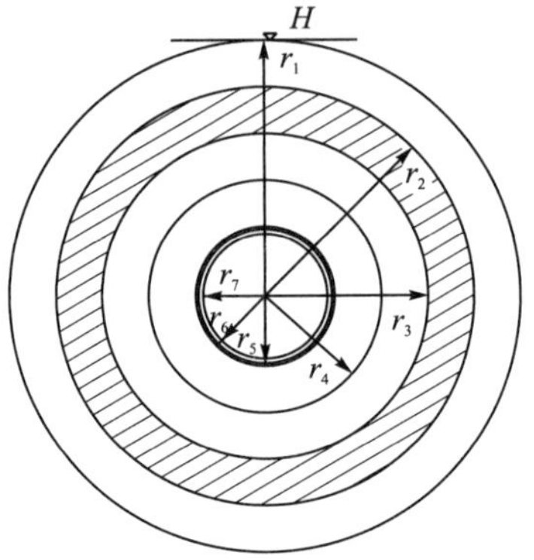

图 4.7 计算模型

图 4.7 中，r_1、r_2、r_3 分别为由外到内计算模型外径，对应水头分别为 h_1、h_2、h_3(其中 $h_1=H$)，渗透系数为 k_1、k_2、k_3。r_4、r_5、r_6、r_7 依次为注浆加固圈外径、初期支护外径、二次衬砌外径及二次衬砌内径($r_n \geqslant r_{(n+1)}, n=1,2,3,\cdots$)，对应水头分别为 h_4、h_5、h_6、h_7，渗透系数分别为 k_4、k_5、k_6(k_6 为折合渗透系数)。

2. 隧道开挖断面纵向跨地层穿越

当隧道开挖断面纵向跨越两层(图 4.8)或三层等多层地层时，基于流网性质和无限含水层假设，环向地层布置分段，水头仍均匀分布在底层外，由此可得到简化模型如图 4.9～图 4.10 所示。

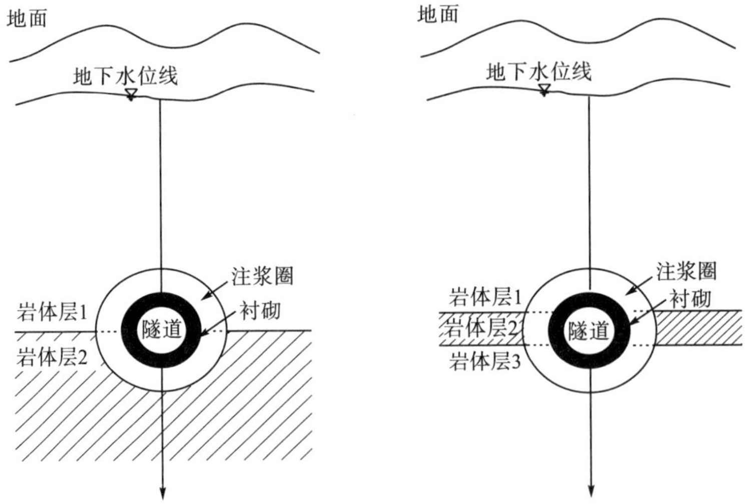

图 4.8 隧道开挖断面纵向跨地层穿越

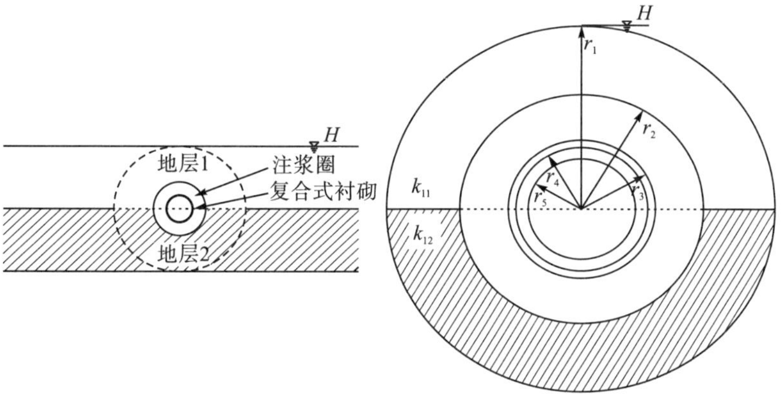

图 4.9　隧道开挖断面平均穿越双层均质地层

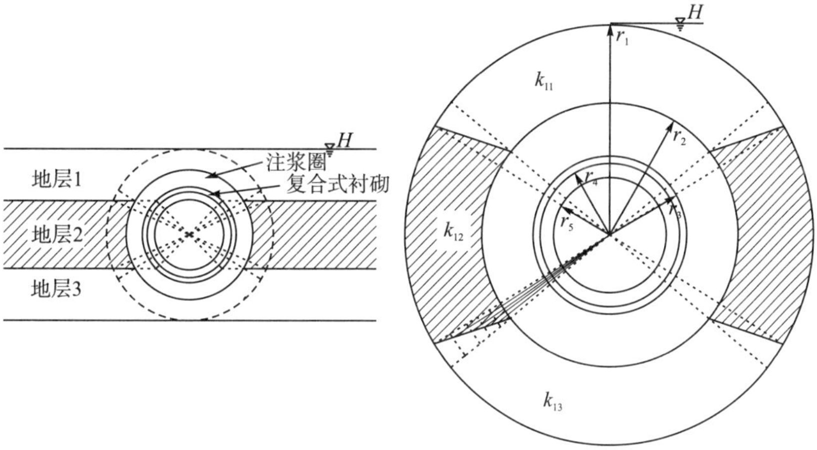

图 4.10　隧道开挖断面平均穿越三层均质地层

1)隧道开挖断面平均穿越双层均质地层

如图 4.9，r_1 为地层外径，对应水头为 h_1(其中 $h_1=H$)，渗透系数在不同地层段内分别为 k_{11}、k_{12}。r_2、r_3、r_4、r_5 依次为注浆加固圈外径、初期支护外径、二次衬砌外径及二次衬砌内径($r_n \geqslant r_{(n+1)}, n=1,2,3,\cdots$)，对应水头分别为 h_2、h_3、h_4、h_5，渗透系数分别为 k_2、k_3、k_4(k_4 为折合渗透系数)。

2)隧道开挖断面平均穿越三层均质地层

如图 4.10，r_1 为地层外径，对应水头为 h_1(其中 $h_1=H$)，渗透系数在不同地层段内分别为 k_{11}、k_{12}、k_{13}。r_2、r_3、r_4、r_5 依次为注浆加固圈外径、初期支护外径、二次衬砌外径及二次衬砌内径($r_n \geqslant r_{(n+1)}, n=1,2,3,\cdots$)，对应水头分别为 h_2、h_3、h_4、h_5，渗透系数分别为 k_2、k_3、k_4(k_4 为折合渗透系数)。

（三）模型求解

1. 隧道开挖断面位于均质地层内

由隧道轴线方向为 Z 轴，半径方向为 r 轴的柱坐标方程，对式(4.13)进行坐标变换，即有

$$\nabla^2 h = 0$$

$$\frac{1}{r}\frac{\partial}{\partial r}\left(r\frac{\partial h}{\partial r}\right)+\frac{1}{r^2}\frac{\partial^2 h}{\partial \theta^2}+\frac{\partial^2 h}{\partial z^2}=0 \tag{4.21}$$

又因为水流垂直于 Z 轴故 $\frac{\partial h}{\partial z}=0$，且水头函数关于 Z 轴对称，故 $\frac{\partial h}{\partial \theta}=0$，则式(4.21)可简化为

$$\frac{1}{r}\frac{\partial}{\partial r}\left(r\frac{\partial h}{\partial r}\right)=0 \tag{4.22}$$

则有

$$\frac{\mathrm{d}}{\mathrm{d}r}\left(r\frac{\mathrm{d}h}{\mathrm{d}r}\right)=0 \tag{4.23}$$

可知：

$$r\frac{\mathrm{d}h}{\mathrm{d}r}=C \tag{4.24}$$

又由达西定律可知，不同过水断面流量相等，隧道每延米涌水量：

$$Q_r = 2\pi k_r \frac{\mathrm{d}h}{\mathrm{d}r} \tag{4.25}$$

结合式(4.24)及式(4.25)可知：

$$\mathrm{d}h = \frac{Q}{2\pi k_r}\frac{1}{r}\mathrm{d}r \tag{4.26}$$

边界条件有

$$r=r_n, h = h_n, \qquad n = 1,2,3,\cdots,7 \tag{4.27}$$

则根据边界条件的式(4.27)对式(4.26)依次积分可得

$$h_n - h_{(n+1)} = \frac{Q}{2\pi k_n}\ln\left(\frac{r_n}{r_{(n+1)}}\right), \quad n = 1,2,3,\cdots,6 \tag{4.28}$$

故，由式(4.28)可知，隧道每延米的涌水量为

$$Q_1 = \frac{2\pi(h_1 - h_7)}{\sum_{i=1}^{6}\frac{\ln r_i - \ln r_{(i+1)}}{k_i}} \tag{4.29}$$

二次衬砌背后的水头为

$$h_6 = h_7 + \frac{(h_1 - h_7)(\ln r_6 - \ln r_7)}{k_6\sum_{i=1}^{6}\frac{\ln r_i - \ln r_{(i+1)}}{k_i}} \tag{4.30}$$

初期支护背后水头为

$$h_5 = h_7 + \frac{(h_1 - h_7)\left(\dfrac{1}{k_5}\ln\dfrac{r_5}{r_6} + \dfrac{1}{k_6}\ln\dfrac{r_6}{r_7}\right)}{\sum\limits_{i=1}^{6}\dfrac{\ln r_i - \ln r_{(i+1)}}{k_i}} \tag{4.31}$$

令水的容重为γ_w，通常情况下二次衬砌内表面水头 $h_7=0$，最外层地层水头为远场水力势 $h_1=H$，故而在考虑不同渗透性地层数为三层时：

隧道每延米的涌水量：

$$Q_1 = \frac{2\pi H}{\sum\limits_{i=1}^{6}\dfrac{\ln r_i - \ln r_{(i+1)}}{k_i}} \tag{4.32}$$

二次衬砌背后的孔隙水压力为

$$P_s = \gamma_w h_6 = \frac{\gamma_w H(\ln r_6 - \ln r_7)}{k_6\sum\limits_{i=1}^{6}\dfrac{\ln r_i - \ln r_{(i+1)}}{k_i}} \tag{4.33}$$

初期支护背后的孔隙水压力为

$$P_p = \gamma_w h_5 = \frac{\gamma_w H\left(\dfrac{1}{k_5}\ln\dfrac{r_5}{r_6} + \dfrac{1}{k_6}\ln\dfrac{r_6}{r_7}\right)}{\sum\limits_{i=1}^{6}\dfrac{\ln r_i - \ln r_{(i+1)}}{k_i}} \tag{4.34}$$

则推广到不同渗透性地层数为多个地层($n>3$)时，隧道每延米涌水量：

$$Q_d = \frac{2\pi H}{\sum\limits_{i=1}^{n}\dfrac{\ln r_i - \ln r_{(i+1)}}{k_i}} \tag{4.35}$$

二次衬砌背后的水压力：

$$P_{sn} = \gamma_w h_n = \frac{\gamma_w H(\ln r_n - \ln r_{(n+1)})}{k_n\sum\limits_{i=1}^{n}\dfrac{\ln r_i - \ln r_{(i+1)}}{k_i}} \tag{4.36}$$

初期支护背后的水压力：

$$P_{pn} = \gamma_w h_{(n-1)} = \frac{\gamma_w H\left(\dfrac{1}{k_{(n-1)}}\ln\dfrac{r_{(n+1)}}{r_n} + \dfrac{1}{k_n}\ln\dfrac{r_n}{r_{(n+1)}}\right)}{\sum\limits_{i=1}^{n}\dfrac{\ln r_i - \ln r_{(i+1)}}{k_i}} \tag{4.37}$$

对于多地层因素的考虑是对于实际工程条件下，选择地层中渗流最激烈部分进行保守性分析。

2. 隧道开挖断面横向跨地层穿越

1)隧道开挖断面平均穿越双层均质地层

同理于隧道开挖断面位于均质地层内分析，针对如图 4.9 中所示模型，对环向地层分段分析。由于隧道断面分属两个渗透系数不同地层，则有，隧道每延米涌水量为两部分涌水量之和：

$$Q_{ct}=Q_{11}+Q_{12} \tag{4.38}$$

又有，在地层 1 段及地层 2 段当中有

$$Q_{11}=\frac{1}{2}Q_1=\frac{\pi H}{\frac{1}{k_{11}}\ln\frac{r_1}{r_2}+\frac{1}{k_2}\ln\frac{r_2}{r_3}+\frac{1}{k_3}\ln\frac{r_3}{r_4}+\frac{1}{k_4}\ln\frac{r_4}{r_5}} \tag{4.39}$$

$$Q_{12}=\frac{1}{12}Q_1'=\frac{\pi H}{\frac{1}{k_{12}}\ln\frac{r_1}{r_2}+\frac{1}{k_2}\ln\frac{r_2}{r_3}+\frac{1}{k_3}\ln\frac{r_3}{r_4}+\frac{1}{k_4}\ln\frac{r_4}{r_5}} \tag{4.40}$$

故有平均穿越双层均质地层时隧道每延米的涌水量为

$$Q_{ct}=\frac{\pi H\left(\frac{k_{11}+k_{12}}{k_{11}k_{12}}\ln\frac{r_1}{r_2}+\sum_2^4\frac{\ln r_i-\ln r_{(i+1)}}{k_i}\right)}{\left(\frac{1}{k_{11}}\ln\frac{r_1}{r_2}+\sum_2^4\frac{\ln r_i-\ln r_{(i+1)}}{k_i}\right)\left(\frac{1}{k_{12}}\ln\frac{r_1}{r_2}+\sum_2^4\frac{\ln r_i-\ln r_{(i+1)}}{k_i}\right)} \tag{4.41}$$

同理，二次衬砌背后的水压力：

$$P_{sc2}=\gamma_w h_4=\begin{cases}\dfrac{\gamma_w H(\ln r_4-\ln r_5)}{k_4\left(\sum_2^4\frac{1}{k_i}\ln\frac{r_i}{r_{(i+1)}}+\frac{1}{k_{11}}\ln\frac{r_1}{r_2}\right)}, & \theta\in(0,\pi)\\[2ex] \dfrac{\gamma_w H(\ln r_4-\ln r_5)}{k_4\left(\sum_2^4\frac{1}{k_i}\ln\frac{r_i}{r_{(i+1)}}+\frac{1}{k_{12}}\ln\frac{r_1}{r_2}\right)}, & \theta\in(\pi,2\pi)\end{cases} \tag{4.42}$$

初期支护背后的水压力：

$$P_{pc2}=\gamma_w h_3=\begin{cases}\dfrac{\gamma_w H\left(\frac{1}{k_4}\ln\frac{r_4}{r_5}+\frac{1}{k_3}\ln\frac{r_3}{r_4}\right)}{\sum_2^5\frac{1}{k_i}\ln\frac{r_i}{r_{(i+1)}}+\frac{1}{k_{11}}\ln\frac{r_1}{r_2}}, & \theta\in(0,\pi)\\[2ex] \dfrac{\gamma_w H\left(\frac{1}{k_4}\ln\frac{r_4}{r_5}+\frac{1}{k_3}\ln\frac{r_3}{r_4}\right)}{\sum_2^5\frac{1}{k_i}\ln\frac{r_i}{r_{(i+1)}}+\frac{1}{k_{12}}\ln\frac{r_1}{r_2}}, & \theta\in(\pi,2\pi)\end{cases} \tag{4.43}$$

2) 隧道开挖面平均穿越三层均质地层

针对隧道开挖面穿越三层及以上地层，对环向地层分段分析时，分段内渗透情况采取分段函数形式分析，而地层分界线不穿过圆心导致地层分界面渗透情况较为复杂，则取如图 4.11 分析：

$$\alpha=\arcsin\frac{L}{2r_1},\beta=\arcsin\frac{L}{2r_2} \tag{4.44}$$

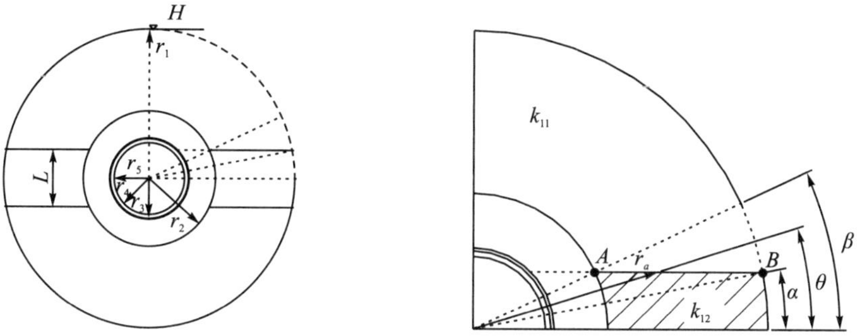

图 4.11　隧道开挖断面平均穿越三层均质地层细部分析

在考虑地层因素的深埋高水位山岭隧道分析过程中，水流方向垂直于岩层面，虽然通过各层的水流总量是相同的，但各层间的水头降落及水力梯度不同。从水位面到隧道内零水头的总水头损失为各层水头损失之和，对单位长度的隧道的每一层有

$$Q = 2\pi r_i k_i \frac{\Delta h_i}{M_i} \tag{4.45}$$

式中，M_i——每层岩层厚度，m。

故而在计算涌水量时，对于计算断面做五部分考虑。在不同地层交界区域内，采用等效面积理论，等效地层交界面半径 r_a 为

$$r_a = \sqrt{\frac{r_1 r_2 \sin(\alpha - \beta)}{\alpha - \beta}} \tag{4.46}$$

故有涌水量为

$$Q_{c3} = A + B + C + D + E \tag{4.47}$$

$$A = \frac{H(\pi - 2\beta)}{\frac{1}{k_{11}}\ln\frac{r_1}{r_2} + \sum_2^4 \frac{1}{k_i}\ln\frac{r_i}{r_{(i+1)}}},\quad \theta \in [\beta, \pi - \beta] \tag{4.48}$$

$$B = \frac{4\alpha H}{\frac{1}{k_{12}}\ln\frac{r_1}{r_2} + \sum_2^4 \frac{1}{k_i}\ln\frac{r_i}{r_{(i+1)}}},\quad \theta \in [0, \alpha] \cup [\pi - \alpha, \pi + \alpha] \cup [2\pi - \alpha, 2\pi] \tag{4.49}$$

$$C = \frac{H(\pi - 2\beta)}{\frac{1}{k_{13}}\ln\frac{r_1}{r_2} + \sum_2^4 \frac{1}{k_i}\ln\frac{r_i}{r_{(i+1)}}},\quad \theta \in [\pi + \beta, 2\pi - \beta] \tag{4.50}$$

$$D = \frac{2H(\beta - \alpha)}{\frac{1}{k_{11}}\ln\frac{r_1}{r_a} + \frac{1}{k_{12}}\ln\frac{r_a}{r_2} + \sum_2^4 \frac{1}{k_i}\ln\frac{r_i}{r_{(i+1)}}},\quad \theta \in [\alpha, \beta] \cup [\pi - \beta, \pi - \alpha] \tag{4.51}$$

$$E = \frac{2H(\beta - \alpha)}{\frac{1}{k_{13}}\ln\frac{r_1}{r_a} + \frac{1}{k_{12}}\ln\frac{r_a}{r_2} + \sum_2^4 \frac{1}{k_i}\ln\frac{r_i}{r_{(i+1)}}},\quad \theta \in [\pi + \alpha, \pi + \beta] \cup [2\pi - \beta, 2\pi - \alpha] \tag{4.52}$$

而在做水压力分析时，交界面部分压力线性增加，故此时不能再对交界面半径做等效考虑而是考虑等效地层交界面半径 r_a 为

$$r_a = \frac{L}{2\sin\theta},\quad \theta \in [\alpha,\beta] \cup [\pi-\beta,\pi-\alpha] \cup [\pi+\alpha,\pi+\beta] \cup [2\pi-\beta,2\pi-\alpha] \tag{4.53}$$

则此时二次衬砌背后水压力为

$$P_{sc3} = \gamma_w h_4 = \begin{cases} P_1, & \theta \in [\beta,\pi-\beta] \\ P_2, & \theta \in [0,\alpha] \cup [\pi-\alpha,\pi+\alpha] \cup [2\pi-\alpha,2\pi] \\ P_3, & \theta \in [\pi+\beta,2\pi-\beta] \\ P_4, & \theta \in [\alpha,\beta] \cup [\pi-\beta,\pi-\alpha] \\ P_5, & \theta \in [\pi+\alpha,\pi+\beta] \cup [2\pi-\beta,2\pi-\alpha] \end{cases} \tag{4.54}$$

$$P_1 = \frac{\gamma_w H(\ln r_4 - \ln r_5)}{k_4\left(\sum_2^4 \frac{1}{k_i}\ln\frac{r_i}{r_{(i+1)}} + \frac{1}{k_{11}}\ln\frac{r_1}{r_2}\right)} \tag{4.55}$$

$$P_2 = \frac{\gamma_w H(\ln r_4 - \ln r_5)}{k_4\left(\sum_2^4 \frac{1}{k_i}\ln\frac{r_i}{r_{(i+1)}} + \frac{1}{k_{12}}\ln\frac{r_1}{r_2}\right)} \tag{4.56}$$

$$P_3 = \frac{\gamma_w H(\ln r_4 - \ln r_5)}{k_4\left(\sum_2^4 \frac{1}{k_i}\ln\frac{r_i}{r_{(i+1)}} + \frac{1}{k_{13}}\ln\frac{r_1}{r_2}\right)} \tag{4.57}$$

$$P_4 = \frac{\gamma_w H(\ln r_4 - \ln r_5)}{k_4\left(\sum_2^4 \frac{1}{k_i}\ln\frac{r_i}{r_{(i+1)}} + \frac{1}{k_{11}}\ln\frac{2r_1\sin\theta}{L} + \frac{1}{k_{12}}\frac{L}{2r_2\sin\theta}\right)} \tag{4.58}$$

$$P_5 = \frac{\gamma_w H(\ln r_4 - \ln r_5)}{k_4\left(\sum_2^4 \frac{1}{k_i}\ln\frac{r_i}{r_{(i+1)}} + \frac{1}{k_{13}}\ln\frac{2r_1\sin\theta}{L} + \frac{1}{k_{12}}\frac{L}{2r_2\sin\theta}\right)} \tag{4.59}$$

初期支护背后水压力同理可得

$$P'_{sc3} = \gamma_w h_3 = \begin{cases} P'_1, & \theta \in [\beta,\pi-\beta] \\ P'_2, & \theta \in [0,\alpha] \cup [\pi-\alpha,\pi+\alpha] \cup [2\pi-\alpha,2\pi] \\ P'_3, & \theta \in [\pi+\beta,2\pi-\beta] \\ P'_4, & \theta \in [\alpha,\beta] \cup [\pi-\beta,\pi-\alpha] \\ P'_5, & \theta \in [\pi+\alpha,\pi+\beta] \cup [2\pi-\beta,2\pi-\alpha] \end{cases} \tag{4.60}$$

$$P'_1 = \frac{\gamma_w H\left(\frac{1}{k_4}\ln\frac{r_4}{r_5} + \frac{1}{k_3}\ln\frac{r_3}{r_4}\right)}{\sum_2^4 \frac{1}{k_i}\ln\frac{r_i}{r_{(i+1)}} + \frac{1}{k_{11}}\ln\frac{r_1}{r_2}} \tag{4.61}$$

$$P'_2 = \frac{\gamma_w H\left(\frac{1}{k_4}\ln\frac{r_4}{r_5} + \frac{1}{k_3}\ln\frac{r_3}{r_4}\right)}{\sum_2^4 \frac{1}{k_i}\ln\frac{r_i}{r_{(i+1)}} + \frac{1}{k_{12}}\ln\frac{r_1}{r_2}} \tag{4.62}$$

$$P_3'=\frac{\gamma_w H\left(\dfrac{1}{k_4}\ln\dfrac{r_4}{r_5}+\dfrac{1}{k_3}\ln\dfrac{r_3}{r_4}\right)}{\sum_2^4\dfrac{1}{k_i}\ln\dfrac{r_i}{r_{(i+1)}}+\dfrac{1}{k_{13}}\ln\dfrac{r_1}{r_2}} \tag{4.63}$$

$$P_4'=\frac{\gamma_w H\left(\dfrac{1}{k_4}\ln\dfrac{r_4}{r_5}+\dfrac{1}{k_3}\ln\dfrac{r_3}{r_4}\right)}{\sum_2^4\dfrac{1}{k_i}\ln\dfrac{r_i}{r_{(i+1)}}+\dfrac{1}{k_{11}}\ln\dfrac{2r_1\sin\theta}{L}+\dfrac{1}{k_{12}}\ln\dfrac{L}{2r_2\sin\theta}} \tag{4.64}$$

$$P_5'=\frac{\gamma_w H\left(\dfrac{1}{k_4}\ln\dfrac{r_4}{r_5}+\dfrac{1}{k_3}\ln\dfrac{r_3}{r_4}\right)}{\sum_2^4\dfrac{1}{k_i}\ln\dfrac{r_i}{r_{(i+1)}}+\dfrac{1}{k_{13}}\ln\dfrac{2r_1\sin\theta}{L}+\dfrac{1}{k_{12}}\ln\dfrac{L}{2r_2\sin\theta}} \tag{4.65}$$

三、高水压山岭隧道衬砌水压力及涌水量计算分析

(一)隧道开挖断面位于均质地层内

1. 毛洞状态下的隧道涌水量

1)无注浆堵水加固

此时原有注浆圈渗透系数并未改变，即为 k_3，开挖半径为 r_5，则此时涌水量为

$$Q_0'=\frac{2\pi H}{\dfrac{1}{k_1}\ln\dfrac{r_1}{r_2}+\dfrac{1}{k_2}\ln\dfrac{r_2}{r_3}+\dfrac{1}{k_3}\ln\dfrac{r_3}{r_5}} \tag{4.66}$$

2)注浆堵水加固

此时涌水量为

$$Q_0=\frac{2\pi H}{\dfrac{1}{k_1}\ln\dfrac{r_1}{r_2}+\dfrac{1}{k_2}\ln\dfrac{r_2}{r_3}+\dfrac{1}{k_3}\ln\dfrac{r_3}{r_4}+\dfrac{1}{k_4}\ln\dfrac{r_4}{r_5}} \tag{4.67}$$

在隧址确定的条件下，k_1、k_2、k_3、r_1、r_2、r_3 均为可实际测得常数，令

$$\frac{1}{k_1}\ln\frac{r_1}{r_2}+\frac{1}{k_2}\ln\frac{r_2}{r_3}=\frac{1}{a} \tag{4.68}$$

式中，a 为实常数。

则对地层进行注浆堵水加固对于隧道开挖的止水效率为

$$e_q=\frac{Q_0'-Q_0}{Q_0'}=1-\frac{Q_0}{Q_0'}=1-\frac{k_3+a\ln\dfrac{r_3}{r_5}}{k_3+a\ln\dfrac{r_3}{r_4}+\dfrac{ak_3}{k_4}\ln\dfrac{r_4}{r_5}} \tag{4.69}$$

由式(4.69)可知隧道开挖毛洞状态下，注浆条件下隧道的止水效率主要受开挖半径、加固后地层的渗透系数以及加固范围影响。

(1)注浆半径和注浆效果确定。

作假设如下：$k_3 = 1.19\times10^{-7}\,\mathrm{m/s}, k_4 = 1.025\times10^{-8}\,\mathrm{m/s}, r_3 = 80\mathrm{m}, r_4 = 14\mathrm{m}, a = 3.16\times10^{-7}$。

则根据式(4.69)有

$$e_q(r_5) = \frac{83.7 - 31.86\ln r_5}{99.1 - 35.02\ln r_5}, \quad r_5 \in (0,14) \tag{4.70}$$

由图 4.12 可知注浆改善后，隧道围岩在同条件下，开挖半径越大，注浆的止水效果越差，且在超过 8m 后止水效率急剧下降，开挖半径超过 8m 即注浆加固圈厚度缩小到 6m 范围内，故可知在 0～6m 范围内采取注浆加固措施能有效地提高止水效率。

(2)开挖半径确定。

作假设如下：$k_3 = 1.19\times10^{-7}\,\mathrm{m/s},\ r_3 = 80\mathrm{m},\ r_5 = 6.7\mathrm{m}, a = 3.16\times10^{-7},\ \dfrac{k_3}{k_4} = n$。

则根据式(4.69)有

$$e_q(n, r_4) = \frac{6.01 + (3.16n - 3.16)\ln r_4 - 6.01n}{15.04 + (3.16n - 3.16)\ln r_4 - 6.01n}, \quad n \geqslant 1, r_4 \in (6.7, 20) \tag{4.71}$$

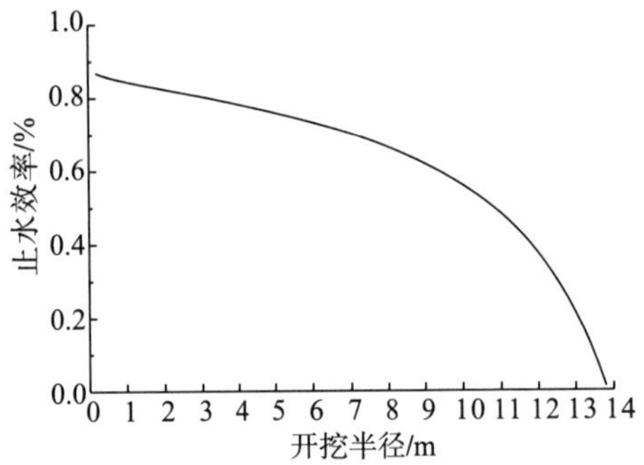

图 4.12　开挖半径与止水效率关系

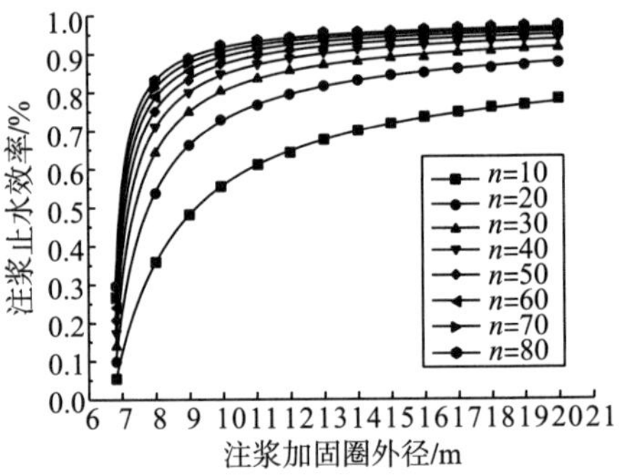

图 4.13　毛洞条件下注浆参数与止水效率关系

如图 4.13 所示，毛洞条件下，当对最内层地层进行注浆堵水加固，且原地层渗透系数是加固后 30 倍以内时，止水效果显著增强，而超过 30 倍之后，效率增长逐渐缓慢至不明显；且在注浆范围超过 14m 之后，继续扩大注浆范围注浆效率以几乎保持不变的增长速率缓慢提高。

2. 初期支护后涌水量及其背后水压力

1)无注浆堵水加固

此时隧道涌水量为

$$Q_2' = \frac{2\pi H}{\dfrac{1}{k_1}\ln\dfrac{r_1}{r_2} + \dfrac{1}{k_2}\ln\dfrac{r_2}{r_3} + \dfrac{1}{k_3}\ln\dfrac{r_3}{r_5} + \dfrac{1}{k_5}\ln\dfrac{r_5}{r_6}} \tag{4.72}$$

初期支护背后的水压力：

$$P_2'=\frac{\gamma_w H(\ln r_5-\ln r_6)}{\frac{k_5}{k_1}\ln\frac{r_1}{r_2}+\frac{k_5}{k_2}\ln\frac{r_2}{r_3}+\frac{k_5}{k_3}\ln\frac{r_3}{r_5}+\ln\frac{r_5}{r_6}} \tag{4.73}$$

2)注浆堵水加固

此时隧道涌水量为

$$Q_2=\frac{2\pi H}{\sum_1^5\frac{\ln r_i-\ln r_{(i+1)}}{k_i}} \tag{4.74}$$

初期支护背后的水压力：

$$P_2=\frac{\gamma_w H(\ln r_5-\ln r_6)}{k_5\sum_1^5\frac{\ln r_i-\ln r_{(i+1)}}{k_i}} \tag{4.75}$$

(1)注浆堵水对于初期支护后止水效率的影响。

在隧址条件、开挖半径、初期支护厚度和渗透系数确定的情况下，k_1、k_2、k_3、k_5、k_6、r_1、r_2、r_3、r_5、r_6均为确定实常数，则令：

$$\frac{1}{k_1}\ln\frac{r_1}{r_2}+\frac{1}{k_2}\ln\frac{r_2}{r_3}+\frac{1}{k_5}\ln\frac{r_5}{r_6}=\frac{1}{b} \tag{4.76}$$

故对地层进行注浆堵水加固对于隧道初期支护的止水效率为

$$e_{q2}=\frac{Q_2'-Q_2}{Q_2'}=1-\frac{k_3+b\ln\frac{r_3}{r_5}}{k_3+b\ln\frac{r_3}{r_4}+\frac{bk_3}{k_4}\ln\frac{r_4}{r_5}} \tag{4.77}$$

同时，注浆堵水加固对于初期支护背后水压力的折减效率为

$$e_{q2}'=\frac{P_2'-P_2}{P_2'}=1-\frac{k_3+b\ln\frac{r_3}{r_5}}{k_3+b\ln\frac{r_3}{r_4}+\frac{bk_3}{k_4}\ln\frac{r_4}{r_5}}=e_{q2} \tag{4.78}$$

假设如下：$k_3=1.19\times10^{-7}\,\mathrm{m/s}, k_5=1\times10^{-8}\,\mathrm{m/s}, r_3=80\mathrm{m}, r_5=6.7\mathrm{m}, r_6=6.4\mathrm{m}, b=3.12\times10^{-7}$，$\frac{k_3}{k_4}=n$。

则根据式(4.77)可知：

$$e_2(n,r_4)=\frac{5.93+3.12(n-1)\ln r_4-5.93n}{14.86+3.12(n-1)\ln r_4-5.93n},\quad n\geqslant1, r_4\in(6.7,20) \tag{4.79}$$

如图 4.14 所示，注浆堵水对于初期支护表现出了与毛洞条件下相似的特征，但注浆效果更为明显。

(2)注浆堵水条件下初期支护对于涌水量及其背后水压力的影响。

假设如下：$k_1=2.38\times10^{-7}\,\mathrm{m/s}, k_2=4.76\times10^{-7}\,\mathrm{m/s}, k_3=1.19\times10^{-7}\,\mathrm{m/s}, k_4=1.025\times10^{-8}\,\mathrm{m/s}$, $r_1=240\mathrm{m}, r_2=160\mathrm{m}, r_3=80\mathrm{m}, r_4=14\mathrm{m}, r_5=6.7\mathrm{m}, \frac{k_4}{k_5}=n$。

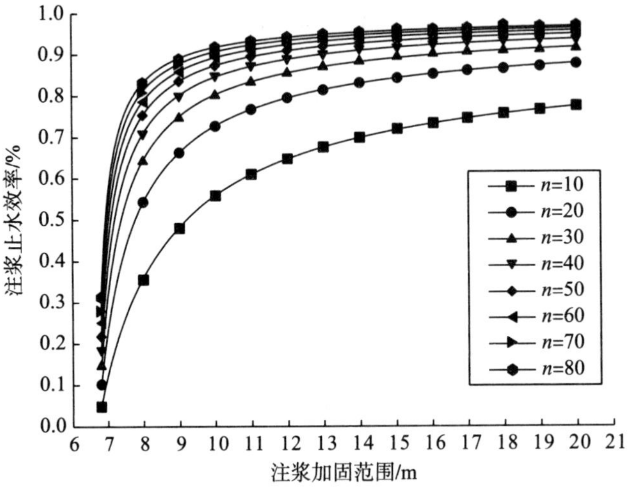

图 4.14　初期支护条件下注浆参数与止水效率关系

①涌水量。根据式(4.74)可知：

$$Q_2(n,r_6)=\frac{4.92\times10^{-6}\pi}{0.256+n\ln\dfrac{6.7}{r_6}},\quad r_6\in(0,6.7) \tag{4.80}$$

②水压力。根据式(4.75)可知：

$$P_2(n,r_6)=\frac{2400n\ln\dfrac{6.7}{r_6}}{0.256+n\ln\dfrac{6.7}{r_6}},\quad n\geqslant1,r_6\in(0,6.7) \tag{4.81}$$

由图 4.15 和图 4.16 可知，减小初期支护厚度，涌水量增大，水压力减小，初期支护厚度在 0～1.2m 之间变化尤为剧烈；初期支护渗透系数减小，涌水量减小，水压力增大，当注浆圈渗透系数超过初期支护渗透系数六倍之后，变化幅度随倍数增长越来越小。

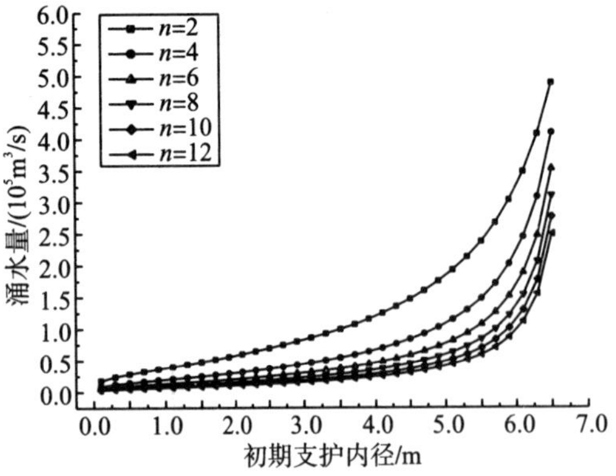

图 4.15　涌水量与初期支护参数关系

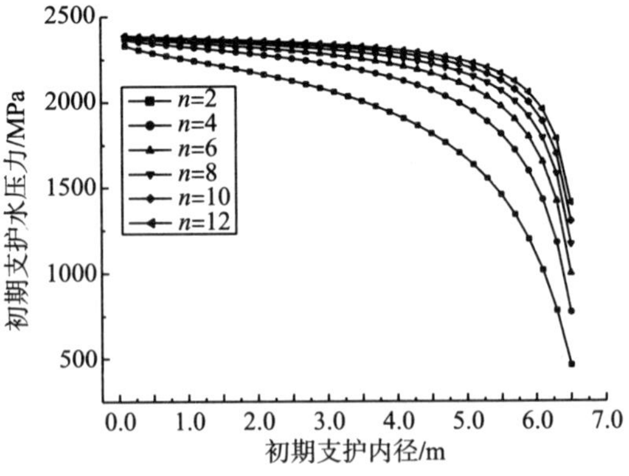

图 4.16　初期支护水压力与初期支护参数关系

3. 二次衬砌后涌水量及其背后水压力

1) 无注浆堵水加固情况

在不采取注浆加固的情况下涌水量为

$$Q_1' = \frac{2\pi H}{\frac{1}{k_1}\ln\frac{r_1}{r_2} + \frac{1}{k_2}\ln\frac{r_2}{r_3} + \frac{1}{k_3}\ln\frac{r_3}{r_5} + \frac{1}{k_5}\ln\frac{r_5}{r_6} + \frac{1}{k_6}\ln\frac{r_6}{r_7}} \tag{4.82}$$

二次衬砌背后的水压力为

$$P_2' = \frac{\gamma_w H(\ln r_6 - \ln r_7)}{\frac{k_6}{k_1}\ln\frac{r_1}{r_2} + \frac{k_6}{k_2}\ln\frac{r_2}{r_3} + \frac{k_6}{k_3}\ln\frac{r_3}{r_5} + \frac{k_6}{k_5}\ln\frac{r_5}{r_6} + \ln\frac{r_6}{r_7}} \tag{4.83}$$

2) 注浆堵水加固情况

隧道采取注浆堵水加固措施后，隧道涌水量为式(4.82)，二次衬砌背后水压力为式(4.83)。

(1) 注浆堵水对于二次衬砌后止水效率的影响。

在隧址条件及开挖半径确定的情况下，k_1、k_2、k_3、k_5、k_6、r_1、r_2、r_3、r_5、r_6、r_7均为确定实常数，则令

$$\frac{1}{k_1}\ln\frac{r_1}{r_2} + \frac{1}{k_2}\ln\frac{r_2}{r_3} + \frac{1}{k_5}\ln\frac{r_5}{r_6} + \frac{1}{k_6}\ln\frac{r_6}{r_7} = \frac{1}{c} \tag{4.84}$$

二次衬砌后，堵水效率：

$$e_1 = \frac{Q_1' - Q_1}{Q_1'} = \frac{P_1' - P_1}{P_1'} = 1 - \frac{k_3 + c\ln\frac{r_3}{r_5}}{k_3 + c\ln\frac{r_3}{r_4} + \frac{ck_3}{k_4}\ln\frac{r_4}{r_5}} \tag{4.85}$$

作假设如下：$k_3 = 1.19\times10^{-7}\,\mathrm{m/s}, k_5 = 1\times10^{-8}\,\mathrm{m/s}, k_6 = 1.7\times10^{-9}\,\mathrm{m/s}$, $r_3 = 80\mathrm{m}, r_5 = 6.7\mathrm{m}$, $c = 2.2\times10-8, \frac{k_3}{k_4} = n$。

则根据式(4.85)可知：

$$e_1(n, r_4) = \frac{4.18 + 2.2(n-1)\ln r_4 - 4.18n}{21.54 + 2.2(n-1)\ln r_4 - 4.18n}, \qquad n \geqslant 1, r_4 \in (6.7, 20) \tag{4.86}$$

由图4.17可知，在二次衬砌条件下，注浆加固圈的效果较单一的初期支护效果更好，堵水能力在注浆加固圈厚度为7.6m之后再增加厚度效果并不明显，且当地层的渗透系数超过注浆加固圈渗透系数10～20倍时对提升注浆止水效率有显著影响，超过30倍后，注浆止水效率的提升不再明显。

(2) 注浆堵水条件下二次衬砌后对于涌水量及其背后水压力的影响。

假设如下：$k_1 = 2.37\times10^{-7}\,\mathrm{m/s}, k_2 = 4.76\times10^{-7}\,\mathrm{m/s}, k_3 = 1.19\times10^{-7}\,\mathrm{m/s}, k_4 = 1.025\times10^{-8}\,\mathrm{m/s}$, $k_5 = 1\times10^{-8}\,\mathrm{m/s}, r_1 = 240\mathrm{m}, r_2 = 160\mathrm{m}, r_3 = 80\mathrm{m}, r_4 = 14\mathrm{m}, r_5 = 6.7\mathrm{m}, r_6 = 6.4\mathrm{m}, \frac{k_5}{k_6} = n$。

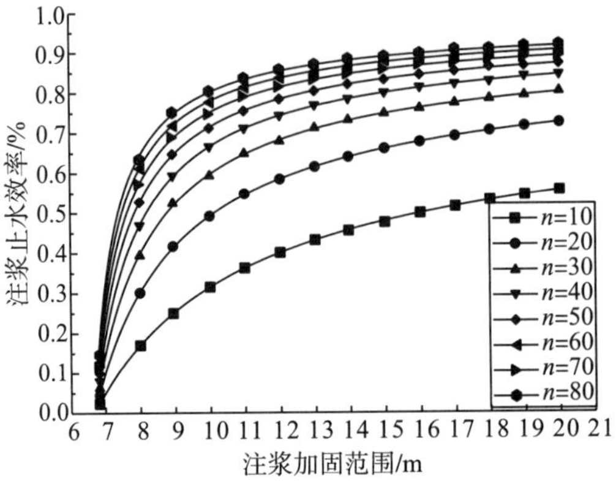

图 4.17 二次衬砌条件下注浆参数与止水效率关系

①涌水量。根据式(4.82)可知：

$$Q_1(n,r_7)=\frac{1.51\times10^{-5}}{0.943+n\ln\dfrac{6.4}{r_7}},\qquad n\geqslant1,r_7\in(0,6.4) \tag{4.87}$$

②水压力。根据式(4.83)可知：

$$P_2(n,r_7)=\frac{2400n\ln\dfrac{6.4}{r_7}}{0.943+n\ln\dfrac{6.4}{r_7}},\qquad n\geqslant1,r_7\in(0,6.4) \tag{4.88}$$

由图 4.18 可知，注浆堵水条件下，涌水量随二次衬砌内径增大而同向增大，直到二次衬砌内径为 6.25m，涌水量趋于 1.5×10^{5}m³/s；同一二次衬砌内径条件下涌水量随注浆加固圈倍数 n 的增加而减小。与此相反，图 4.19 表明二次衬砌背后水压力随二次衬砌内径的增加而减小，二次衬砌内径趋于 6.25m 时二次衬砌背后水压力趋于 0kPa；同一二次衬砌内径条件下二次衬砌背后水压力随注浆加固圈倍数 n 的增加而增加。

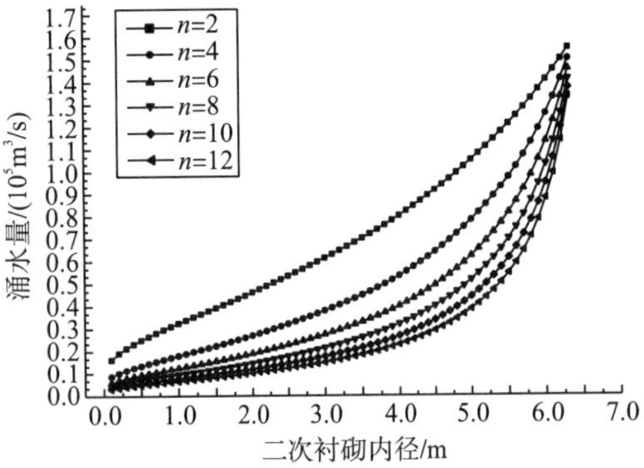

图 4.18 涌水量与二次衬砌参数关系

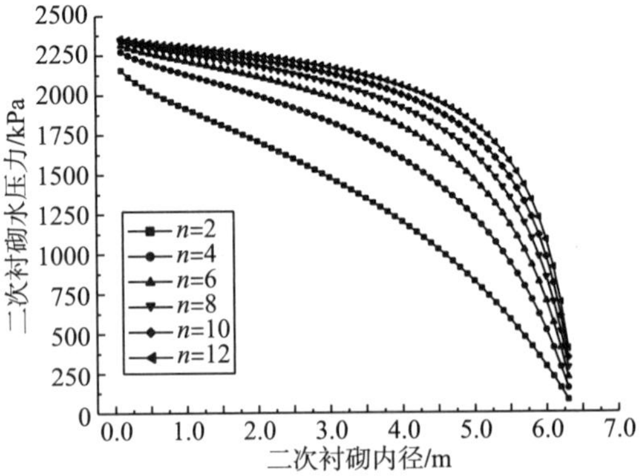

图 4.19 水压力与二次衬砌参数关系

(二)隧道开挖断面纵向跨地层穿越

注浆加固对于阻水效果的分析与隧道开挖断面位于均质地层内类似，而均质地层内水压力分布均匀，以下将根据式(4.42)及式(4.54)对隧道开挖断面纵向跨地层穿越二次衬砌背后水压力的分布分析讨论。

1. 隧道开挖断面平均穿越双层均质地层

假设如下：$k_{11}=5.0602\times10^{-6}\mathrm{m/s}$, $k_{12}=2.4259\times10^{-6}\mathrm{m/s}$, $k_3=2.3668\times10^{-8}\mathrm{m/s}$, $k_4=3.06\times10^{-9}\mathrm{m/s}, r_1=60\mathrm{m}, r_3=6.7\mathrm{m}, r_4=6.4\mathrm{m}, r_5=5.7\mathrm{m}, r_6=6.4\mathrm{m}, \dfrac{k_{12}}{k_2}=n$。

故而由式(4.42)可知：

$$P_{sc2}(n,r_2)=\begin{cases}\dfrac{3.1568}{628.6306-3.06\ln r_2+6.3829n\ln r_2-12.1409n}\times10^8, & \theta\in(0,\pi)\\ \dfrac{1.686}{390.1923+3.06(n-1)\ln r_2-5.8204n}\times10^8, & \theta\in(\pi,2\pi)\end{cases}\tag{4.89}$$

其中，$n\geqslant1, r_2\in(6.7,15)$。

对比分析图 4.20(a)与(b)可知渗透性能更好的地层注浆固结形成加固圈能更明显改善二次衬砌背后的水压力问题，且在一定程度上，在注浆堵水方面，增加堵水固结范围效果要比提高地层注浆效率的水压力折减效果明显得多。在注浆加固圈超过 8m、注浆圈渗透系数小于渗透系数较小地层的 1/20 以后，注浆加固圈的堵水能力随着注浆加固范围的增大以及注浆加固效果的提高增长得越缓慢。

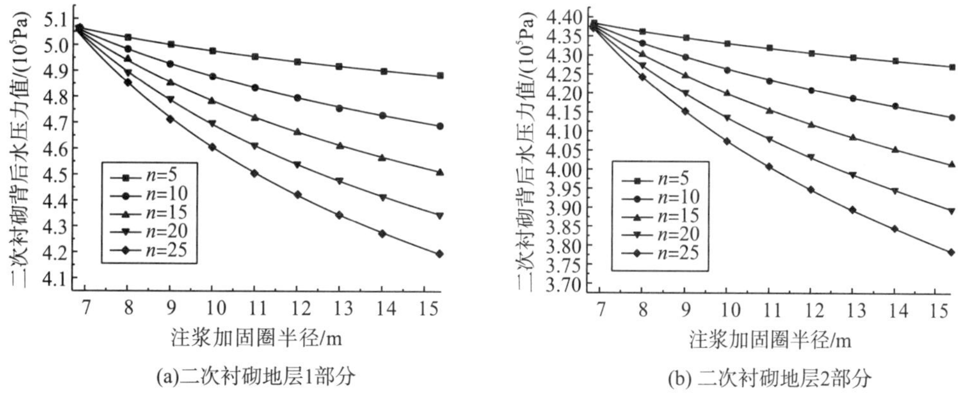

图 4.20 二次衬砌背后水压力与注浆加固圈参数关系

2. 隧道开挖面平均穿越三层均质地层

作假设如下：$k_{11}=1.0929\times10^{-5}\mathrm{m/s}$, $k_{12}=5.0602\times10^{-6}\mathrm{m/s}$, $k_{13}=2.4259\times10^{-6}\mathrm{m/s}$, $k_3=2.3668\times10^{-8}\mathrm{m/s}, k_4=3.06\times10^{-9}\mathrm{m/s}, r_1=60\mathrm{m}, r_3=6.7\mathrm{m}, r_4=6.4\mathrm{m}, r_5=5.7\mathrm{m}, r_6=6.4\mathrm{m}, \dfrac{k_{13}}{k_2}=n, L=9.475\mathrm{m}$。

则由式(4.54)可知：

$$P_{sc3}(n,r_2)=\begin{cases}P_1, & \theta\in[\beta,\pi-\beta]\\ P_2, & \theta\in[0,\alpha]\cup[\pi-\alpha,\pi+\alpha]\cup[2\pi-\alpha,2\pi]\\ P_3, & \theta\in[\pi+\beta,2\pi-\beta]\\ P_4, & \theta\in[\alpha+\beta]\cup[\pi-\beta,\pi-\alpha]\\ P_5, & \theta\in[\pi+\alpha,\pi+\beta]\cup[2\pi-\beta,2\pi-\alpha]\end{cases} \tag{4.90}$$

式中，$n\geqslant 1$，$r_2\in(6.7,15)$。

$$P_1(n,r_2)=\frac{7.5956}{1343.1831-3.06\ln r_2+13.7857n\ln r_2-26.2219n}\times 10^8 \tag{4.91}$$

$$P_2(n,r_2)=\frac{3.1568}{628.6306-3.06\ln r_2+6.3839n\ln r_2-12.1409n}\times 10^8 \tag{4.92}$$

$$P_3(n,r_2)=\frac{1.686}{390.1923\times 3.06(n-1)\ln r_2-5.8204n}\times 10^8 \tag{4.93}$$

$$P_4(n,r_2,\theta)=\frac{7.5956\times 10^8}{1349.4282+13.7857n\ln r_2-26.2219n+3.06\ln\sin\theta-6.609\ln r_2\sin\theta} \tag{4.94}$$

$$P_5(n,r_2,\theta)=\frac{1.686\times 10^8}{1290.3442+3.06n\ln r_2-5.8204n+3.06\ln\sin\theta-1.467\ln r_2\sin\theta} \tag{4.95}$$

令 n=18，r_2=14.4m，则有

$$P_1=4.9811\times 10^5\text{Pa},\ P_2=4.4564\times 10^5\text{Pa},\ P_3=3.9748\times 10^5\text{Pa}$$

$$P_4(\theta)=\frac{7.5956\times 10^8}{1539.2869+3.06\ln\sin\theta-17.6277\sin\theta}$$

$$P_5(\theta)=\frac{1.686\times 10^8}{1332.4879+3.06\ln\sin\theta-3.9128\sin\theta}$$

可得在较优分析条件下，隧道开挖面平均穿越三层均质地层的水压力分布如图 4.21 所示。

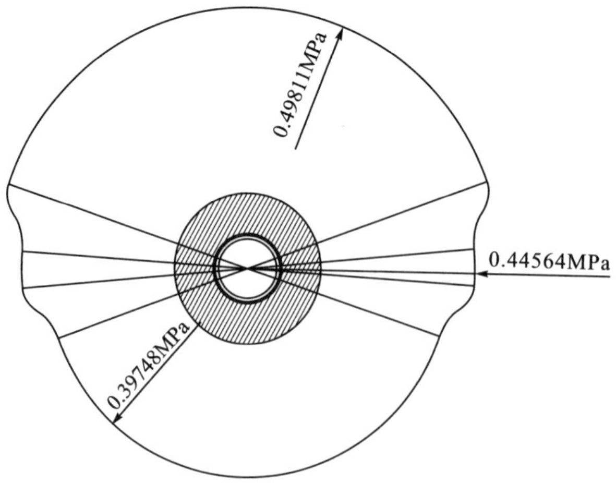

图 4.21 指定注浆加固圈参数条件下水压力分布

由水压力分布图 4.21 可知，在假设理想状态下水压力呈上大下小的“倒葫芦形”，在地层交界处以近似正弦曲线类型平滑过渡。平均穿越三层地层的假设也为不平均穿越地层，或地层为非水平考虑提供了参考。

四、小结

(1)结合流网分布，在考虑地层因素的情况下，利用岩体水力学和渗流力学基本理论，对高水压山岭隧道进行了假设和模型建立，并理论推导了分别在有无注浆堵水情况下的毛洞涌水量、初期支护后的涌水量及水压力、二次衬砌后的涌水量及水压力公式，且讨论了注浆堵水在毛洞、初期支护以及二次衬砌条件下的效率问题。

(2)在相同情况下增大注浆加固的范围比提高注浆加固的效果更能提高止水效率，止水效果更明显。相同注浆效果条件下，在注浆范围 5m 内，水压力急剧降低，继续增加注浆加固范围水压力降低速率逐渐降低。

(3)注浆效果以及范围对隧道涌水量多少以及衬砌水压力大小起到至关重要的作用。注浆圈厚度越大、渗透系数越小，堵水效率越高，在单位时间内到达衬砌背后的水量越少，故而隧道涌水量越少，衬砌水压力越小。但在实际操作中，一味降低注浆圈的渗透系数同时加强注浆范围并不经济且会严重影响进度。通过分析发现，在注浆加固圈厚度未超过 7.4m，被注浆层原有渗透系数在加固圈渗透系数 20 倍以内时，注浆堵水效率有明显改善，再继续扩大注浆范围或者减小渗透系数，效果有限。故注浆加固圈合理厚度应为 7m 左右，渗透系数应为原地层的 1/20 左右。

(4)对于初期支护而言，排水量的减小势必造成水压力的增高，并且在厚度 0～1.2m 范围内或渗透系数在原地层 1/4 内时剧烈变化，此时应根据隧道排水允许值和隧道结构设计综合考虑，确定初期支护厚度以及渗透性。对于初期支护的讨论同样适用于二次衬砌。在考虑二次衬砌与初期支护之间排水系统排水效率作为二次衬砌渗透系数时，出于安全考虑，需分析堵塞情况，即二次衬砌渗透系数陡然升高所带来的压力增量。

(5)在隧道穿越多地层时，渗透能力较强地层部分水压力更大，注浆效果更好，且水压力在二次衬砌上分布不均匀，可依据公式得到各条件下的水压力分布，对隧道结构设计起到一定的参考作用。

(6)对于隧道水的处理，仍需采取大堵小排的理念，分层设防，层层封堵，在避免衬砌高水压的情况下，合理地将尽可能多的地下水封堵在地层中，达到衬砌设计合理经济以及环境保护的目的。

第四节　高水压山岭隧道衬砌水荷载及相关问题数值分析

根据本章第三节中在考虑地层因素情况下分析注浆加固圈参数对隧道二次衬砌水压力的影响开展数值模拟，其中，隧道穿越均质地层情况将依据典型的高水压山岭隧道圆梁山隧道毛坝向斜段为模型进行分析。在隧道位置与不同穿越地层关系情况下，讨论不同注浆加固工况条件下，水压力的变化情况以及隧道横断面跨地层穿越时衬砌水压力的分布情况。根据实用化计算原则作计算假设如下：

(1)隧道周边围岩在各地层内为均质连续各向同性介质；

(2)渗流属于稳定饱和渗流且满足达西定律；

(3)地下水有恒定的补给源，不因隧道开挖存在排水而产生变化；

(4)地下水通过初期支护和二次衬砌间的盲管等排水系统集中排放，考虑到排水系统的效率，将此部分地下水均匀分布到全断面上，作“折合渗透系数”考虑。

一、计算模型及物理力学参数

(一)隧道开挖断面位于均质地层内

将Z_1-Y-1深孔压水试验及抽水试验得出不同标高节理裂隙的渗透张量作为计算依据，并且受褶皱影响，沿隧道走向方向横剖面上岩层厚度变化较大的情况下选择较厚岩层作为模型代表性剖面进行研究。然而在实际情况下，岩层越薄对地下水渗流的阻碍作用越小，渗流情况越激烈，以致单位时间内到达衬砌背后的水量越大，水压力越大。故而选取厚度较小部位做安全性分析，模型建立如图4.22所示。

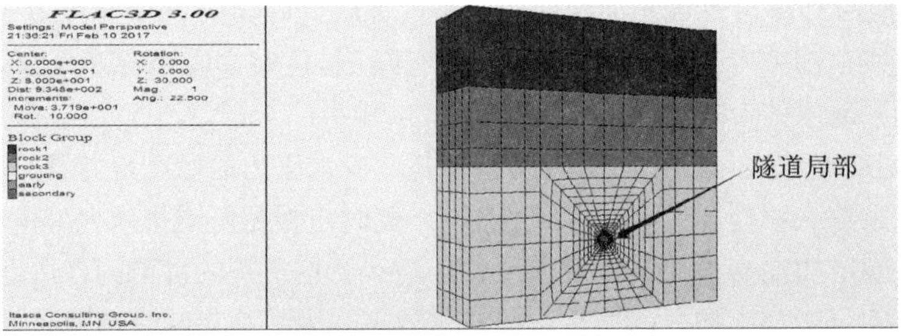

(a)隧道开挖断面位于均质地层内模型

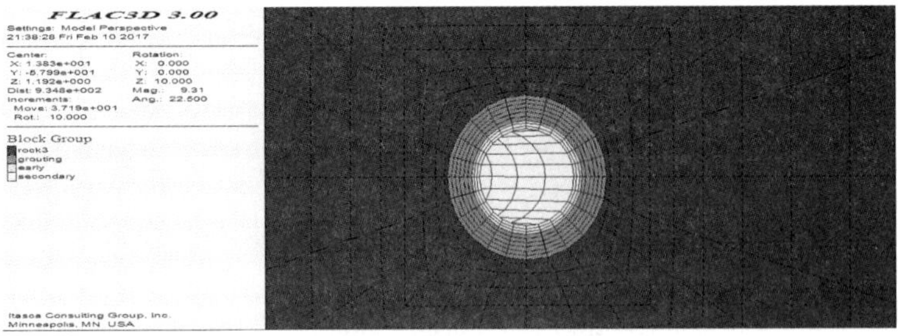

(b)模型隧道局部

图4.22 均质地层计算模型

模型尺寸为320m×320m，隧道中心为坐标原点位置，隧道走向为Y轴正方向，长度为100m，重力方向为Z轴负方向，沿Z轴负方向地层分布分别为地层1、地层2以及地层3，地层1、2厚度均为80m，地层3厚度为160m，隧道位于地层3内。因所计算隧道为300～350km/h高速铁路单线隧道，根据列车以及列车时速引起的空气动力学问题分析，隧道净空应在100m²左右，故而设计模型隧道内径为5.7m，根据圆梁山隧道实际情况考虑设置为0.7m，初期支护以我国高速铁路主要设计标准为依据设为0.3m。注浆加固圈厚度为变化工况，如图4.22所示。

根据钻孔资料、孔压和抽水试验以及设计资料可知，计算模型各部分的物理参数如表4.4所示，渗透系数及孔隙率如表4.5所示。

表4.4　物理参数

类别	体积模量/GPa	切变模量/GPa	内聚力/MPa	内摩擦角/(°)	抗拉强度/MPa	密度/(kg/m³)
地层1	0.3333	0.0345	0.1	30	0.07	2000
地层2	2.7778	0.5319	0.55	33	0.085	2125
地层3	2.8333	0.6071	0.6	35	0.09	2250
注浆圈	6.6667	3.0769	—	—	—	2300
初期支护	15.4761	10.6557	—	—	—	2500
二次衬砌	16.6667	12.5	—	—	—	2700

表4.5　渗透系数及孔隙率

类别	孔隙率	渗透系数/(m/s)
地层1	0.45	1.1148×10^{-9}
地层2	0.40	2.4744×10^{-10}
地层3	0.38	1.2089×10^{-10}
注浆圈	0.15	地层3渗透系数/注浆圈渗透系数=n
初期支护	0.10	2.4141×10^{-12}
二次衬砌	0.05	3.1212×10^{-13}(考虑二衬排水的折合系数)

为得到注浆加固圈参数对二次衬砌背后水压力的影响，分别选取注浆加固圈厚度为3m、5m、7m和9m，每个厚度的加固圈分别赋予其所在地层渗透系数的1/5、1/10、1/15、1/15、1/20和1/25作为工况变化，见表4.6。在注浆范围超过9m以及注浆效果大于25时，在实际工程建设中是非常难达到的标准，所以结合解析推导在合理范围内考虑工况变化。

表4.6　注浆加固圈分析工况细目

开挖断面与地层位置关系	注浆圈厚度L/m	注浆圈效果(渗透系数比n)	工况编号
开挖断面位于均质地层内	3	5	1-1
	3	10	1-2
	3	15	1-3

续表

开挖断面与地层位置关系	注浆圈厚度 L/m	注浆圈效果(渗透系数比 n)	工况编号
开挖断面位于均质地层内	3	20	1-4
	3	25	1-5
	5	5	1-6
	5	10	1-7
	5	15	1-8
	5	20	1-9
	5	25	1-10
	7	5	1-11
	7	10	1-12
	7	15	1-13
	7	20	1-14
	7	25	1-15
	9	5	1-16
	9	10	1-17
	9	15	1-18
	9	20	1-19
	9	25	1-20

对每个工况内隧道拱顶、拱腰及拱底的水压力变化进行监测，直到渗流场达到稳定时取各部位二次衬砌背后水压力值进行综合分析。

(二)隧道开挖断面纵向跨地层穿越

结合模拟渝怀线圆梁山隧道穿越均质地层的模型，对隧道开挖断面纵向跨地层穿越的情况有如下分析考虑。

1. 隧道开挖断面平均穿越双层均质地层

以地层分界线水平穿过隧道中心作为模型依据，模型尺寸为120m×120m，隧道中心为坐标原点位置，隧道走向为 Y 轴正方向，长度为30m，重力方向为 Z 轴负方向，沿 Z 轴负方向地层分布分别为地层 1 和地层 2，地层 1、2 厚度均为60m，隧道各有 1/2 位于地层 1 和地层 2 内。因所计算隧道为300～350km/h 高速铁路单线隧道，根据列车以及列车时速引起的空气动力学问题分析，隧道净空应在 100m²左右，故而设计模型隧道内径为5.7m，根据圆梁山隧道实际情况考虑设置为 0.7m，初期支护以我国高速铁路主要设计标准为依据设为0.3m。注浆加固圈厚度为变化工况，如图 4.23 所示。

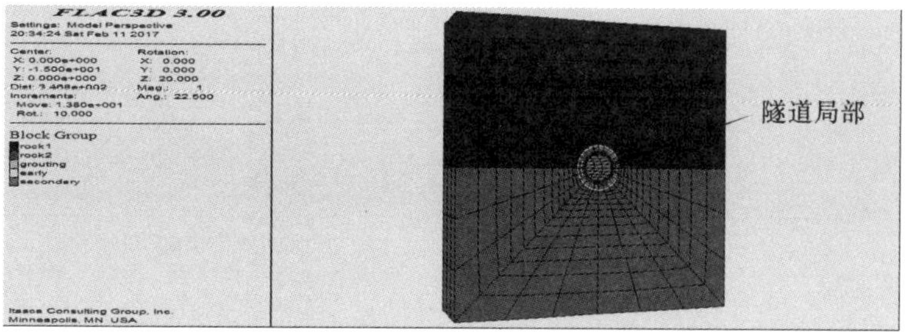

(a)隧道开挖断面平均穿越双层均质地层模型

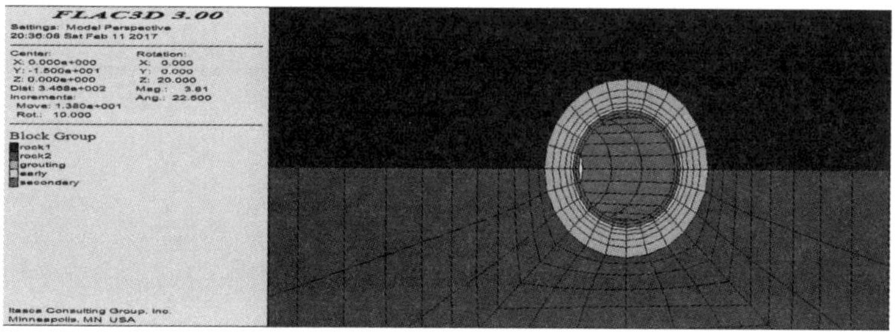

(b)模型隧道局部

图 4.23　双层均质地层计算模型

参照穿越均质地层考虑，对于平均穿越两层均质地层的隧道设置模型参数如表 4.7，渗透系数及孔隙率如表 4.8 所示。

表 4.7　物理参数

类别	体积模量/GPa	切变模量/GPa	内聚力/MPa	内摩擦角/(°)	抗拉强度/MPa	密度/(kg/m³)
地层 1	2.7778	0.5319	0.55	33	0.085	2125
地层 2	2.8333	0.6071	0.6	35	0.09	2250
注浆圈	6.6667	3.0769	—	—	—	2300
初期支护	15.4761	10.6557	—	—	—	2500
二次衬砌	16.6667	12.5	—	—	—	2700

表 4.8　渗透系数及孔隙率

类别	孔隙率	渗透系数/(m/s)
地层 1	0.40	2.4744×10^{-10}
地层 2	0.38	1.2089×10^{-10}
注浆圈	0.15	地层 2 渗透系数/注浆圈渗透系数=n
初期支护	0.10	2.4141×10^{-12}
二次衬砌	0.05	3.1212×10^{-13}(考虑二衬排水的折合系数)

针对开挖断面平均穿越双层均质地层情况，对于注浆加固圈参数分析同样考虑如表 4.9 所示工况。

表 4.9 注浆加固圈分析工况细目

开挖断面与地层位置关系	注浆圈厚度/m	注浆圈效果(渗透系数比 n)	工况编号
开挖断面平均穿越双层均质地层	3	5	2-1
	3	10	2-2
	3	15	2-3
	3	20	2-4
	3	25	2-5
	5	5	2-6
	5	10	2-7
	5	15	2-8
	5	20	2-9
	5	25	2-10
	7	5	2-11
	7	10	2-12
	7	15	2-13
	7	20	2-14
	7	25	2-15
	9	5	2-16
	9	10	2-17
	9	15	2-18
	9	20	2-19
	9	25	2-20

对每个工况内隧道拱顶、拱腰上部、拱腰下部及拱底的水压力变化进行监测，直到渗流场达到稳定时取各部位二次衬砌背后水压力值进行综合分析。

2. 隧道开挖面平均穿越三层均质地层

以隧道开挖断面被三层水平地层平均分割作为模型依据，模型尺寸为 120m×120m，隧道中心为坐标原点位置，隧道走向为 Y 轴正方向，长度为 24m，重力方向为 Z 轴负方向，沿 Z 轴负方向地层分布分别为地层 1、地层 2 和地层 3。依据模型尺寸，根据隧道开挖面调整地层厚度，故而地层 1 和地层 3 厚度均为 55.26m，其间夹层地层 2 厚度为 9.48m，隧道开挖断面分布在三个地层内。因所计算隧道为 300～350km/h 高速铁路单线隧道，根据列车以及列车时速引起的空气动力学问题分析，隧道净空应在 100m²左右，故而设计模型隧道内径为 5.7m，根据圆梁山隧道实际情况考虑设置为 0.7m，初期支护以我国高速铁路主要设计标准为依据设为 0.3m。注浆加固圈厚度为变化工况，如图 4.24 所示。

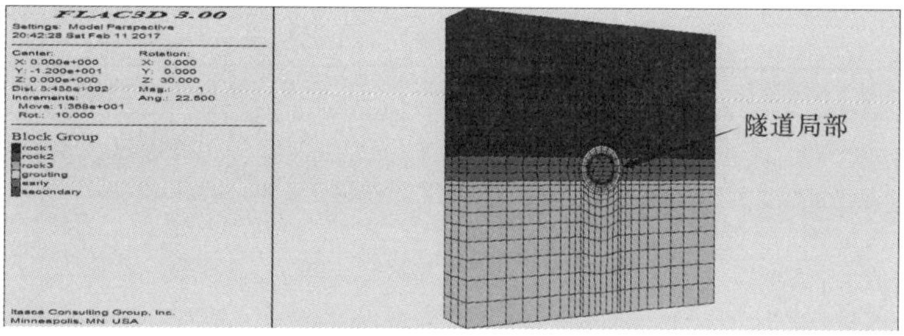

(a)隧道开挖面平均穿越三层均质地层模型

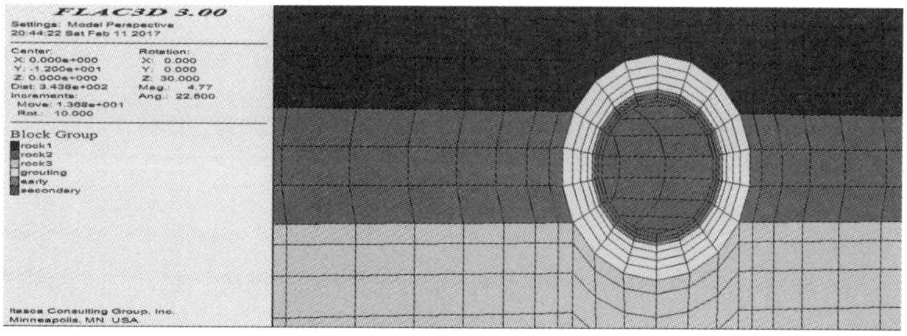

(b)模型隧道局部

图 4.24　三层均质地层计算模型

同理，对于隧道开挖断面被三层水平地层平均分割作为模型，设置物理参数如表 4.10 所示，渗透系数及孔隙率如表 4.11 所示。

表 4.10　物理参数

类别	体积模量/GPa	切变模量/GPa	内聚力/MPa	内摩擦角/(°)	抗拉强度/MPa	密度/(kg/m³)
地层 1	0.3333	0.0345	0.1	30	0.07	2000
地层 2	2.7778	0.5319	0.55	33	0.085	2125
地层 3	2.8333	0.6071	0.6	35	0.09	2250
注浆圈	6.6667	3.0769	—	—	—	2300
初期支护	15.4761	10.6557	—	—	—	2500
二次衬砌	16.6667	12.5	—	—	—	2700

表 4.11　渗透系数及孔隙率

类别	孔隙率	渗透系数/(m/s)
地层 1	0.40	2.4744×10^{-10}
地层 2	0.38	1.2089×10^{-10}
注浆圈	0.15	地层 2 渗透系数/注浆圈渗透系数=n
初期支护	0.10	2.4141×10^{-12}
二次衬砌	0.05	3.1212×10^{-13}(考虑二衬排水的折合系数)

分析工况如表 4.12 所示，对每个工况内隧道拱顶、拱肩、拱腰、拱脚及拱底的水压力变化进行监测，直到渗流场达到稳定时取各部位二次衬砌背后水压力值进行综合分析。

表 4.12 注浆加固圈分析工况细目

开挖断面与地层位置关系	注浆圈厚度/m	注浆圈效果(渗透系数比 n)	工况编号
开挖面平均穿越三层均质地层	3	5	3-1
	3	10	3-2
	3	15	3-3
	3	20	3-4
	3	25	3-5
	5	5	3-6
	5	10	3-7
	5	15	3-8
	5	20	3-9
	5	25	3-10
	7	5	3-11
	7	10	4.15
	7	15	3-13
	7	20	3-14
	7	25	3-15
	9	5	3-16
	9	10	3-17
	9	15	3-18
	9	20	3-19
	9	25	3-20

二、计算结果与分析

以下将对二次衬砌背后水压力与合理注浆加固圈参数进行分析。

(一)穿越均质地层各工况下水压力情况

通过平衡初始地应力场、模拟开挖衬砌到加载渗流场至渗流场稳定后，可得到各工况渗流场稳定条件下隧道不同部位二衬背后水压力值如表 4.13 所示。

各工况条件下，渗流场趋于稳定后隧道拱顶、拱腰以及拱底的二次衬砌背后的水压力值在同一数量级内差别不大，从而说明在第三节中，根据地下水渗流流网图所作出的无限含水层环向地层的假设基本正确，且在注浆情况越好(注浆范围大，渗透系数小)的情况下，隧道各部位二次衬砌背后水压力几乎相当。同时，水压力值从拱顶、拱腰至拱底仍有一定程度的增大，这说明模型的尺寸效应明显，若在隧底按照理论分析作无限含水层考虑而非指定模型底部为不透水边界，则拱顶水压力值应为最大水压力值，亦为最安全的水压力计算值。从计算来看，即便是在模型底部设置为不透水边界即隧道底部存在不透水层的情况下，隧底的二次衬砌背后水压力值较拱顶值并没有非常显著的增大，证明在 Z 轴方向上确为渗流情况最激烈部分，而隧底由于不透水层的存在水压力值确为衬砌上水压力值最大的部位，故在设计及施工过程中应依据实际情况慎重考虑。对于隧道各部位二次衬砌背后水压力值在不同工况下的对比分析如图 4.25 所示。

表 4.13　各工况渗流场稳定条件下隧道不同部位二衬背后水压力值

工况	部位	水压力值/Pa	工况	部位	水压力值/Pa
1-1	二衬拱顶	1.494×10^6	1-11	二衬拱顶	1.457×10^6
1-1	二衬拱腰	1.532×10^6	1-11	二衬拱腰	1.468×10^6
1-1	二衬拱底	1.570×10^6	1-11	二衬拱底	1.479×10^6
1-2	二衬拱顶	1.444×10^6	1-12	二衬拱顶	1.367×10^6
1-2	二衬拱腰	1.481×10^6	1-12	二衬拱腰	1.377×10^6
1-2	二衬拱底	1.518×10^6	1-12	二衬拱底	1.388×10^6
1-3	二衬拱顶	1.397×10^6	1-13	二衬拱顶	1.287×10^6
1-3	二衬拱腰	1.433×10^6	1-13	二衬拱腰	1.297×10^6
1-3	二衬拱底	1.469×10^6	1-13	二衬拱底	1.307×10^6
1-4	二衬拱顶	1.352×10^6	1-14	二衬拱顶	1.216×10^6
1-4	二衬拱腰	1.388×10^6	1-14	二衬拱腰	1.225×10^6
1-4	二衬拱底	1.423×10^6	1-14	二衬拱底	1.236×10^6
1-5	二衬拱顶	1.311×10^6	1-15	二衬拱顶	1.152×10^6
1-5	二衬拱腰	1.346×10^6	1-15	二衬拱腰	1.161×10^6
1-5	二衬拱底	1.379×10^6	1-15	二衬拱底	1.171×10^6
1-6	二衬拱顶	1.470×10^6	1-16	二衬拱顶	1.442×10^6
1-6	二衬拱腰	1.482×10^6	1-16	二衬拱腰	1.452×10^6
1-6	二衬拱底	1.493×10^6	1-16	二衬拱底	1.464×10^6
1-7	二衬拱顶	1.401×10^6	1-17	二衬拱顶	1.338×10^6
1-7	二衬拱腰	1.412×10^6	1-17	二衬拱腰	1.348×10^6
1-7	二衬拱底	1.423×10^6	1-17	二衬拱底	1.359×10^6
1-8	二衬拱顶	1.335×10^6	1-18	二衬拱顶	1.248×10^6
1-8	二衬拱腰	1.345×10^6	1-18	二衬拱腰	1.257×10^6
1-8	二衬拱底	1.356×10^6	1-18	二衬拱底	1.268×10^6
1-9	二衬拱顶	1.275×10^6	1-19	二衬拱顶	1.169×10^6
1-9	二衬拱腰	1.285×10^6	1-19	二衬拱腰	1.178×10^6
1-9	二衬拱底	1.295×10^6	1-19	二衬拱底	1.188×10^6
1-10	二衬拱顶	1.220×10^6	1-20	二衬拱顶	1.099×10^6
1-10	二衬拱腰	1.229×10^6	1-20	二衬拱腰	1.108×10^6
1-10	二衬拱底	1.240×10^6	1-20	二衬拱底	1.118×10^6

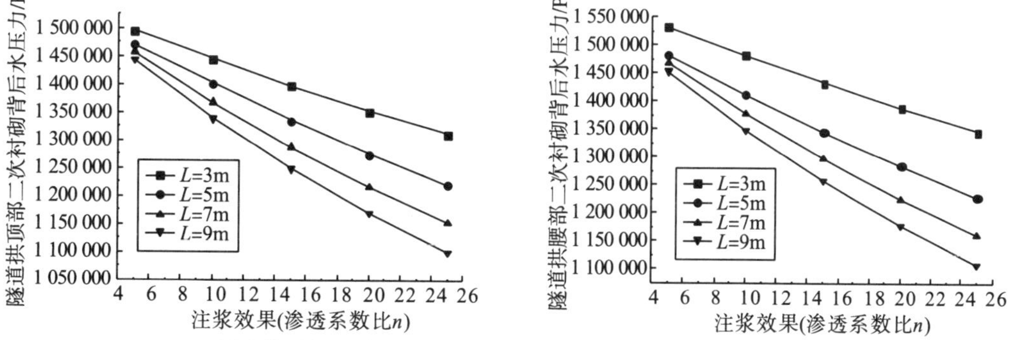

(a) 隧道拱顶水压力情况　　(b) 隧道拱腰水压力情况

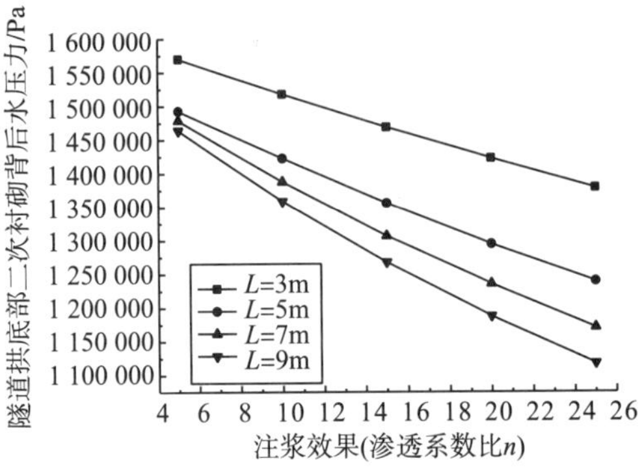

(c) 隧道拱底水压力情况

图 4.25 隧道各部位二次衬砌各工况条件下水压力分析

由图 4.25 对比隧道衬砌不同部位各工况条件下水压力变化可知，在水压力越大的情况下，对地层进行注浆加固效果越明显，同时，在一定的注浆效果且相同的情况下，增大注浆范围能够明显改善二次衬砌背后水压力过大的问题。注浆圈厚度在 3m 增大至 5m 的过程中，二次衬砌背后水压力值显著降低，继续增大注浆范围水压力值降低速率逐渐减小。在不同部位的水压力值对比中，注浆效果-水压力曲线的斜率均小于-1，这说明同条件下增加注浆范围比提高注浆效果更能提高阻水效率降低水压力；斜率在加固圈厚度注浆增大的过程中逐渐减小，则说明在注浆范围达到一定程度后，继续提高注浆效果比继续增加注浆范围更有效。

理论上考虑，无限增大注浆范围且提高注浆效果势必能极度有效地提高阻水效率降低水压力值，但基于现实情况的考虑，以及曲线分析，在注浆范围超过 8m，注浆效果 n=20 之后的地层改善效果与投入资源比非常小，故而合理注浆加固参数应为注浆范围 5～8m，注浆效果在 n=15～20。这一结论与理论分析解析推导的计算结果基本吻合。另有隧道各典型工况条件下水压力分布如表 4.14 所示：通过对比各典型工况下模型内水压力云图可知，随着注浆加固程度的深入，隧道建设对于原始地层内渗流场的扰动越小，各工况条件下二次衬砌背后水压力也有较为显著的减小。这对于隧址区域的环境保护及经济衬砌结构具有非常重要的意义。在印证了第二节中通过分析衬砌水压力特征和影响因素后，提出的“堵水为主，排水为辅，分层设防，层层封堵”的隧道高水压问题的处理理念之外，更加确定了合理对地层进行堵水加固形成环向注浆堵水加固圈在高水压隧道建设中的非凡意义。

表 4.14 各典型工况下水压力分布

工况	水压力云图	二次衬砌水压力分布
1-1	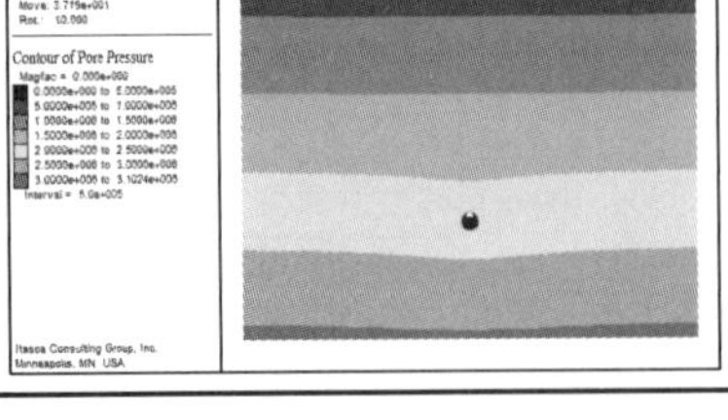	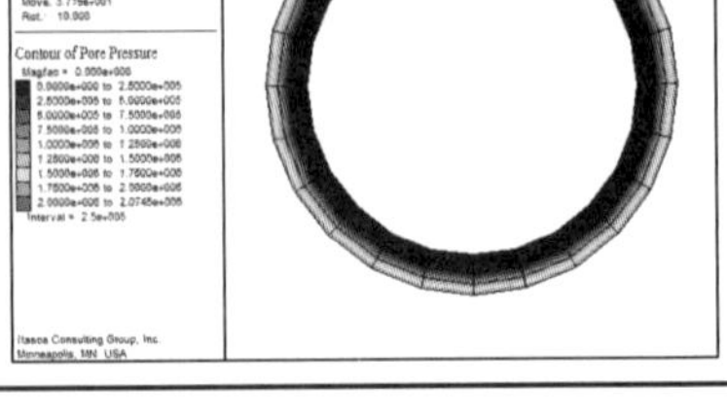

续表

工况	水压力云图	二次衬砌水压力分布
1-5	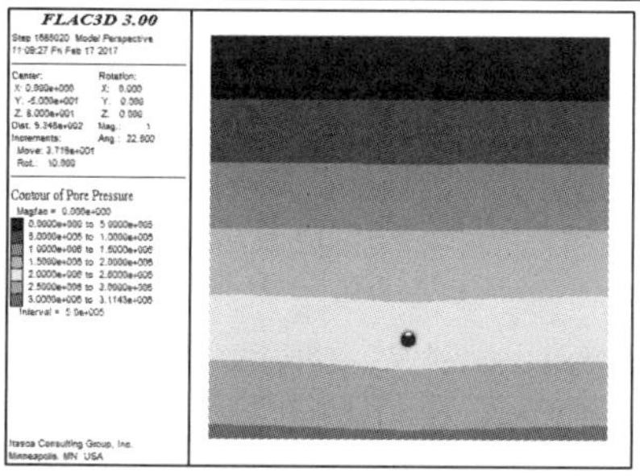	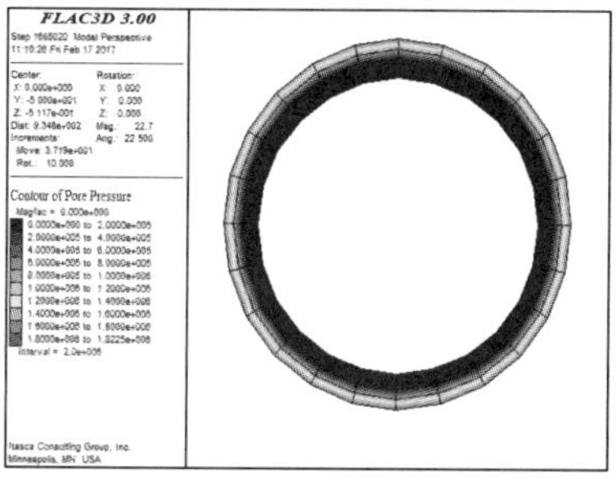
1-8	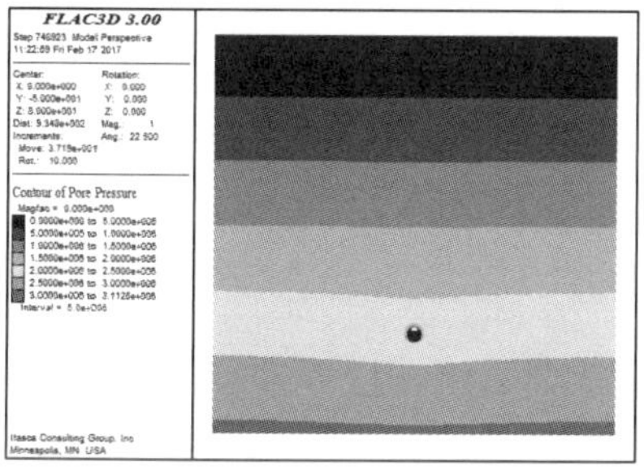	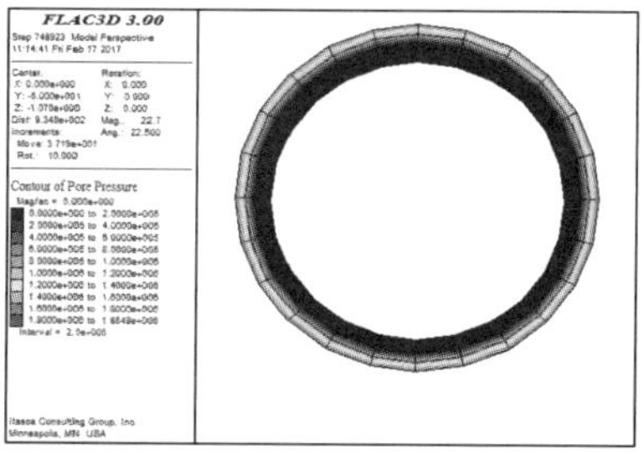
1-13	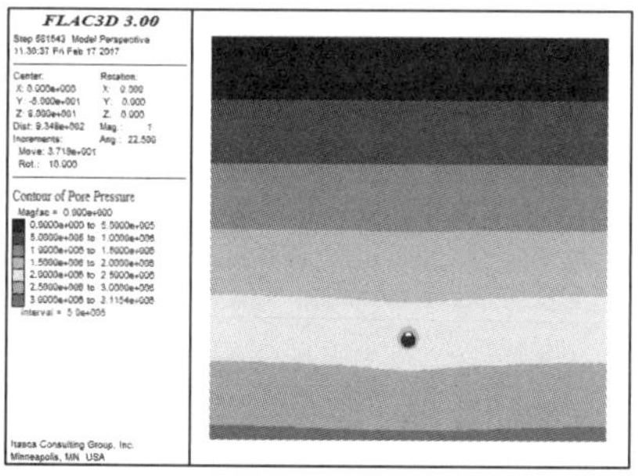	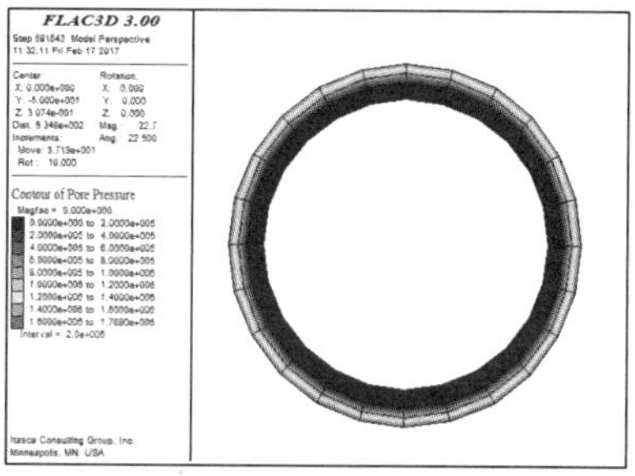
1-16	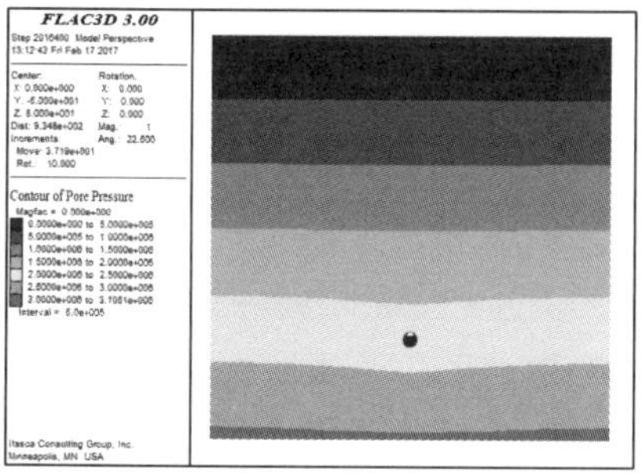	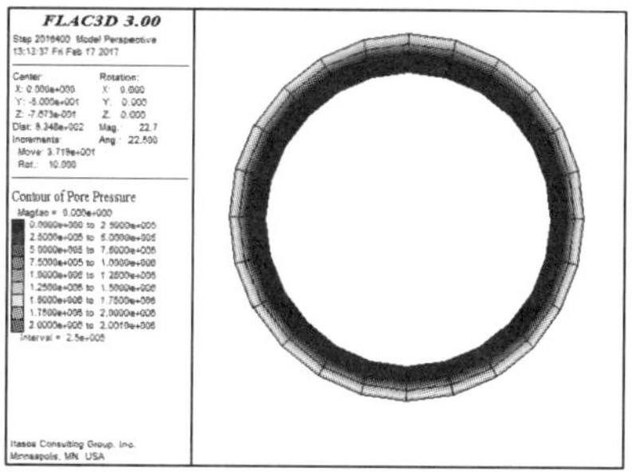
1-20	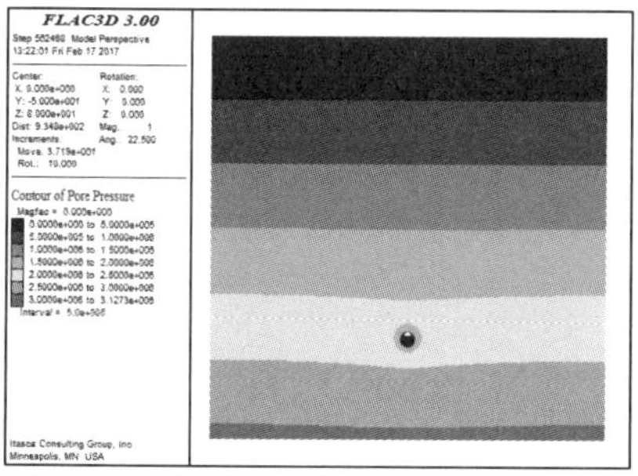	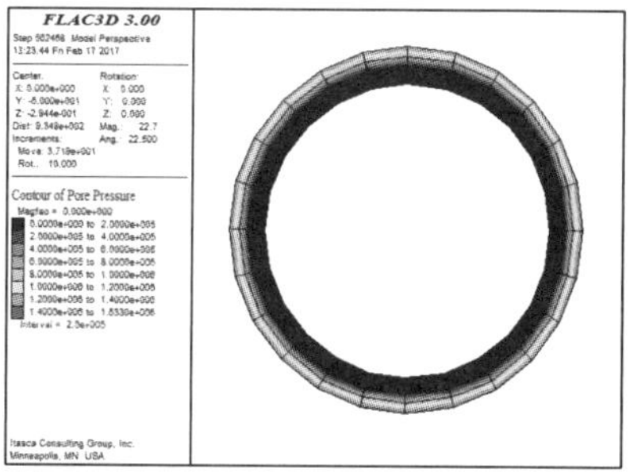

(二)穿越多地层各工况下水压力情况

1. 隧道开挖断面平均穿越双层均质地层

通过平衡初始地应力场、模拟开挖衬砌到加载渗流场至渗流场稳定后，可得到各工况渗流场稳定条件下隧道不同部位二次衬砌(即二衬)背后水压力值如表4.15所示。

表4.15 各工况渗流场稳定条件下隧道不同部位二衬背后水压力值

工况	部位	水压力值/Pa	工况	部位	水压力值/Pa
2-1	二次衬砌(即二衬)拱顶	3.581×10^5	2-11	二衬拱顶	3.471×10^5
2-1	二衬拱腰上	3.934×10^5	2-11	二衬拱腰上	3.814×10^5
2-1	二衬拱腰下	4.037×10^5	2-11	二衬拱腰下	3.917×10^5
2-1	二衬拱底	4.375×10^5	2-11	二衬拱底	4.252×10^5
2-2	二衬拱顶	3.453×10^5	2-12	二衬拱顶	3.243×10^5
2-2	二衬拱腰上	3.796×10^5	2-12	二衬拱腰上	3.570×10^5
2-2	二衬拱腰下	3.896×10^5	2-12	二衬拱腰下	3.668×10^5
2-2	二衬拱底	4.224×10^5	2-12	二衬拱底	3.988×10^5
2-3	二衬拱顶	3.334×10^5	2-13	二衬拱顶	3.042×10^5
2-3	二衬拱腰上	3.667×10^5	2-13	二衬拱腰上	3.356×10^5
2-3	二衬拱腰下	3.765×10^5	2-13	二衬拱腰下	3.450×10^5
2-3	二衬拱底	4.085×10^5	2-13	二衬拱底	3.757×10^5
2-4	二衬拱顶	3.219×10^5	2-14	二衬拱顶	2.860×10^5
2-4	二衬拱腰上	3.544×10^5	2-14	二衬拱腰上	3.161×10^5
2-4	二衬拱腰下	3.639×10^5	2-14	二衬拱腰下	3.251×10^5
2-4	二衬拱底	3.951×10^5	2-14	二衬拱底	3.546×10^5
2-5	二衬拱顶	3.117×10^5	2-15	二衬拱顶	2.706×10^5
2-5	二衬拱腰上	3.435×10^5	2-15	二衬拱腰上	2.997×10^5
2-5	二衬拱腰下	3.528×10^5	2-15	二衬拱腰下	3.083×10^5
2-5	二衬拱底	3.833×10^5	2-15	二衬拱底	3.368×10^5
2-6	二衬拱顶	3.521×10^5	2-16	二衬拱顶	3.428×10^5
2-6	二衬拱腰上	3.868×10^5	2-16	二衬拱腰上	3.769×10^5
2-6	二衬拱腰下	3.971×10^5	2-16	二衬拱腰下	3.871×10^5
2-6	二衬拱底	4.307×10^5	2-16	二衬拱底	4.207×10^5
2-7	二衬拱顶	3.337×10^5	2-17	二衬拱顶	3.165×10^5
2-7	二衬拱腰上	3.670×10^5	2-17	二衬拱腰上	3.488×10^5
2-7	二衬拱腰下	3.769×10^5	2-17	二衬拱腰下	3.585×10^5
2-7	二衬拱底	4.092×10^5	2-17	二衬拱底	3.903×10^5
2-8	二衬拱顶	3.170×10^5	2-18	二衬拱顶	2.938×10^5
2-8	二衬拱腰上	3.492×10^5	2-18	二衬拱腰上	3.247×10^5

续表

工况	部位	水压力值/Pa	工况	部位	水压力值/Pa
2-8	二衬拱腰下	3.587×10^5	2-18	二衬拱腰下	3.340×10^5
2-8	二衬拱底	3.899×10^5	2-18	二衬拱底	3.643×10^5
2-9	二衬拱顶	3.016×10^5	2-19	二衬拱顶	2.736×10^5
2-9	二衬拱腰上	3.326×10^5	2-19	二衬拱腰上	3.032×10^5
2-9	二衬拱腰下	3.418×10^5	2-19	二衬拱腰下	3.120×10^5
2-9	二衬拱底	3.719×10^5	2-19	二衬拱底	3.411×10^5
2-10	二衬拱顶	2.882×10^5	2-20	二衬拱顶	2.568×10^5
2-10	二衬拱腰上	3.183×10^5	2-20	二衬拱腰上	2.853×10^5
2-10	二衬拱腰下	3.272×10^5	2-20	二衬拱腰下	2.938×10^5
2-10	二衬拱底	3.564×10^5	2-20	二衬拱底	3.218×10^5

由表 4.15 可知，在不同条件的岩层内时，其二次衬砌背后的水压力值有明显差别，同样与第三节内解析推导讨论相仿，在二次衬砌水压力越大的部位，即岩层渗透性越好的部位，注浆效果越显著。

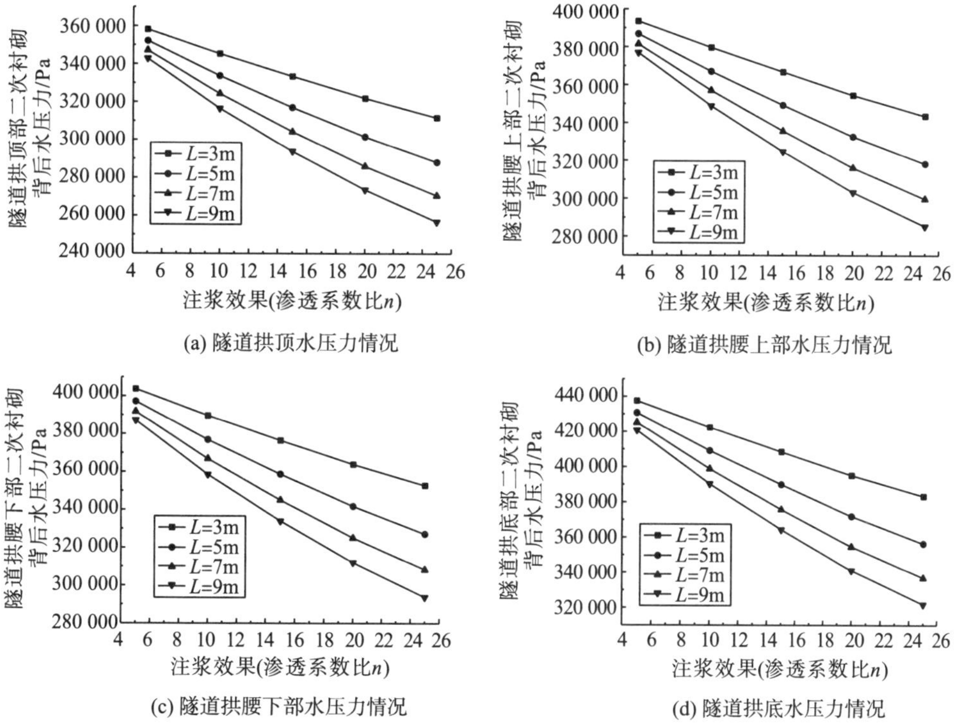

图 4.26　隧道各部位二次衬砌各工况条件下水压力分析

由图 4.26 及表 4.16 所示，对比可知其水压力变化趋势基本吻合，同样由于尺寸效应使得上部水压力反而小于下部，若扩大模型尺寸或提高水压力即可得到与理论推导完全一致的结论，这与高水压隧道的现场实际情况基本相符。

表 4.16　各典型工况下水压力分布

工况	水压力云图	二次衬砌水压力分布
2-1	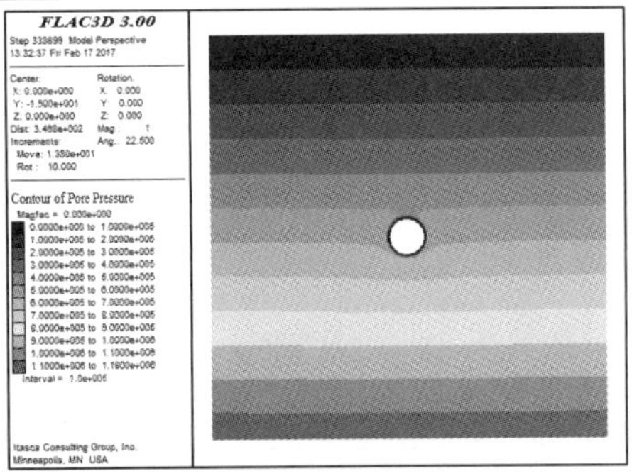	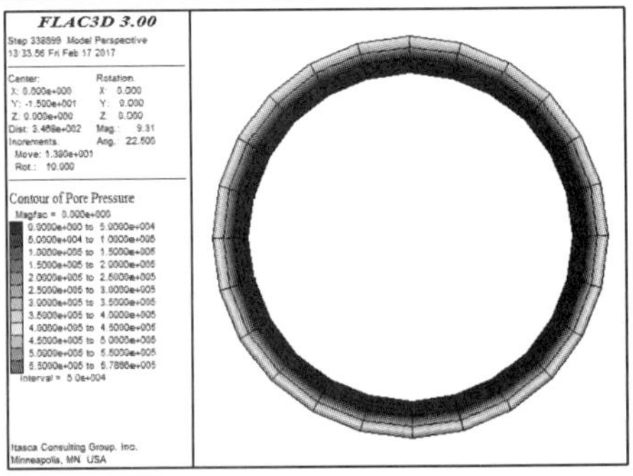
2-5	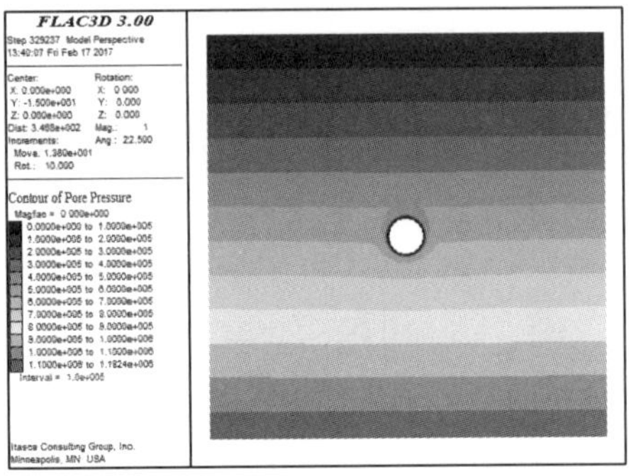	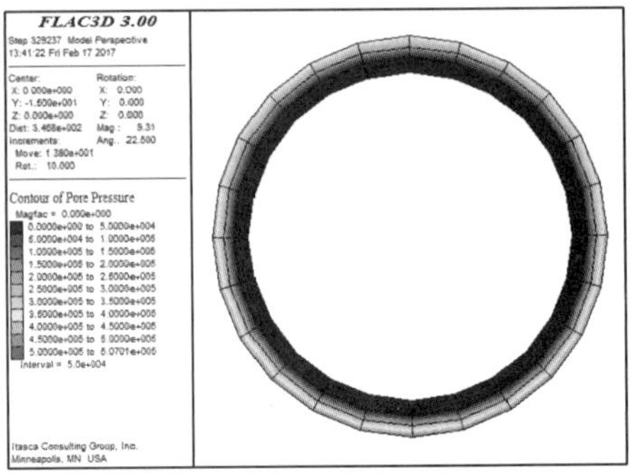
2-8	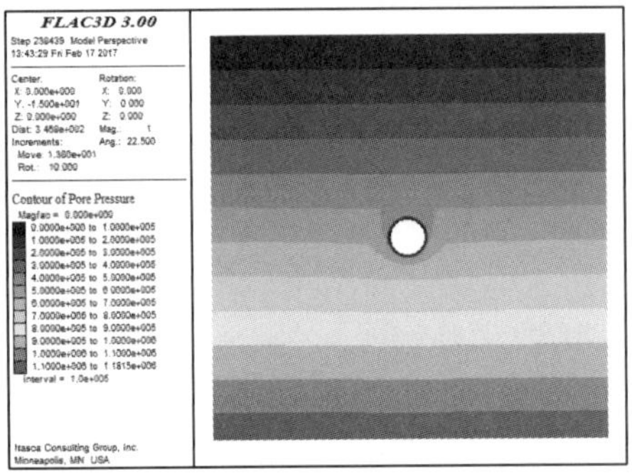	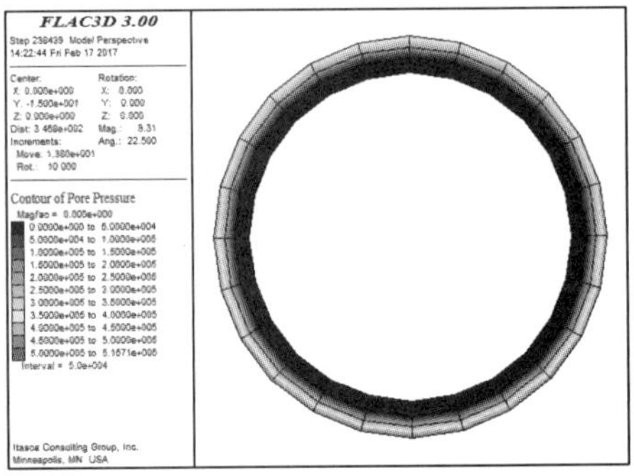
2-13	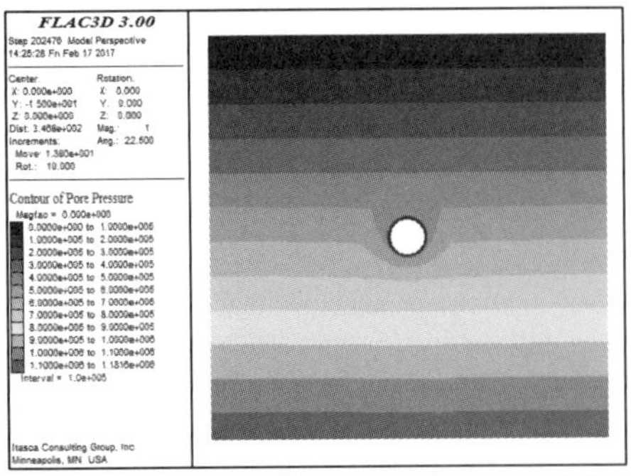	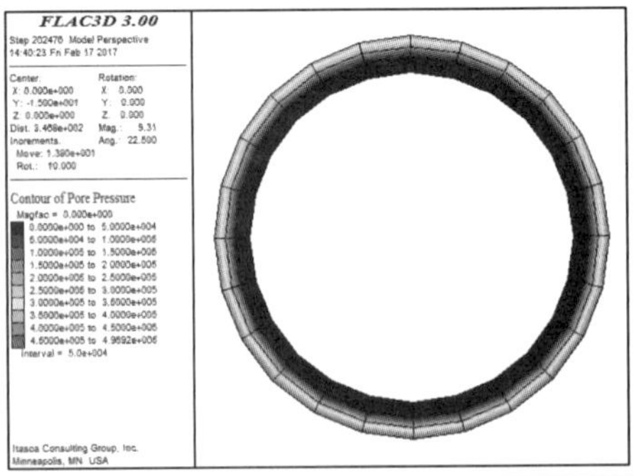

续表

工况	水压力云图	二次衬砌水压力分布
2-16	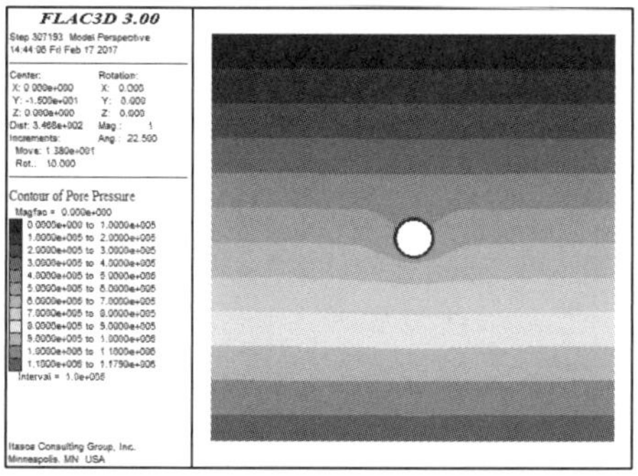	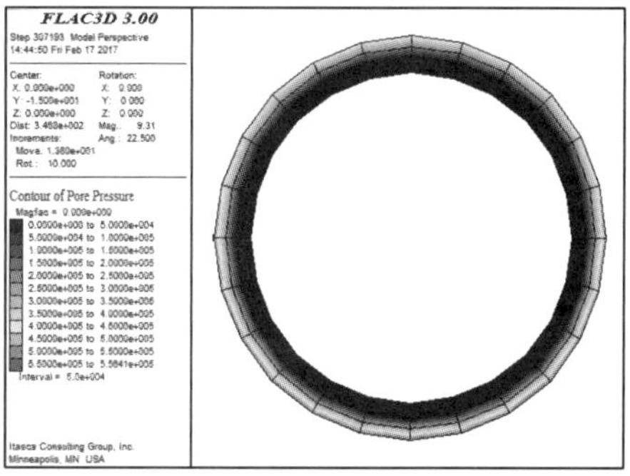
2-20	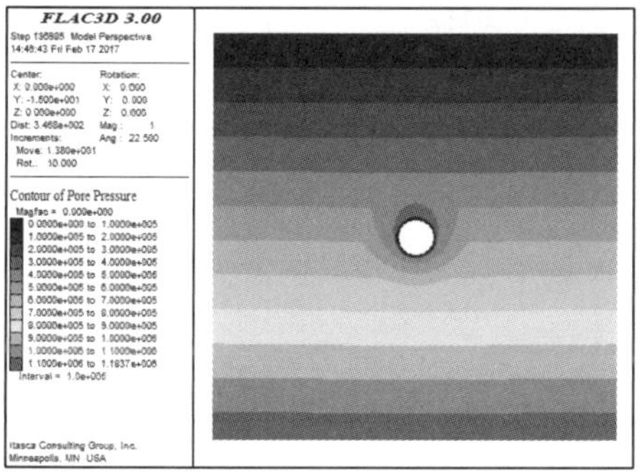	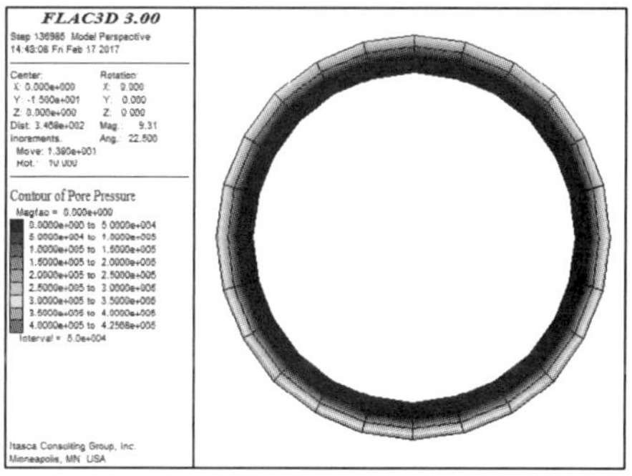

类似于均质地层内的讨论，如表 4.16 所示，在注浆加固圈范围扩大注浆效果提高的情况下，隧道对于原始渗流场的干扰逐渐减小。

2. 隧道开挖面平均穿越三层均质地层

通过平衡初始地应力场、模拟开挖衬砌到加载渗流场至渗流场稳定后，可得到各工况渗流场稳定条件下隧道不同部位二衬背后水压力值，如表 4.17 所示。拱顶和拱肩、拱脚及拱底的水压力在数量级内差别不大，但隧道分别位于不同地层的部分，水压力值有明显差别，进一步说明在跨地层穿越方面，同样作无限含水层环向地层的假设基本正确，不同渗透系数的地层对于隧道二次衬砌背后水压力值影响较明显。

表 4.17　各工况渗流场稳定条件下隧道不同部位二衬背后水压力值

工况	部位	水压力值/Pa	工况	部位	水压力值/Pa
3-1	二衬拱顶	3.691×10^5	3-11	二衬拱顶	3.560×10^5
3-1	二衬拱肩	3.838×10^5	3-11	二衬拱肩	3.669×10^5
3-1	二衬拱腰	4.093×10^5	3-11	二衬拱腰	3.959×10^5
3-1	二衬拱脚	4.338×10^5	3-11	二衬拱脚	4.239×10^5
3-1	二衬拱底	4.470×10^5	3-11	二衬拱底	4.341×10^5
3-2	二衬拱顶	3.555×10^5	4.15	二衬拱顶	3.320×10^5
3-2	二衬拱肩	3.699×10^5	4.15	二衬拱肩	3.424×10^5

续表

工况	部位	水压力值/Pa	工况	部位	水压力值/Pa
3-2	二衬拱腰	3.946×10^5	4.15	二衬拱腰	3.701×10^5
3-2	二衬拱脚	4.184×10^5	4.15	二衬拱脚	3.969×10^5
3-2	二衬拱底	4.312×10^5	4.15	二衬拱底	4.065×10^5
3-3	二衬拱顶	3.429×10^5	3-13	二衬拱顶	3.111×10^5
3-3	二衬拱肩	3.568×10^5	3-13	二衬拱肩	3.210×10^5
3-3	二衬拱腰	3.810×10^5	3-13	二衬拱腰	3.476×10^5
3-3	二衬拱脚	4.042×10^5	3-13	二衬拱脚	3.733×10^5
3-3	二衬拱底	4.167×10^5	3-13	二衬拱底	3.825×10^5
3-4	二衬拱顶	3.311×10^5	3-14	二衬拱顶	2.925×10^5
3-4	二衬拱肩	3.447×10^5	3-14	二衬拱肩	3.021×10^5
3-4	二衬拱腰	3.682×10^5	3-14	二衬拱腰	3.276×10^5
3-4	二衬拱脚	3.909×10^5	3-14	二衬拱脚	3.523×10^5
3-4	二衬拱底	4.031×10^5	3-14	二衬拱底	3.612×10^5
3-5	二衬拱顶	3.201×10^5	3-15	二衬拱顶	2.760×10^5
3-5	二衬拱肩	3.334×10^5	3-15	二衬拱肩	2.852×10^5
3-5	二衬拱腰	3.563×10^5	3-15	二衬拱腰	3.099×10^5
3-5	二衬拱脚	3.785×10^5	3-15	二衬拱脚	3.337×10^5
3-5	二衬拱底	3.905×10^5	3-15	二衬拱底	3.423×10^5
3-6	二衬拱顶	3.614×10^5	3-16	二衬拱顶	3.510×10^5
3-6	二衬拱肩	3.750×10^5	3-16	二衬拱肩	3.627×10^5
3-6	二衬拱腰	4.019×10^5	3-16	二衬拱腰	3.908×10^5
3-6	二衬拱脚	4.278×10^5	3-16	二衬拱脚	4.182×10^5
3-6	二衬拱底	4.403×10^5	3-16	二衬拱底	4.291×10^5
3-7	二衬拱顶	3.420×10^5	3-17	二衬拱顶	3.235×10^5
3-7	二衬拱肩	3.552×10^5	3-17	二衬拱肩	3.345×10^5
3-7	二衬拱腰	3.810×10^5	3-17	二衬拱腰	3.612×10^5
3-7	二衬拱脚	4.058×10^5	3-17	二衬拱脚	3.872×10^5
3-7	二衬拱底	4.179×10^5	3-17	二衬拱底	3.976×10^5
3-8	二衬拱顶	3.245×10^5	3-18	二衬拱顶	2.999×10^5
3-8	二衬拱肩	3.372×10^5	3-18	二衬拱肩	3.104×10^5
3-8	二衬拱腰	3.621×10^5	3-18	二衬拱腰	3.359×10^5
3-8	二衬拱脚	3.861×10^5	3-18	二衬拱脚	3.607×10^5
3-8	二衬拱底	3.978×10^5	3-18	二衬拱底	3.706×10^5
3-9	二衬拱顶	3.087×10^5	3-19	二衬拱顶	2.794×10^5
3-9	二衬拱肩	3.210×10^5	3-19	二衬拱肩	2.895×10^5
3-9	二衬拱腰	3.450×10^5	3-19	二衬拱腰	3.139×10^5
3-9	二衬拱脚	3.683×10^5	3-19	二衬拱脚	3.377×10^5

续表

工况	部位	水压力值/Pa	工况	部位	水压力值/Pa
3-9	二衬拱底	3.796×10^5	3-19	二衬拱底	3.472×10^5
3-10	二衬拱顶	2.943×10^5	3-20	二衬拱顶	2.615×10^5
3-10	二衬拱肩	3.062×10^5	3-20	二衬拱肩	2.712×10^5
3-10	二衬拱腰	3.295×10^5	3-20	二衬拱腰	2.946×10^5
3-10	二衬拱脚	3.520×10^5	3-20	二衬拱脚	3.175×10^5
3-10	二衬拱底	3.630×10^5	3-20	二衬拱底	3.266×10^5

如图 4.27 所示，通过对各部分各工况下的水压力值进行对比，进一步验证了前述结论。拱顶、拱肩和拱脚、拱底由于处在同一地层内，水压力值以及在注浆加固过程中减小趋势相差无几。注浆加固合理范围与穿越均质地层以及平均穿越两层渗透系数不同的均质地层所计算得到的结果基本相当。故而注浆加固圈参数的合理取值与隧道和地层位置关系无关，但由于在地层加固堵水过程中，渗透系数越小的地层效果越明显，所以合理的注浆加固圈参数与隧道开挖面接触地层的最大渗透系数密切相关。

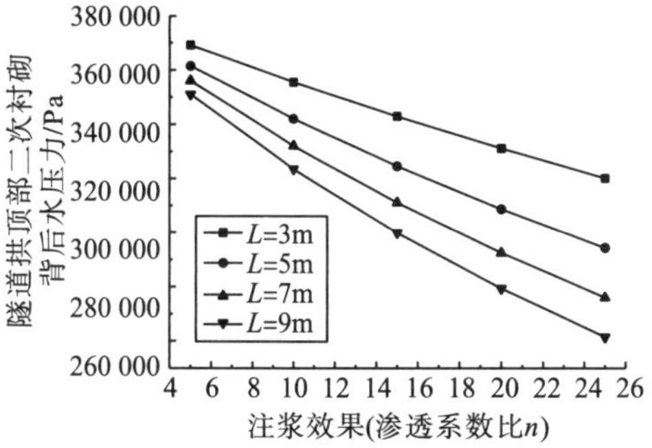

(a) 隧道拱顶水压力情况

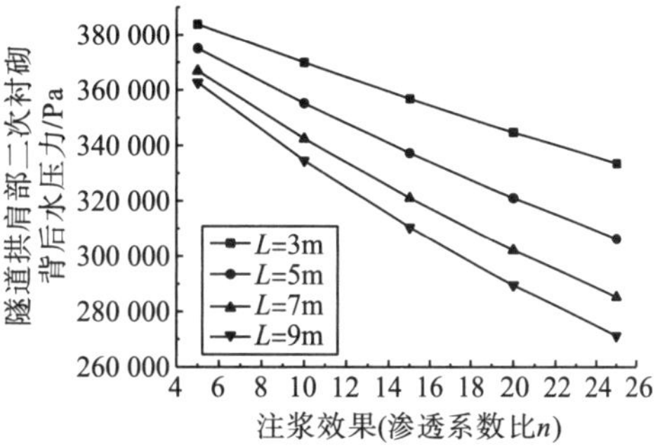

(b) 隧道拱肩水压力情况

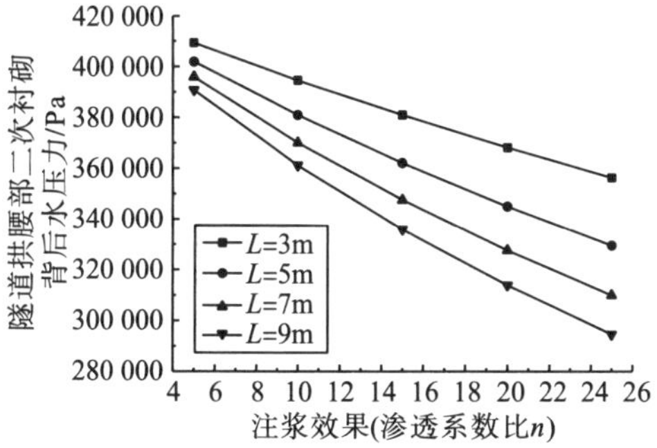

(c) 隧道拱腰水压力情况

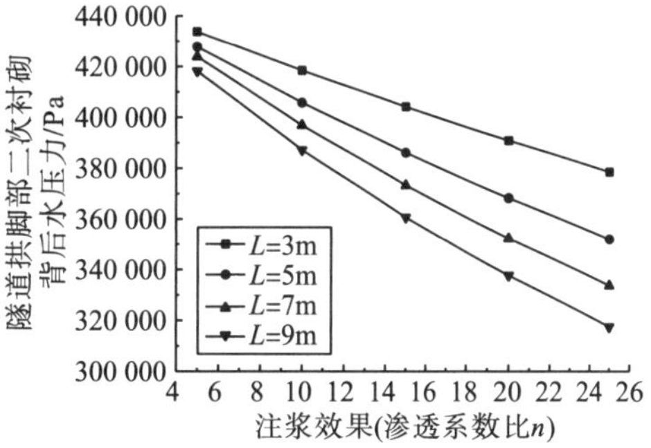

(d) 隧道拱脚水压力情况

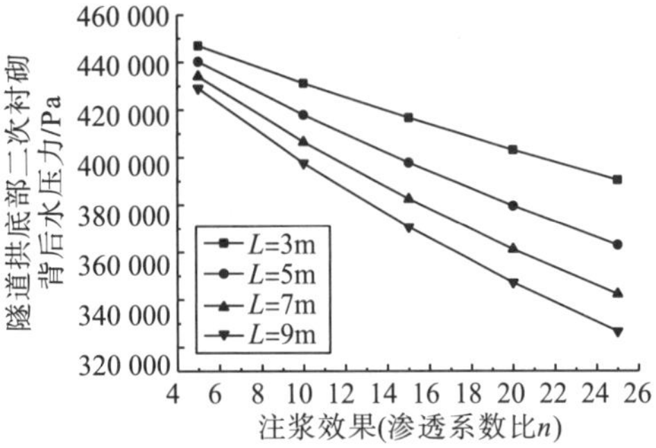

(e) 隧道拱底水压力情况

图 4.27 隧道各部位二次衬砌各工况条件下水压力分析

结合隧道开挖面平均穿越三层均质地层解析解的推导以及水压力分布情况，如前述尺寸效应关系，根据数值模拟得到如表 4.18 所示的二次衬砌水压力分布呈“正葫芦形”，在增大模型尺寸或提高水压力荷载条件下，基本与解析解保持一致。但“葫芦形”水压力分布也间接说明了不同地层对于隧道衬砌水压力的不同影响，充分说明对于衬砌水压力影响因素及特征分析中，将复杂的地层因素作为问题关键一环的考虑是恰当的。

表 4.18 各典型工况下水压力分布

工况	水压力云图	二次衬砌水压力分布
3-1	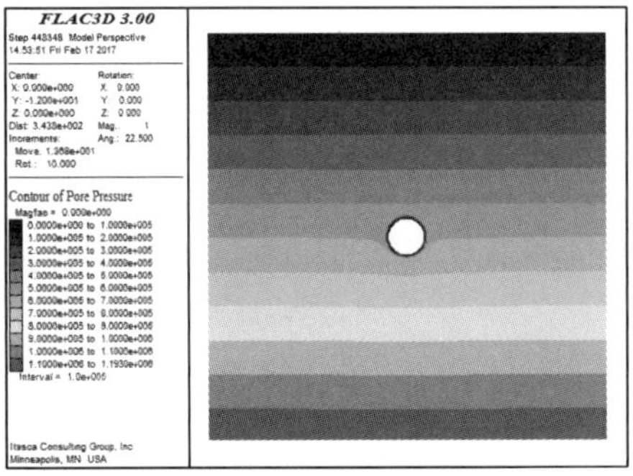	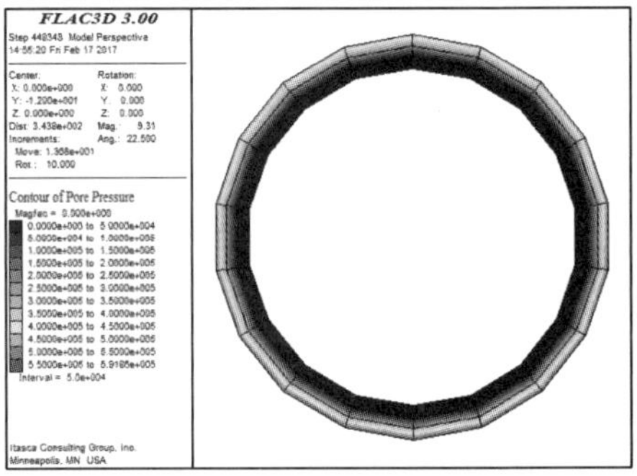
3-5	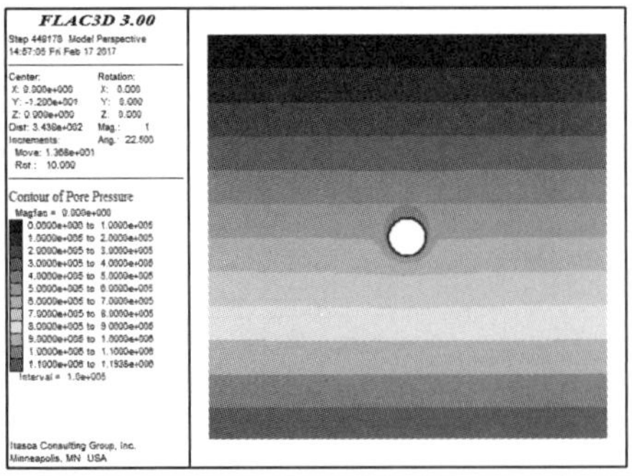	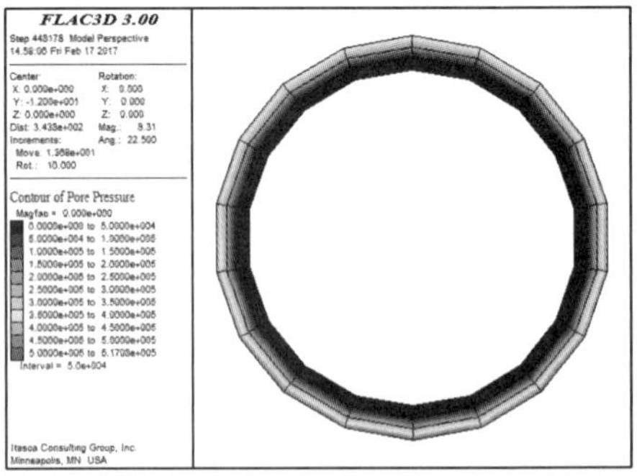

续表

工况	水压力云图	二次衬砌水压力分布
3-8	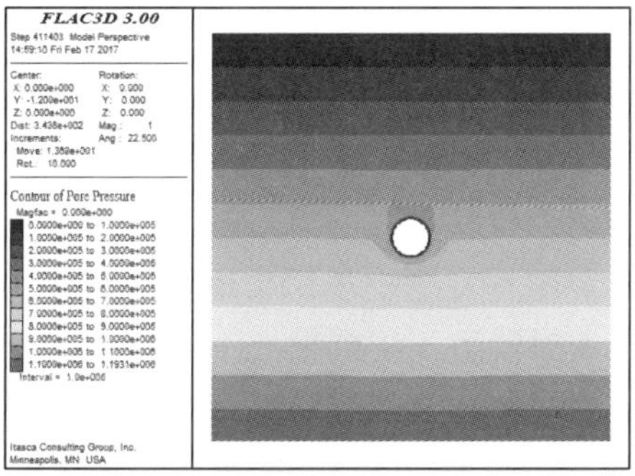	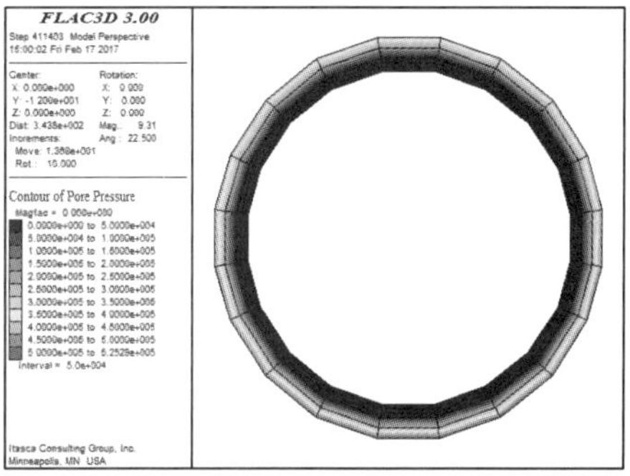
3-13	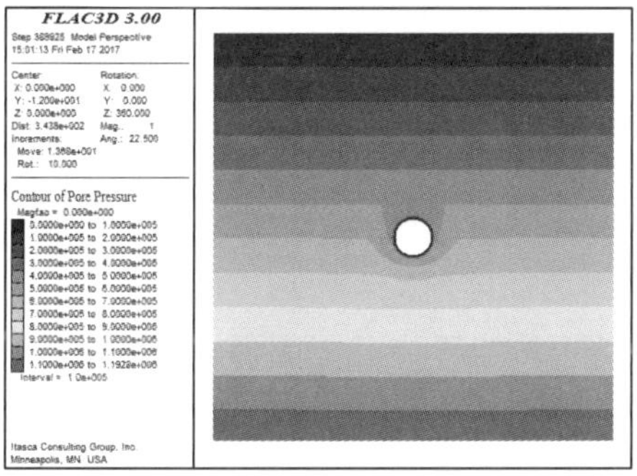	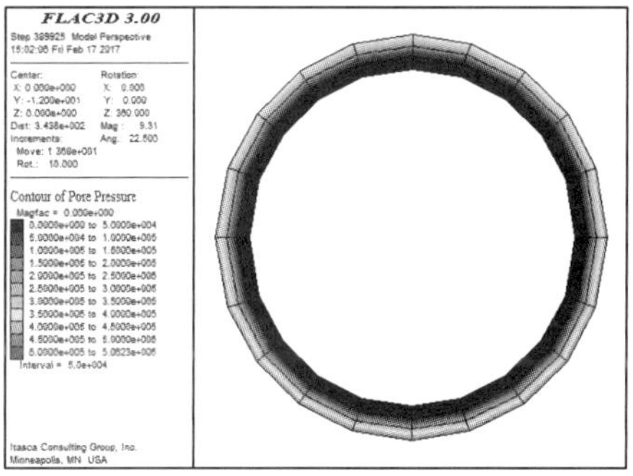
3-16	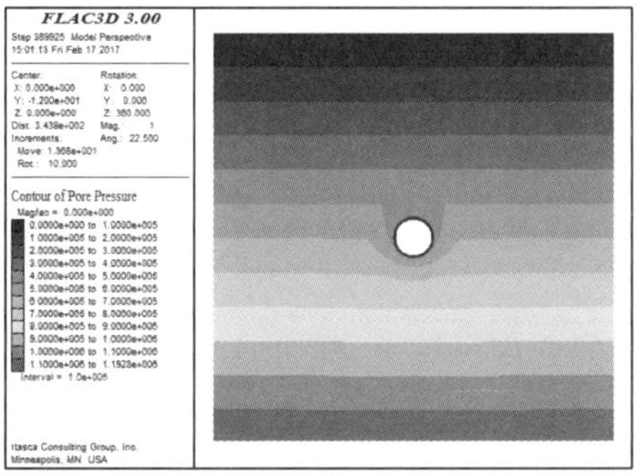	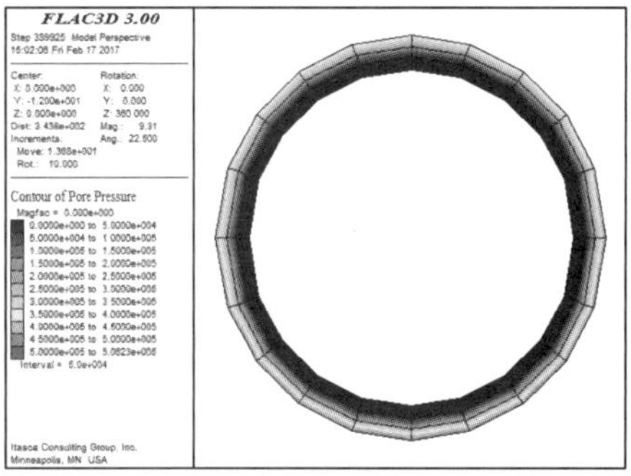
3-20	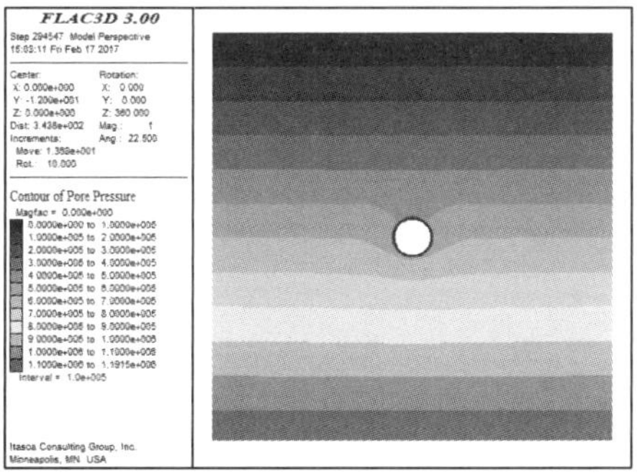	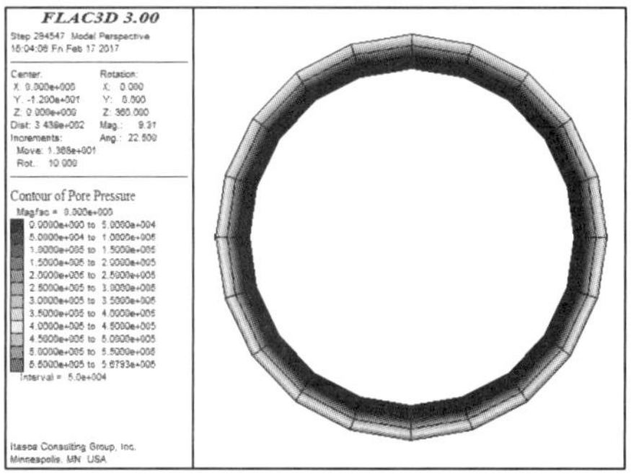

三、小结

(1)为验证理论推导的合理性，本节引入了依据实际工程实例的仿真模拟分析。采取专业的岩土工程数值模拟软件FLAC^{3D}并以典型高压富水区隧道圆梁山隧道为数值分析模型来求证。并类似于圆梁山隧道，对隧道与地层相交关系同样进行了数值模拟论证分析。

(2)在隧道开挖断面位于均质地层内的模型建立中，参考学者仇文革、高新强等人对于圆梁山隧道的数值模拟方案，并在地层厚度的考虑上做出了部分改进，且根据注浆加固圈参数的不同，设置不同工况，然后计算并监测各工况下隧道拱顶、拱腰以及拱底的水压力变化，并比较在渗流场稳定后各检测部位的水压力值；在隧道开挖断面纵向跨地层穿越分析中建立平均穿越两层均质地层和平均穿越三层均质地层两个模型，类似于圆梁山隧道做相同工况比较，不同之处在于在对隧道不同部位二次衬砌背后水压力进行监测时，穿越两层地层在拱腰处分别考虑了拱腰上部及拱腰下部，而在穿越三层地层时则增加了拱肩和拱脚的二次衬砌背后水压力值的统计，以便于分析地层渗透系数对衬砌水压力分布情况的影响。

(3)在穿越均质地层的分析中，各工况下的模拟结果基本趋势与解析推导吻合，合理注浆加固圈参数均为其所在地层渗透系数的1/20左右，注浆厚度在8m左右。且通过整个地层渗流场稳定后的云图分析，在注浆效果越好，范围越大的情况下对原始渗流场的干扰越小，这也符合前文所述。注浆固结堵水解决了环境保护和水压过大的矛盾。

(4)在隧道开挖断面纵向跨地层穿越分析中，对于注浆加固圈合理参数的计算与(3)中所讨论的结果一致，同时在此模型下设置的注浆效果(渗透系数比n)是按照隧道开挖面所经过地层的最大渗透系数考虑设置的，可得对于渗透系数越小、渗透性越好的地层注浆堵水的效果越明显，同理二次衬砌背后水压力越大的部位注浆之后水压力折减的效果越明显。在穿越三层地层的模型分析中，水压力分布趋势基本与理论推导趋势一致。

(5)由于尺寸效应问题，数值计算结果不能与理论解析保持完全相同，但能从不同地层水压力分布情况以及对模型尺寸效应的抵消情况得知由于不同地层渗透系数的影响给衬砌背后水压力所带来的变化，且在第五节实际监测数据的分析讨论中，实际数值也能与理论推导相符合，这说明了解析推导的合理性以及对数值模拟结果分析判断的正确性。

第五章　寒区隧道洞口段温度场计算理论

第一节　概　　述

冻土是指温度低于 0℃，土颗粒与冰或岩石与冰呈胶结状态的各类土的统称，它主要由水、冰、固体颗粒、气体共同组成。冻土又可以根据其所处冻结状态的时间的不同分为季节性冻土和多年冻土；多年冻土是指冻结状态能持续两年或者两年以上的土。多年冻土主要分布在东北和西北等地区，多年冻土中的土的温度为负值，即常处于多年冻结的状态。在暖季冻土从地表开始融化，当冷季来临后开始冻结。

为满足国家战略发展需要，国家近年来以及今后很长一段时间内将在我国多年冻土区，即在我国东北、西北、新疆等地区，不断扩大交通基础设施建设，将会修建越来越多的冻土隧道。然而，冻土是一种对温度极为敏感的土体介质，含有丰富的地下冰。因此，冻土具有流变性，其长期强度远低于瞬时强度特征。正由于这些特征，在冻土区修建隧道必然会破坏冻土原有的热应力状态。冻土区的隧道工程构筑物就必然面临两大危险：冻胀和融沉。同时冻土结构强度受温度高低变化的影响，以及冻土中水的存在问题和隧道建设中对隧道病害认识不足等问题，导致隧道在运营期间总会出现各种冻害问题，比如隧道的衬砌开裂、拱顶挂冰、边墙挂冰、洞门开裂、排水沟冻结以及隧道道床或路面结冰等。这些冻害问题的存在必然会影响隧道的正常运行，导致每年的后期养护花费大量的人力物力，甚至可能导致隧道长时间的停止运营以及隧道的报废。如昆仑山隧道不能使用的时间长达 9 个月；玉希莫勒盖隧道的衬砌由于受到反复冻融破坏，导致隧道形成冰塞而报废。

为了防止冻土隧道冻害的发生，需要采用必要的防冻保温措施。相对于隧道洞身段，隧道洞口段常处于地质复杂区域，围岩破碎，水的渗透性高，隧道上方覆土较薄，隧道围岩和衬砌不仅受到隧道洞内气体温度的影响，同时受到大气温度的影响。所以对于冻土隧道的洞口段位置，要从结构设计和保温措施方面区别于洞身段的设计，这样才能保证隧道洞口段衬砌结构的稳定性。多年冻土隧道洞内温度监测数据结果表明：在暖季时，洞口至洞内一定长度区域内温度变化较为明显，温度分布较为紊乱，随后温度随隧道长度变化逐渐趋于稳定；在寒季时，洞口至隧道洞内一定长度的温度变化较为明显，温度分布较为紊乱，随后温度随隧道长度变化逐渐趋于稳定。所以，隧道洞口至洞内一定长度温度变化明显。衬砌和保温层常年受到温度剧烈变化的影响，衬砌、保温层以及防水层更容易受到这种由温度变化对结构产生的冻融循环破坏，由此造成隧道的一系列冻害。因此，隧道洞口至洞内一定长度的结构设计和保温措施要区别于隧道其他部位，隧道洞口至洞内一定长度的衬砌结构、保温层保温性能以及使用年限要求标准更高。冻土隧道洞口至洞内一定长度内的结构设计和保温措施显得更为重要。为了便于研究，把冻土隧道洞口至洞内一定范围的长度统称为抗冻设防长度。

研究多年冻土隧道的抗冻设防长度，不仅有利于隧道采取合理的抗冻保温措施，而且还有利于隧道收益和投资的最大优化。在设计施工中充分考虑隧道的抗冻设防长度，合理地确定保温材料、保温材料最佳的位置以及应该采取的合理的隧道衬砌，将有利于减少隧道后期的冻害处理带来的费用，有利于降低整个工程的成本。所以开展多年冻土隧道温度场的研究和衬砌的受力状态分析具有很大的工程实践意义和广大的应用前景。

第二节　冻土隧道冻害特征以及影响因素分析

本节主要利用已有文献和工程实例对已建冻土隧道的冻害从隧道冻害的种类、隧道冻害的位置、防冻措施等三方面进行统计与分析。研究隧道冻害在隧道横断面以及纵断面上的分布特征，统计隧道冻害最常发生的位置，分析隧道冻害特征，并结合文献分析导致冻害发生的可能原因和相关因素。基于统计分析的隧道冻害特征和冻害严重程度，对冻土隧道冻害进行分类，为采取合理的保温防冻措施的进一步分析提供依据，从而有助于在多年冻土隧道防冻害措施方面做更深一步的研究。

一、隧道冻害统计分析

(一)冻土隧道调查

表 5.1 所示在西北、东北、西藏、新疆地区已建的 25 个中国冻土隧道的冻害研究结果表明：隧道的冻害主要表现为路面结冰、排水沟冻结、衬砌开裂、隧道拱顶挂冰、洞门开裂等。

表 5.1　冻土隧道冻害特征

编号	隧道名称	路面结冰	排水沟冻结	衬砌开裂	拱顶挂冰	洞门开裂	衬砌掉落	渗漏水
1	梯子岭	√		√				
2	七道梁	√	√	√				
3	大坂山	√		√	√			√
4	岭顶	√	√	√	√		√	√
5	奎先					√		
6	兴安岭	√						
7	玉希莫勒盖	√		√	√			
8	北隈子	√						
9	白卡尔			√	√		√	
10	西罗奇二号			√	√		√	

续表

编号	隧道名称	路面结冰	排水沟冻结	衬砌开裂	拱顶挂冰	洞门开裂	衬砌掉落	渗漏水
11	牙林线					√		
12	嫩林线	√		√	√		√	
13	翠岭 2 号	√		√	√		√	
14	昆仑山		√		√		√	√
15	南山		√					√
16	青山里		√					√
17	松月 1 号		√					√
18	奥拉岭					√		
19	密江	√		√	√			√
20	关角			√	√			√
21	哈布特盖			√				
22	呼吉日延 2 号			√				
23	永安				√			
24	分水岭			√	√			√
25	天山二号	√			√			

25 座冻土隧道冻害的统计结果如表 5.1 所示。根据表 5.1 所提供的隧道的冻害特征，分析出了如表 5.2 所示的隧道冻害产生的原因。冻土隧道冻害的调查内容主要包括：隧道衬砌开裂、洞门开裂、渗漏水分布特征等。统计分析结果如图 5.1 所示，指出了冻土隧道产生冻害的原因。在被调查的 25 座隧道中，44%的隧道产生冻害是由于前期的设计中，考虑因素不足，如防排水设计不足以及冻胀作用考虑不足；28%的隧道产生冻害是因为隧道渗漏水严重。而图 5.2 冻土隧道冻害特征统计分析结果表明：56%的冻土隧道产生隧道衬砌开裂，52%的冻土隧道拱顶产生挂冰，36%的冻土隧道产生渗漏水病害特征，44%的冻土隧道产生路面冻结病害特征，24%的冻土隧道产生衬砌掉落。冻土隧道冻害所发生的位置统计分析结果如图 5.3 所示，从中可以看出，64%的冻土隧道冻害发生在隧道衬砌，32%的冻土隧道冻害发生在隧道路面或道床上，20%的冻土隧道冻害发生在隧道的排水沟内。从隧道冻害纵向分布上调查可知大部分冻害分布在隧道洞口至隧道洞内一定长度范围内。

表 5.2 隧道冻害产生的原因

编号	隧道名称	防排水设计不足	渗漏水	极端天气	冬季温度过低	冻胀作用考虑不足	保温材料不足或失效
1	梯子岭	√					
2	七道梁	√					
3	大坂山					√	
4	岭顶		√				
5	奎先	√					

续表

编号	隧道名称	防排水设计不足	渗漏水	极端天气	冬季温度过低	冻胀作用考虑不足	保温材料不足或失效
6	兴安岭		√				
7	玉希莫勒盖		√				
8	北限子			√			
9	白卡尔						√
10	西罗奇二号						√
11	牙林线					√	
12	嫩林线					√	
13	翠岭 2 号					√	
14	昆仑山		√				
15	南山	√					
16	青山里	√					
17	松月 1 号	√					
18	奥拉岭	√					
19	密江		√				
20	关角						
21	哈布特盖						
22	呼吉日延 2 号				√		
23	永安				√		
24	分水岭		√				
25	天山二号		√				

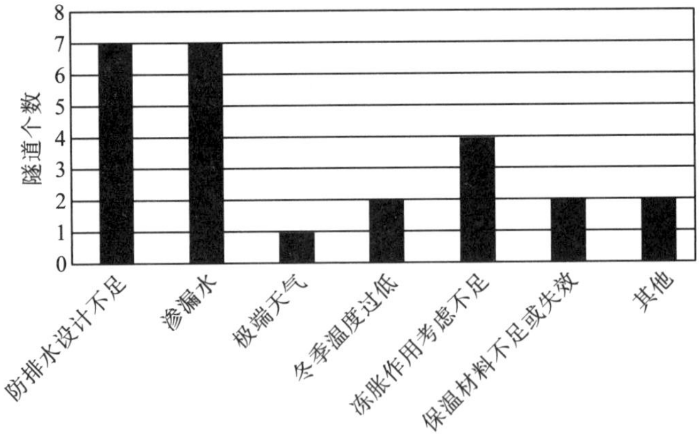

图 5.1 隧道冻害产生的原因

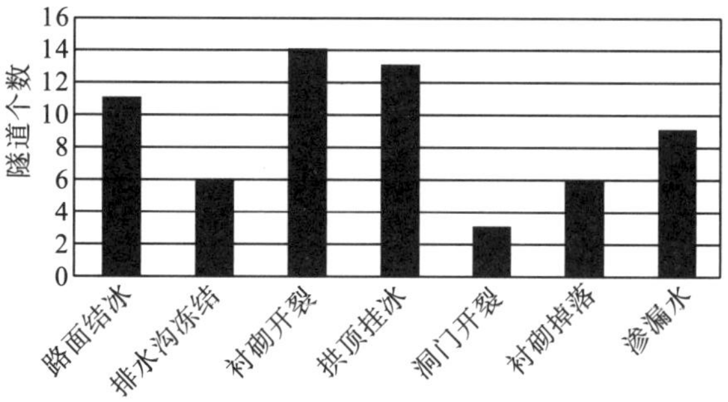

图 5.2　冻土隧道冻害特征

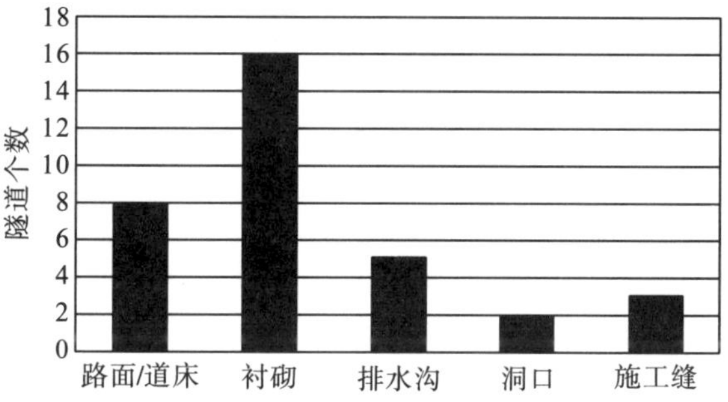

图 5.3　冻害发生的位置

(二)隧道冻害类型统计

1. 混凝土衬砌开裂

混凝土衬砌开裂通常表现在隧道的边墙、拱顶。在统计的 25 个隧道中，14 个隧道产生了衬砌开裂的冻害现象，说明冻土隧道的衬砌开裂是比较常见的隧道冻害形式。衬砌的开裂不仅影响隧道的整体结构，还会造成隧道的进一步冻害，形成恶性循环，严重影响隧道的正常安全使用。从隧道产生衬砌开裂的最直观原因分析得到：

(1) 在隧道设计时，考虑不足，未考虑隧道的防排水设计，或者用于排水的排水沟的保温长度不足，使排水沟冻结，水不能及时排出，如秦岭公路梯子岭隧道，围岩中的水进入隧道衬砌中，产生冻融破坏，造成隧道衬砌开裂。

(2) 隧道渗漏水严重，如隧道通过地下水比较发达的地区；隧道内的施工缝处理不当；或者隧道防水不利等，使水进入隧道，产生渗漏水，又导致其他冻害的产生。如天山二号隧道，进入隧道衬砌的水在低温的作用下对衬砌产生冻胀力导致隧道衬砌开裂。

(3) 保温隔热措施失效或不足，使水在低温的作用下变成冰，使衬砌开裂；或者对隧道的排水沟保温措施不够，导致排水沟冻结，产生其他的冻害。

(4) 冬季温度低于同期的温度，如永安隧道。

(5) 许多冻土隧道在衬砌建设设计时，没有将冻胀力考虑进去，导致衬砌厚度和强度偏小，在冻胀力作用下，导致衬砌开裂。

(6) 施工问题，如隧道开挖产生超挖区域，没有进行回填，使衬砌和围岩中间有缝隙存在，或者衬砌混凝土制作养护不合格。

2. 路面道床冻结

道床冻结如图 5.4 所示，路面道床冻结将使隧道交通中断，不能使隧道正常使用。造成路面冻结的原因如下：一是经隧道衬砌渗透入隧道内的水在洞内低温作用下，路面道床上的水被冻结；二是隧道内的排水设施失效，水不能正常排出隧道，而流入路面或道床，遇到足够的低温使水冻结。

图 5.4 道床冻结

3. 渗漏水

隧道渗漏水如图 5.5 所示。冻土隧道的渗漏水必然会导致其他的许多冻害，如拱顶挂冰、道床路面结冰、边墙挂冰等，并严重影响隧道的正常使用。渗漏水的原因主要有以下几点：寒季的冻胀力作用使衬砌开裂，到暖季，岩层水从裂缝中流入隧道，而隧道的防排水措施失效；隧道的防排水设计不充分，没有将含水围岩地下水汇集于排水沟和泄水洞中。

图 5.5 隧道渗漏水

4. 排水沟冻结

由于排水沟的保温措施失效或保温层厚度不足以及前期设计的不足，使流入排水沟的水在足够的低温作用下在沟内冻结。排水沟冻结如图 5.6 所示。

图 5.6 排水沟冻结

5. 洞门开裂

洞门区域常处于隧道的浅埋区域，浅埋区域往往地质复杂，且覆土较薄，衬砌和围岩温度受到来自洞内低温和洞外较低气温的双重影响，加上围岩中存在的水，产生冻胀力，大于衬砌本身能承受的强度，导致隧道的洞门区域开裂。

6. 挂冰

衬砌裂缝中的滴水在低温作用下，结成冰，挂在衬砌上，形成结冰，侵入了隧道内的空间界限。

(三)影响冻害的相关因素

从以上统计表格中可以看出，防排水设计不足和渗漏水的存在使隧道发生冻害；而极端天气、冬季温度过低和保温材料失效使隧道存在了较低的温度条件；没有考虑冻胀作用，使衬砌不具有抵抗冻胀力应有的结构强度和刚度。

所以统计得到发生隧道冻害应必备的三个重要条件：一是必须有能使水结成冰的足够低的温度，如统计中的极端天气、冬季温度过低和保温材料失效；二是有能够使水发生渗漏的必要的环境条件，如统计中的防排水不足、渗漏水以及衬砌不具有能抵抗冻胀力的强度和刚度，如设计中没有考虑冻胀作用；三是隧道施工中存在的不合规范的施工方法以及施工工艺方面的不足也可能造成隧道本身结构无法满足原有设计的防冻要求。以下为造成隧道冻害的主要因素。

1. 水的渗漏

水的存在是修建隧道常常遇到的问题，也是造成冻土隧道灾害发生的最主要因素。对于多年冻土隧道，由于排水设施的失效、防排水设计的不足、隧道特殊地质的渗漏水等原因，使水流入隧道造成隧道的其他冻害。同时，也是由于隧道围岩水的存在，在足够低的温度作用下，水结冰，对衬砌产生冻胀力，使衬砌开裂，从而又使水在暖季从裂缝中渗入或流入隧道，从而又加快了隧道中水的渗漏，使隧道的冻害更加严重。这是一个恶性循环的过程，如果得不到有效的防治和治理，将严重影响隧道的正常使用。

2. 隧道的温度场

冻害是冻土隧道区别于其他隧道灾害的一个重要特征。因为冻土隧道所处位置是一个低温的环境中，如果采取的保温措施不足或保温措施失效，隧道内足够低的温度通过与衬砌的对流传热进入围岩中，破坏围岩原有的温度状态，在低温的作用下发生冻胀作用，使隧道结构产生破坏；或者由于各种原因进入隧道中的水在隧道洞内较低温度的作用下，发生冻结，使隧道衬砌发生挂冰、道路结冰等冻害。

3. 冻胀力的作用

冻土隧道衬砌背后围岩产生冻结一般有两种情况，一种情况是隧道未从冻结围岩中穿过，在隧道施工完成后隧道周围形成新的冻结圈，另一种情况是隧道从冻结围岩中穿过，隧道周围部分冻结围岩在施工过程中融化，在施工完成后回冻。如果围岩含水，发生冻结时就会产生体积膨胀，当体积膨胀受到隧道衬砌与周围围岩的约束时就会产生冻胀力。冻胀力对支护结构体系的作用，不仅会使衬砌变形，而且会通过板体的内力作用引起侧向变位，如果衬砌的设计不考虑这种力的作用会对隧道的结构造成一定的危害。围岩冻胀是促使衬砌遭受冻害的另一原因，即衬砌自身及工程设计原因。如果将非冻土地区的衬砌形式和工程设计简单移用于冻土地区，便会造成衬砌开裂，隧道渗水，或产生其他冻害。

设计和施工单位在工程中采取的不当措施，就很可能导致隧道冻害的发生。比如，隧道设计中没有考虑防排水或设计没有考虑冻胀力的作用等和施工过程中由于超挖而使水积累在衬砌与围岩中造成的冻害，或者施工缝的处理不当导致隧道渗漏水发生冻害。

二、冻土隧道冻害分布特征及其分类

(一)冻土隧道冻害分布特征

1. 在隧道横断面的冻害分布特征

由 25 个冻土隧道的冻害位置分布统计分析结果表明：在隧道横断面上，隧道拱顶常发生渗漏水、挂冰、衬砌开裂以及衬砌脱落；隧道边墙由于冻胀作用，会发生开裂、漏水，同时，铺设在衬砌上的排水设施以及保温措施也常会发生失效；用于隧道排水的边沟由于低温作用而冻结，影响隧道排水；在隧道的路面或道床上容易发生路面积冰或道床积冰(图

5.7)。冻害并不是单一存在于隧道中，不同冻害之间有着紧密的联系；如隧道由于冻胀作用，发生开裂，导致水流入隧道，并在 0℃以下的温度作用下，发生结冰，在隧道拱顶产生挂冰，或者水流到路面或道床，使路面结冰，或者由于保温水沟冻结，水无法排出，流到路面或道床使路面或道床结冰。所以可知，一种冻害发生会发生连锁反应，导致其他病害的发生；同样，一种冻害可以由其他不同的冻害诱发形成。说明找到诱发冻害的最根本原因对从源头上解决隧道冻害问题是十分重要的。

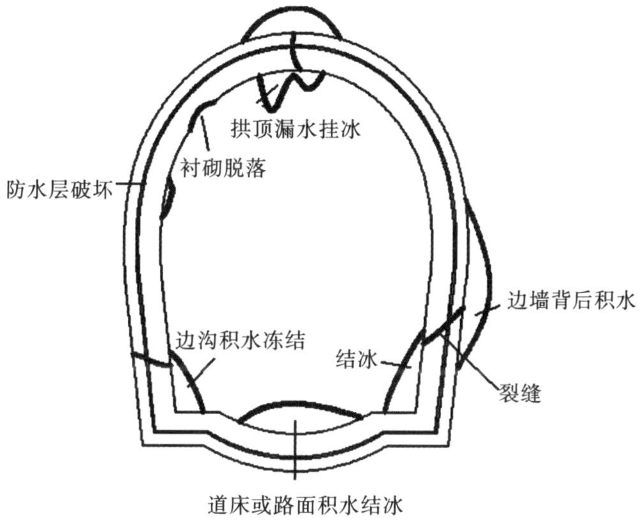

图 5.7 冻土隧道横断面冻害特征分布

统计的 25 个冻土隧道中有 16 个隧道的边墙拱顶的衬砌位置产生冻害，说明衬砌是隧道中最容易产生冻害的地方，如冻害中的衬砌开裂、衬砌剥落、衬砌挂冰。拱顶容易产生挂冰冻害，而衬砌属于隧道的主体结构，所以衬砌的损害将严重影响隧道的正常运行。隧道的路面或道床会因为渗入隧道的水流入道床或路面，在低温作用下而结冰，产生冻害。排水沟常常因为设计时保温措施不足，在排水时由于低温的作用，使排水沟中的水发生冻结。

2. 隧道纵断面上的冻害分布特征

隧道在纵断面方向上分为洞口段、洞口至洞身一定长度段和其余洞身段。隧道洞口段是列车进出隧道的关键部分，洞口地质环境恶劣，岩层破碎，常处于浅埋段，是渗水最严重的地方，围岩比较破碎，受到温度和降水等气候的影响较为明显，多年冻土隧道洞口段冻害的存在将直接影响隧道的正常运行。洞口至洞身一定长度段温度变化较为紊乱，衬砌结构容易受到冻融破坏。而其余洞身段常常处于深埋地区，隧道的围岩处于增温带，温度受时间和气候的影响较小，围岩温度常年处于恒温状态，洞内温度变化较为平稳，发生冻害现象少。所以多年冻土隧道的洞口段以及洞口至洞身一段长度内的冻害现象更应该得到重视。为了方便叙述，将洞口段以及洞口至洞身一段长度统称为洞口一定长度段。这段区域也应该在隧道结构设计和保温防冻方面受到重视。

(二)多年冻土隧道冻害分级

根据冻害对隧道通车的影响程度可以将多年冻土隧道冻害分成5个级别,如表5.3所示。

表5.3 隧道冻害程度分级

冻害程度	冻害描述
无冻害(A)	冻土隧道无冻害
轻度冻害(B)	隧道正常通车,局部渗水无结冰,需要较小程度的修缮、加固
中度冻害(C)	不影响通车,冻害较严重,需要较大程度的修缮、加固
严重冻害(D)	隧道边墙、拱顶挂冰,排水沟冻结,较长时间不能通车
损毁(E)	不可修复

(三)多年冻土隧道冻害分类

隧道产生冻害的原因主要有:一是保温失效,主要指隧道保温层设置不利和隧道内排水沟保温措施不利,不能起到良好的保温效果;二是隧道排水防水效果差,主要指隧道防水层防水效果差。根据这两个方面对多年冻土隧道的冻害进行分类,如表5.4、表5.5所示。

表5.4 保温失效致隧道冻害的判定标准

异常情况	衬砌开裂、脱落、渗水、结冻	保温沟、排水沟冻结	洞门开裂、错台、渗水、冻结
B	衬砌存在裂缝、无脱落、有滴水,几乎不影响行车安全	保温沟刚开始存在少量结冰,不影响使用	洞门存在裂缝,几乎不影响行车安全
C	存在裂缝、错台及剥落,裂缝中有水涌出、无冰冻,部分影响行车安全	保温沟部分冻结,温度低,排水可以进行	开裂产生错台,部分影响行车安全
D	存在裂缝、错台、剥落及掉块,裂缝中水冰冻,结构受到破坏	排水沟全截面冻结,排水不畅,溢出到路面	产生错台,水从裂缝中进入隧道产生冰冻,严重影响行车安全

表5.5 排水防水差致隧道冻害的判定标准

异常情况	防水层破坏、水渗入隧道,隧道边墙等挂冰	防水层破坏、渗水导致衬砌开裂、出现涌水、冻结	防水层破坏,拱顶、边墙挂冰
B	部分段防水失效,水渗入隧道,渗入面积小,未出现大面积积水,水未冻结	施工缝等防水不利、冻胀使隧道开裂,有水流入隧道,未见大面积积水	渗入隧道的水在隧道拱顶、边墙表面结冰,面积小,基本没有侵入隧道内,且在纵向分布上少
C	部分段防水失效,水渗入隧道,渗入面积大,出现大面积积水,小面积边墙拱顶结冰	施工缝、防水层防水不利、冻胀使衬砌开裂,有水流入隧道,大面积积水,衬砌处部分结冰	渗流速度大,洞内温度较低,渗水在拱顶、边墙挂冰,侵入隧道空间,且沿隧道纵向分布存在较多
D	部分段防水失效,水渗入隧道,渗入面积较大,出现大面积积水,涌入路面道床,大面积结冰	施工缝、防水层防水不利、冻胀使衬砌开裂,水流入隧道,大面积积水,未排出,在路面、衬砌结冰	渗流速度很大,拱顶、边墙挂冰到达隧道仰拱,且在隧道纵向上分布较多

三、多年冻土隧道冻害防治措施

为了防止隧道冻害的产生，多年冻土隧道常常采用以下措施：

1. 铺设保温层法

保温层主要铺设在二次衬砌和初期支护间，如河北省秦皇岛市梯子岭隧道、青藏铁路风火山隧道和昆仑山隧道。这种方法的缺点是当保温层受到破坏时，不易更换，或者在衬砌表面设置保温隔热材料，如国内的青海省大坂山公路隧道、四川鹤鸽山隧道和日尔郎山隧道。保温层的设置使寒季洞内的低温或高温不影响围岩的温度状态，同时，也使深埋隧道所处围岩的热量在寒季不溢出隧道衬砌，这种方法又叫被动保温法，分为表面隔热保温和复合式衬砌保温。

表面隔热保温处理法是指在衬砌表面(行车道侧)设隔热材料。这种方法在既有隧道冻害整治中是最常用的一种方法，但在新建隧道中较少采用。此法的好处是施工干扰小，维修方便，但对衬砌的观察和维修不便。有的隧道还在衬砌混凝土和隔热层之间设置了空气层来增强隔热效果。

复合式衬砌保温法是防止新建隧道发生冻害的另一种方法，即在初支铺设防水板后，再喷射或铺设一些隔热材料修筑二次衬砌，这样既防水保温还节省了防火层和保护层，具有更好的前景。这种方法还起着应力缓冲层的作用，即衬砌层与围岩仍有明显的流变应力作用，保温材料能在一定程度上保护二衬混凝土不受流变应力的作用，以确保混凝土的质量。但是由于隔热保温层作为低弹模材料夹在两层衬砌之间，整个结构的稳定性是一个不容忽视的问题。如果保温效果良好，冻胀力和土压力都将控制在一个很小的范围内，衬砌的变形也会足够小，这种双层衬砌夹保温层的结构是可行的；如果保温效果不好，在受到较大土压力或冻胀力作用下衬砌会产生较大的变形，这时隔热保温材料作为软弱夹层，对整个结构的稳定性是不利的。

2. 设置防寒保温门法

设置保温门就是为了阻碍寒季洞外的寒冷空气进入隧道，以提高隧道洞内的温度，限制隧道洞内围岩的季节冻结圈的深度来达到保温防冻的目的。但应与车站信号连接自动开启，以防止行车事故的发生。这种方法在东北地区已经使用许多年。大阪山公路隧道地处严寒地区，年平均气温为-3.1℃，由于常规隔热保温层的设置不能改变冻结圈的深度，所以决定设置防寒保温门。经过监测分析，隧道洞内温度有所升高，防冷冻的效率高达 80%，围岩不会形成冻结圈。但是，对于特长隧道，特别是特长公路隧道，由于长期车流量大，保温门的设置将很大程度上干扰正常的行车，所以保温门很容易受到季节性车流量大小的影响，因此这种方法只适用于偏远地区车流量较少的隧道，从而不利于推广使用。

3. 加热保温法

这是防治隧道冻害的急救措施，主要有两种方法：一种是电加热法和暖气管道加热。

在有电源的地方可以预先埋设加热电缆或在衬砌表面设置电发热体；暖气管道加热是使用锅炉蒸汽对隧道进行加热，使用这种措施应预先在隧道两侧预留必要空间用来安装暖气管道。在应用方面，发达国家普遍采用这种方法，我国只有南疆线奎先隧道在防寒水沟里采用了电热器的方法进行治理，而在甘肃七道梁公路隧道和嫩林线白卡尔隧道采用了燃煤锅炉暖气供热的方法。

另一种加热保温法是对流换热法。在暖季利用高气温，加快人工通风，增强与洞外的对流交换，提高洞中温度，特别是排水盲沟、泄水洞，这对寒季防止冻结是很有利的，但只能作为防冻的一种辅助措施。

4. 防排水法

大量的工程实践证明，隧道的冻害主要是防排水的问题。水是多年冻土隧道冻害产生的一个重要原因，正确处理隧道所处环境中水的问题，对隧道防治冻害是非常有利的。如果能将衬砌后围岩中的地下水排出，则隧道产生冻害的概率将大大减小。一般来说，根据寒区隧道的种类不同，所采用的防排水措施也不同。局部多年冻土隧道应在非多年冻土段设置保温排水沟和泄水井来排出围岩渗水，从而把地下水排出隧道；多年冻土隧道主要是围岩在暖季融化渗出少量孔隙水和裂隙水，因此在隧道内设置一般的排水沟即可，在洞口路堑段设置天沟防止冰雪融水渗入路堑。同时，也要在隧道初支和二衬之间设置排水幕，防止水渗入二衬中，进而渗入隧道。所以对待隧道水的问题应该采用防排相结合的方法。

5. 围岩注浆法

对围岩进行注浆可增大隧道围岩的强度，也可以增强围岩的稳定性，同时可以防止围岩发生水的渗漏，还可以减小围岩的含水量，从而减轻和防止冻结围岩的冻胀力作用。一般应在隧道底板以上的全部围岩，不浅于围岩冻结深度的范围内对围岩注浆。围岩裂隙的发育程度、富水性也会影响围岩的注浆深度。注浆时间以 7、8、9 月最为理想，注浆施工应在衬砌喷锚之前进行，注浆材料要选择抗低温、快凝和防渗性能好的水泥——化学剂混合注浆剂。

6. 预先设计合理断面法

使用合理的断面形式，使隧道结构能够应对围岩冻胀力的作用，也是一种很重要的防止隧道冻害的方法。对于多年冻土铁路隧道，实践证明，采用曲墙式比直墙式好；对于多年冻土公路隧道，应尽量采用近似圆形的断面形式，以减少应力集中。多年冻土隧道常采用圆形结构是为了防止仰拱与边墙过渡段出现应力集中而使衬砌开裂。同时，在结构设计时，要将冻胀应力和温度应力考虑进去，加大衬砌层的厚度，提高混凝土的标号。在冻胀力作用比较大的地方，可以采用钢筋混凝土或纤维加筋混凝土。对于节理裂隙发育、破碎的含水围岩且遭受严重冻融作用的地段，应尽可能采用全断面整体衬砌结构。

四、小结

从 25 个已建的中国冻土隧道冻害统计分析研究结果可知：

(1) 本节通过对多年冻土隧道冻害情况的调查，归纳总结分析出冻土隧道常见的冻害情况以及冻害在隧道横断面和纵断面所处的位置，分析归纳冻害特征得到水的存在、低温条件、冻胀力的产生是产生冻害的三个重要条件。

(2) 根据隧道纵断面和横断面上的冻害特征以及冻害位置分析可知，在隧道纵断面上，隧道冻害主要位于隧道洞口一定长度区域内；在隧道横断面上，隧道衬砌常常发生冻害现象。

(3) 根据隧道冻害对行车的影响程度，对隧道冻害进行了分级；根据隧道冻害产生的原因，对隧道冻害进行了分类。

(4) 总结分析了多年冻土隧道的冻害防治方法，并对这些方法进行了分类分析。

第三节 多年冻土隧道抗冻设防长度计算方法

多年冻土隧道的冻害较为普遍，冻害的产生对隧道的正常运行影响较大。导致多年冻土隧道发生冻害的因素也极为复杂，隧道洞内温度分布特征以及围岩温度分布特征是影响隧道发生冻害的重要因素。所以研究多年冻土隧道洞内以及围岩的温度分布特征，可以为防止隧道冻害产生所采取的防冻措施提供理论依据。

由冻土隧道冻害特征以及影响因素分析不难看出，冻土隧道洞口至隧道洞身一定长度的区域容易发生冻害，所以需要加强这一区域的结构设计和保温防冻措施。但相关研究和规范并未对这一区域有关结构设计和保温防冻做出明确规定。因此，为确定多年冻土隧道的抗冻设防长度，首先需要弄清多年冻土隧道的洞内气体以及围岩的温度场分布特征，尤其是纵向温度场特征。根据温度场的变化特征，得出多年冻土隧道的抗冻设防长度。本节根据传热学相关理论推导出隧道洞内温度场纵向分布特征及围岩温度场横向分布的解析解公式。通过对理论公式分析，确定多年冻土隧道洞口段的抗冻设防长度。

一、基本假设

多年冻土隧道所处环境复杂，围岩温度参数复杂，其内部和外部温度分布特征也较为复杂。所以在推导理论计算公式之前，需要对理论计算作以下假设：

(1) 隧道断面为圆形；

(2) 不考虑衬砌与围岩之间的接触热阻。衬砌与围岩接触良好的情况下，衬砌与围岩之间的接触热阻非常小，为便于计算，忽略接触热阻对传热的影响；

(3) 洞内气温只沿隧道轴线方向变化，隧道洞内气体在径向传递的热量非常小，与纵向方向相比可以忽略；

(4)洞内气体的流速为恒定值，只考虑沿着隧道纵向方向的气体的速度，不考虑其他方向的气体的流速；

(5)不考虑相变对隧道温度场的影响；

(6)隧道洞内气体为不可压缩的牛顿流体；

(7)隧道洞内气体导热系数为常数、无内热源；

(8)黏性耗散产生的热量可以忽略不计。

二、多年冻土隧道横断面温度场解析解

(一)无保温层的多年冻土隧道横断面温度场解析解

如图 5.8 所示，多年冻土隧道所处围岩温度通常分为变温带、恒温带、增温带。理论计算假设隧道处于增温带中，当不考虑保温层时，将二衬和初衬作为一种结构分析。

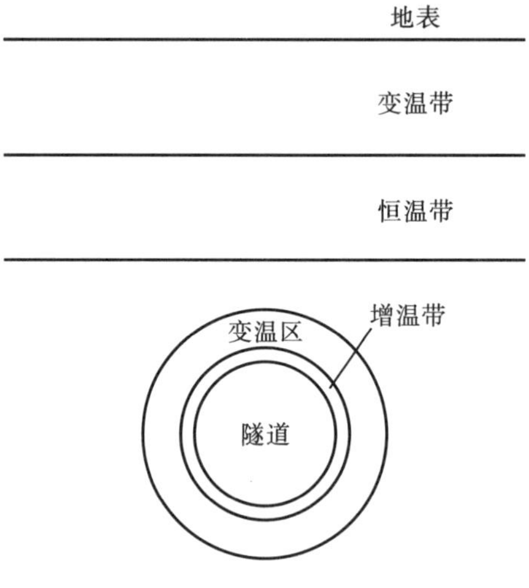

图 5.8 隧道围岩衬砌横断面分布示意图

解决隧道衬砌与围岩的热传导问题，可以根据传热学的导热微分方程得到：

$$k_1\left(\frac{\partial^2 T_1}{\partial r^2}+\frac{1}{r}\frac{\partial T_1}{\partial r}\right)=\frac{\partial T_1}{\partial t} \tag{5.1}$$

$$k_2\left(\frac{\partial^2 T_2}{\partial r^2}+\frac{1}{r}\frac{\partial T_2}{\partial r}\right)=\frac{\partial T_2}{\partial t} \tag{5.2}$$

式中，k_1——衬砌的热扩散系数(m^2/s)；k_2——围岩的热扩散系数(m^2/s)；T_1——衬砌的温度(℃)；T_2——围岩的温度(℃)。

隧道洞内气体与洞壁发生对流换热，根据传热学导热问题的第三类边界条件得到：

$$\lambda_1\frac{\partial T_1}{\partial r}(z,r_0,t)=-\alpha_1\left[T_1(z,r_0,t)-f(z,t)\right] \tag{5.3}$$

$$f(z,t)=T_A(z)+G_1(z)\cos(\omega t+\varphi) \tag{5.4}$$

式中，$f(z,t)$——隧道洞内气体温度，随隧道长度和时间变化(℃)；$T_A(z)$——隧道洞内的年平均温度(℃)；$G_1(z)$——隧道洞内气体的温度振幅(℃)；r_0——隧道半径(m)；t——隧道洞内温度分布函数的周期；ω——$2\pi/t$，隧道洞内温度分布函数的角速度；φ——隧道洞内温度分布函数的相位；α_1——洞壁与洞内气体的换热系数[W/(m^2·℃)]。

相互接触的衬砌与围岩的接触条件：

$$T_1(z,r_1,t)=T_2(z,r_1,t) \tag{5.5}$$

$$\lambda_1\frac{\partial T_1}{\partial r}(z,r_1,t)=\lambda_2\frac{\partial T_2}{\partial r}(z,r_2,t) \tag{5.6}$$

式中，λ_1——衬砌的导热系数[W/(m·℃)]；λ_2——围岩的导热系数[W/(m·℃)]；r_1——衬砌的半径(m)；r_2——围岩的影响半径(m)。

根据传热学导热问题的第一类边界条件得到：

$$T_2(z,r_2,0)=T_0 \tag{5.7}$$

$$T_0=T_{\mathrm{h}}+(H-h_{\mathrm{b}}-h_{\mathrm{h}}-h_{\mathrm{w}})K \tag{5.8}$$

式中，T_0——增温区温度(℃)；H——隧道埋深(m)；h_{b}——变温区高度(m)；h_{h}——恒温区高度(m)；h_{w}——隧道围岩影响深度(m)；K——围岩地温增长梯度(℃/m)；T_{h}——恒温区温度(℃)。

根据叠加原理可得，隧道围岩温度场由瞬态温度场和稳态温度场叠加而成：

$$T_l=T_{1l}+T_{2l},\quad l=1,2 \tag{5.9}$$

式中，T_{1l}——瞬态温度场的温度(℃)；T_{2l}——稳态温度场的温度(℃)。

1. 围岩温度不随时间变化的稳态温度场

$$k_1\left(\frac{\partial^2 T_{21}}{\partial r^2}+\frac{1}{r}\frac{\partial T_{21}}{\partial r}\right)=0 \tag{5.10}$$

$$k_2\left(\frac{\partial^2 T_{22}}{\partial r^2}+\frac{1}{r}\frac{\partial T_{22}}{\partial r}\right)=0 \tag{5.11}$$

边界条件：

$$-\lambda_1\frac{\partial T_{21}}{\partial r}(z,r_0)=-\alpha_1\left[T_{21}(z,r_0)-T_A(z)\right] \tag{5.12}$$

$$-\lambda_1\frac{\partial T_{21}}{\partial r}(z,r_1)=-\lambda_2\frac{\partial T_{22}}{\partial r}(z,r_1) \tag{5.13}$$

$$T_{21}(z,r_1)=T_{22}(z,r_1) \tag{5.14}$$

$$T_{22}(z,r_2)=T_0 \tag{5.15}$$

解式(5.10)和式(5.11)得到：

$$T_{21}=A_5\ln r+A_6\quad (r_0<r<r_1) \tag{5.16}$$

$$T_{22}=B_5\ln r+B_6\quad (r_1<r<r_2) \tag{5.17}$$

将边界条件式(5.12)～式(5.15)代入式(5.16)、式(5.17)中，得到:

$$(\alpha_1\ln r_0-\frac{\lambda_1}{r_0})A_5+\alpha_1 A_6=\alpha_1 T_A \tag{5.18}$$

$$-\lambda_1 A_5 \frac{1}{r_1} + \lambda_2 B_5 \frac{1}{r_1} = 0 \tag{5.19}$$

$$A_5 \ln r_1 + A_6 - B_5 \ln r_1 - B_6 = 0 \tag{5.20}$$

$$B_5 \ln r_2 + B_6 = T_0 \tag{5.21}$$

为了方便简化公式，令：

$$A = \frac{1}{\ln r_1/r_0 - \lambda_1/\lambda_2 \ln r_1/r_2 + \lambda_1/r_0\alpha_1}$$

解式(5.18)～式(5.21)得到：

$$A_5 = \frac{(T_0 - T_A)}{\ln r_1/r_0 - \lambda_1/\lambda_2 \ln r_1/r_2 + \lambda_1/r_0\alpha_1}$$

$$A_6 = T_0 + A(T_0 - T_A)\frac{\lambda_1}{\lambda_2}(\ln\frac{r_1}{r_2} - \ln r_1)$$

$$B_5 = A(T_0 - T_A)\frac{\lambda_1}{\lambda_2}$$

$$B_6 = T_0 - A\ln r_2(T_0 - T_A)\frac{\lambda_1}{\lambda_2}$$

将得到的各个参数代入式(5.16)、式(5.17)得到：

$$T_{21} = T_0 + A(T_0 - T_A)(\ln\frac{r}{r_1} + \frac{\lambda_1}{\lambda_2}\ln\frac{r_1}{r_2}) \tag{5.22}$$

$$T_{22} = T_0 + A(T_0 - T_A)\frac{\lambda_1}{\lambda_2}\ln\frac{r_1}{r_2} \tag{5.23}$$

2. 围岩温度随时间变化的温度场

$$k_1\left(\frac{\partial^2 T_{11}}{\partial r^2} + \frac{1}{r}\frac{\partial T_{11}}{\partial r}\right) = \frac{\partial T_{11}}{\partial t} \tag{5.24}$$

$$k_2\left(\frac{\partial^2 T_{12}}{\partial r^2} + \frac{1}{r}\frac{\partial T_{12}}{\partial r}\right) = \frac{\partial T_{12}}{\partial t} \tag{5.25}$$

式中，T_{11}——衬砌的瞬态温度(℃)；T_{12}——围岩的瞬态温度(℃)。

因为衬砌与围岩的温度是随着半径、隧道长度变化的，所以假设衬砌、围岩的温度公式为

$$T_{11} = g_1(r) \times G_1(z) \times F_1(t) \tag{5.26}$$

$$T_{12} = g_2(r) \times G_1(z) \times F_2(t) \tag{5.27}$$

又因为

$$F_1(t) = \sin(\omega t + \varphi_1) \tag{5.28}$$

$$F_2(t) = \sin(\omega t + \varphi_2) \tag{5.29}$$

将式(5.28)代入式(5.24)中得到：

$$\sin(\omega t + \varphi_1)(\frac{\partial^2 g_1(r)}{\partial r^2} + \frac{1}{r}\frac{\partial g_1(r)}{\partial r^2}) = \frac{\omega}{k_1}\cos(\omega t + \varphi_1)g_1(r) \tag{5.30}$$

根据欧拉公式：

$$\begin{cases}\sin(\omega t+\varphi_1)=\dfrac{\mathrm{e}^{i(\omega t+\varphi_1)}-\mathrm{e}^{-i(\omega t+\varphi_1)}}{2i}\\ \cos(\omega t+\varphi_1)=\dfrac{\mathrm{e}^{i(\omega t+\varphi_1)}+\mathrm{e}^{-i(\omega t+\varphi_1)}}{2}\end{cases} \tag{5.31}$$

$$(\mathrm{e}^{i(\omega t+\varphi_1)}-\mathrm{e}^{-i(\omega t+\varphi_1)})\left(\frac{\partial^2 g_1(r)}{\partial r^2}+\frac{1}{r}\frac{\partial g_1(r)}{\partial r^2}\right)=\frac{\omega i}{k_1}(\mathrm{e}^{i(\omega t+\varphi_1)}+\mathrm{e}^{-i(\omega t+\varphi_1)})g_1(r) \tag{5.32}$$

$$\mathrm{e}^{i(\omega t+\varphi_1)}\left[\frac{\partial^2 g_1(r)}{\partial r^2}+\frac{1}{r}\frac{\partial g_1(r)}{\partial r^2}-\frac{\omega i}{k_1}g_1(r)\right]+\mathrm{e}^{-i(\omega t+\varphi_1)}\left[\frac{\partial^2 g_1(r)}{\partial r^2}+\frac{1}{r}\frac{\partial g_1(r)}{\partial r^2}+\frac{\omega i}{k_1}g_1(r)\right]=0 \tag{5.33}$$

通过解带有虚变量的贝塞尔方程得到：

$$g_1(r)=A_1J_0\left(\sqrt{\frac{-i\omega}{k_1}}r\right)+A_2Y_0\left(\sqrt{\frac{-i\omega}{k_1}}r\right)+A_3J_0\left(\sqrt{\frac{i\omega}{k_1}}r\right)+A_4Y_0\left(\sqrt{\frac{i\omega}{k_1}}r\right) \tag{5.34}$$

其中，

$$J_0\left(\sqrt{\frac{-i\omega}{k_1}}r\right)=\sum_{k=0}^{\infty}\frac{(-1)^k\left(\sqrt{\frac{\omega}{k_1}}\frac{r}{2}\right)^{4k}}{[(2k)!]^2}+i\sum_{k=0}^{\infty}\frac{(-1)^k\left(\sqrt{\frac{\omega}{k_1}}\frac{r}{2}\right)^{2k+2}}{[(2k+1)!]^2} \tag{5.35}$$

$$J_0\left(\sqrt{\frac{i\omega}{k_1}}r\right)=\sum_{k=0}^{\infty}\frac{(-1)^k\left(\sqrt{\frac{\omega}{k_1}}\frac{r}{2}\right)^{4k}}{[(2k)!]^2}-i\sum_{k=0}^{\infty}\frac{(-1)^k\left(\sqrt{\frac{\omega}{k_1}}\frac{r}{2}\right)^{2k+2}}{[(2k+1)!]^2} \tag{5.36}$$

$$\mathrm{ber}_0\left(\sqrt{\frac{\omega}{k_1}}r\right)=\mathrm{Re}\left[J_0\left(\sqrt{\frac{-i\omega}{k_1}}r\right)\right]=\sum_{k=0}^{\infty}\frac{(-1)^k\left(\sqrt{\frac{\omega}{k_1}}\frac{r}{2}\right)^{4k}}{[(2k)!]^2} \tag{5.37}$$

$$\mathrm{bei}_0\left(\sqrt{\frac{\omega}{k_1}}r\right)=\mathrm{Im}\left[J_0\left(\sqrt{\frac{-i\omega}{k_1}}r\right)\right]=\sum_{k=0}^{\infty}\frac{(-1)^k\left(\sqrt{\frac{\omega}{k_1}}\frac{r}{2}\right)^{2k+2}}{[(2k+1)!]^2} \tag{5.38}$$

$$Y_0\left(\sqrt{\frac{-i\omega}{k_1}}r\right)=\frac{2}{\pi}J_0\left(\sqrt{\frac{-i\omega}{k_1}}r\right)\left(\ln\sqrt{\frac{\omega}{k_1}}\frac{r}{2}+\gamma\right)-\frac{2}{\pi}\sum_{k=0}^{\infty}\frac{(-1)^k}{(k!)^2}\sum_{p=0}^{k}\frac{1}{p}\left(\sqrt{\frac{\omega}{k_1}}\frac{r}{2}\right)^{2k} \tag{5.39}$$

$$\mathrm{ker}_0\left(\sqrt{\frac{\omega}{k_1}}r\right)=\mathrm{Re}\left[Y_0\left(\sqrt{\frac{-i\omega}{k_1}}r\right)\right]=\frac{2}{\pi}\sum_{k=0}^{\infty}\frac{(-1)^k\left(\sqrt{\frac{\omega}{k_1}}\frac{r}{2}\right)^{4k}}{[(2k)!]^2}\left(\ln\sqrt{\frac{\omega}{k_1}}\frac{r}{2}+\gamma\right)-\frac{2}{\pi}\sum_{k=0}^{\infty}\frac{(-1)^k}{(k!)^2}\sum_{p=0}^{k}\frac{1}{p}\left(\sqrt{\frac{\omega}{k_1}}\frac{r}{2}\right)^{2k} \tag{5.40}$$

$$\mathrm{kei}_0\left(\sqrt{\frac{-i\omega}{k_1}}r\right)=\mathrm{Im}\left[Y_0\left(\sqrt{\frac{-i\omega}{k_1}}r\right)\right]=\sum_{k=0}^{\infty}\frac{(-1)^k\left(\sqrt{\frac{\omega}{k_1}}\frac{r}{2}\right)^{2k+2}}{[(2k+1)!]^2}\ln\left(\sqrt{\frac{\omega}{k_1}}\frac{r}{2}+\gamma\right) \tag{5.41}$$

所以得到：

$$\begin{aligned}g_1(r)=&A_1\mathrm{ber}_0(x_1)+A_1\mathrm{bei}_0(x_1)+A_2\mathrm{ker}_0(x_1)+A_2\mathrm{kei}_0(x_1)\\&+A_3\mathrm{ber}_0(x_1)-A_3\mathrm{bei}_0(x_1)+A_4\mathrm{ker}_0(x_1)-A_4\mathrm{kei}_0(x_1)\end{aligned}\tag{5.42}$$

$$\varphi_1=\tan^{-1}\frac{A_1\mathrm{ber}_0(x_1)+A_2\mathrm{ker}_0(x_1)+A_3\mathrm{ber}_0(x_1)+A_4\mathrm{ker}_0(x_1)}{A_1\mathrm{bei}_0(x_1)+A_2\mathrm{kei}_0(x_1)-A_3\mathrm{bei}_0(x_1)-A_4\mathrm{kei}_0(x_1)}\tag{5.43}$$

所以，

$$\begin{aligned}T_{11}&=g_1(r)\times G(z)\times F_1(t)\\&=[A_1\mathrm{ber}_0(x_1)+A_1\mathrm{bei}_0(x_1)+A_2\mathrm{ker}_0(x_1)+A_2\mathrm{kei}_0(x_1)\\&\quad+A_3\mathrm{ber}_0(x_1)-A_3\mathrm{bei}_0(x_1)+A_4\mathrm{ker}_0(x_1)-A_4\mathrm{kei}_0(x_1)]\times G(z)\times F_1(t)\end{aligned}\tag{5.44}$$

同理，

$$\begin{aligned}T_{12}&=g_2(r)\times G(z)\times F_2(t)\\&=[B_1\mathrm{ber}_0(x_1)+B_1\mathrm{bei}_0(x_1)+B_2\mathrm{ker}_0(x_1)+B_2\mathrm{kei}_0(x_1)\\&\quad+B_3\mathrm{ber}_0(x_1)-B_3\mathrm{bei}_0(x_1)+B_4\mathrm{ker}_0(x_1)-B_4\mathrm{kei}_0(x_1)]\times G(z)\times F_2(t)\end{aligned}\tag{5.45}$$

其中，

$$x_i=\sqrt{\frac{\omega}{k_i}}r\qquad(i=1,2)$$

边界条件：

$$-\lambda_1\frac{\partial T_{11}}{\partial r}(z,r_0,t)=-\alpha_1\left[T_{11}(z,r_0,t)-T(z,t)\right]\tag{5.46}$$

$$T(z,t)=G_1(z)\cos(\omega t+\varphi)$$

$$-\lambda_1\frac{\partial T_{11}}{\partial r}(z,r_1,t)=-\lambda_2\frac{\partial T_{12}}{\partial r}(z,r_1,t)\tag{5.47}$$

$$T_{11}(z,r_1,t)=T_{12}(z,r_1,t)\tag{5.48}$$

$$T_{12}(z,r_2,t)=T_0\tag{5.49}$$

将边界条件式(5.46)～式(5.48)和初始条件式(5.49)代入式(5.44)、式(5.45)中得到：A_1、A_2、A_3、A_4、B_1、B_2、B_3、B_4。

又由公式(5.9)得到：

$$T_l=T_{1l}+T_{2l}\qquad(l=1,2)\tag{5.50}$$

所以得到：

$$T_1(r)=T_0+A(T_0-T_A)(\ln\frac{r}{r_1}+\frac{\lambda_1}{\lambda_2}\ln\frac{r_1}{r_2})+g_1(r)\times G_1(z)\times\sin(\omega t+\varphi_1)\tag{5.51}$$

所以隧道衬砌表面的温度为

$$T_1(r_0)=T_0+A(T_0-T_A)(\ln\frac{r_0}{r_1}+\frac{\lambda_1}{\lambda_2}\ln\frac{r_1}{r_2})+g_1(r_0)\times G_1(z)\times\sin(\omega t+\varphi_1)\tag{5.52}$$

(二)有保温层的多年冻土隧道横断面温度场解析解

与上一节相同，如图 5.9 所示，假设隧道位于增温带中。

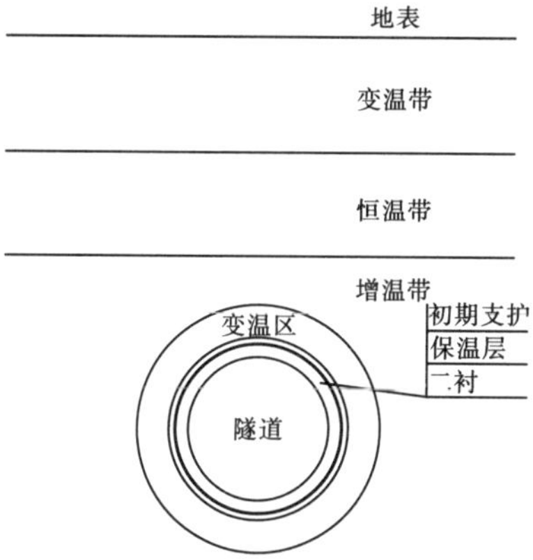

图 5.9　隧道围岩衬砌隔热层温度示意图

根据传热学的相关理论得到：

$$
\begin{aligned}
&K_1\left(\frac{\partial^2 T_3}{\partial r^2}+\frac{1}{r}\frac{\partial T_3}{\partial r}\right)=\frac{\partial T_3}{\partial t}\\
&K_2\left(\frac{\partial^2 T_4}{\partial r^2}+\frac{1}{r}\frac{\partial T_4}{\partial r}\right)=\frac{\partial T_4}{\partial t}\\
&K_3\left(\frac{\partial^2 T_5}{\partial r^2}+\frac{1}{r}\frac{\partial T_5}{\partial r}\right)=\frac{\partial T_5}{\partial t}\\
&K_4\left(\frac{\partial^2 T_6}{\partial r^2}+\frac{1}{r}\frac{\partial T_6}{\partial r}\right)=\frac{\partial T_6}{\partial t}
\end{aligned}
\tag{5.53}
$$

式中，K_1——二次衬砌的热扩散系数(m^2/s)；K_2——保温层的热扩散系数(m^2/s)；K_3——初次衬砌的热扩散系数(m^2/s)；K_4——围岩的热扩散系数(m^2/s)；T_3——二次衬砌的温度(℃)；T_4——保温层的温度(℃)；T_5——初次衬砌的温度(℃)；T_6——围岩的温度(℃)。

(1)洞内气体与洞壁发生对流换热：

$$-\lambda_1\frac{\partial T}{\partial r}(z,r_0,t)=-\alpha_1\left[T(z,r_0,t)-f(z,t)\right] \tag{5.54}$$

式中，λ_1——二次衬砌的导热系数［W/(m·℃)］；t——隧道洞内温度分布函数的周期；α_1——洞壁与洞内气体的换热系数(m^2/s)；r_0——隧道的半径(m)。

(2)相互接触的衬砌与围岩的接触条件：

$$
\begin{aligned}
&T_3(z,r_1,t)=T_4(z,r_1,t)\\
&T_4(z,r_2,t)=T_5(z,r_2,t)\\
&T_5(z,r_3,t)=T_6(z,r_3,t)
\end{aligned}
\tag{5.55}
$$

$$
\begin{aligned}
&-\lambda_1\frac{\partial T_3(z,r_1,t)}{\partial r}=-\lambda_2\frac{\partial T_4(z,r_1,t)}{\partial r}\\
&-\lambda_2\frac{\partial T_4(z,r_2,t)}{\partial r}=-\lambda_3\frac{\partial T_5(z,r_2,t)}{\partial r}\\
&-\lambda_3\frac{\partial T_5(z,r_3,t)}{\partial r}=-\lambda_4\frac{\partial T_6(z,r_3,t)}{\partial r}
\end{aligned}
\tag{5.56}
$$

式中，λ_1——二次衬砌的导热系数[W/(m·℃)]；λ_2——围岩的导热系数[W/(m·℃)]；λ_3——保温层的导热系数[W/(m·℃)]；λ_4——初次衬砌的导热系数[W/(m·℃)]；r_1——隧道二次衬砌的半径(m)；r_2——保温层的半径(m)；r_3——初次衬砌的半径(m)。

隧道围岩的边界条件：

$$T_6(r_4,0)=T_0=T_{\rm b}+(H-h_{\rm b}-h_{\rm h}-h_{\rm w})K \tag{5.57}$$

式中，r_4——变温区的半径(m)；T_0——增温区的温度(℃)；$T_{\rm b}$——变温区温度(℃)；H——隧道埋深(m)；$h_{\rm b}$——变温区高度(m)；$h_{\rm h}$——恒温区高度(m)；$h_{\rm w}$——隧道围岩影响深度(m)；K——围岩地温增长梯度(℃/m)。

隧道洞内温度随隧道轴向长度和时间变化而变化，所以可假设隧道洞内温度的方程为

$$f(z,t)=T_A(z)+G(z)\cos(\omega t+\varphi) \tag{5.58}$$

式中，$T_A(z)$——隧道洞内的年平均温度(℃)；$G(z)$——隧道洞内气体的温度振幅(℃)；ω——隧道洞内温度分布函数的角速度，$\omega=\dfrac{2\pi}{\varphi}$。

根据叠加原理可得，隧道围岩温度场由瞬态温度场和稳态温度场叠加而成。

1. 围岩温度不随时间变化的稳态温度场

$$\begin{aligned}
&K_1\left(\frac{\partial^2 T_{23}}{\partial r^2}+\frac{1}{r}\frac{\partial T_{23}}{\partial r}\right)=0\\
&K_2\left(\frac{\partial^2 T_{24}}{\partial r^2}+\frac{1}{r}\frac{\partial T_{24}}{\partial r}\right)=0\\
&K_3\left(\frac{\partial^2 T_{25}}{\partial r^2}+\frac{1}{r}\frac{\partial T_{25}}{\partial r}\right)=0\\
&K_4\left(\frac{\partial^2 T_{26}}{\partial r^2}+\frac{1}{r}\frac{\partial T_{26}}{\partial r}\right)=0
\end{aligned} \tag{5.59}$$

边界条件：

$$-\lambda_1\frac{\partial T_{23}}{\partial r}(z,r_0)=-\alpha_1\left[T_{23}(z,r_0)-T_A(z)\right] \tag{5.60}$$

$$\begin{aligned}
&-\lambda_1\frac{\partial T_{23}(z,r_1)}{\partial r}=-\lambda_2\frac{\partial T_{24}(z,r_1)}{\partial r}\\
&-\lambda_2\frac{\partial T_{24}(z,r_2)}{\partial r}=-\lambda_3\frac{\partial T_{25}(z,r_2)}{\partial r}\\
&-\lambda_3\frac{\partial T_{25}(z,r_3)}{\partial r}=-\lambda_4\frac{\partial T_{26}(z,r_3)}{\partial r}
\end{aligned} \tag{5.61}$$

$$\begin{aligned}
&T_{23}(z,r_1)=T_{24}(z,r_1)\\
&T_{24}(z,r_2)=T_{25}(z,r_2)\\
&T_{25}(z,r_3)=T_{26}(z,r_3)
\end{aligned} \tag{5.62}$$

初始条件：

$$T_{26}(z,r_4)=T_0 \tag{5.63}$$

由公式(5.59)得到：

$$T_{23}=C_5\ln r+C_6 \tag{5.64}$$

$$T_{24}=D_5\ln r+D_6 \tag{5.65}$$

$$T_{25}=E_5\ln r+E_6 \tag{5.66}$$

$$T_{26}=F_5\ln r+F_6 \tag{5.67}$$

将初始条件和边界条件代入方程中，得到：

$$\begin{cases}(\alpha_1\ln r_0-\dfrac{\lambda_1}{r_0})C_5+\alpha_1C_6=\alpha_1T_A\\ \lambda_1C_5-\lambda_2D_5=0\\ \lambda_2D_5-\lambda_3E_5=0\\ \lambda_3E_5-\lambda_4F_5=0\\ C_5\ln r_1+C_6-D_5\ln r_1+D_6=0\\ D_5\ln r_2+D_6-E_5\ln r_2+E_6=0\\ E_5\ln r_3+E_6-F_5\ln r_3+F_6=0\\ F_5\ln r_4+F_6=T_0\end{cases} \tag{5.68}$$

为了简化方程，令：

$$B=\frac{1}{\ln r_1/r_0-\lambda_1/\lambda_2\ln r_1/r_2-\lambda_1/\lambda_3\ln r_2/r_3-\lambda_1/\lambda_4\ln r_3/r_4+\lambda_1/r_0\alpha_1}$$

解方程组(5.68)得到：

$$C_5=B(T_0-T_A)$$

$$C_6=T_0+B(T_0-T_A)(\frac{\lambda_1}{\lambda_4}\ln\frac{r_3}{r_4}+\frac{\lambda_1}{\lambda_3}\ln\frac{r_2}{r_3}+\frac{\lambda_1}{\lambda_2}\ln\frac{r_1}{r_2}-\ln r_1)$$

$$D_5=\frac{\lambda_1}{\lambda_2}B(T_0-T_A)$$

$$D_6=T_0+B(T_0-T_A)(\frac{\lambda_1}{\lambda_4}\ln\frac{r_3}{r_4}+\frac{\lambda_1}{\lambda_3}\ln\frac{r_2}{r_3}-\frac{\lambda_1}{\lambda_2}\ln r_2)$$

$$E_5=\frac{\lambda_1}{\lambda_3}B(T_0-T_A)$$

$$E_6=T_0+B(T_0-T_A)(\frac{\lambda_1}{\lambda_4}\ln\frac{r_3}{r_4}-\frac{\lambda_1}{\lambda_3}\ln r_3)$$

$$F_5=\frac{\lambda_1}{\lambda_4}B(T_0-T_A)$$

$$F_6=T_0+B(T_0-T_A)(\frac{\lambda_1}{\lambda_4}\ln r_4)$$

将各个参数代入方程组得到：

$$T_{23}=T_0+B(T_0-T_A)(\ln r+\frac{\lambda_1}{\lambda_4}\ln\frac{r_3}{r_4}+\frac{\lambda_1}{\lambda_3}\ln\frac{r_2}{r_3}+\frac{\lambda_1}{\lambda_2}\ln\frac{r_1}{r_2}-\ln r_1)\quad (r_0<r<r_1) \tag{5.69}$$

$$T_{24}=T_0+B(T_0-T_A)(\frac{\lambda_1}{\lambda_2}\ln r+\frac{\lambda_1}{\lambda_4}\ln\frac{r_3}{r_4}+\frac{\lambda_1}{\lambda_3}\ln\frac{r_2}{r_3}-\frac{\lambda_1}{\lambda_2}\ln r_2)\qquad (r_1<r<r_2) \tag{5.70}$$

$$T_{25}=T_0+B(T_0-T_A)(\frac{\lambda_1}{\lambda_3}\ln r+\frac{\lambda_1}{\lambda_4}\ln\frac{r_3}{r_4}-\frac{\lambda_1}{\lambda_3}\ln r_3)\qquad (r_2<r<r_3) \tag{5.71}$$

$$T_{26}=T_0+B(T_0-T_A)(\frac{\lambda_1}{\lambda_4}\ln r-\frac{\lambda_1}{\lambda_4}\ln r_4)\qquad (r_3<r<r_4) \tag{5.72}$$

2. 围岩温度随时间变化的温度场

$$\begin{cases} K_1\left(\dfrac{\partial^2 T_{13}}{\partial r^2}+\dfrac{1}{r}\dfrac{\partial T_{13}}{\partial r}\right)=\dfrac{\partial T_{13}}{\partial t} \\ K_2\left(\dfrac{\partial^2 T_{14}}{\partial r^2}+\dfrac{1}{r}\dfrac{\partial T_{14}}{\partial r}\right)=\dfrac{\partial T_{14}}{\partial t} \\ K_3\left(\dfrac{\partial^2 T_{15}}{\partial r^2}+\dfrac{1}{r}\dfrac{\partial T_{15}}{\partial r}\right)=\dfrac{\partial T_{15}}{\partial t} \\ K_4\left(\dfrac{\partial^2 T_{16}}{\partial r^2}+\dfrac{1}{r}\dfrac{\partial T_{16}}{\partial r}\right)=\dfrac{\partial T_{16}}{\partial t} \end{cases} \tag{5.73}$$

因为衬砌与围岩的温度是随着半径、隧道长度变化的，所以假设衬砌、围岩的温度分布公式为

$$T_{13}=g_3(r)\times G(z)\times F_3(t) \tag{5.74}$$

$$T_{14}=g_4(r)\times G(z)\times F_4(t) \tag{5.75}$$

$$T_{15}=g_5(r)\times G(z)\times F_5(t) \tag{5.76}$$

$$T_{16}=g_6(r)\times G(z)\times F_6(t) \tag{5.77}$$

又因为

$$F_3(t)=\sin(\omega t+\varphi_3) \tag{5.78}$$

$$F_4(t)=\sin(\omega t+\varphi_4) \tag{5.79}$$

$$F_5(t)=\sin(\omega t+\varphi_5) \tag{5.80}$$

$$F_6(t)=\sin(\omega t+\varphi_6) \tag{5.81}$$

根据公式(5.73)得到：

$$\sin(\omega t+\varphi_3)(\frac{\partial^2 g_3(r)}{\partial r^2}+\frac{1}{r}\frac{\partial g_3(r)}{\partial r^2})=\frac{\omega}{k_1}\cos(\omega t+\varphi_3)g_3(r) \tag{5.82}$$

根据欧拉公式(5.31)得到：

$$\mathrm{e}^{i(\omega t+\varphi_3)}\left[\frac{\partial^2 g_3(r)}{\partial r^2}+\frac{1}{r}\frac{\partial g_3(r)}{\partial r^2}-\frac{\omega i}{k_1}g_3(r)\right]+\mathrm{e}^{-i(\omega t+\varphi_3)}\left[\frac{\partial^2 g_3(r)}{\partial r^2}+\frac{1}{r}\frac{\partial g_3(r)}{\partial r^2}+\frac{\omega i}{k_1}g_3(r)\right]=0 \tag{5.83}$$

$$\frac{\partial^2 g_3(r)}{\partial r^2}+\frac{1}{r}\frac{\partial g_3(r)}{\partial r^2}-\frac{\omega i}{k_1}g_3(r)+\frac{\partial^2 g_3(r)}{\partial r^2}+\frac{1}{r}\frac{\partial g_3(r)}{\partial r^2}+\frac{\omega i}{k_1}g_3(r)=0 \tag{5.84}$$

所以得到：

$$g_3(r)=C_1J_0(\sqrt{\frac{-i\omega}{K_1}}r)+C_2Y_0(\sqrt{\frac{-i\omega}{K_1}}r)+C_3J_0(\sqrt{\frac{i\omega}{K_1}}r)+C_4Y_0(\sqrt{\frac{i\omega}{K_1}}r) \tag{5.85}$$

$$\begin{aligned}g_3(r)=&C_1\mathrm{ber}_0(x_1)+C_1\mathrm{bei}_0(x_1)+C_2\mathrm{ker}_0(x_1)+C_2\mathrm{kei}_0(x_1)\\&+C_3\mathrm{ber}_0(x_1)-C_3\mathrm{bei}_0(x_1)+C_4\mathrm{ker}_0(x_1)-C_4\mathrm{kei}_0(x_1)\end{aligned} \tag{5.86}$$

所以 $g_3(r)$ 的大小为

$$\begin{aligned}[g_3(r)]^2=&[C_1\mathrm{ber}_0(x_1)+C_1\mathrm{bei}_0(x_1)+C_2\mathrm{ker}_0(x_1)+C_2\mathrm{kei}_0(x_1)\\&+C_3\mathrm{ber}_0(x_1)-C_3\mathrm{bei}_0(x_1)+C_4\mathrm{ker}_0(x_1)-C_4\mathrm{kei}_0(x_1)]^2\end{aligned} \tag{5.87}$$

$$\varphi_3=\tan^{-1}\frac{C_1\mathrm{ber}_0(x_1)+C_2\mathrm{ker}_0(x_1)+C_3\mathrm{ber}_0(x_1)+C_4\mathrm{ker}_0(x_1)}{C_1\mathrm{bei}_0(x_1)+C_2\mathrm{kei}_0(x_1)-C_3\mathrm{bei}_0(x_1)-C_4\mathrm{kei}_0(x_1)} \tag{5.88}$$

所以，

$$\begin{aligned}T_{13}&=g_3(r)\times G(z)\times F_3(t)\\&=[C_1\mathrm{ber}_0(x_1)+C_1\mathrm{bei}_0(x_1)+C_2\mathrm{ker}_0(x_1)+C_2\mathrm{kei}_0(x_1)\\&\quad+C_3\mathrm{ber}_0(x_1)-C_3\mathrm{bei}_0(x_1)+C_4\mathrm{ker}_0(x_1)-C_4\mathrm{kei}_0(x_1)]\times G(z)\times F_3(t)\end{aligned} \tag{5.89}$$

同理可得到：

$$\begin{aligned}T_{14}&=g_4(r)\times G(z)\times F_4(t)\\&=[D_1\mathrm{ber}_0(x_2)+D_1\mathrm{bei}_0(x_2)+D_2\mathrm{ker}_0(x_2)+D_2\mathrm{kei}_0(x_2)\\&\quad+D_3\mathrm{ber}_0(x_2)-D_3\mathrm{bei}_0(x_2)+D_4\mathrm{ker}_0(x_2)-D_4\mathrm{kei}_0(x_2)]\times G(z)\times F_4(t)\end{aligned} \tag{5.90}$$

$$\begin{aligned}T_{15}&=g_5(r)\times G(z)\times F_5(t)\\&=[E_1\mathrm{ber}_0(x_3)+E_1\mathrm{bei}_0(x_3)+E_2\mathrm{ker}_0(x_3)+E_2\mathrm{kei}_0(x_3)\\&\quad+E_3\mathrm{ber}_0(x_3)-E_3\mathrm{bei}_0(x_3)+E_4\mathrm{ker}_0(x_3)-E_4\mathrm{kei}_0(x_3)]\times G(z)\times F_5(t)\end{aligned} \tag{5.91}$$

$$\begin{aligned}T_{16}&=g_6(r)\times G(z)\times F_6(t)\\&=[F_1\mathrm{ber}_0(x_4)+F_1\mathrm{bei}_0(x_4)+F_2\mathrm{ker}_0(x_4)+F_2\mathrm{kei}_0(x_4)\\&\quad+F_3\mathrm{ber}_0(x_4)-F_3\mathrm{bei}_0(x_4)+F_4\mathrm{ker}_0(x_4)-F_4\mathrm{kei}_0(x_4)]\times G(z)\times F_6(t)\end{aligned} \tag{5.92}$$

其中，$x_i=\sqrt{\frac{\omega}{K_i}}r \quad (i=1,2,3,4)$。

又根据边界条件：

$$-\lambda_1\frac{\partial T_{13}}{\partial r}(z,r_0,t)=-\alpha_1\left[T_{23}(z,r_0,t)-T_A(z)\right] \tag{5.93}$$

$$\begin{cases}-\lambda_1\dfrac{\partial T_{13}(z,r_1,t)}{\partial r}=-\lambda_2\dfrac{\partial T_{14}(z,r_1,t)}{\partial r}\\-\lambda_2\dfrac{\partial T_{14}(z,r_2,t)}{\partial r}=-\lambda_3\dfrac{\partial T_{15}(z,r_2,t)}{\partial r}\\-\lambda_3\dfrac{\partial T_{15}(z,r_3,t)}{\partial r}=-\lambda_4\dfrac{\partial T_{16}(z,r_3,t)}{\partial r}\end{cases} \tag{5.94}$$

$$\begin{cases}T_{13}(z,r_1,t)=T_{14}(z,r_1,t)\\T_{14}(z,r_2,t)=T_{15}(z,r_2,t)\\T_{15}(z,r_3,t)=T_{16}(z,r_3,t)\end{cases} \tag{5.95}$$

$$T(z,r_4,0)=T_0 \tag{5.96}$$

将边界条件和初始条件代入方程得到：C_1、C_2、C_3、C_4、D_1、D_2、D_3、D_4、E_1、E_2、E_3、E_4、F_1、F_2、F_3、F_4。

所以隧道洞壁的温度公式为

$$T_3(r_0)=T_0+B(T_0-T_A)(\ln\frac{r_0}{r_1}+\frac{\lambda_1}{\lambda_4}\ln\frac{r_3}{r_4}+\frac{\lambda_1}{\lambda_3}\ln\frac{r_2}{r_3}+\frac{\lambda_1}{\lambda_2}\ln\frac{r_1}{r_2})+g_3(r_0)\times G(z)\times\sin(\omega t+\varphi_3) \tag{5.97}$$

三、多年冻土隧道纵断面温度场解析解

隧道洞内空气轴向传热模型如图 5.10 所示。

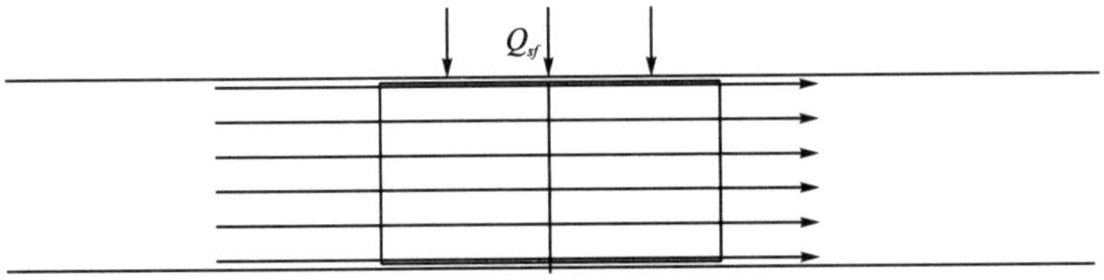

图 5.10 隧道洞内空气轴向传热模型

根据能量守恒，可以得到：

$$\Phi+Q_{sf}=\frac{\partial U}{\partial t}+q_1(h+\frac{1}{2}v^2+gz)_{\text{out}}-q_2(h+\frac{1}{2}v^2+gz)_{\text{in}}+W \tag{5.98}$$

式中，Φ ——通过热传导进入微元体的热量(J)；Q_{sf} ——隧道空气与隧道衬砌对流换热进入微元体的热量(J)；U ——微元体的热力学能；q_1 ——微元体的热流入当量(J)；q_2 ——微元体的热流出当量(J)；h ——微元体的高度(m)；v ——空气流速(m/s)；g ——重力加速度，$9.8\,\text{m/s}^2$；z ——微元体的纵向坐标(m)；W ——流体所做的功(J)。

考虑到隧道内的空气经过微单元时，位能和动能的变化可以忽略不计，流体不做功，于是有

$$\Phi+Q_{sf}=\Delta U+q_1(h)_{\text{out}}-q_2(h)_{\text{in}} \tag{5.99}$$

又因为贝克来数：

$$Pe=\frac{Q_{sf}}{\Phi} \tag{5.100}$$

所以由公式(5.99)得到：

$$(\frac{1}{Pe}+1)Q_{sf}=\Delta U+q_1(h)_{\text{out}}-q_2(h)_{\text{in}} \tag{5.101}$$

对于空气来说，空气的贝克来数很大，所以得到：

$$Q_{sf}=\Delta U+q_1(h)_{\text{out}}-q_2(h)_{\text{in}} \tag{5.102}$$

单位时间内微元体的热力学增量为

$$\Delta U = \rho c_p M \frac{\partial T_f}{\partial t} \mathrm{d}t\mathrm{d}s \tag{5.103}$$

式中，ρ——气体的密度(kg/m^2)；c_p——气体的热容量[J/(kg・℃)]；M——隧道横断面的面积(m^2)。

只考虑在 Z 方向由于空气流出、流入微元体所带入的焓差变化：

$$H_z = \rho c_p V_f T M \mathrm{d}s\mathrm{d}t \tag{5.104}$$

式中，V_f——气体的速度(m/s)。

而在相同的 dt 时间内在 z 方向流出微元体的焓为

$$H_{z+\mathrm{d}z} = \rho c_p (T + \frac{\partial T_f}{\partial s}\mathrm{d}s) V_f M \mathrm{d}s\mathrm{d}t \tag{5.105}$$

将式(5.105)与式(5.104)相减：

$$H_{z+\mathrm{d}z} - H_z = \rho c_p \frac{\partial T_f}{\partial s} V_f M \mathrm{d}s\mathrm{d}t \tag{5.106}$$

所以，

$$q_1(h)_{\mathrm{out}} - q_2(h)_{\mathrm{in}} = \rho c_p \frac{\partial T_f}{\partial s} V_f M \mathrm{d}s\mathrm{d}t \tag{5.107}$$

所以得到：

$$Q_{sf} = \rho c_p (\frac{\partial T_f}{\partial t} + \frac{\partial T_f}{\partial s} V_f) M \mathrm{d}s\mathrm{d}t \tag{5.108}$$

又因为在相同的 dt 时间内，隧道洞壁与微元体进行对流换热进入微元体的热量为

$$Q_{sf} = \alpha_1 (T_s - T_f) P \mathrm{d}s\mathrm{d}t \tag{5.109}$$

式中，T_s——隧道洞壁的温度(℃)；T_f——隧道洞内气体的温度(℃)；P——隧道的洞周长(m)；α_1——气体与衬砌的对流换热系数[W/(m^2・℃)]。

所以：

$$\frac{\partial T_f}{\partial t} + \frac{\partial T_f}{\partial s} V_f = \frac{2\alpha_1}{\rho c_p r_0}(T_s - T_f) \tag{5.110}$$

(一)无保温层的多年冻土隧道纵断面温度场解析解

当隧道没有铺设保温层时，得到：

$$-G_1(z)\omega\sin(\omega t + \varphi) + V_f \left[\frac{\mathrm{d}G(z)}{\mathrm{d}z}\cos(\omega t + \varphi) + \frac{\mathrm{d}T_A(z)}{\mathrm{d}z}\right] = \frac{2\alpha_1}{\rho c_p r_0}[T_1(r_0, z, t) - G_1(z)\cos(\omega t + \varphi) - T_A(z)] \tag{5.111}$$

式中，$T_1(r_0, z, t) = T_s$。

1. 年平均温度的确定

由式(5.111)得到年平均温度的微分方程：

$$\frac{\mathrm{d}T_A(z)}{\mathrm{d}z} = -\frac{2\alpha_1}{V_f \rho c_p r_0}[T_A(z) - T_{21}(r_0, z)] \tag{5.112}$$

边界条件为

$$T_A(0)=T_J$$

式中，T_J——隧道洞口的平均温度(℃)。

求解式(5.112)得到年平均温度为

$$T_A(z)=T_0+(T_J-T_0)\mathrm{EXP}\left\{-\frac{2\alpha_1}{V_f\rho c_p r_0}\left[A(\ln\frac{r_0}{r_1}+\frac{\lambda_1}{\lambda_2}\ln\frac{r_1}{r_2})+1\right]z\right\} \tag{5.113}$$

2. 年温度振幅的确定

年平均振幅的微分方程：

$$-G_1(z)\omega\sin(\omega t+\varphi)+V_f\frac{\mathrm{d}G(z)}{\mathrm{d}z}\cos(\omega t+\varphi)=-\frac{2\alpha_1}{\rho c_p r_0}[G_1(z)\cos(\omega t+\varphi)-T_{11}(r_0,z)] \tag{5.114}$$

由欧拉方程式(5.30)将式(5.114)化为

$$\frac{\mathrm{d}G_1(z)}{\mathrm{d}z}-(\frac{\omega}{V_f}+\frac{2\alpha_1 g_1(r_0)\cos\varphi_1}{\rho c_p r_0})\frac{\mathrm{e}^{i(\omega t+\varphi)}-\mathrm{e}^{-i(\omega t+\varphi)}}{i(\mathrm{e}^{i(\omega t+\varphi)}+\mathrm{e}^{-i(\omega t+\varphi)})}G_1(z)+\frac{2\alpha_1}{\rho c_p r_0}[1-g_1(r_0)\sin\varphi_1]G_1(z)=0 \tag{5.115}$$

边界条件：

$$G_1(0)=G_0$$

式中，G_0——隧道洞口的温度振幅(℃)。

求解得到年温度振幅为

$$G_1(z)=G_0\mathrm{EXP}\left\{\frac{[2\alpha_1-2\alpha_1 g_1(r_0)\sin\varphi_1]z}{V_f\rho c_p r_0}\right\}\times\mathrm{EXP}\left[i(\omega t+\varphi)-i(\frac{\omega}{V_f}+\frac{2\alpha_1 g_1(r_0)\cos\varphi_1}{V_f\rho c_p r_0})z\right] \tag{5.116}$$

为了便于分析，令

$$G_0\mathrm{EXP}\frac{[2\alpha_1-2\alpha_1 g_1(r_0)\sin\varphi_1]z}{V_f\rho c_p r_0}=K_1(z)$$

所以得到不含有保温层的隧道洞壁温度场分布公式：

$$\begin{aligned}T_1(r_0)=&T_0+A(T_0-T_A)(\ln\frac{r_0}{r_1}+\frac{\lambda_1}{\lambda_2}\ln\frac{r_1}{r_2})+g_1(r_0)\times\sin(\omega t+\varphi_1)\\&\times K_1(z)\mathrm{EXP}\left[-i(\frac{\omega}{V_f}+\frac{2\alpha_1 g_1(r_0)\cos\varphi_1}{V_f\rho c_p r_0})z\right]\end{aligned} \tag{5.117}$$

(二)有保温层的多年冻土隧道纵断面温度场解析解

当隧道铺设保温层时，由式(5.110)得到：

$$\begin{aligned}&-G(z)\omega\sin(\omega t+\varphi)+V_f\left[\frac{\mathrm{d}G(z)}{\mathrm{d}z}\cos(\omega t+\varphi)+\frac{\mathrm{d}T_A(z)}{\mathrm{d}z}\right]\\&=\frac{2\alpha_1}{\rho c_p r_0}[T_3(r_0,z,t)-G(z)\cos(\omega t+\varphi)-T_A(z)]\end{aligned} \tag{5.118}$$

1. 年平均温度的确定

年平均温度的微分方程：

$$\frac{\mathrm{d}T_A(z)}{\mathrm{d}z}=-\frac{2\alpha_1}{V_f\rho c_p r_0}[T_A(z)-T_{23}(z,r_0)] \tag{5.119}$$

边界条件为

$$T_A(0)=T_J$$

式中，T_J——隧道洞口的平均温度(℃)。

求解得到年平均温度为

$$T_A(z)=T_0+(T_J-T_0)\mathrm{EXP}\left\{-\frac{2\alpha_1}{V_f\rho c_p r_0}\left[B(\ln\frac{r_0}{r_1}+\frac{\lambda_1}{\lambda_4}\ln\frac{r_3}{r_4}+\frac{\lambda_1}{\lambda_3}\ln\frac{r_2}{r_3}+\frac{\lambda_1}{\lambda_2}\ln\frac{r_1}{r_2})+1\right]z\right\} \tag{5.120}$$

2. 年温度振幅的确定

年平均振幅的微分方程：

$$-G(z)\omega\sin(\omega t+\varphi)+V_f\frac{\mathrm{d}G(z)}{\mathrm{d}z}\cos(\omega t+\varphi)=-\frac{2\alpha_1}{\rho c_p r_0}[G(z)\cos(\omega t+\varphi)-T_{13}(z,r_0)] \tag{5.121}$$

边界条件：

$$G(0)=G_0$$

式中，G_0——隧道洞口的温度振幅(℃)。

求解得到年温度振幅为

$$G(z)=G_0\mathrm{EXP}\left\{\frac{[2\alpha_1-2\alpha_1 g_3(r_0)\sin\varphi_3]z}{V_f\rho c_p r_0}\right\}\times\mathrm{EXP}\left[i(\omega t+\varphi)-i(\frac{\omega}{V_f}+\frac{2\alpha_1 g_3(r_0)\cos\varphi_3}{V_f\rho c_p r_0})z\right] \tag{5.122}$$

$$G_0\mathrm{EXP}\left\{\frac{[2\alpha_1-2\alpha_1 g_3(r_0)\sin\varphi_3]z}{V_f\rho c_p r_0}\right\}=K(z) \tag{5.123}$$

所以得到含有保温层的隧道衬砌表面的温度场分布特征为

$$\begin{aligned}T_3(r_0)=&T_0+A(T_0-T_A)(\ln\frac{r_0}{r_1}+\frac{\lambda_1}{\lambda_4}\ln\frac{r_3}{r_4}+\frac{\lambda_1}{\lambda_3}\ln\frac{r_2}{r_3}+\frac{\lambda_1}{\lambda_2}\ln\frac{r_1}{r_2})\\&+g_3(r_0)\,K(z)\mathrm{EXP}\left[-i(\frac{\omega}{V_f}+\frac{2\alpha_1 g_3(r_0)\cos\varphi_3}{V_f\rho c_p r_0})z\right]\sin(\omega t+\varphi_3)\end{aligned} \tag{5.124}$$

四、理论计算参数的确定

(一)围岩热力学参数的简化

不同围岩的热力学参数是不同的，为了方便理论计算，将围岩的热力学参数换算成统一的参数。

(二)隧道洞内气体参数的确定

在实际工程中，隧道洞内气体的速度沿隧道纵向方向分布是不同的，同样，沿隧道直径方向的隧道洞内气体速度分布也是不同的。为了方便计算，假定沿隧道径向方向的气体速度是相同的，同样假定沿隧道纵向方向的气体速度也是相同的，并取隧道洞内气体速度范围内的一个速度值来进行数值计算。

(三)理论计算参数的选取

本次理论计算以青藏铁路风火山隧道为例，采用风火山隧道的相关参数进行计算分析，如表 5.6 所示。

表 5.6　隧道有关计算参数

隧道有关参数	计算参数取值范围	计算参数取值
围岩热传导系数/[W/(m・℃)]	1.5～4	1.650
围岩热容量/(J/℃)	1670～2500	2465
一衬热传导系数/[W/(m・℃)]	—	1.655
一衬热容量/(J/℃)	—	1.617×10^3
保温层热传导系数/[W/(m・℃)]	—	0.03
保温层热容量/(J/℃)	—	0.072×10^3
二衬热传导系数/[W/(m・℃)]	—	1.825
二衬热容量/(J/℃)	—	1.312×10^3
空气密度/(kg/m^3)	—	0.627
空气比热容/[J/(kg・℃)]	—	1004
空气的速度/(m/s)	0.1～3	0.3
空气的热传导系数/[W/(m・℃)]	—	0.02
洞内气温影响围岩深度/m	5～10	10
空气与围岩的换热系数/[W/(m^2・℃)]	0～25	20

五、理论计算结果分析

从上一节理论计算得到，隧道洞内气体以及衬砌表面的温度分布趋势主要是受到平均温度函数 $H(z)$ 和温度振幅函数 $K(z)$ 的影响，且由公式得到洞内气体分布趋势与衬砌表面温度分布趋势相同。考虑到这些因素，为了简化分析，主要研究洞内气体平均温度分布函数 $H(z)$ 和温度振幅函数 $K(z)$ 沿隧道长度方向的变化特征。

(一)隧道埋深对隧道洞内横向和纵向温度场的影响

由公式(5.57)和公式(5.119)得到隧道洞内的温度随隧道埋深和隧道纵向长度的变化规律。图 5.11 为不同隧道埋深下隧道洞内气体年平均温度沿隧道纵向方向的变化曲线图。图 5.12 为同一隧道横断面，不同埋深下的洞内年平均温度变化曲线图。

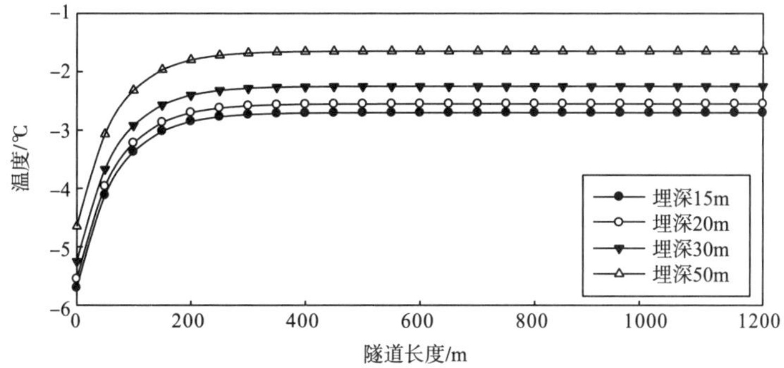

图 5.11　不同埋深下的隧道洞内年平均温度沿隧道纵向方向的变化曲线图

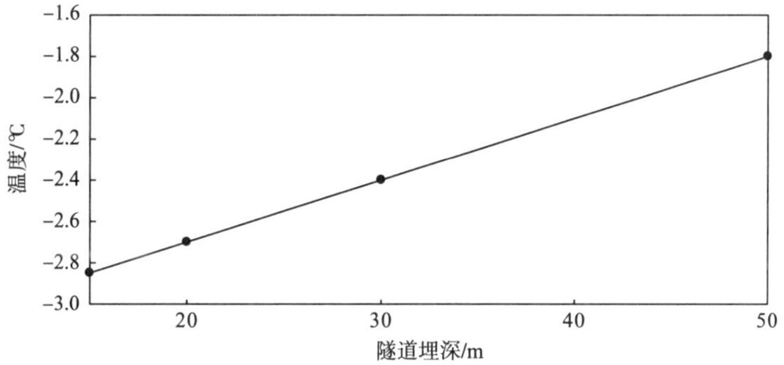

图 5.12　不同隧道埋深下的同一隧道横断面的洞内年平均温度变化曲线图

从图 5.11 得到不同埋深下的隧道洞内年平均温度变化趋势基本一致，说明隧道的埋深对隧道的抗冻设防长度影响程度小。从图 5.12 得到多年冻土隧道埋深越大，洞内的年平均温度越小，且在同一隧道断面下，隧道埋深与隧道洞内温度呈线性关系。

(二)隧道洞径对隧道纵向温度场的影响

图 5.13 和图 5.14 为其他条件相同的条件下，隧道半径分别为 3.0m、3.5m、4.0m、4.5m 条件下的隧道洞内气体平均温度函数 $H(z)$ 和隧道洞内气体温度振幅函数 $K(z)$ 随隧道长度的变化曲线图。

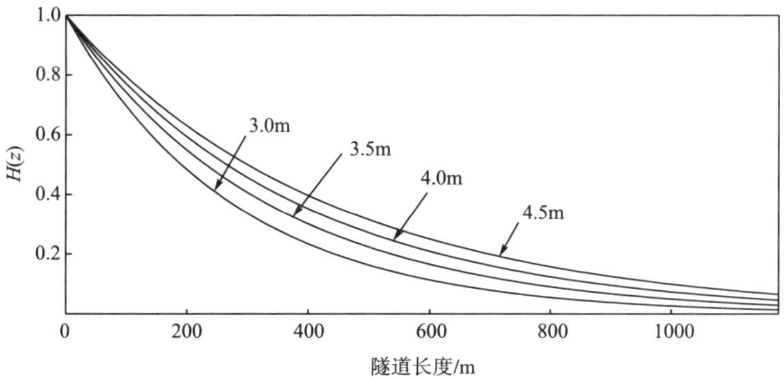

图 5.13　在隧道纵向方向下不同隧道半径对隧道洞内气体年平均温度函数 $H(z)$ 的影响

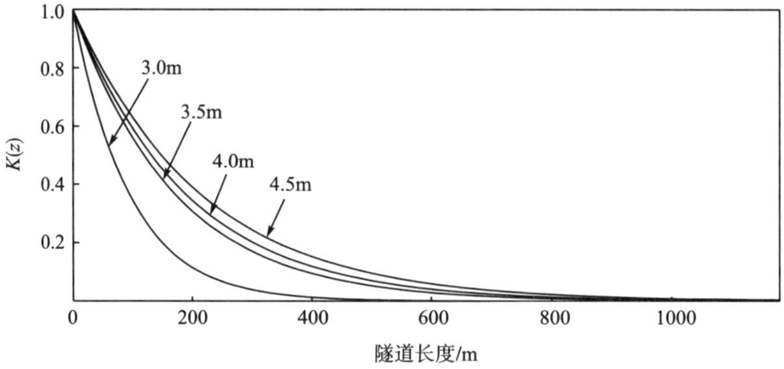

图 5.14 在隧道纵向方向下不同隧道半径对隧道洞内气体温度振幅函数 $K(z)$ 的影响

由图 5.13 和图 5.14 可以得到隧道直径的大小即隧道横断面面积的大小影响隧道洞内温度分布规律；隧道半径越小，隧道洞内气体的年平均温度以及温度振幅趋于稳定的地方距洞口位置越近，说明隧道的抗冻设防长度越短。

(三)保温层参数对隧道纵向温度场的影响

由无保温层时隧道洞内的年平均温度纵向分布特征公式［式(5.113)］以及有保温层参数时隧道洞内的年平均温度纵向分布特征公式［式(5.119)］可得到图 5.15：在隧道无保温层情况下，保温层传热系数为 0.01W/(m·℃)、0.1W/(m·℃)、0.03W/(m·℃)，其他保温层参数不变的情况下，洞内气体平均温度函数 $H(z)$ 随隧道长度的变化曲线图。由图 5.15 可知，多年冻土隧道布置的保温层对隧道横断面的温度分布有着明显的影响。保温层的使用减小了隧道洞内温度对隧道衬砌背后围岩温度的影响程度，保证了围岩结构的稳定。但从图 5.15 中可以看出，有无保温层或保温层传热系数的大小在一定程度上也影响着隧道洞内气体纵向温度场的分布；保温层传热系数越高，隧道洞内气体年平均温度函数 $H(z)$ 趋于平稳的位置距隧道洞口越近，隧道的抗冻设防长度就越小，就有利于隧道的抗冻设防。但在隧道横断面温度场分布特征规律方面，保温层的保温系数越小，越有利于产生对隧道与围岩之间的保温隔热作用。所以为了有效地对隧道进行抗冻设防，在设置保温层时，应该同时考虑隧道纵向温度场分布特征和围岩横向温度场分布特征，这样才能有效地对隧道进行抗冻设防。

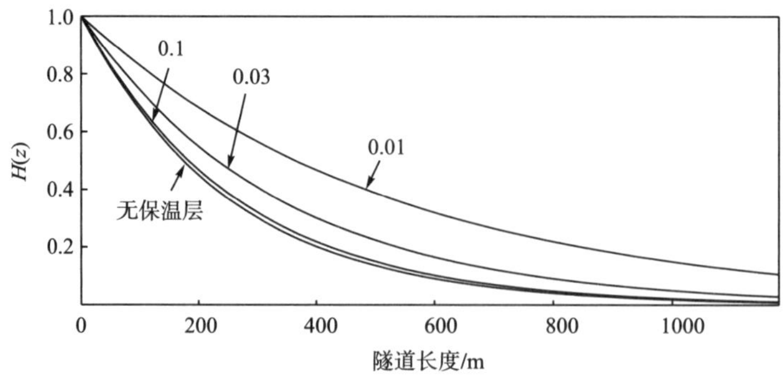

图 5.15 在隧道纵向方向下保温层参数对隧道洞内气体平均温度函数 $H(z)$ 的影响

（四）隧道洞内气体的速度对隧道纵向温度场的影响

图 5.16 和图 5.17 为在隧道洞内气体不同速度条件下，隧道洞内气体的平均温度函数 $H(z)$ 和温度振幅函数 $K(z)$ 随隧道长度变化的曲线图。

由隧道洞内气体温度纵向分布的解析解公式得到：隧道洞内气体速度的大小影响隧道洞内气体纵向温度的分布特征。通过分析图 5.16 和图 5.17 可以得到：隧道洞内的速度越小，隧道洞内气体的平均温度函数以及温度振幅函数趋于稳定的地方距洞口位置越近。当隧道洞内气体速度足够小时，隧道内的平均温度函数和温度振幅函数趋于稳定的位置将趋近于隧道洞口位置。

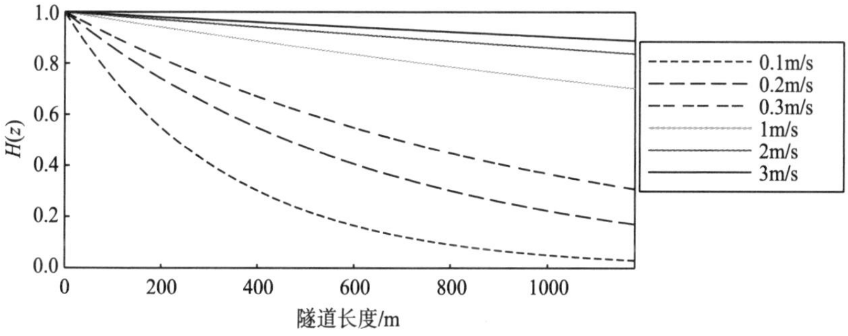

图 5.16　在隧道纵向方向下不同洞内气体速度对平均温度函数 $H(z)$ 的影响

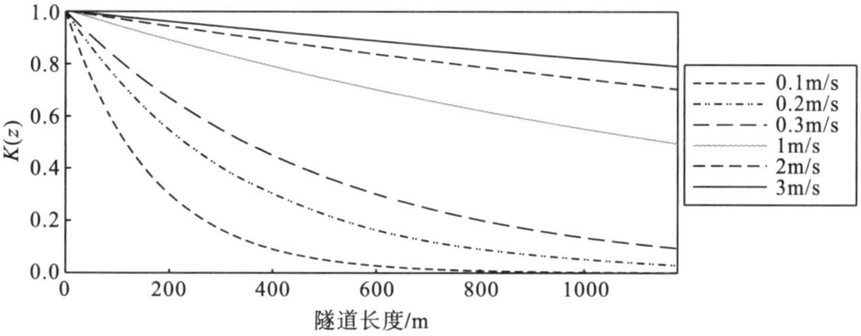

图 5.17　在隧道纵向方向下不同洞内气体速度对温度振幅函数 $K(z)$ 的影响

六、多年冻土隧道抗冻设防长度理论计算长度

在风火山隧道中，理论计算以格尔木段洞口段为例。在风火山隧道格尔木段洞口 300m 的长度内，隧道埋深为 0～25m，从距洞口 70m 以后，隧道埋深处于 12～25m 以内。由对风火山地区的地温监测得到在地表至地表以下 5m 内是变温区域，地表以下 5m 至地表以下 10m 为恒温区域，地表 10m 以下为增温区域。为了方便理论计算，假设格尔木段洞口段沿隧道长度方向为 20m 埋深。

比较洞内气体温度纵向分布特征和衬砌表面温度纵向分布特征公式得到，它们都具有

相同的特征函数 $H(z)$ 和 $K(z)$，即可认为隧道洞内气体温度纵向分布特征与衬砌表面温度纵向分布特征相同。

本章主要是基于隧道洞内沿隧道纵向方向的温度分布特征，确定多年冻土的抗冻设防长度。隧道洞内温度分布特征公式主要由平均温度公式以及温度振幅公式确定。通过分析平均温度函数以及温度振幅函数确定多年冻土隧道的抗冻设防长度，可以得到在多年冻土地区隧道的抗冻设防长度原理，如图 5.18 所示。

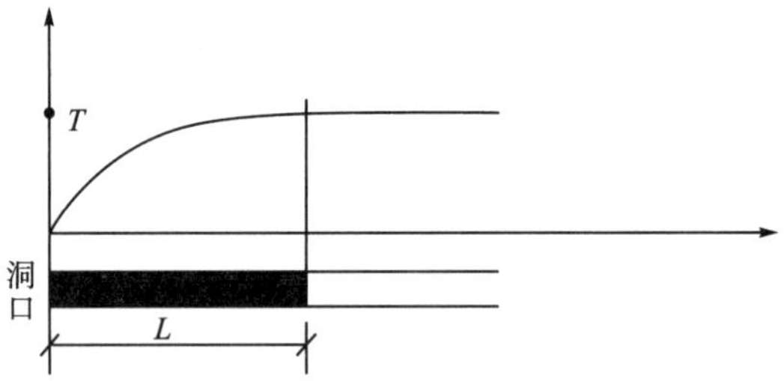

图 5.18 隧道抗冻设防长度示意图

为了方便计算，令

$$C=\left(\ln\frac{r_0}{r_1}+\frac{\lambda_1}{\lambda_4}\ln\frac{r_3}{r_4}+\frac{\lambda_1}{\lambda_3}\ln\frac{r_2}{r_3}+\frac{\lambda_1}{\lambda_2}\ln\frac{r_1}{r_2}\right)B$$

$$E=-\frac{2\alpha_1}{V_f\rho c_p r_0}(C+1)$$

由式(5.58)、式(5.118)、式(5.120)得到隧道洞内气体的温度场变化特征为

$$f(z,t)=T_0+(T_J-T_0)\mathrm{EXP}(Ez)+K(z)\times\mathrm{EXP}\left[-i\left(\frac{\omega}{V_f}+\frac{2\alpha_1 g_3(r_0)\cos\varphi_3}{V_f\rho c_p r_0}\right)z\right]\cos(\omega t+\varphi) \tag{5.125}$$

根据公式(5.125)得到如图 5.19 所示的以风火山隧道为计算模型的洞内气体平均温度以及温度振幅纵向分布曲线。可以得出：风火山隧道抗冻设防长度位于距隧道洞口 216m 处的位置，约为隧道洞径的 31 倍左右。

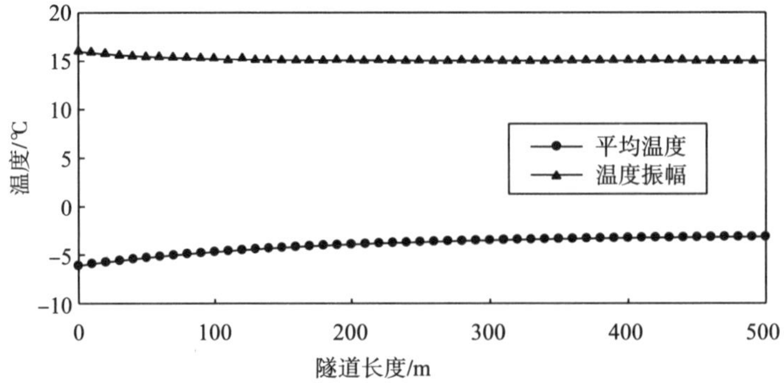

图 5.19 隧道洞内气体平均温度以及温度振幅纵向分布曲线

七、小结

通过传热学和数学物理方程得到在无保温层下和有保温层下的隧道洞内气体温度以及二次衬砌表面的纵向温度分布公式，并以风火山隧道为例，详细分析了在不同埋深、不同隧道半径、不同洞内气体速度、不同保温层参数下，隧道洞内气体纵向温度以及二次衬砌表面的纵向温度变化特征。说明隧道洞内气体纵向温度变化特征受到许多因素的影响，不可能是某个单一因素的函数。最后提出了隧道的抗冻设防长度，约为隧道洞径的 31 倍左右。公式是在许多假设的前提下得到的，可以作为参考来确定隧道的抗冻设防长度，但需要根据具体的工程进一步简化和修改。

第四节　多年冻土隧道温度场分布特征数值模拟

随着有限元分析技术的快速发展，利用数值模拟分析工程问题的研究方法也越来越普遍。使用数值分析可以研究已经贯通的多年冻土隧道的洞内气体以及衬砌围岩的温度场分布特征，以及模拟各个因素对隧道洞内气体以及衬砌围岩温度场的影响规律，再根据实际情况，模拟分析得到多年冻土隧道的抗冻设防长度。同时与本章第三节理论分析得到的隧道洞内气体以及衬砌围岩温度分布规律和理论抗冻设防长度做比较，从而验证本章理论计算得到的多年冻土隧道抗冻设防长度的正确性，以及各个因素对隧道洞内温度影响规律的合理性以及正确性。

一、计算模型

以青藏铁路上的风火山隧道为建模参考，利用有限元软件 ADINA 进行数值分析。

在众多的数值分析软件中，ADINA 具有强大的非线性分析能力，近年来随着计算机配置等不断的提高，其满足了越来越多的研究需要，越来越多的科研技术人员选用数值分析的方法对各种问题进行分析。选用 ADINA 软件，一方面它具有强大的非线性分析能力，计算速度快，另一方面它也具有强大的流固耦合能力，满足数值分析中围岩与洞内气体进行对流换热耦合的要求。

由于冻土隧道特有的冻土环境特征，其受周围环境温度变化的影响十分显著。从冻土中穿过的隧道施工将会破坏原有的冻土温度平衡特征，隧道结构施工完成后，外界的空气在外力的带动下进入隧道，隧道内的空气将和隧道衬砌进行对流换热，改变了隧道内横向和纵向的温度场分布特征。而为了防止这种变化对隧道产生冻害，分析隧道的横向和纵向温度特征将十分重要，尤其是隧道洞口段的温度特征。

通过数值分析得到隧道的纵向温度分布特征和横向温度分布特征，找到冻土隧道抗冻设防长度，并找到影响冻土隧道抗冻设防长度的因素，如对隧道的埋深、隧道内的气体速度、隧道长度、隧道衬砌形式、隧道环境气温等进行数值分析。而考虑本章的分析特征，只分析气体速度、隧道埋深、有无保温层以及保温层参数对隧道抗冻设防长度的影响。

1. 基本假设

在进行数值模拟前，对多年冻土隧道的温度场分析时有如下假设：

(1) 隧道内的气体为层流，为理想不可压缩气体，且洞口气体的速度为恒定值；

(2) 计算中不考虑水分的运动对气体温度场分布的影响；

(3) 计算中假设隧道沿纵断面埋深为同一高度；

(4) 假设隧道进口断面的其他两个方向的速度为 0m/s；

(5) 不考虑相变问题；

(6) 不考虑阳光与隧道山顶的热辐射问题；

(7) 不考虑天气气候变暖的问题。

2. 单元类型

整个模型都采用实体单元进行数值模拟分析，多年冻土隧道内的衬砌与保温层、衬砌与围岩间的传热都采用热传导模型，隧道内的空气与衬砌之间的传热采用热对流单元模型，隧道外部气温与隧道所处区域表面也采用热对流模型。

3. 隧道截面形式

隧道的截面采用风火山隧道实际的结构模型进行分析，如图 5.20 所示。

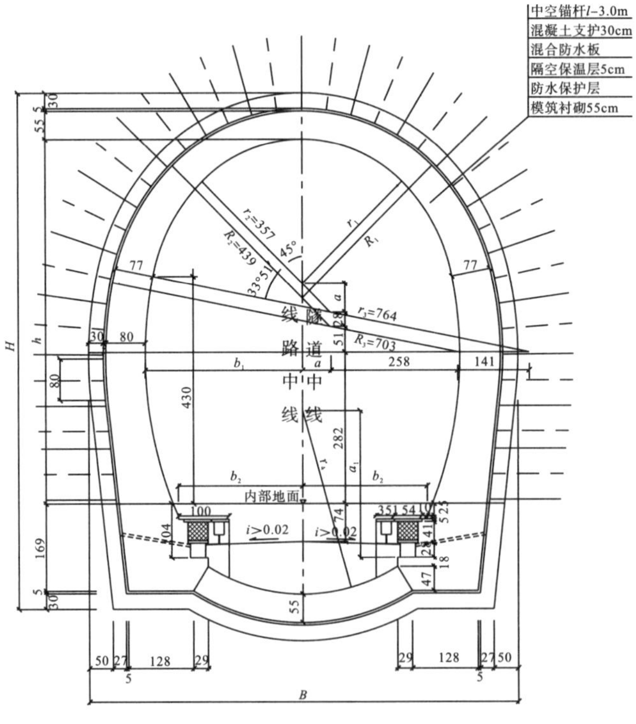

图 5.20 风火山隧道的横断面图

4. 隧道围岩

根据风火山隧道的实际围岩特征，结合有关文献，确定隧道围岩的传热学有关参数，进行有限元分析。

5. 隧道埋深

多年冻土区域的地层通常分为变温带、恒温带以及增温带，所以处于不同地层温带的隧道所处的环境温度不同。一般隧道洞口覆土较薄，常处于变温带，围岩和衬砌受隧道洞内气温变化和洞外气温变化双重影响，容易产生冻害。再如昆仑山隧道，在隧道的超浅埋地区，如隧道的 DK977+630 段较其他段隧道上方覆土较薄，容易积水，容易使隧道产生渗漏水等冻害。在本章第三节中提到在风火山格尔木洞口长度 300m 的范围内，风火山隧道距格尔木洞口 70m 以后，隧道埋深处于 12～25m，说明风火山隧道大部分处于地层的增温带区域。所以在研究各种因素(除了隧道埋深)对隧道抗冻设防长度的影响时，统一假设隧道全纵断面都处于同一个埋深(20m)。为了研究埋深对隧道洞内气体温度分布特征的影响，研究隧道埋深分别为 20m、30m、50m 情况下的隧道洞内的温度分布特征。研究风火山隧道的抗冻设防长度时，将按照风火山隧道的实际埋深进行模拟分析。

6. 模型计算范围

在隧道实际环境中，隧道的围岩边界是无限远的，但为了便于数值计算模拟，在保证足够计算精度的同时，也要保证避免计算的模型尺寸过大，尺寸过大不利于数值模拟计算的进行。同时选择隧道尺寸需要考虑隧道洞内温度变化对隧道围岩的影响深度。将无限尺寸转化成有限尺寸，有利于隧道的数值模拟计算。在保证数值模拟计算精确度的情况下，隧道的高度取值为 17m，左右边界的宽度为 26m，而在隧道的纵向长度方向上，数值计算应该将抗冻设防长度考虑在内，根据上一节的理论计算得到多年冻土隧道的抗冻设防长度为 200～220m。为了选取合理的隧道长度进行计算，现使用有限元软件 ADINA 计算其他条件相同时，不同隧道长度是否会对隧道洞内温度分布产生影响。如图 5.21、图 5.22、图 5.23 所示，取隧道长度为 300m、500m 时，得到当隧道的长度大于隧道洞内温度区域稳定的长度时，模拟长度的大小对隧道洞内温度影响较小。所以综合考虑其他方面的影响，数值计算的纵向长度取 300m。综合上述，确定隧道的数值模拟计算如图 5.24、图 5.25、图 5.26 所示。

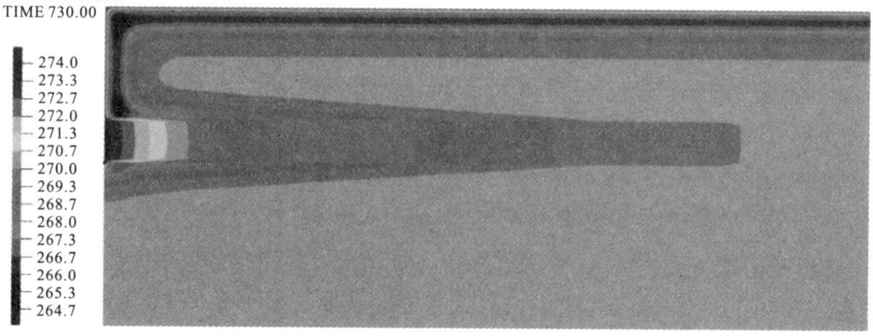

图 5.21　500m 长的隧道平均温度分布云图

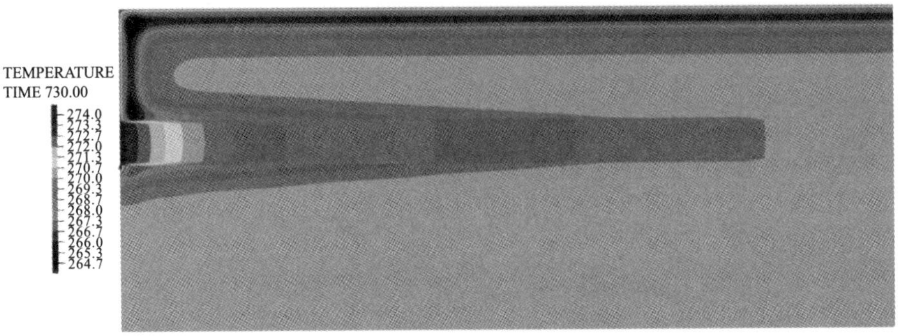

图 5.22　300m 长的隧道平均温度分布云图

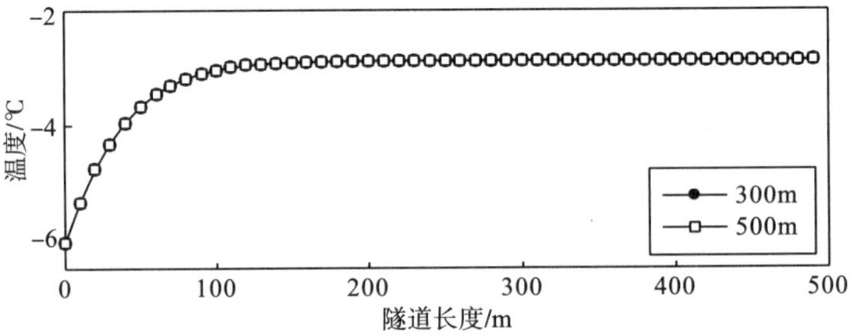

图 5.23　隧道洞内平均温度沿隧道长度分布特征曲线

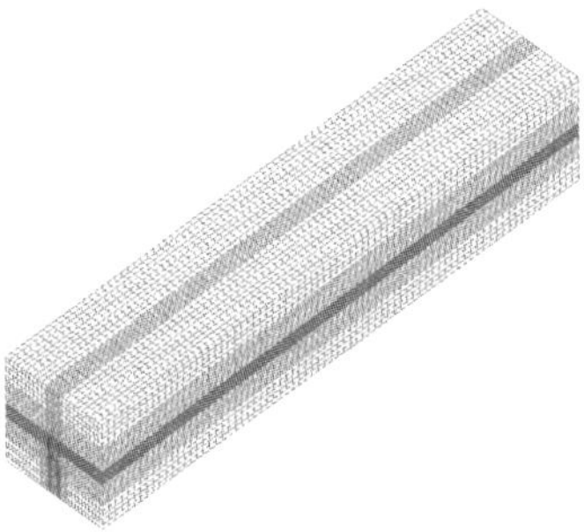

图 5.24　埋深 20m 的隧道模型

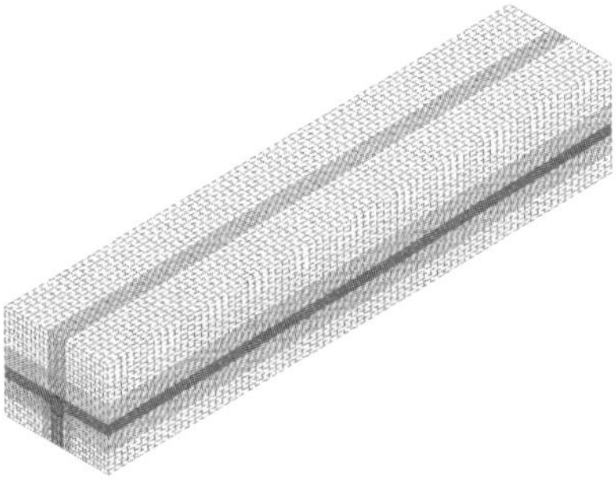

图 5.25　埋深 30m 的隧道模型

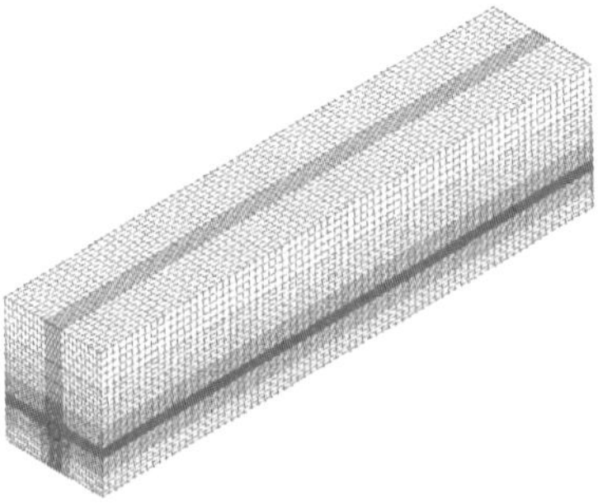

图 5.26　埋深 50m 的隧道模型

二、计算参数

1. 空气参数

风火山隧道洞内气体为层流模型，为不可压缩气体。气体的比热容取值为1004J/(kg・℃)，导热系数取值为0.02W/(m・℃)，空气的密度为0.627kg/m^3，空气的动力黏性系数为1.85×10^{-6}kg/(m・s)，空气与山顶的对流传热系数与山顶的风速有关，参考有关文献得到：

$$\alpha_1=6.2+4.2V_f \tag{5.126}$$

2. 围岩参数

为了便于数值计算，将围岩统一为相同的热学参数。围岩的导热系数取值为1.650W/(m•℃)，热容量取值为2465J/℃，围岩的密度为2056kg/m^3。

3. 衬砌参数

风火山隧道的衬砌分为初次衬砌和二次衬砌。初次衬砌的导热系数取值为1.655W/(m•℃)，热容量取值为1617J/℃，初次衬砌的密度为2400kg/m^3；二次衬砌的导热系数取值为1.825W/(m•℃)，热容量取值为1312J/℃，二次衬砌的密度为2500kg/m^3。

4. 保温层参数

风火山隧道的保温层厚度为0.05m，保温层的导热系数取值为0.03W/(m•℃)，热容量取值为72J/℃，密度为40kg/m^3。

三、边界及初始条件

1. 边界条件

隧道左右边界条件为根据实际条件得到的初始温度边界条件，隧道进洞口温度为实测风火山隧道温度，模型中上边界为隧道洞口上部空气与围岩的热对流传热边界。隧道洞口内，二次衬砌与洞内气体存在对流换热的规律，即将洞内气体与二次衬砌的边界设置成对流换热边界。洞内空气与衬砌的作用处理为ADINA中的Wall的边界条件。因为假设隧道洞内气体为不可压缩，为了保证空气能在隧道壁面流过，应在洞口壁面的一条线上设置压力为零的边界条件。在隧道洞口处，设置洞口的气体速度函数、洞口的温度函数，以模拟实际中隧道洞口处的边界条件。

2. 初始条件

洞内气体的初始温度为269.15K，初始速度为0m/s；二次衬砌的初始温度为268.65K；

保温层的初始温度为-269.15K；初期支护的初始温度为268.15K；隧道地表10m处年平均温度为268.15K，然后按2.5%的冻土地热度增加可得到围岩的初始温度。数值计算模型下面的地热热流密度取0.06W/m^2。

四、隧道洞口与山顶温度以及洞口速度荷载

1. 隧道洞口及山顶的温度荷载

隧道洞口常年有温度荷载的作用，即在数值模拟中，不考虑气候变暖，在洞口设置隧道受到的实际的随时间变化的温度荷载条件。根据多年冻土隧道风火山隧道现场监测的洞口温度变化情况，得到风火山隧道洞口段的温度荷载条件：

$$T_{\mathrm{d}} = 267.04 + 12\sin(0.00072t + 0.5338) \tag{5.127}$$

式中，t为天数；T_{d}为隧道洞口温度(K)。

风火山隧道所处山区的山顶的温度荷载条件：

$$T_{\mathrm{s}} = 269.54 + 12\sin(0.00072t + 0.5338) \tag{5.128}$$

式中，t为天数；T_{s}为隧道所处山区的山顶的温度(K)。

2. 隧道洞口风速度荷载

为了研究洞口风速度大小对隧道纵向温度场的影响，利用ADINA分别对洞口风速度荷载为2.5m/s、3.0m/s、3.5m/s条件下，研究隧道洞内纵向温度分布的特征规律。再根据风火山隧道的洞口实际速度大小以及风火山隧道的其他实际条件，研究多年冻土隧道风火山隧道的抗冻设防长度。

五、多年冻土隧道纵向温度场分布特征

隧道抗冻设防长度是根据隧道洞内以及隧道衬砌表面的纵向温度场分布特征确定的。因为隧道洞内以及洞壁的温度变化特征将直接反映隧道的冻害特征，对于洞内气温沿纵向方向一直变化的一段长度，会影响隧道衬砌保温层以及防水层承受冻融破坏的能力。所以研究这段隧道的温度变化特征将是反映该隧道设防抗冻保温的重点。

(一)保温层参数对隧道纵断面温度场分布特征的影响

上一节的理论解析公式得到隧道洞内保温层使用不仅会影响隧道横断面上的温度分布，而且也影响着隧道洞内以及衬砌的纵向温度变化特征。为了验证这一结论，在保温层其他参数相同的条件下，将保温层的导热系数设置为0.01W/(m·℃)、0.02W/(m·℃)、0.03W/(m·℃)，以及不设置保温层的条件下，比较四种条件下隧道洞内以及衬砌的温度纵向分布特征(图5.27～图5.36)。

图 5.27　保温层导热系数为 0.01W/(m・℃)的隧道洞内年平均温度纵向分布云图

图 5.28　保温层导热系数为 0.01W/(m・℃)的隧道二次衬砌外侧年平均温度纵向分布云图

图 5.29　保温层导热系数为 0.02W/(m・℃)的隧道洞内年平均温度纵向分布云图

图 5.30　保温层导热系数为 0.02W/(m・℃)的隧道二次衬砌外侧年平均温度纵向分布云图

图 5.31 保温层导热系数为 0.03 W/(m·℃)的隧道洞内年平均温度纵向分布云图

图 5.32 保温层导热系数为 0.03W/(m·℃)的隧道二次衬砌外侧年平均温度纵向分布云图

图 5.33 无保温层的隧道洞内年平均温度纵向分布云图

图 5.34 无保温层的隧道二次衬砌外侧年平均温度纵向分布云图

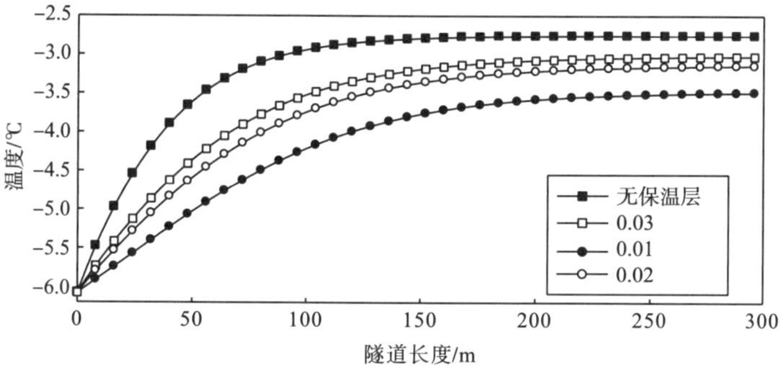

图 5.35　4 种不同情况下隧道洞内气体年平均温度纵向分布特征

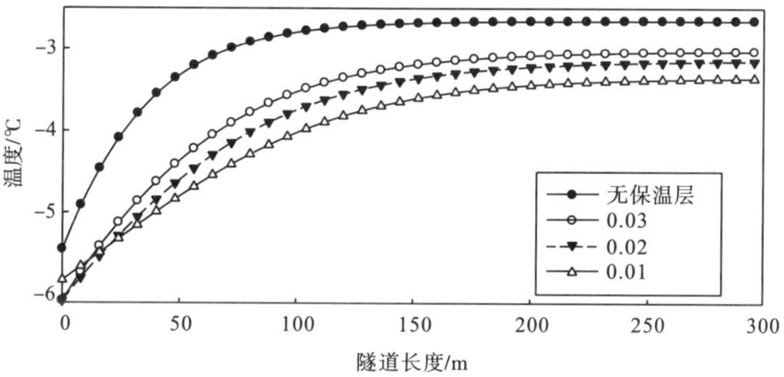

图 5.36　4 种不同情况下隧道二次衬砌拱顶监测点的年平均温度纵向分布特征

由上述数值分析得到的云图以及 4 种不同保温层布置情况下隧道洞内气体以及二次衬砌外侧的年平均温度纵向分布曲线得到：在不设置保温层时，隧道洞内的温度以及二次衬砌外侧的温度纵向趋于稳定的长度比有保温层时短，即隧道的抗冻保温长度短；当隧道设置保温层，保温层的导热系数越小，隧道的抗冻设防长度越短。与上一节中用理论分析得到的结论相同。同时，衬砌表面的纵向平均温度分布特征跟隧道洞内气体的纵向温度分布特征相同，与上一节的理论计算部分假设相同，故可以将多年冻土隧道的洞内气体温度纵向分布特征作为确定抗冻设防长度的基本条件。

(二)隧道埋深对隧道纵断面温度场分布特征的影响

图 5.37、图 5.38、图 5.39 分别为隧道埋深为 20m、30m、50m 情况下，隧道洞内气体年平均温度的纵向分布云图。图 5.40 为三种情况下隧道洞内气体年平均温度纵向分布曲线图。

图 5.37　埋深 20m 情况下隧道洞内气体年平均温度纵向分布云图

图 5.38　埋深 30m 情况下隧道洞内气体年平均温度纵向分布云图

图 5.39　埋深 50m 情况下隧道洞内气体年平均温度纵向分布云图

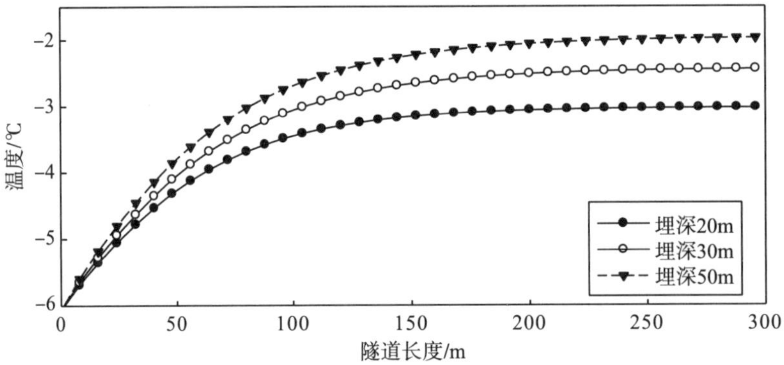

图 5.40　三种埋深情况下隧道洞内气体年平均纵向温度分布曲线图

从图 5.37、图 5.38、图 5.39 洞内气体年平均温度纵向分布云图可以看出：隧道的埋深对隧道洞内温度的纵向分布趋势影响不大，而对隧道洞内气体平均温度趋于平稳的温度有一定的影响。如图 5.40 所示，通过数值分析得到，隧道埋深越大，趋于平稳的温度就越大。与理论计算的结果相同。

(三)洞口风速度大小对隧道纵向温度场分布特征的影响

由上一节的理论解析公式得到隧道洞内不同风速度的情况下，隧道洞内温度以及衬砌温度沿隧道纵向方向的分布特征是不同的，速度越小，隧道洞内以及衬砌的紊乱温度长度越小。为了验证这一结论以及为了利用数值模拟得到风火山隧道的抗冻设防长度，根据风火山隧道洞口的风速度荷载取值范围，将隧道洞口风速度分别设置为2.5m/s、3.0m/s、3.5m/s，对多年冻土隧道的温度场分布特征进行数值模拟分析，得到如图5.41～图5.43所示三种不同风速度下的隧道洞内气体年平均温度纵向分布云图。图5.44为对应的变化曲线图。

图5.41 洞口风速度为2.5m/s的隧道洞内气体年平均温度纵向分布云图

图5.42 洞口风速度为3.0m/s的隧道洞内气体年平均温度纵向分布云图

图5.43 洞口风速度为3.5m/s的隧道洞内气体年平均温度纵向分布云图

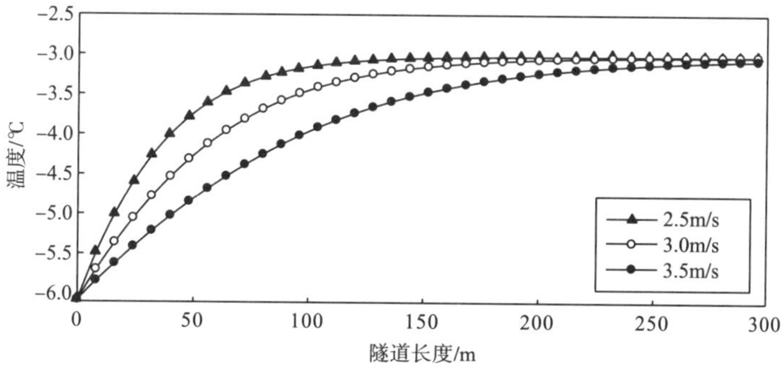

图5.44 不同的洞口风速度条件下洞内气体年平均温度纵向变化曲线图

通过数值模拟分析得到：进入隧道洞口的气体速度越大，隧道的抗冻设防长度越大，与上一节理论计算得出的规律相同。

六、多年冻土隧道横向温度场分布特征

图 5.45 为围岩横断面测线分布示意图。图 5.46 和图 5.47 分别为洞口处的围岩年平均温度分布云图和距离隧道洞口 200m 处的围岩年平均温度分布云图。图 5.48 和图 5.49 分别为隧道洞口处和距离隧道洞口 200m 处围岩(如图 5.45 所示的边墙侧部围岩 A、隧道拱顶上部的围岩 B、仰拱底部的围岩 C)的年平均温度横向分布曲线图。

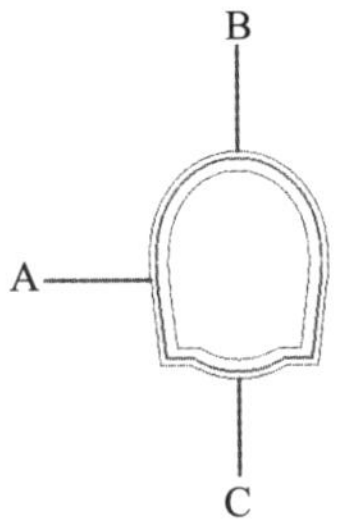

图 5.45　围岩横断面测线分布示意图

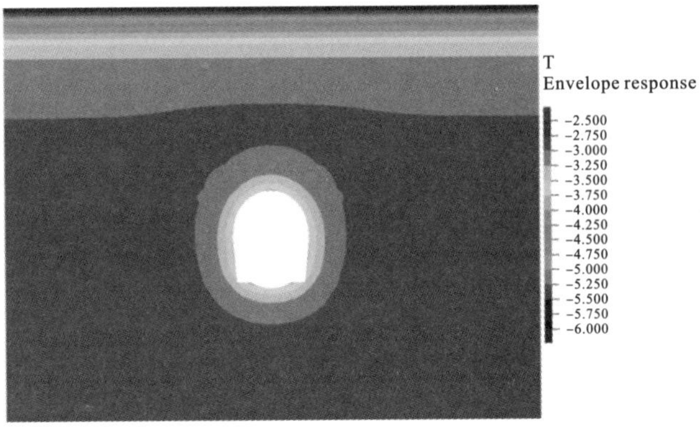

图 5.46　隧道洞口处的围岩年平均温度分布云图

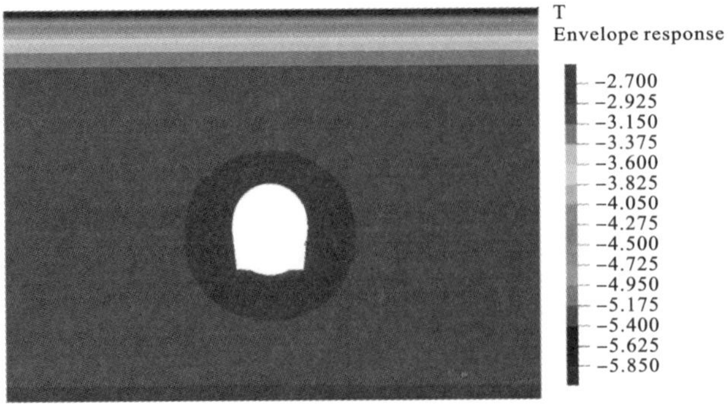

图 5.47　距离隧道洞口 200m 的围岩年平均温度分布云图

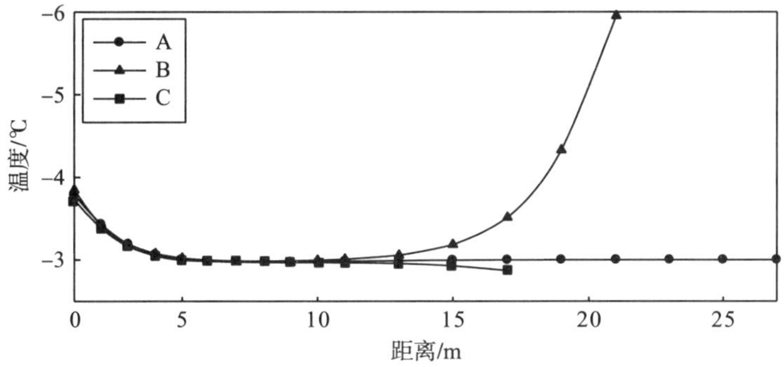

图 5.48 隧道洞口处围岩年平均温度横向分布曲线图

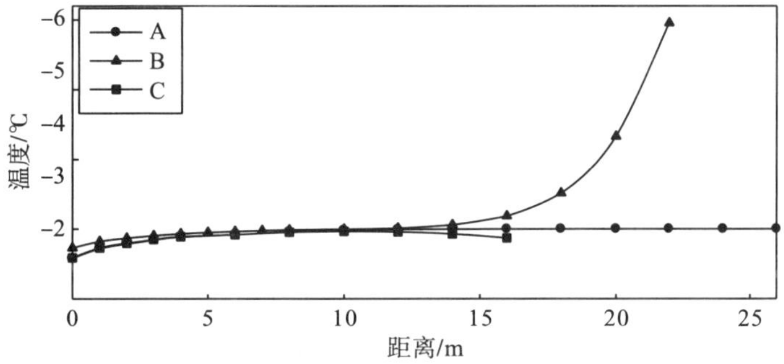

图 5.49 距离隧道洞口 200m 处围岩年平均温度横向分布曲线图

从图 5.48、图 5.49 得到：洞口处 5m 以内的围岩平均温度分布与距离隧道洞口 200m 处 5m 内的围岩平均温度分布不同；洞口处 5m 内的围岩平均温度变化较明显，且平均温度高于距离隧道洞口 200m 处 5m 内的围岩平均温度，说明洞口处的围岩受到洞内以及洞外的空气与围岩的对流换热影响，温度变化比较明显。从两图中也不难看出，距离隧道一衬 5m 左右，围岩温度变化较为缓慢，慢慢趋于稳定，在 10m 左右变化较小。从另一方面也说明了上一节理论假设的围岩受隧道的影响深度的正确性。

七、多年冻土隧道抗冻设防长度

为了得到风火山隧道的抗冻设防长度，按照风火山隧道的实际埋深，选隧道长度 300m 作为数值分析计算长度，以风火山格尔木段洞口处为边界条件进行数值分析，研究风火山隧道的抗冻设防长度。式(5.129)为风火山隧道格尔木段洞口风速随时间的变化规律：

$$F(t)=0.028\times(\frac{t}{30}-7)^2+2.5 \tag{5.129}$$

式中，t 为天数。

洞口处温度以及山顶温度分别以式(5.127)以及式(5.128)为边界条件，围岩参数以及围岩初始条件同上。以风火山格尔木段 300m 隧道实际埋深为模型，利用有限元软件 ADINA 建立如图 5.50 所示模型，进行有限元模拟分析。

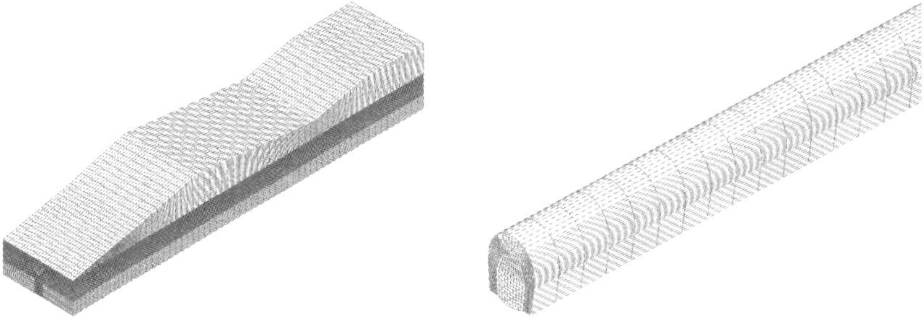

图 5.50　风火山隧道格尔木段 300m 数值分析模型

通过数值模拟分析得到如图 5.51 所示的隧道洞内气体平均温度纵向分布云图以及曲线图(如图 5.52)，可以得到当在距隧道洞口 220m 左右时，隧道洞内平均温度趋于稳定，所以通过数值模拟分析得到的隧道抗冻设防长度为 220m。

图 5.51　隧道洞内气体平均温度纵向分布云图

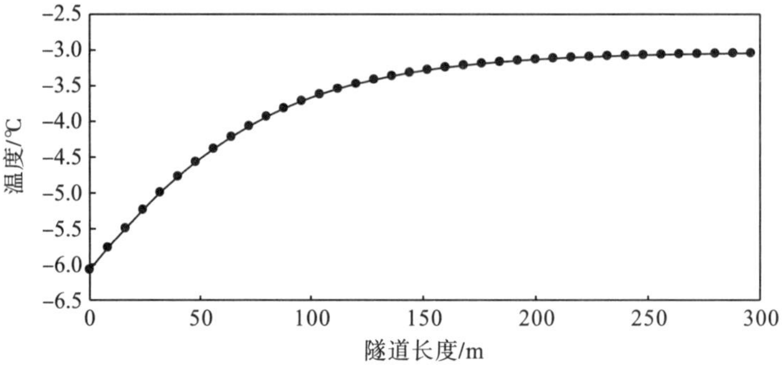

图 5.52　隧道洞内气体平均温度纵向分布曲线图

八、小结

基于风火山隧道，通过对冻土隧道洞内温度场进行数值模拟，分析不同洞口空气速度、不同保温层传热系数、不同隧道埋深对隧道洞内气体以及二次衬砌的纵向温度场分布特征的影响，讨论了以上几种因素对冻土隧道抗冻设防长度以及隧道横断面温度场的影响，得到了如下结论：

(1)隧道洞口的风速度越大，隧道的抗冻设防长度就越大。

(2)保温层的设置有利于减小隧道洞内温度对围岩温度状态的影响，减小了隧道围岩对衬砌产生的冻融破坏。但根据数值分析得到，当隧道不铺设保温层时，隧道的抗冻设防长度明显减小，且当减小隧道的保温层传热系数时，隧道的抗冻设防长度增大，所以在隧道抗冻设防设计中，不但要考虑保温层对隧道横断面温度场的影响，还要分析它对隧道洞内气体以及二次衬砌纵向温度场的影响。

(3)隧道埋深的大小影响隧道抗冻设防长度最后趋于稳定时的温度大小，不影响隧道抗冻设防长度的大小。这是因为假设隧道所处的埋深为围岩的增温区域，围岩的环境温度不同，影响隧道洞内气体的纵向温度场分布。

(4)隧道洞内温度对隧道围岩的影响深度在 10m 以后逐渐趋于稳定，与理论假设的影响深度相符。

(5)根据风火山隧道实际情况，选取格尔木洞口处 300m 长度进行数值模拟分析，得到风火山隧道的抗冻设防长度为 216m 左右，没有超过理论推导得到的隧道抗冻设防长度值，从而验证了理论的正确性，可以为隧道抗冻设防长度设计提供依据。

第六章　融化作用下寒区隧道围岩弹塑性分析

第一节　概　　述

党的十九大提出了加强基础设施网络建设和建设“交通强国”的要求。今后相当长时间内，我国公路与铁路建设规模将不断扩张，相应的隧道工程也将随着高速铁路、高速公路、地下铁路的不断扩张而激增。在隧道工程建设领域，由于诸如岩溶、软岩、冻土等复杂地质条件的存在，极大地增加了隧道工程的建设风险和难度，比如渝怀铁路圆梁山隧道、宜万铁路野三关隧道、歌乐山隧道等由于深埋岩溶发育，勘查施工未能探及，导致发生严重灾害，造成了极大的生命财产损失。尤其是高海拔寒区公路隧道，隧道衬砌由于受到反复冻融破坏，导致隧道形成冰塞而报废，比如玉希莫勒盖隧道。除此之外，昆仑山隧道、风火山隧道在施工过程中在温度较高的时期围岩出现不同程度的剥落、掉块；姜路岭隧道由于冻土围岩融化圈过大导致支护变形。

目前国内外对寒区隧道研究方面，主要集中在冻土冻胀力研究、开挖运营期间温度场研究、保温层铺设研究、冻融循环影响研究等几个方面。然而，对于多年冻土隧道在施工期间融化作用下围岩变形破坏机制的研究较为缺乏，以至于诸多多年冻土隧道在开挖过程中出现围岩变形破坏问题，威胁隧道安全施工，也增大了施工成本。多年冻土隧道施工过程中的围岩变形破坏是影响隧道工程安全施工的重要因素。

多年冻土是指冻结状态能够持续两年或两年以上的冻土。冻土是一种对温度极为敏感的介质，因为其冰含量高，水、热、力等性质不稳定，使其具有流变性，在冻结条件下具有较高的强度，融化后呈软塑状，强度极低。正由于这些特征，在多年冻土区修建隧道，开挖施工活动如机械设备放热、爆破放热、初期支护喷射混凝土放热等必然破坏原有的热应力环境，产生的热量使围岩温度升高，造成一定开挖面范围的多年冻土围岩融化。对于未支护的围岩，融化作用下稳定性受到极大影响，易出现局部崩塌，如剥落、掉块等现象；而初期支护作用下的围岩在融化范围过大的情况下将出现围岩变形不收敛甚至超限的情况，导致初支变形过大而失稳，这些破坏都势必影响隧道工程施工安全以及后续施工。

对多年冻土围岩变形破坏机制的认识不足，容易导致多年冻土隧道工程在建设过程中出现安全问题，不仅会影响施工人员、机械的安全和隧道工程进度，也将直接影响到隧道工程后期运营及维护，增加运营风险和投入造成国家资源的浪费。从隧道施工安全角度考虑，隧道开挖到支护的阶段，洞内需要低温的环境以保持冻土围岩的稳定；但从施工工艺角度考虑，洞内需要较高的环境温度以确保喷混凝土、模筑混凝土的施工质量，并且能够满足施工人员、施工机械的正常工作环境。因此，考虑到多年冻土的热敏感性，需要考虑在合理的温度条件下，如何根据多年冻土的围岩变形破坏特点，科学合理地控制隧道开挖后的支护时间以及支护强度，成为多年冻土隧道工程建设过程中极其重要的研究课题。

总之，研究多年冻土隧道由于开挖所产生的热扰动作用引起冻土围岩融化而造成围岩变形破坏的机制，将有利于隧道施工、设计人员合理采取措施进行预防，提升隧道工程的安全性，为隧道工程施工开挖与支护提供理论依据。

第二节 多年冻土隧道围岩变形破坏特征及诱发因素分析

为了揭示多年冻土隧道围岩变形破坏诱发因素，本节在归纳和整理大量文献的基础上对多年冻土隧道的变形破坏特征，以及影响变形破坏的相关因素及工程所采取的对应措施进行了总结性分析。采用统计分析方法对国内外多年冻土隧道围岩变形破坏的种类、位置、规模、影响范围、所在区域地质进行详细描述和统计，并分析国内外隧道围岩变形破坏特征以及诱发因素，根据统计分析结果为建立适合融化作用下多年冻土隧道围岩变形破坏的力学分析模型提供理论依据，并为数值分析提供必要的前提和基础。

一、冻土的分布与组成

(一)冻土的分布

作为寒区工程环境和基础的冻土，其分类方法很多，一般按照冻土冻结状态持续时间的不同将冻土分为多年冻土、隔年冻土和季节冻土，具体分类标准如表 6.1 所示。

表 6.1 冻土具体分类标准表

类型	持续时间 T	地面温度(℃)特征	冻融特征
季节冻土	小于一年	最低月平均地面温度≤0	季节冻结
隔年冻土	一年至两年	最低月平均地面温度≤0	季节冻结
多年冻土	两年及以上	年平均地面温度≤0	季节融化

分布在中国西部的冻土主要以高海拔多年冻土为主，部分区域出现季节性冻土。多年冻土一般出现在高海拔区域且高度在多年冻土分布下界以上。在高海拔地区冻土以垂直分带规律分布，具体表现有：在祁连山热水地区岛状冻土带分布在海拔 3480 m 左右，而连续冻土带分布在海拔 3780m 以上；在昆仑山上岛状冻土带分布在海拔 4200m 左右，而连续冻土带分布在海拔 4350 m 以上。我国西部冻土区主要分布在青藏高原上，冻土区面积超过 100 万 km^2，占我国国土面积的近十分之一。大概的分布范围为东缘至横断山脉西部、巴颜喀拉山和阿尼玛卿山东南部，西抵国界，南至喜马拉雅山，北靠昆仑山。在上述范围内分布着大片连续的多年冻土区和间断的岛状多年冻土区。青藏高原存在海拔西北高、东南低的地理形态，所以年平均降水量和年平均气温呈现出西北低、东南高，因此冻土分布面积自西北向东南逐渐减少。分布在中国东北的冻土主要以高纬度多年冻土为主，分布在

北纬 46° 30′以北，位于大兴安岭、小兴安岭、松嫩平原及呼伦贝尔-锡林郭勒草原，以大片多年冻土、岛状融区多年冻土及岛状多年冻土三种类型存在。我国多年冻土分布情况如表 6.2 所示。

表 6.2 国内多年冻土分布情况(引杨成，2013)

类型			区域	面积/($\times 10^3 km^3$)	年均气温/℃	年均地温/℃
高海拔冻土	高山		阿尔泰山	11	-9.4～-5.4(海拔 2700～2800m)	-5.0～0
			天山	63	<2.0(海拔 2700～2800m)	—
			祁连山	95	<2.0	—
			横断山	7～8	-4.9～-3.2(海拔 4600～4900m 以上)	—
			喜马拉雅山	85	-3.0～-2.5(海拔 4500～5000m 以上)	—
			黄岗梁山	—	<2.9(海拔 1500m 以上)	—
			太白山	—	-4.0～-2.0(海拔 3100～3200 以上)	—
	高原	大片多年冻土	青藏高原	1500	-6.5～-2.5	-3.5～-1.0
		岛状多年冻土			-2.5～-0.8	-1.5～0
高纬度冻土	大片多年冻土		东北	380～390	<5.0	-2.0～-1.0
	岛状融区多年冻土				-5.0～-3.5	-1.5～-0.5
	岛状多年冻土				>-3.5	-1.0～0

(二)冻土的组成

如图 6.1 所示，土体冻结的主要标志是土孔隙中水的结晶作用。孔隙水的冻结伴随着一系列极其复杂的物理和物理化学过程，如水分迁移、矿物颗粒间的水胶结黏接、孔隙溶液浓度增大、体积膨胀等。

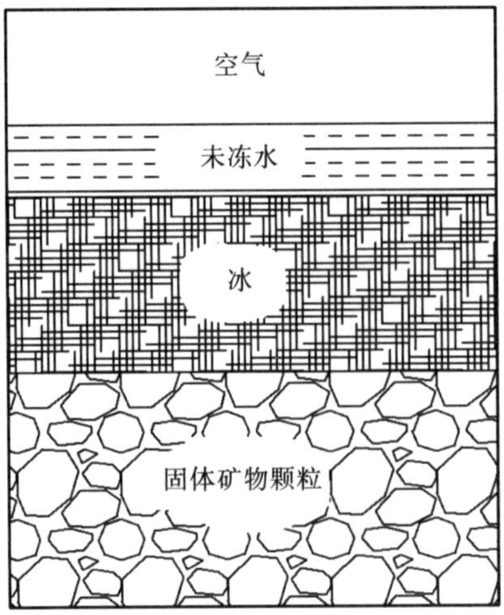

图 6.1 冻土的组成

冻土是主要由固相矿物颗粒、黏塑性冰包裹体(胶结冰、冰夹层)、未冻水(强结合水、弱结合水)和气态包裹体(水蒸气和空气)组成的四相体。这些基本的组成成分决定了冻土的结构、构造特性，物理、热物理和力学特性，以及冻土融化特性等。联合站集输系统是实现油水分离的重要环节，原油的油水分离过程有自然沉降脱水、化学脱水、机械过滤脱水、电脱水等多种方法。目前我国各油田普遍采用的是沉降脱水、电脱水、电化学联合脱水等方法，采用脱水流程主要有两种，即两段式脱水流程和三段式脱水流程。冻土的组成示意图如图 6.1 所示。

1. 固相矿物颗粒

矿物颗粒的成分、大小和形状以及矿物颗粒表面的物理、化学特性(吸附容量和交换容量)，对冻土的物理力学性质有重要的影响。岩土颗粒组成对冻结时的水分迁移、析冰和冰胀都有重要影响。

冻土的性质，特别是抵抗外力的强度，不仅取决于颗粒的大小，而且取决于颗粒的形状。在外力的作用下，不同颗粒之间，如圆的、带棱角的和扁平状的，产生的局部应力是不同的。颗粒大小不同，冻土变形和强度特性不同。在温度和荷载大小、作用时间等相同时，大块碎石类土的变形小，强度大；沙土的变形次之，强度次之；黏土的变形大，强度小。在温度和应力条件相同时，颗粒形状不同，颗粒与冰接触点的压应力不同，从而使得冻土的结构和强度发生变化。

自然界的土体通产都是由大小不一的颗粒以不同比例组成的。土的粒度成分是表征组成土体矿物颗粒大小的指标。根据《铁路桥涵地基和基础设计规范》(TB 10093—2017)，颗粒分组如表 6.3 所示。

表 6.3　土的粒组划分

粒组名称	粒径大小	粒径 d / mm
块石(漂石)粒组	大	$d>800$
	中	$400<d\leqslant800$
	小	$200<d\leqslant400$
碎石(卵石)粒组	大	$100<d\leqslant200$
	小	$60<d\leqslant100$
粗粒(圆、角)组	大	$40<d\leqslant60$
	小	$20<d\leqslant40$
砾石粒组	大	$10<d\leqslant20$
	中	$5<d\leqslant10$
	小	$2<d\leqslant5$
砂粒组	粗	$0.5<d\leqslant2$
	中	$0.25<d\leqslant0.5$
	细	$0.075<d\leqslant0.25$
粉土粒组		$0.005<d\leqslant0.075$
黏土粒组		$d<0.005$

在冻土领域，针对表 6.3，又可以分为不同的两个大组，如表 6.4 所示。

表 6.4　冻土的冻融敏感性分类

冻土特性	粒径 d/mm		粒组	原因
冻融不敏感	$d>2$		砾石、粗砾、块石等	表面积和表面能很小，吸附水能力弱，土中所含水分均为自由水，颗粒间相互了解能力弱，因此其物理、力学性质受冻融循环影响弱
冻融敏感	$d\leqslant 2$	$0.075<d\leqslant 2$	砂砾	无黏性，易透水，内摩擦角较大，存在毛细力，但毛细上升高度小，冻胀性小
		$0.005<d\leqslant 0.075$	粉土	内摩擦角较小，易产生滑动，饱水时易流沙，冻胀性强
		$d\leqslant 0.005$	黏土	表面能大，吸附能力强，与水作用时具有复杂的性质，如黏性、膨胀、可塑等，收缩性较大，冻胀力强

2. 冰

与土的矿物颗粒相反，冰是一种物理化学性质极其特殊、与其他矿物颗粒很不一样的单矿物地温“水化岩石”。冻土的结构、构造特点及其物理力学性质，也受到冰的影响。

在通常条件下，水冻结时，体积增大 8.07%，密度减小 7.31%，这样的变化造成岩土体在冻结和融化时产生复杂的变化，影响岩土体的物理力学性质。普通的冰是六边形晶体，呈片块状结构，具有明显的各向异性。在瞬时荷载作用下，冰表现出一定的弹性；在微小持续荷载作用下，冰也会产生流变。冰内部联结对负温的变化极为敏感，它随负温的降低而增强。

从工程角度出发可将多年冻土进行如表 6.5 所示的分类标准进行分类。

表 6.5　冻土的分类

名称	土的类别		总含水量 W/%	融沉分级
少冰冻土	粗颗粒土	粉黏粒含量≤15%	<10	不融沉
		粉黏粒含量>15%	<12	
	细砂、粉砂		<14	
	黏性土		$<W_P$	
多冰冻土	粗颗粒土	粉黏粒含量≤15%	≥10	弱融沉
		粉黏粒含量>15%	12～18	
	细砂、粉砂		14～21	
	黏性土		$W_P\sim W_P+7$	
富冰冻土	粗颗粒土粉黏粒含量>15%		18～25	融沉
	细砂、粉砂		21～28	
	黏性土		$W_P+7\sim W_P+15$	

续表

名称	土的类别	总含水量 W/%	融沉分级
饱冰冻土	粗颗粒土粉黏粒含量>15%	≥25	强融沉
	细砂、粉砂	≥28	
	黏性土	W_P+15～W_P+35	
含土冰层	黏性土	≥W_P+35	强融沉

注：W_P——起始冻胀含水量。

3. 未冻水

细颗粒土中的细微颗粒几乎都是黏土矿物。在黏土矿物的表面，尤其是颗粒的角、棱处，晶体格架的电荷是不平衡的，成为带有负电荷的荷电体。故黏土矿物的电场能将分子吸附在其表面，形成不同于自由水的结合水膜。由于结合水膜中的水在一般负温条件下，只能部分冻结，因此，在细颗粒冻土中总存在一定数量的未冻结相水与冰共存。当温度低于-70℃时，绝大多数土体中的未冻水冻结。

4. 气体

冻土中未被冰和水充满的空隙，则被水蒸气和其他气体物质所充满。这些气体处于自由挤压或者被吸附状态。土中的气体可以与周围空气相通，并能在土中移动。如自由水蒸气可以向冻结锋面迁移，这是含水率小的砂性土冻结时聚冰的原因之一。被挤压的气体，形成封闭的气泡，可以提高土的弹性。

二、融化作用下多年冻土围岩变形破坏形式

本节统计了国内外再建和已建多年冻土隧道在施工过程中围岩发生的变形破坏，如表 6.6 所示。总结出多年冻土隧道围岩变形破坏形式主要有：局部掉块、坍塌、隧道底鼓、初支变形破坏。以时间为度量来看，这几种破坏由前到后逐步递进。首先发生局部掉块；如果未及时进行控制，则会进一步发展为坍塌和隧道底鼓；在进行支护后，围岩的继续变形则将导致支护结构的变形破坏。下面将对这几种变形破坏进行详细阐述。

表 6.6 多年冻土隧道围岩变形破坏统计

隧道名称	地质情况	破坏情况								
		局部掉块	洞周坍塌	拱顶沉降超限	喷砼裂缝	初支开裂	初期侵限	钢支撑变形	仰拱底鼓	开挖面坍塌
姜路岭隧道	炭质页岩地层，极破碎	√	√	√	√	√	√	√	√	√
扎果山隧道	强风化岩，地下水丰富	√	√		√	√	√	√		√

续表

隧道名称	地质情况	破坏情况								
		局部掉块	洞周坍塌	拱顶沉降超限	喷砼裂缝	初支开裂	初期侵限	钢支撑变形	仰拱底鼓	开挖面坍塌
大阪山公路隧道	围岩破碎，地下水丰富	√	√		√	√	√		√	√
关角隧道	片岩为主，多系泥灰岩	√			√	√	√	√		
昆仑山隧道	三叠系板岩夹片岩	√			√	√				
风火山隧道	砂岩、泥岩，破碎呈土状碎石状	√	√		√	√				
久治 2 号隧道	强风化岩	√	√	√		√		√		
拉脊山隧道	第三系砾岩、砂岩夹泥岩	√		√	√	√				√
鄂拉山隧道	含亚黏土的碎石土，多冰、富冰	√		√		√	√			
鹧鸪山隧道	裂隙发育、岩体较破碎	√	√	√	√	√	√			√
沙赫里斯坦隧道	围岩级别以三、四级为主	√	√		√	√		√		√
祁连山隧道	裂隙发育、围岩破碎	√		√	√	√	√			√
雀儿山隧道	裂隙发育、地下水发育	√		√			√			
巴朗山隧道	围岩等级较高	√				√				√
鄂拉山隧道	含亚黏土的碎石土，多冰、富冰	√		√		√	√			

(一)局部掉块

多年冻土在开挖过程中，由于爆破的影响，围岩完整性降低，裂隙增多，洞周表面凹凸不平，产生应力集中，同时由于围岩与空气温度交换使围岩温度迅速升高，洞周冻土围岩融化，围岩胶结力降低，在重力的作用下发生掉块破坏。

青藏铁路昆仑山隧道在开挖过程中，起初由于炮眼距离及药量控制误差过大，光爆效果差，使得爆破后围岩表面积增大，造成温度交换加剧和应力集中加剧，造成掉块情况严重，后期光爆效果改善之后，掉块情况有所改善。姜路岭隧道由于围岩为炭质围岩，围岩级别低，开挖过后多发掉块现象。

(二)坍塌

在隧道工程建设过程中，坍塌是容易出现的破坏形式。由于不同地区具有不同的地质情况，具体的围岩坍塌原因不同。多年冻土区域也因冻土的特殊性质而具有不同的坍塌破坏发生机制。

塌方最根本的原因是围岩强度不足以自承或不足以承受二次应力的重分布导致了较大范围破坏。人们根据文献统计分析了多年冻土地区的特殊地质情况，总结出多年冻土地区围岩坍塌的主要原因。

(1)爆破、开挖卸荷导致隧道周边一定范围围岩裂隙增多完整性降低，导致围岩变得松散，成拱效应降低。

(2)温度升高导致围岩融化形成融化圈，冰融化后岩体胶结能力降低，降低了围岩强度。

(3)大范围多年冻土围岩融化，冰融化为水，水的存在又改变了围岩力学性质，进一步降低围岩强度。

(4)未及时支护或者支护强度不足，围岩融化深度不断加大，围岩塑性区不断扩展，直至无法抵抗大范围围岩变形而发生坍塌破坏。

开挖面部分的坍塌还可能由于开挖工法不适宜、开挖断面过大、未预留核心土、未喷浆封面等导致。

(三)隧道底鼓

融化作用下多年冻土隧道仰拱底鼓破坏示意图如图 6.2 所示。

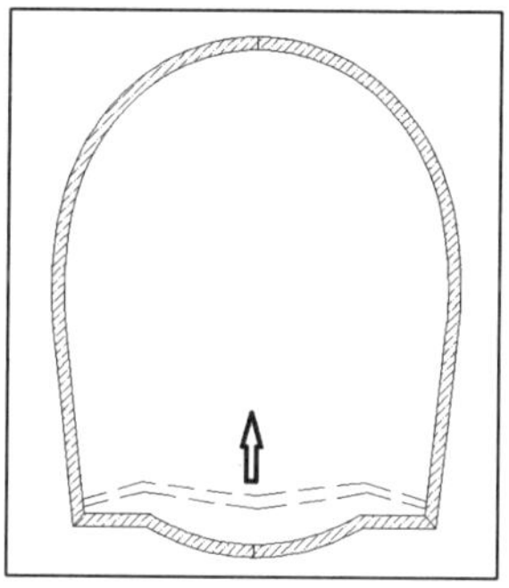

图 6.2　仰拱底鼓破坏示意图

研究人员整理了昆仑山隧道、风火山隧道、姜路岭隧道在施工期间所遭遇的隧道底鼓破坏情况，并对其进行分析，总结出引起隧道底鼓的主要原因如下：

(1)隧道埋深较大或者隧道所受地应力较大，隧道开挖卸荷后，围岩进行应力重分布，拱底围岩发生变形。

(2)多年冻土围岩融化后，冰相变为水，而在重力作用下，水聚集在隧道底部，降低了隧道底部围岩的强度。

(3)未及时将仰拱封闭成环，导致支护效果差，围岩变形进一步增大。

(四)初支开裂、变形、侵限

初支变形示意图如图 6.3 所示。

在多年冻土隧道工程中，初期支护主要承担着两部分的力：一是隧道开挖卸荷后围岩重分布形变压力，二是融化圈围岩的荷载。因此，多年冻土隧道围岩初支变形破坏主要有以下原因：

(1)围岩形变压力过大，初支强度不足以抵抗围岩变形，导致变形不收敛直至初支破坏。

(2)在支护设计时，未能充分考虑融化圈不断增大时支护将承担更大松散荷载，导致在温度控制不良时，融化圈过大，导致支护强度不足而破坏。

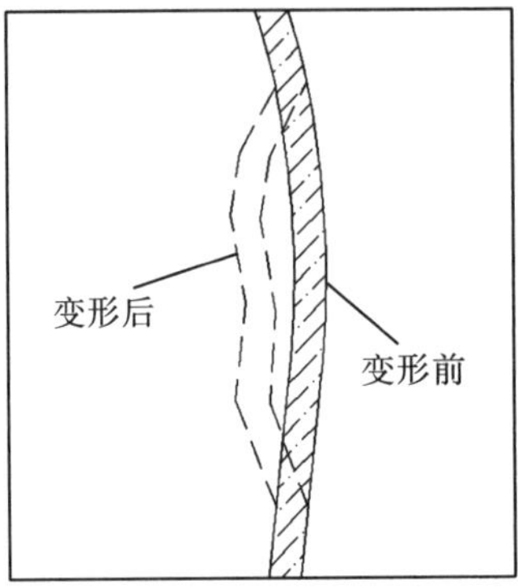

图 6.3 初支变形示意图

(3) 在隧道边墙部分，由于多年冻土围岩融化，冰相变为水，围岩变得更为松散，在重力的作用下，水由拱顶往拱底渗流。在边墙部分，支护将承受积聚的水压力和融化后围岩侧向压力。在设计未考虑此部分压力，支护强度不足时容易发生破坏。

三、多年冻土隧道围岩变形破坏影响分析

根据前面多年冻土隧道开挖施工过程中发生的变形破坏特征，总结出融化作用下多年冻土隧道围岩变形破坏的主要因素，分为三类：一是围岩条件的影响，二是融化圈深度的影响，三是支护强度的影响。根据这三类原因，再进行细分，探讨围岩的组成以及各部分如何影响围岩条件，分析影响融化圈深度的原因，对支护方式及对应的承载特点进行研究，总结出融化作用下多年冻土隧道围岩变形破坏影响因素。

(一) 围岩条件的影响

在多年冻土隧道开挖后，由于围岩暴露，势必会导致温度的相互传导，然后导致围岩温度上升而融化。在融化的条件下，围岩变形破坏也因围岩的不同组成条件而影响隧道开挖后围岩的不同变形及破坏特征。

1. 多年冻土的力学性质

首先，需要了解多年冻土围岩的基本力学性质，以及何种力使冻土形成整体性较强的岩体。

反映冻土组成成分(固相矿物颗粒、冰包裹体、未冻水)之间相互作用的黏结力，是构成冻土抵抗外载能力的主要因素。由冰形成的胶结力对冻土有重要的意义，各部分的联结力可以分解成一些互不影响的黏结力，冻土黏结力主要由以下部分构成：

(1) 分子黏结力。该黏结力由冻土中被未冻水分开的基本颗粒和它们的聚集体之间的吸引力所决定。这一部分黏结力的大小取决于其散碎程度和土壤的密度。

(2) 结构黏结力。冻土形成过程中(生成和固结)由自然现象造成的结果。结构黏结力对冻土的承载力相当重要，一般随着冻土天然结构的破坏而消失。

(3)冰胶结形成的黏结力。冰受到外界的影响，相态很容易发生变化，这部分黏结力处于相当不稳定状态中，其随土体温度的变化而变化，当冻土融化时，这部分黏结力就会完全消失。

2. 基本成分对冻土力学性质的影响

(1)固体矿物颗粒。固体矿物颗粒对冻土性质表现出极为重要的影响。固体矿物颗粒的形状决定着冻土传递外荷载的局部应力大小。冻土性质还取决于矿物颗粒表面的物理化学性质，这种性质主要是由颗粒的矿物成分和吸附阳离子成分制约的。

(2)土体矿物颗粒。土体矿物颗粒的分散度同样也对冻土性质有影响，主要由于颗粒中产生的物理化学表面现象。土体矿物颗粒的作用受制于矿物颗粒表面与周围介质如孔隙水和孔隙冰之间极大的化学结合能。

(3)冰。冰是构成冻土的必需组分，在负温和相应压力下存在三种变体（Ⅰ、Ⅱ、Ⅲ），在一般压力不太小的温度下存在着自然界里分布最广的冰的变体——普通冰Ⅰ。冰Ⅰ是冻土最重要的组分，其独特的性质在很大程度上决定着冻土的力学性质。冰Ⅰ是六边形结晶体，各向异性很强，在不同方向上的变形性能有很大差别。如垂直于主光轴方向，黏塑性变形较大；平行于主光轴方向，流变性变形小，以致脆性破坏在弹性变形后即开始。同时，冰在荷载作用下(甚至在极小应力下)，会出现黏塑性变形(流动变形)。如一些试验所指出的，冰的黏滞度取决于应力方向，可变化 100 倍以上。只是在瞬时荷载下冰才具有弹性，且其弹性极限极小，以致其纯弹性变形无实际意义。冰Ⅰ的组构特点在于其晶格中氢原子活性在外界作用下(负温和压力变化等)不断改变。当温度下降时，氢原子的活性减小，冰变成较好的有序结构(更致密、更坚硬)。而当温度低达-78℃时，冰的晶格变成稳定状态；当温度低于-70℃时，冰由六方晶形变成立方晶形。随着温度的升高分子活化能增高，加速了分子的重新组合作用并削弱了分子间的联结作用，从而使冰的强度性能明显下降。

由上述可知，在自然条件下由于温度、压力等经常发生改变，冰的性质(组构和黏滞性等)也会随着发生显著变化。自然条件变化造成冰的性质具有不稳定性，从而造成冻土性质的不稳定性。此外，冰表面的分子键合作用明显地超过自由水的分子键合作用，从而决定着冰表面对自由水的吸附作用。

(4)冻土中的液相水(未冻水)。冻土中的液相水(未冻水)在负温下仍然有一定数量的存在。冻土中的液相水，一般以两种状态存在：具有过剩活化能的矿物颗粒表面上的强结合状态，由于巨大的表面电分子力，这种水即使在很低的温度下也不可能变成六方形晶格的冰；弱结合状态，即成分可变的水，温度低于 0℃时冻结，且弱结合水层越薄，它遭受土矿物颗粒表面的作用越强，冻结温度更低。未冻水集中于极窄小缝隙、毛细管和矿物颗粒接触点处，因而其数量的任何变化都会剧烈地影响到矿物颗粒间的黏聚力。冻土中未冻水含量及其在外界作用下的变化，多方面制约着冻土和永久冻土的物理力学性质。

(5)气体。冻土的气态成分是水汽(当冻土未被水和冰完全饱和时)和空气。冻土中的水汽有时起到重要作用，水汽是从弹性较高处(主要决定于温度)向弹性较低处转移。空气在冻土中给土的孔隙性带来影响，以及当存在封闭气泡时增大土的弹性。

3. 温度对冻土围岩的影响

温度越高，强度越低。冻土的力学指标以抗剪强度、抗压强度、变形模量、弹性模量等力学参数体现。冰体强度增大有利于冻土围岩强度提高，冰与岩体矿物颗粒之间的黏结作用增强，干重度的增加也会增加冻土的强度。

4. 压力对冻土围岩影响

隧道开挖后的初始地应力会随着隧道的埋深增加而增加，因此多年冻土隧道围岩在不同的埋深下会承受不同的压力，而压力对冻土的性质则有重要的影响。

在任何分散性冻土中，甚至在很低的温度下都经常含有一定数量的液相水(未冻水)。如相应试验所表明，冻土中未冻水量的任何变化，都将导致冻土力学性质发生非常明显的、有时是很剧烈的改变。即使是在含少量未冻水的冻结砂中当温度下降时，未冻水的变化也影响到砂强度性质的改变。而外压力的大小，对冻土中液相水含量的影响特别大，因此也影响到冻土的含冰量，从而影响冻土的力学性质。

试验发现，随着围压的增大，冻土的强度会出现最大值；随着围压的继续增大，强度逐渐降低。由于冻土中冰的存在，冻土的变形特性以及力学特性很大程度上取决于冻土中冰的力学特性。冰的强度随温度的降低而增加，随冰晶结构构造的变化而变化。通过相关研究经验和室内模型试验，冻土的抗压强度和抗剪强度相对于未冻土体有较大的提高，见表 6.7，尤其在松散土体发生冻结时，表现得最明显。

表 6.7 昆仑山隧道Ⅵ级围岩冻结与未冻结状态力学参数

围岩状态	弹性模量 E/GPa	泊松比 μ	黏聚力 c/kPa	内摩擦角 φ /(°)
未冻结	0.8	0.42	80	18
冻结	1.8	0.37	170	26

由于冰和冻土都是塑性体，因此少冰状态和饱冰状态下冰的塑性变形最明显。冻土变形分为三个阶段：直线变形阶段、非直线变形阶段、流动变形阶段。如图 6.4(a)所示，直线变形阶段，冻土的变形由塑性和弹性两部分组成；非直线变形阶段，冻土的变形完全是

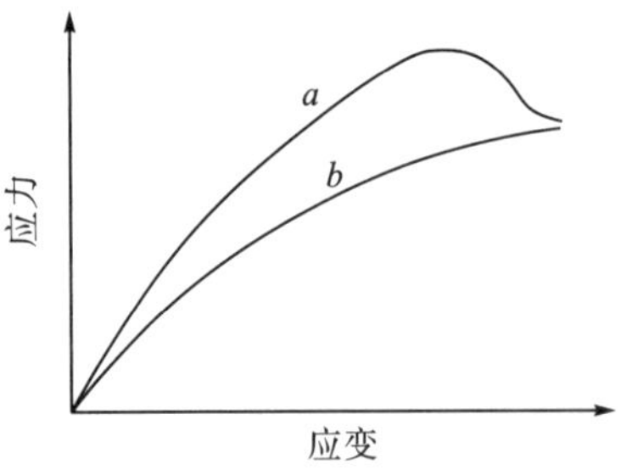

(a) 少冰、饱冰状态

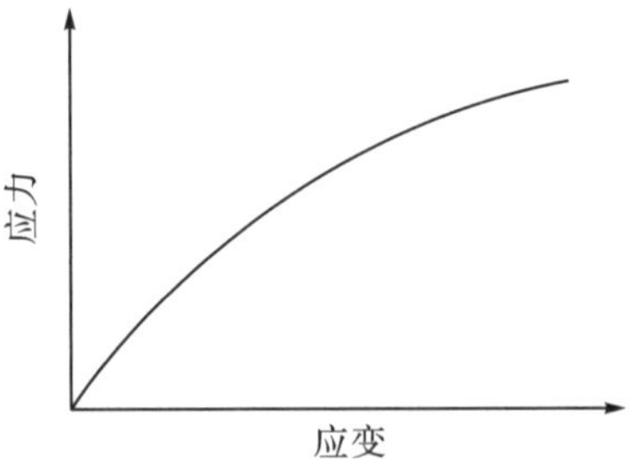

(b) 多冰状态

图 6.4 冻土的应力应变曲线

塑性的；在流动变形阶段，即使压力不再增加，冻土的变形还继续发生，冻土处于流动状态。多冰状态下冻土的应力见图 6.4(b)。

(二)融化圈深度的影响

冻土区别于非冻土的最大特点就是其极易受温度影响。以 0℃为分界，冻土岩体呈现出不同的性状，具有不同的组成，因此具有不同的性质。在隧道开挖过后，冻土融化前后具有不同的破坏特点。

基于青藏高原北麓河试验路基填土，研究了该种土重塑试样的强度和变形等力学性质与温度和围压的关系，获得了大量数据，部分数据如表 6.8 所示。

表 6.8　抗剪强度和变形模量与温度和围压的试验关系

温度/℃	围压/MPa	极限抗剪强度/MPa	变形模量/MPa
−3	0.3	3.6	180
	0.6	3.9	190
	1.0	4.0	190
−6	0.3	5.7	280
	0.6	6.0	280
	1.0	6.3	300
−10	0.3	8.2	430
	0.6	8.5	450
	1.0	9.0	450

1. 融化后冻土的特性

冻土的融化也就是冻土中冰成分融化变成水。因此，冻土融化后冰和水的含量发生了变化。表 6.9 列出了砂土、亚砂土和黏土在不同温度下相对含水量的变化。

表 6.9　土体未融化和融化时相对含冰量的变化[99]

温度/℃	砂土 W=11%～12%		亚砂土 W=21%～22%		黏土 W=30%～31%	
	未融化	融化	未融化	融化	未融化	融化
−0.3	0.94	0.97	0.19	0.42	0.0	0.0
−0.6～−0.5	0.95	0.97	0.31	0.48	0.0	0.12
−1.0～−0.85	0.97	0.99	0.43	0.55	0.0	0.21
−2.1	0.97	0.99	0.53	0.62	0.20	0.28
−3	—	—	0.55	0.63	0.30	0.37
−4.5～−4.4	0.97	1.00	0.56	—	0.33	—
−10.5	0.99	—	0.60	—	0.43	—
−15.2	1.0	1.0	0.66	0.70	0.49	0.52

注：W——水重与全部土重(湿重)之比。

随着冰转化为自由水，原本未冻水中矿物浓度降低，并进一步使冻土在初始冻结析出的矿物盐融化改变了自由水中的矿物组成成分，由于矿物盐成分及其浓度不同，使得自由水在交流换热过程中热传导效率发生变化，影响未融化冻土的融化速度。因此，冻土在融化后三相成分都发生了变化，其中液相不仅含量改变，其成分和性质也发生了改变。

冰晶融化后形成裂隙或者大孔隙，孔隙比、渗透系数增大。

2. 温度对融化圈深度的影响

温度升高会使冻土产生融化作用。在隧道开挖后，围岩温度场受到扰动而发生变化。根据风火山隧道围岩温度场的监测数据，随着隧道开挖围岩揭露时间的增长，洞室温度高于围岩温度，产生热交换之后，围岩的温度随着时间的增长而不断升高，同时围岩的融化圈深度也不断加大。随着隧道不断掘进，在洞室温度处于较为平衡的情况下，围岩与洞室气温逐渐平衡，融化圈深度增加到一定程度后开始降低直至处于稳定状态。图 6.5 是风火山隧道 DK1159+046 断面左、右边墙融化圈深度与时间的关系图。

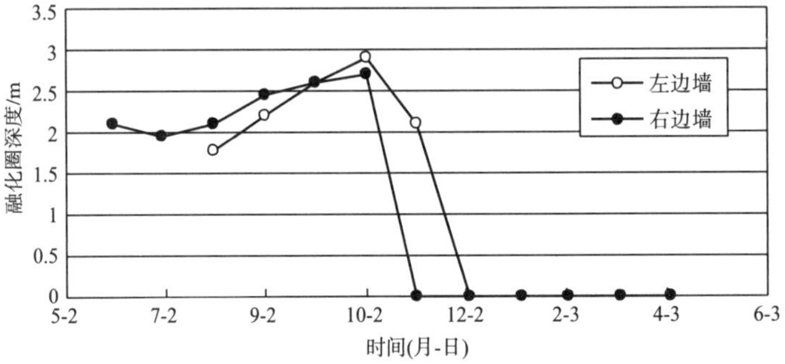

图 6.5 风火山隧道 DK1159+046 断面左、右边墙融化圈深度与时间的关系图[100]

洞室气温影响围岩的融化圈，而隧道内的施工活动影响洞室的温度。隧道爆破使隧道温度升高，开挖过后进行的喷混凝土支护由于混凝土水化放热增加了洞室的温度，施工机械的放热也使隧道内气温升高。

3. 融化圈深度对围岩稳定性的影响

由前述章节可知，冻土围岩在融化后呈软塑状，强度急剧降低，成拱效应差。因此，随着融化圈深度的增加，围岩松散区范围加大，降低了围岩稳定性，增加了围岩坍塌、掉块的风险。贾晓云等[71]通过数值模拟研究不同融化圈深度对围岩稳定性的影响，得出结论：随着融化圈深度的增加，围岩变形、塑性区深度均逐渐增大，塑性区范围也进一步扩展。在隧道支护后，随着融化圈深度增加，支护结构的抗拉强度也逐渐增大，不利于隧道结构的稳定性。

(三) 支护结构的影响

隧道开挖卸荷，打破了原始围岩的应力平衡，围岩进行了应力重分布，将会向隧道临空面挤压变形。在隧道围岩条件好、强度足够大的时候，围岩可以自承重分布的应力，隧道变形逐渐稳定；当围岩条件不够好强度不足以承载应力重分布的荷载时，一部分围岩将屈服形成塑性区，围岩变形持续增大。因此，需要对围岩施作支护结构，以控制围岩塑性区的发展，控制围岩变形，使围岩充分发挥自承能力。

而冻土隧道支护施作和非冻土隧道支护有所不同。在冻土围岩隧道中施作支护，温度较高有利于缩短混凝土形成足够强度的时间，但是温度过高会加大冻土围岩融化圈深度，降低围岩稳定性；低温有利于冻土围岩不发生融化作用，有利于提高围岩稳定性，但是混凝土在低温下难以形成有效强度，支护效果无法保证，仍不利于隧道结构的稳定性。

多年冻土隧道围岩在支护过后，随着围岩温度不断升高，融化圈不断加深。由于冻土围岩在融化后呈软塑状，强度急剧降低，成拱效应差，支护结构除了要承载未融化区传导过来的应力，还要承载不断加大的融化圈重力荷载。如果融化圈不断加深，最终可能导致支护结构发生变形破坏。因此，多年冻土隧道的支护结构设计除了考虑围岩应力重分布所传导过来的荷载，还需要考虑融化圈围岩的松动荷载。

在爆破开挖后，隧道揭露面围岩凹凸不平，在融化作用下形成应力集中进而发生掉块情况。而且开挖过后围岩暴露在空气中的时间越长，围岩融化圈深度越大。表 6.10 统计了风火山隧道围岩不同暴露时间下的融化圈深度。

表 6.10　不同施工阶段围岩融化圈深度

毛洞阶段			支护后阶段				二衬后阶段(30d 后)	
围岩暴露时间/d	围岩融化圈深度/m	地温影响圈深度/m	围岩融化圈深度/m		地温影响圈深度/m		围岩融化圈深度/m	地温影响圈深度/m
			30d 后	90d 后	30d 后	90d 后		
1	0.12	1.5	3.11	3.53	9.1	12.0	—	—
3	0.35	2.4	3.19	3.56	10.3	13.6	—	—
7	0.59	4.0	3.29	3.61	11.8	13.6	4.42	10.5
30	1.42	7.0	3.88	4.79	13.4	15.31	4.51	13.2
60	—	—	—	—	—	—	4.62	13.2
90	—	—	—	—	—	—	5.22	15.5

在工程建设中，风火山隧道应对围岩暴露时间长导致融化圈过深的问题，采取开挖后立即进行锚喷支护的工程措施。低温早强混凝土有效阻止围岩暴露于空气中进行热交换，有效充填由于爆破形成的岩体裂隙，使围岩整体性增加，同时也能预防围岩掉块的发生。然后尽快施作模筑支护、封闭仰拱，控制隧道围岩变形。

因此，支护结构的施作方式、支护结构的强度以及其施作时间影响隧道围岩融化圈的发展，以及隧道围岩稳定性。

四、变形破坏预防控制措施

(一)控制温度

温度是影响多年冻土隧道围岩最重要的因素，因此，温度的控制有利于保证围岩稳定性，降低隧道施工过程中的风险。对隧道内温度的影响主要有外界空气温度和施工放热。施工过程的放热部分主要有爆破开挖放热、混凝土凝固时水化放热、一系列工程机械放热。

因此，针对上述热来源，在施工中进行温度的控制主要有以下几种方式：

(1) 采用制冷设备将洞室内温度控制在合理范围内，使围岩融化圈不能快速发展，也使支护结构混凝土能够尽快形成强度，保证支护结构的支承效果。

(2) 对于爆破放热，从工程爆破试验结果可以看到，在没有包围介质情形下炸药爆炸后，爆破使气体升温达 4.3℃；在水介质包围情形下炸药爆炸后，爆生气体升温 1.9℃；在盐水介质包围情形下炸药爆炸后，爆生气体升温仅 1.3℃。因此可以采用盐水包围介质对爆破进行控制。

(3) 避免洞室内空气与洞室外空气过度流通形成热交换。

(4) 减少不必要的机械活动，减少机械放热。诸如多年冻土隧道在施工时选用有轨运输出碴以减少热气体排放，配置适应低温及冻土环境的隧道开挖、喷锚支护、混凝土衬砌机械化作业线。

(5) 安装保温材料，降低隧道内温度对围岩温度的影响。

(二) 合理支护

多年冻土隧道在开挖后，进行支护时将面临揭露面围岩温度过低而使得混凝土难以附着于围岩以及混凝土难以形成有效强度的情况，而如果在温度较高时施作支护，混凝土的施工质量容易保证，但是温度升高使围岩迅速融化，容易发生围岩掉块、开挖面滑塌的风险。因此多年冻土隧道开挖后在支护上有区别于非冻土隧道的支护措施。在工程中，主要有以下措施：

(1) 隧道开挖后，合理控制支护时间，尽早设置支护有利于降低围岩变形破坏风险。

(2) 开挖后对围岩进行喷射低温早强混凝土封面，并打入环向锚杆，有效填补由于爆破产生的岩体裂隙，增强围岩的完整性，且减少围岩暴露在空气中的时间，减弱围岩与空气的热交换程度，降低融化圈形成速度。

(3) 由于洞室温度较低、围岩岩面温度较低，锚喷支护难以保证其强度，且由于防水保温层应当紧密贴合，以防止冻土融化后水流聚积，因此喷射混凝土支护无法达到要求。所以，需要在锚喷支护后再进行模筑支护。

(4) 在进行支护结构设计时，支护结构所承受的荷载还需考虑融化圈范围围岩的松动荷载，以预防温度未控制良好使融化圈深度增加带来的较大松动荷载。

五、小结

(1) 本节总结了冻土隧道的分布和组成，分析了冻土各组成部分对冻土性质的影响。

(2) 统计了国内外多年冻土在施工过程中发生的变形破坏，总结出融化作用下多年冻土隧道常见的几种破坏方式：局部掉块、坍塌、隧道底鼓、初支变形破坏。

(3) 根据所统计的围岩变形破坏方式以及变形破坏过程，总结出影响多年冻土隧道围岩变形破坏因素，主要为以下三种：围岩条件、融化圈深度、支护结构，并分析了这三种影响因素对围岩变形破坏的影响方式。

(4) 总结分析了针对多年冻土隧道在施工过程中围岩变形破坏的预防控制措施，主要有：合理控制温度、合理进行支护。

第三节 融化作用下多年冻土隧道围岩的弹塑性分析

以上章节分析了冻土的组成、力学性质，以及多年冻土隧道围岩变形破坏形式和破坏发展影响因素。本节根据多年冻土隧道围岩变形破坏特点以及其影响因素，建立融化作用下多年冻土隧道围岩的弹塑性力学计算模型，从理论方面解释多年冻土在隧道开挖、支护过程中的围岩变形情况，分析融化圈深度对围岩变形的影响，分析围岩条件对围岩变形的影响，分析支护措施对围岩变形的影响，以期为多年冻土隧道的设计及施工以及对其变形破坏进行有效防治提供理论分析指导。

一、融化冻土围岩的弹塑性计算模型

(一) 基本假设

分析融化作用下多年冻土隧道围岩与支护相互作用的影响，需要进行以下假设：

(1) 隧道为圆形隧道，处于静水应力场中；

(2) 支护为弹性状态，未融化区冻土为弹性状态，零度锋面以内区域为融化状态；

(3) 围岩融化后即为破坏状态，将全部作用于支护上；

(4) 忽略衬砌与围岩、融化圈与多年冻土围岩交界面处的剪应力；

(5) 假定围岩融化后重度与未融化前一致；

(6) 隧道按平面问题处理，应力、应变以压为正。

(二) 建立模型

融化作用下多年冻土隧道围岩弹塑性力学模型如图 6.6 所示。当多年冻土隧道开挖过后，由于温度升高导致融化作用，隧道围岩将出现一定范围的融化形成融化圈。根据多年冻土在融化前后力学性质的改变，将模型分为 4 个区域：1 区为支护弹性区，2 区为零度锋面以内的融化破坏区，3 区为零度锋面以外的塑性区，4 区为未融化冻土弹性区。其中 r_0 为支护内径，R_L 为支护外径，R 为零度锋面半径，R_m 为塑性区半径，R_0 为未融化冻土弹性区半径，P_L 为支护与围岩交界面处的径向应力，P_m 为多年冻土与塑性区交界面处的径向应力。

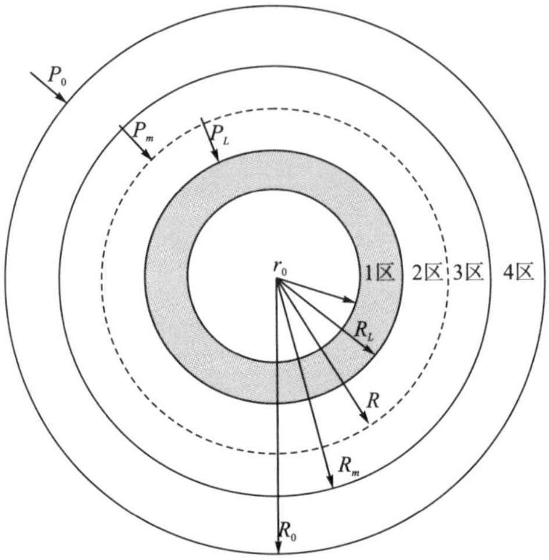

图 6.6 融化作用下多年冻土隧道围岩弹塑性力学模型

二、融化冻土围岩的弹塑性问题计算

(一) 岩土材料的屈服准则

在所受应力较小时，一般认为材料处于线弹性变形状态，当应力逐渐加大直至超过某个极限点后，材料表现为塑性变形。岩土体材料应力应变关系如图 6.7 所示。

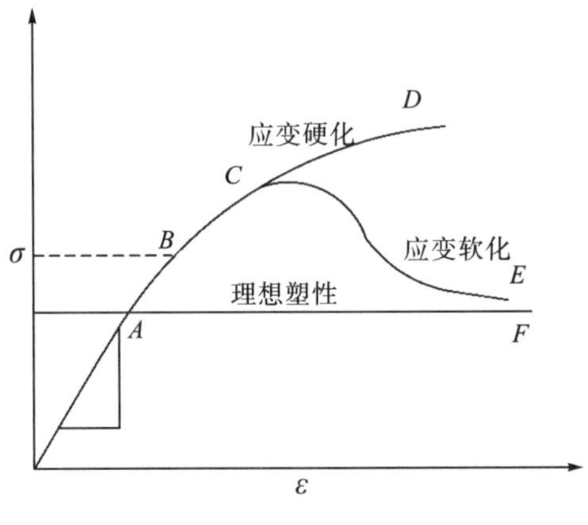

图 6.7 岩土体材料 σ-ε 关系[101]

在加载作用力不断增大的情况下，材料变形由弹性状态到初始屈服后，材料进入塑性状态，如图 6.7 所示，A 点为初始屈服点；材料初始屈服后，屈服应力继续增加，在提升到一定程度后逐渐开始减小，如图中 ACD 和 ACE 段所示；随着作用力继续增大，材料发生过大变形而破坏。对于应变硬化材料，加载作用力达到一定后屈服应力不发生变化，材料发生过大塑性变形而破坏，如 D 段所示；对于应变软化材料，当屈服应力达到某个极限点之后，随着作用力增大，变形增大，屈服应力下降，产生应变软化现象，如 E 段所示；

对于理想弹塑性材料，当屈服应力达到 A 点之后，材料变形增大，应力保持不变，如 F 段所示。本节假定冻土岩土体为弹塑性材料。

材料的屈服由材料所处的应力状态决定，当其中一应力分量达到某一定值时，认为材料达到屈服状态，用方程式表示为

$$f(\sigma_{ij})=k \tag{6.1}$$

式中，$f(\sigma_{ij})$——屈服函数，在某一特定值时应力空间对应的曲面称为屈服面；k——方程值。

理想弹塑性材料在屈服条件前，材料只存在弹性变形，在屈服条件后，为塑性应变状态。随着塑性屈服面的发展就会达到破坏，破坏准则即是屈服准则。屈服面与破坏面为一固定的曲面，二者重合。

针对多年冻土塑性区，为区别于软岩隧道计算方法，在岩土工程常用的几种屈服准则中，本模型分别采用 Mohr-Coulomb 屈服准则、Tresca 屈服准则、Drucker-Prager 屈服准则进行计算，分析三种本构关系并结合风火山隧道实际情况，找出适合融化作用下多年冻土围岩弹塑性计算的本构关系。

(二)采用 Mohr-Coulomb 屈服准则

1. 围岩应力分析

针对 4 区弹性区部分，根据弹性力学厚壁圆筒中的应力分布计算公式，弹性区应力可按下式计算：

$$\begin{cases}\sigma_r=P_0-(P_0-P_m)\left(\dfrac{R_m}{r}\right)^2\\ \sigma_\theta=P_0+(P_0-P_m)\left(\dfrac{R_m}{r}\right)^2\end{cases} \tag{6.2}$$

边界条件：当 $r=R_m$ 时，$\sigma_r=P_m$，代入式(6.2)可得

$$\sigma_r+\sigma_\theta=2P_0 \tag{6.3}$$

Mohr-Coulomb 屈服条件如下：

$$\sigma_\theta=\frac{1+\sin\varphi}{1-\sin\varphi}\sigma_r+\frac{2c\cos\varphi}{1-\sin\varphi} \tag{6.4}$$

其中，c 为冻土岩体黏聚力；φ 为冻土岩体内摩擦角。由式(6.2)、式(6.3)、式(6.4)联立可得

$$P_m=(1-\sin\varphi)P_0-2c\cos\varphi \tag{6.5}$$

将公式(6.5)代入公式(6.2)可得

$$\begin{cases}\sigma_r=P_0-(P_0\sin\varphi+c\cos\varphi)\left(\dfrac{R_m}{r}\right)^2\\ \sigma_\theta=P_0+(P_0\sin\varphi+c\cos\varphi)\left(\dfrac{R_m}{r}\right)^2\end{cases} \tag{6.6}$$

针对 3 区塑性区部分应力分析，围岩由弹性状态进入塑性状态，在塑性区内需满足 Mohr-Coulomb 屈服条件，即公式(6.4)，且在此区域需满足平衡微分方程：

$$\frac{\mathrm{d}\sigma_r}{\mathrm{d}r}+\frac{\sigma_r-\sigma_\theta}{r}=0 \tag{6.7}$$

联立公式(6.4)、式(6.7)可以求得带未知常数 C 的解：

$$\frac{1+\sin\varphi}{1-\sin\varphi}\sigma_r+\frac{2c\cos\varphi}{1-\sin\varphi}=Cr^{\frac{2\sin\varphi}{1-\sin\varphi}} \tag{6.8}$$

边界条件一：在 3 区塑性区与 2 区破坏区交界处，当 $r=R$ 时，$\sigma_i=P_i$，则求出积分常数：

$$C=\frac{2\sin\varphi P_i+2c\cos\varphi}{r^{\frac{2\sin\varphi}{1-\sin\varphi}}(1-\sin\varphi)} \tag{6.9}$$

联立公式(6.4)、式(6.8)、式(6.9)可求得 3 区塑性区内唯一应力公式表达式为

$$\begin{cases}\sigma_r=(P_i+c\cos\varphi)(\dfrac{r}{R})^{\frac{2\sin\varphi}{1-\sin\varphi}}-c\cot\varphi\\ \sigma_\theta=(P_i+c\cos\varphi)(\dfrac{r}{R})^{\frac{2\sin\varphi}{1-\sin\varphi}}\dfrac{1+\sin\varphi}{1-\sin\varphi}-c\cot\varphi\end{cases} \tag{6.10}$$

边界条件二：在弹性区与塑性区交界处，同样满足塑性条件，当 $r=R_m$ 时，$\sigma_r=P_m$，求得塑性区围岩应力的另一种表达式：

$$\begin{cases}\sigma_r=\left[(1-\sin\varphi)P_0-c\cos\varphi+c\cot\varphi\right]\left(\dfrac{r}{R_m}\right)^{\frac{2\sin\varphi}{1-\sin\varphi}}-c\cot\varphi\\ \sigma_\theta=\left[(1-\sin\varphi)P_0-c\cos\varphi+c\cot\varphi\right]\left(\dfrac{r}{R_m}\right)^{\frac{2\sin\varphi}{1-\sin\varphi}}\dfrac{1+\sin\varphi}{1-\sin\varphi}-c\cot\varphi\end{cases} \tag{6.11}$$

联立公式(6.10)、式(6.11)可得支护阻力 P_i 和塑性区半径 R_m 的关系式，如下：

$$P_i=\left[(1-\sin\varphi)P_0-c\cos\varphi+c\cot\varphi\right]\left(\frac{R}{R_m}\right)^{\frac{2\sin\varphi}{1-\sin\varphi}}-c\cot\varphi \tag{6.12}$$

变换公式可求得围岩塑性区半径计算公式：

$$R_m=R\left[\frac{(1-\sin\varphi)P_0-\mathrm{c}\cos\varphi+c\cot\varphi}{P_i+c\cot\varphi}\right]^{\frac{1-\sin\varphi}{2\sin\varphi}} \tag{6.13}$$

2. 围岩位移分析

由弹性力学厚壁圆筒公式：

$$u=\frac{1+\mu}{E}\frac{R_m^2}{r}(P_0-P_m) \tag{6.14}$$

代入 P_m、R_m，可求得当 $r=R_L$ 时，围岩洞壁位移公式为

$$u=\frac{(1+\mu)R^2(P_0\sin\varphi+c\cos\varphi)\left[\frac{(1-\sin\varphi)P_0-c\cos\varphi+c\cot\varphi}{P_i+c\cot\varphi}\right]^{\frac{1-\sin\varphi}{2\sin\varphi}}}{Er} \tag{6.15}$$

通过公式变换也可作：

$$P_i=\left[(1-\sin\varphi)P_0-c\cos\varphi+c\cot\varphi\right]\times\left[\frac{(1+\mu)R^2(P_0\sin\varphi+\cos\varphi)}{EuR_L}\right]^{\frac{\sin\varphi}{1-\sin\varphi}}-c\cot\varphi \tag{6.16}$$

在计算围岩压力时，由于融化圈松散荷载的存在，围岩压力由两部分组成：在拱顶位置，围岩压力为形变压力与松动压力之和；隧道侧向在侧压力系数 λ 为 1 的情况下可近似考虑为只承受形变压力；在拱底部位，围岩压力则为形变压力和松动压力之差。

竖向围岩松动压力 P_s 根据普氏理论进行计算：

$$P_s=\gamma h_k \tag{6.17}$$

其中，γ 为松散区岩体重度；h_k 为松散区岩体天然拱高度。

则支护阻力为

$$P=P_i+P_s$$

则最终支护阻力公式为

$$P=\left[(1-\sin\varphi)P_0-c\cos\varphi+c\cot\varphi\right]\times\left[\frac{(1+\mu)R^2(P_0\sin\varphi+\cos\varphi)}{EuR_L}\right]^{\frac{\sin\varphi}{1-\sin\varphi}}-c\cot\varphi+\gamma h_k \tag{6.18}$$

(三）采用 Tresca 屈服准则

1. 围岩应力分析

针对 4 区弹性区部分，根据弹性力学厚壁圆筒中的应力分布计算公式，弹性区应力可按下式计算：

$$\begin{cases}\sigma_r=P_0-(P_0-P_m)\left(\dfrac{R_m}{r}\right)^2\\ \sigma_\theta=P_0+(P_0-P_m)\left(\dfrac{R_m}{r}\right)^2\end{cases} \tag{6.19}$$

边界条件：当 $r=R_m$ 时，$\sigma_r=P_m$，代入式(6.19)可得

$$\sigma_r+\sigma_\theta=2P_0 \tag{6.20}$$

Tresca 屈服条件如下：

$$\sigma_\theta-\sigma_r=2c \tag{6.21}$$

其中，c 为冻土岩体黏聚力；φ 为冻土岩体内摩擦角。由公式(6.19)、式(6.20)、式(6.21)联立可得

$$P_m=P_0-c \tag{6.22}$$

将公式(6.22)代入公式(6.19)可得

$$\begin{cases}\sigma_r = P_0 - c\left(\dfrac{R_m}{r}\right)^2 \\ \sigma_\theta = P_0 + c\left(\dfrac{R_m}{r}\right)^2\end{cases} \tag{6.23}$$

针对 3 区塑性区部分应力分析，围岩由弹性状态进入到塑性状态，在塑性区内需满足 Tresca 屈服条件，即公式(6.21)，且在此区域需满足平衡微分方程：

$$\frac{\mathrm{d}\sigma_r}{\mathrm{d}r} + \frac{\sigma_r - \sigma_\theta}{r} = 0 \tag{6.24}$$

联立公式(6.21)、式(6.24)可以求得带未知常数的解：

$$\sigma_r = 2c\ln r + C \tag{6.25}$$

边界条件一：在 3 区塑性区与 2 区破坏区交界处，当 $r = R$ 时，$\sigma_r = P_i$，则求出积分常数：

$$C = P_i - 2c\ln R \tag{6.26}$$

联立公式(6.21)、式(6.25)、式(6.26)可求得 3 区塑性区内唯一应力公式表达式为

$$\begin{cases}\sigma_r = 2c\ln\dfrac{r}{R} + P_i \\ \sigma_\theta = 2c\ln\dfrac{r}{R} + P_i + 2c\end{cases} \tag{6.27}$$

边界条件二：在弹性区与塑性区交界处，同样满足塑性判据，当 $r = R_m$ 时，$\sigma_r = P_m$，求得塑性区围岩应力的另一种表达式：

$$\begin{cases}\sigma_r = 2c\ln\dfrac{r}{R_m} + P_0 - c \\ \sigma_\theta = 2c\ln\dfrac{r}{R_m} + P_0 + c\end{cases} \tag{6.28}$$

联立公式(6.27)、式(6.28)可得支护阻力 P_i 和塑性区半径 R_m 的关系式，如下：

$$P_i = 2c\ln\frac{R}{R_m} + P_0 - c \tag{6.29}$$

变换公式可得围岩塑性区半径公式：

$$R_m = \frac{R}{\mathrm{e}^{\frac{P_i + c - P_0}{2c}}} = R\mathrm{e}^{\frac{P_0 - P_i - c}{2c}} \tag{6.30}$$

2. 围岩位移分析

由弹性力学厚壁圆筒公式：

$$u = \frac{1+\mu}{E}\frac{R_m^{\ 2}}{r}(P_0 - P_m) \tag{6.31}$$

代入 P_m、R_m，可求得当 $r = R_L$ 时，围岩洞壁位移公式为

$$u = \frac{1+\mu}{ER_L}R^2 c\mathrm{e}^{\frac{P_0 - P_i - c}{c}} \tag{6.32}$$

变换公式可得抵抗围岩形变压力公式为

$$P_i = P_0 - c - c\ln\frac{uER_L}{(1+\mu)R^2c} \tag{6.33}$$

竖向围岩松动压力 P_s 根据普氏理论进行计算：

$$P_s = \gamma h_k \tag{6.34}$$

其中，γ 为松散区岩体重度；h_k 为松散区岩体天然拱高度。

则支护阻力为

$$P = P_i + P_s$$

则最终支护阻力为

$$P = P_0 - c - c\ln\frac{uER_L}{(1+\mu)R^2c} + \gamma h_k \tag{6.35}$$

（四）采用 Drucker-Prager 屈服准则

1. 围岩应力分析

针对 4 区弹性区部分，根据弹性力学厚壁圆筒中的应力分布计算公式，弹性区应力可按下式计算：

$$\begin{cases} \sigma_r = P_0 - (P_0 - P_m)\left(\dfrac{R_m}{r}\right)^2 \\ \sigma_\theta = P_0 + (P_0 - P_m)\left(\dfrac{R_m}{r}\right)^2 \end{cases} \tag{6.36}$$

边界条件：当 $r=R_m$ 时，$\sigma_r = P_m$，代入式(6.36)可得

$$\sigma_r + \sigma_\theta = 2P_0 \tag{6.37}$$

Drucker-Prager 屈服条件如下：

$$\sigma_\theta = A\sigma_r + B \tag{6.38}$$

其中，$A = \dfrac{1+3\partial}{1-3\partial}$；$B = (A-1)c\cot\varphi$；$\partial = \dfrac{2\sin\varphi}{\sqrt{3}(3-\sin\varphi)}$；$\varphi$ 为围岩的内摩擦角。

由式(6.36)、式(6.37)、式(6.38)联立可得

$$P_m = \frac{2P_0 - B}{1+A} \tag{6.39}$$

将公式(6.39)代入公式(6.36)可得

$$\begin{cases} \sigma_r = P_0 - \dfrac{AP_0 - P_0 + B}{1+A}\left(\dfrac{R_m}{r}\right)^2 \\ \sigma_\theta = P_0 + \dfrac{AP_0 - P_0 + B}{1+A}\left(\dfrac{R_m}{r}\right)^2 \end{cases} \tag{6.40}$$

针对 3 区塑性区部分应力分析，围岩由弹性状态进入塑性状态，在塑性区内需满足 Drucker-Prager 屈服条件，即公式(6.38)，且在此区域需满足平衡微分方程：

$$\frac{\mathrm{d}\sigma_r}{\mathrm{d}r}+\frac{\sigma_r-\sigma_\theta}{r}=0 \tag{6.41}$$

联立公式(6.38)、式(6.41)可以求得带未知常数的解：

$$\sigma_r = Cr^{A-1} \tag{6.42}$$

边界条件一：在 3 区塑性区与 2 区破坏区交界处，当 $r=R$ 时，$\sigma_r=P_i$，则求出积分常数：

$$C=\frac{P_i}{R^{A-1}} \tag{6.43}$$

联立公式(6.38)、式(6.42)、式(6.43)可求得 3 区塑性区内唯一应力表达式为

$$\begin{cases}\sigma_r = P_i(\dfrac{r}{R})^{A-1}\\ \sigma_\theta = AP_i(\dfrac{r}{R})^{A-1}+B\end{cases} \tag{6.44}$$

边界条件二：在弹性区与塑性区交界处，同样满足塑性判据，当 $r=R_m$ 时，$\sigma_r=P_m$，求得塑性区围岩应力的另一种表达式：

$$\begin{cases}\sigma_r = \dfrac{2P_0-B}{1+A}(\dfrac{r}{R_m})^{A-1}\\ \sigma_\theta = \dfrac{A(2P_0-B)}{1+A}(\dfrac{r}{R_m})^{A-1}+B\end{cases} \tag{6.45}$$

联立公式(6.44)、式(6.45)可得支护阻力 P_i 和塑性区半径 R_m 的关系式，如下：

$$P_i=\frac{2P_0-B}{1+A}(\frac{R}{R_m})^{A-1} \tag{6.46}$$

变换公式可得到围岩塑性区半径计算公式：

$$R_m = R\left[\frac{2P_0-B}{(1+A)P_i}\right]^{\frac{1}{A-1}} \tag{6.47}$$

2. 围岩位移分析

由弹性力学厚壁圆筒公式：

$$u=\frac{1+\mu}{E}\frac{R_m{}^2}{r}(P_0-P_m) \tag{6.48}$$

代入 P_m、R_m，可求得当 $r=R_L$ 时，围岩洞壁位移公式为

$$u=\frac{1+\mu}{ER_L}R^2\left[\frac{2P_0-B}{(1+A)P_i}\right]^{\frac{2}{A-1}}\frac{AP_0-P_0+B}{1+A} \tag{6.49}$$

$$P_i=\frac{2P_0-B}{(1+A)}\left[\frac{(1+\mu)R^2(AP_0-P_0+B)}{EuR_L(1+A)}\right]^{\frac{A-1}{2}} \tag{6.50}$$

竖向围岩松动压力 P_s 根据普氏理论进行计算：

$$P_s=\gamma h_k \tag{6.51}$$

其中，γ 为松散区岩体重度；h_k 为松散区岩体天然拱高度。

则支护阻力为

$$P = P_i + P_s$$

则最终支护阻力公式为

$$P = \frac{2P_0 - B}{(1+A)}\left[\frac{(1+\mu)R^2(AP_0 - P_0 + B)}{EuR_L(1+A)}\right]^{\frac{A-1}{2}} + \gamma h_k \tag{6.52}$$

三、围岩与支护结构之间的相互作用

(一)收敛-约束法的基本原理

收敛-约束法是随着新奥法的发展而发展起来的，是分析围岩与支护相互作用关系、进行支护设计优化的常用方法之一。收敛-约束法的原理如图 6.8 所示。

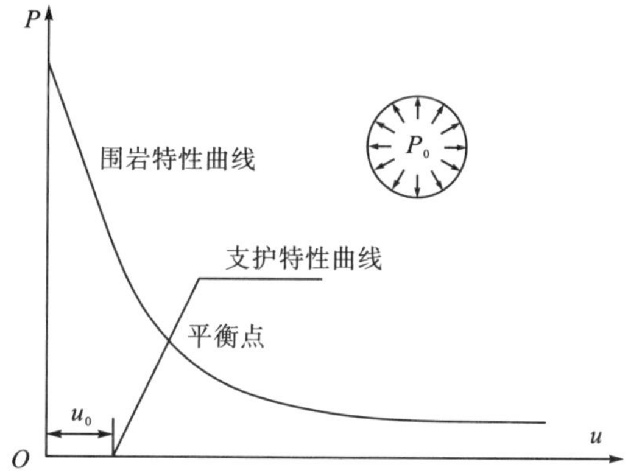

图 6.8　围岩特性曲线、支护特性曲线示意图

收敛-约束曲线包含两部分：一是围岩特性曲线(支护需求曲线)，由支护阻力 P 与洞壁位移 u 的关系公式所绘制；二是支护特性曲线(支护补给曲线)，描述围岩对支护的需求情况。

收敛-约束法是用径向内压 P 的不断释放来模拟隧道的开挖过程。随着径向内压 P 的不断减小，隧道开始产生位移，为了维护围岩稳定，需要施作支护约束围岩变形。支护施作前，围岩已经产生了一定的变形，这部分变形量为初始位移 u_0。随着径向内压的继续释放，作用在支护上的压力逐渐增大，支护约束围岩的支护抗力就越大，在某一时刻，达到平衡状态。收敛-约束法考虑到了围岩与支护的相互作用。在隧道设计中，恰当的选择支护时机和合理的确定支护刚度，不仅能维护围岩稳定、保证隧道安全，也能发挥围岩的自撑作用，减少工程造价。

（二）围岩特性曲线（GRC）

无支护隧道在初始径向内压 P_0 下保持原岩应力状态。隧道开挖后，在开挖面 r_0 处施加支护力 P 约束围岩变形。随着 P 由 P_0 减小到 0，在融化圈的背后将有一部分围岩达到屈服条件并出现塑性区，且塑性区将不断增大。根据工程实际情况，假定融化圈半径，围岩特性曲线由方程式(6.18)、式(6.35)、式(6.52)确定。

（三）支护特性曲线（SCC）

支护特性曲线是指作用在支护上的荷载与支护变形的关系曲线，支护结构所能提供的支护阻力随着支护结构的刚度增大而增大。在不考虑支护结构与围岩的接触状态对支护结构刚度的影响时，可以认为作用在支护结构上的径向压力 P 和支护结构的径向位移 $u_{ir_0}^{co}$ 成正比，由下式决定：

$$P = K\frac{u_{ir_0}^{co}}{r_0}$$

式中，P——当支护结构发生 $u_{ir_0}^{co}$ 的位移时，所提供的支护阻力；$u_{ir_0}^{co}$——支护结构发生的位移；r_0——隧道的开挖半径；K——支护结构的刚度。

由于在支护结构施作的时候，围岩已经出现了一定的初始位移 u_0，因此洞周位移应是初始位移 u_0 和支护后位移 $u_{ir_0}^{co}$ 之和，即

$$u_{r_0} = u_0 + u_{ir_0}^{co} \tag{6.53}$$

相应地，支护径向压力公式则为

$$P = K\frac{(u_{r_0} - u_0)}{r_0} \tag{6.54}$$

在施作支护特性曲线时，曲线起点为(0，u_0)。不同的支护结构能提供不同的支护阻力 P，也具有不同的支护刚度 K。下面将列出几种不同支护的刚度计算方法。

1. 喷射混凝土支护结构

当采用喷射混凝土，喷射厚度 d_s 较小时，即 $d_s \leqslant 0.04r_0$ 时，采用薄壁圆筒公式计算混凝土支护结构刚度，即

$$K_{pc} = \frac{E_{pc}d_s}{r_0(1-\mu_{pc}^2)} \tag{6.55}$$

式中，E_{pc} 为喷射混凝土弹性模量；μ_{pc} 为喷射混凝土的泊松比；r_0 为隧道开挖半径。

支护结构可提供的最大支护阻力 $P_{pc.\max}$ 为

$$P_{pc.\max} = \frac{d_s f_c}{r_0} \tag{6.56}$$

式中，f_c 为混凝土的抗压强度。

支护结构所能承载的最大弹性变形量 $u_{pc.\max}$ 为

$$u_{pc.\max}=\frac{P_{pc.\max}}{K_{pc}} \tag{6.57}$$

2. 模筑混凝土支护结构

当采用模筑混凝土，即混凝土厚度 $d_s>0.04r_0$ 时，采用厚壁圆筒公式计算混凝土支护结构刚度，即

$$K_{mc}=\frac{E_{mc}\left(r_a^2-r_b^2\right)}{r_a\left(1+\mu_{mc}\right)\left[\left(1-2\mu_{mc}\right)r_a^2+r_b^2\right]} \tag{6.58}$$

式中，E_{mc} 为混凝土弹性模量；μ_{mc} 为混凝土泊松比；r_a、r_b 为混凝土支护结构内径和外径。

支护结构可提供的最大支护阻力 $P_{mc.\max}$ 为

$$P_{mc.\max}=\frac{f_c}{2}\left[1-\frac{\left(r_b-d_s\right)^2}{r_b^2}\right] \tag{6.59}$$

式中，f_c 为混凝土的抗压强度。

支护结构所能承载的最大弹性变形量 $u_{mc.\max}$ 为

$$u_{mc.\max}=\frac{P_{mc.\max}}{K_{mc}} \tag{6.60}$$

3. 灌浆锚杆支护结构

采用灌浆锚杆支护结构时，其刚度可近似为

$$K_b=\frac{E_b\pi d_b^2}{2l}\frac{r_0}{S_aS_b}m_y \tag{6.61}$$

式中，E_b 为锚杆的弹性模量；d_b 为锚杆的直径；l 为锚杆的长度；m_y 为锚杆的工作条件系数，取 0.75～0.9；S_a、S_b 为锚杆的环向、纵向布置间距。

假定锚杆的破坏方式为胶结材料与孔壁脱离，则锚杆支护结构能提供的最大支护力为

$$P_{b.\max}=\pi d_c\tau l m_y \tag{6.62}$$

式中，d_c 为锚杆孔直径；τ 为胶结材料与孔壁围岩的单位黏结力，一般情况下取 1.5～2.0MPa。

支护结构所能承载的最大弹性变形量 $u_{b.\max}$ 为

$$u_{b.\max}=\frac{P_{b.\max}}{K_b} \tag{6.63}$$

4. 组合支护结构

(1) 当多种支护结构同时施作形成组合支护体系时，例如锚杆和喷射混凝土支护共同施作成锚喷支护结构，则假定支护体系的刚度 K_z 等于每个支护刚度的和，即

$$K_z=K_{pc}+K_b \tag{6.64}$$

组合支护刚度并联示意图如图 6.9 所示。

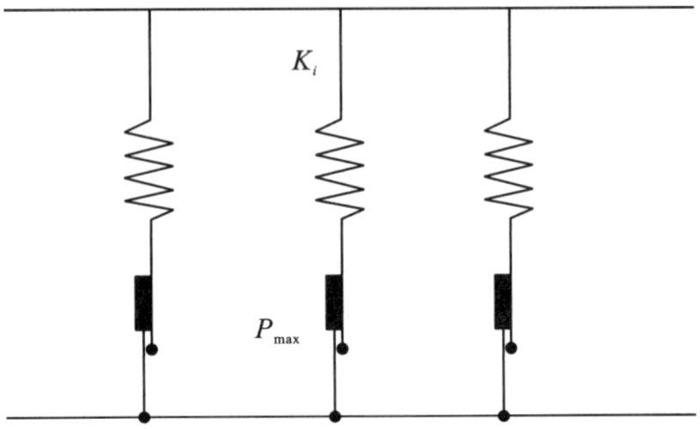

图 6.9　组合刚度并联示意图

在组合支护体系中，支护结构共同变形，因此组合支护体系的最大位移量为组成支护体系的支护结构中最小的位移，即

$$u_{z\cdot\max} = \min(u_{i\cdot\max}, i) \tag{6.65}$$

式中，$u_{z\cdot\max}$ 为组合支护体系所能承载的最大弹性变形量；$u_{i\cdot\max}$ 为某一种支护结构所能承载的最大弹性变形量。

(2) 当支护构件施作时间不同时，组合支护体系的特征曲线如图 6.10 所示。

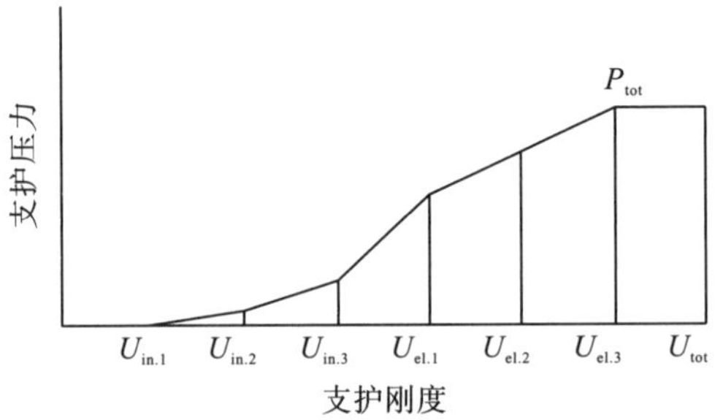

图 6.10　复合式支护结构特征曲线示意图

(四) 多年冻土隧道围岩特性曲线

采用实际工程风火山隧道围岩参数，根据上述三种屈服准则所推导出的支护阻力 P 与洞壁位移 u 的关系公式分别绘制出多年冻土隧道围岩特性曲线，并根据实际工程围岩变形特点选择更为符合风火山隧道多年冻土围岩的特性曲线。

(1) 风火山隧道围岩参数如表 6.11 所示。选取断面 DK1159+735 位置的围岩参数，根据监控量测数据选择融化圈深度为 3.11m。

表 6.11　风火山隧道围岩参数

参数	埋深 h /m	重度 λ /(N/m³)	毛洞半径 r_0/m	黏聚力 c/MPa	内摩擦角 φ/(°)	弹性模量 E/GPa	泊松比 μ	融化圈深度 h_r/m
数值	95	20 000	4.45	0.6	24	0.92	0.41	3.11

(2)根据所推导的公式以及风火山隧道各参数数据，绘制围岩特性曲线如图 6.11 所示。

(3)风火山隧道周边位移监测数据如图 6.12 所示。

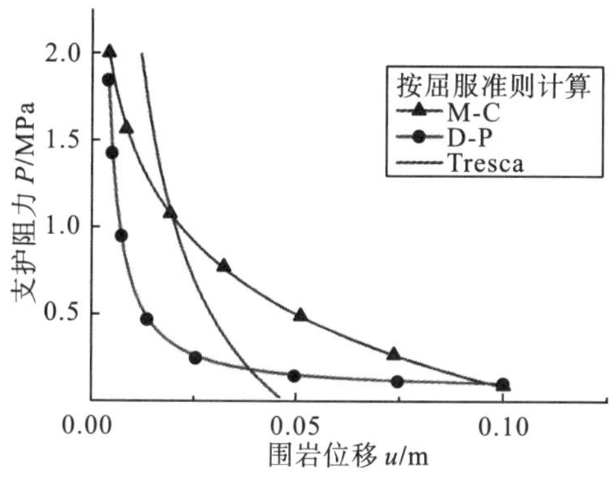

图 6.11　围岩特性曲线

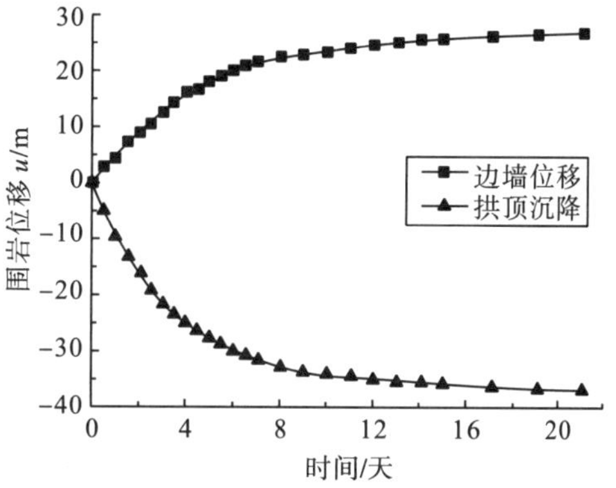

图 6.12　风火山隧道围岩位移监测

(4)Mohr-Coulomb 屈服准则所计算得到的围岩特性曲线和风火山隧道围岩变形特点差距较大，在洞壁位移达到 66mm 时支护阻力降为 0，而根据风火山隧道实际监测数据，拱顶位移在达到 80mm 时变形仍在继续。因此采用 Mohr-Coulomb 屈服准则不能合理描述多年冻土隧道围岩变形特点。

Drucker-Prager 屈服准则所计算得到的围岩特性曲线在围岩位移为 20mm 之前，支护阻力需求下降过快，而在围岩位移 20mm 之后，随着围岩位移的不断增大，支护阻力需求变化不明显。而在实际工程中，隧道开挖过后，二次应力重分布，随着围岩变形的增大，围岩的形变压力逐渐减小。因此采用 Drucker-Prager 准则作为围岩弹塑性屈服条件也不能合理描述多年冻土隧道围岩变形特点。

相较而言，Tresca 屈服准则所计算得到的围岩特性曲线更符合风火山隧道多年冻土围岩变形特点。因此，采用 Tresca 屈服条件来分析多年冻土围岩变形作用特征。

(五)围岩与支护相互作用

根据常见多年冻土围岩参数，以风火山隧道支护参数进行算例分析。目的在于求得在未支护情况下不同围岩条件、不同融化圈深度与多年冻土隧道周边位移关系，以及在不同支护条件下不同围岩条件、不同融化圈深度与多年冻土隧道周边围岩的位移关系，以此对理论推导出的计算公式进行应用。围岩计算参数如表 6.12 所示。

表 6.12　围岩计算参数

围岩条件	状态	弹性模量/GPa	泊松比	黏聚力/MPa
W-1	未融化	2.0	0.28	0.6
W-2	未融化	1.3	0.35	0.6
W-3	未融化	0.9	0.45	0.6

1. 无支护条件下

本节研究目的在于求得围岩位移与融化圈深度的关系，由公式$u=\dfrac{(1+\mu)}{ER_L}R^2ce^{\frac{P_0-P_i-c}{c}}$可以求得位移值，也就是当$P_i=0$时，所求得的不同围岩位移值。计算结果如图 6.13 所示。

由图 6.13 可以分析得出，随着围岩融化圈深度不断增加，隧道围岩位移随之增加，且增加幅度不断增大；围岩条件越好，在无支护状态下围岩位移相应越小。因此，在多年冻土隧道开挖过后，应尽快对围岩进行封闭，防止围岩与空气进行热交换而导致融化圈过大，合理地控制融化圈深度有利于保证隧道工程安全。

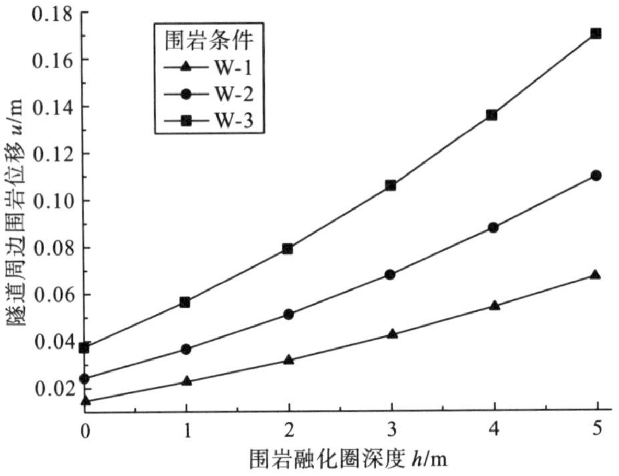

图 6.13 无支护时不同围岩条件下围岩位移与融化圈深度关系

2. 有支护条件下

不同的支护方式与支护的不同时机会对围岩位移有不同的影响。选取两种支护工况，以三种支护方式进行施作，观察围岩与支护的相互作用结果。支护材料参数如表 6.13 所示。

表 6.13 支护结构计算参数

支护条件	弹性模量/GPa	泊松比	厚度/m
喷射混凝土	20	0.3	0.1
模筑混凝土	33	0.18	0.25
喷射/模筑混凝土	20/33	0.3/0.18	0.35

(1) 以围岩 W-3 为例，假定融化圈深度分别为 0m、1m、2m、3m、4m、5m，绘制围岩特征曲线和支护特征曲线，如图 6.14 所示。

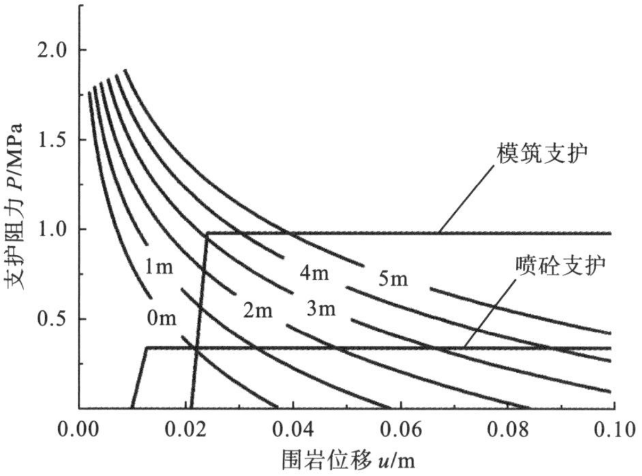

图 6.14 融化作用下围岩与支护相互作用

①隧道开挖过后立即对围岩喷射混凝土进行支护，支护前的初始位移为u_0，根据弹性理论，支护前围岩变形为(0.25～0.3) u_{r_0}。考虑支护结构施作时在时间与空间的滞后作用，初始位移u_0取 0.3u_{r_0}。因此，根据公式(6.32)求得在围岩 W-3 条件下，喷混凝土支护时初始位移$u_0 = 0.010$ m。

由图 6.14 可见，喷射混凝土支护工况所能提供的支护力过小，在所有的融化深度条件下，多年冻土围岩形变压力和融化圈松散压力将超过喷射混凝土支护极限强度，因此此种喷射混凝土支护工况不满足支护结构要求。

②对于模筑支护，由于整理场地、搭设模板以及一系列原因导致在隧道开挖较长时间过后才开始施作。考虑开挖过后围岩应力释放较为完善，模筑支护初始位移值u_0取 0.6u_{r_0}，计算可得：$u_0 = 0.021$ m。

由图 6.14 可见，模筑支护工况在多年冻土隧道围岩融化深度为 0m、1m、2m、3m 时尚处在弹性状态，因此能够承受围岩压力；但当围岩融化圈深度超过 3m 之后，此种模筑支护工况将不能阻止围岩继续变形，将达到屈服状态，因此不满足支护结构要求。同时，由于模筑支护施作时距离隧道开挖、围岩暴露时间过久，容易造成融化圈过大、围岩塑性区过大的情况，降低围岩稳定性。

(2)喷射混凝土支护和模筑支护在单独作用时，都不能保证在融化圈较大时围岩的稳定性。喷射混凝土能够尽早封面，减缓温度传导导致围岩融化，但喷射混凝土强度过小；模筑支护强度较大，但施作时间较迟，容易造成围岩塑性区过大，影响围岩稳定性。因此，尝试对多年冻土隧道围岩进行组合支护。组合支护约束-收敛原理如图 6.15 所示。

在隧道开挖后立即喷射混凝土，然后开始施作模筑混凝土，共同组成组合支护结构。由图 6.15 可见，此组合支护工况在当围岩融化深度为 5m 时仍然处于弹性工作状态，能够控制围岩变形。

同时，由图 6.15 也可以看到，在喷射混凝土之后，随着围岩变形的增大，喷射混凝土支护由弹性工作状态进入塑性工作状态。从以往风火山隧道以及昆仑山隧道等多年冻土隧道施工设计来看，由于冻土围岩的特殊地质情况，对温度极为敏感，而喷射混凝土的凝固也需要较高温度来形成足够强度，因此将喷射混凝土结构看作为柔性支护，其作用主要有三部分：一是对围岩提供支护阻力；二是填补围岩裂隙，增加围岩完整性；三是及时封面，减缓围岩与空气热传导，降低围岩融化速度。而第二、三种作用是喷射混凝土结构的主要作用。因此，图 6.15 所示喷射混凝土结构处于塑性工作状态是合理的。

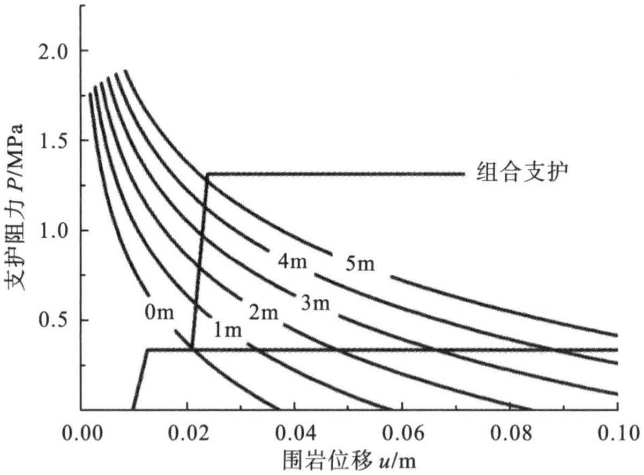

图 6.15 融化作用下围岩与组合支护相互作用

3. 围岩影响因素分析

考虑采用组合支护情况，不同的围岩条件下，随着融化圈深度增大围岩位移的变化情况如图 6.16 所示。

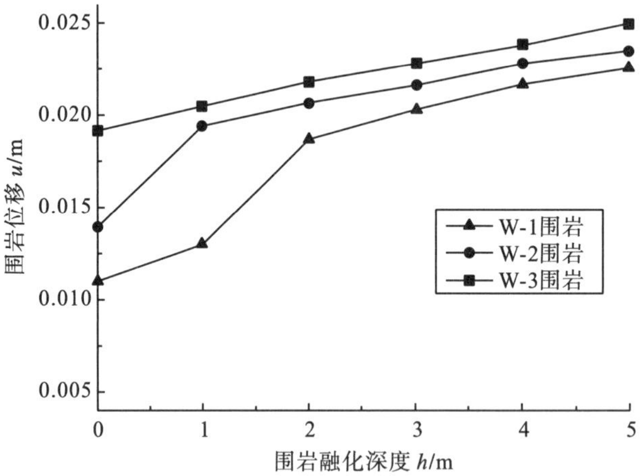

图 6.16 不同围岩条件采用组合支护下隧道围岩位移与融化深度关系

由图 6.16 可见，围岩条件越差，多年冻土隧道围岩位移越大，且在组合支护结构下，围岩位移随着融化圈深度的增加而增大。因此，在实际工程中，支护结构施作后，仍然需要合理控制融化圈深度。融化圈深度过大，将容易造成支护结构超过弹性工作状态而无法控制围岩变形，造成围岩塑性区持续增大，进而造成围岩变形破坏。

四、小结

以上总结了多年冻土隧道在开挖后融化作用下的变形破坏特点，建立了融化作用下多年冻土隧道围岩弹塑性计算模型，并对此模型进行了弹塑性求解。

在对围岩进行弹塑性求解过程中，对于围岩屈服条件的选择上，由于冻土的特殊性围岩性质有别于非冻土围岩，因此在常用的岩土屈服准则里同时采用了 Mohr-Coulomb 屈服准则、Tresca 屈服准则、Drucker-Prager 屈服准则进行计算，分别推导出了围岩位移解析解公式。通过青藏铁路风火山隧道实际工程对公式进行逐一验证，选取更为符合实际围岩变形的 Tresca 屈服准则作为多年冻土隧道围岩屈服条件。

引入收敛-约束法对多年冻土隧道围岩与支护的相互作用关系进行了分析。本书选择常见的三种多年冻土隧道围岩参数对围岩位移进行计算，分析了围岩融化圈从 0m 到 5m 时未支护情况下围岩位移情况及支护方式的有效性，以及合理施作支护情况下围岩位移随融化圈增大的变化，得到如下结论：

(1)未支护情况下，围岩位移随融化圈增大而增大，且增幅较大。

(2)约束-收敛法计算结果显示，喷射混凝土支护和模筑支护组成的联合支护更能够在融化圈较大的情况下充分保证围岩的稳定性。

(3)合理进行支护后，控制了围岩位移，且在融化圈增大的情况下，围岩位移增幅较小。

第四节　融化作用下多年冻土隧道围岩变形数值分析

对于多年冻土隧道在开挖作用下围岩变形破坏以及围岩与支护的相互作用的研究，在第三节中进行了理论分析解析推导，从理论上分析了围岩与融化圈深度的相互关系，通过收敛-约束法分析了围岩与支护的相互作用关系。除了理论分析之外，数值模拟分析能尽可能地贴近实际情况，对理论分析的研究进行补充验证和拓展，成为多年冻土隧道围岩变形破坏研究较为有效的工具。

一、概述

针对本章第三节中考虑多年冻土隧道在开挖过后融化作用下隧道周边围岩的变形情况进行数值模拟。其中，计算的围岩模型依据典型深埋条件下的多年冻土隧道。在同一埋深、同一隧道结构下，讨论在未支护、支护条件下，围岩条件、围岩位移与围岩融化圈深度的关系。

根据实用化计算原则作计算假设如下：

(1)隧道周边围岩均为均质连续各向同性介质；

(2)隧道开挖前未融化区冻土为弹性状态，零度锋面以内区域为融化状态；

(3)围岩融化后即为破坏状态，黏聚力为0，荷载将全部作用于支护上；

(4)忽略衬砌与围岩、融化圈与多年冻土围岩交界面处的剪应力；

(5)忽略围岩融化后自由水流失，重度取融化前融化后一致。

二、计算模型及物理力学参数

隧道模型尺寸为100m×130m，隧道中心坐标为原点(0，0)位置，沿着隧道走向方向为 Y 轴正方向，长度为30m，重力方向为 Z 轴负方向。根据风火山隧道实际情况考虑设置为单线铁路隧道，隧道埋深为95m，隧道有效半径为4.45m，围岩重度为20 000N/m³。支护结构为锚喷支护与模筑支护的组合支护体系，喷射C25混凝土厚度为0.1m，C25模筑混凝土支护结构厚度为0.25m。初始地应力只考虑自重应力，侧向土压力系数 γ 设置为1。隧道计算模型如图6.17所示。

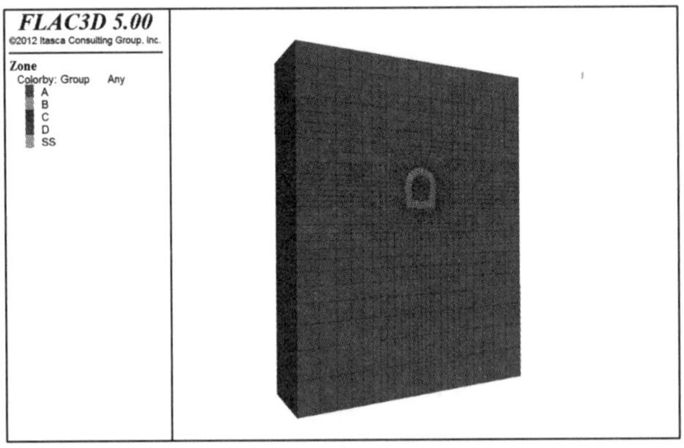

(a) 隧道计算模型

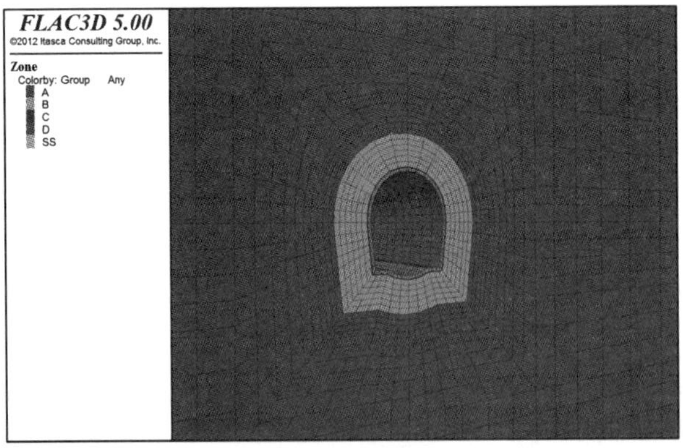

(b) 隧道计算模型局部

图6.17 计算模型

(一)隧道开挖后未支护状态

根据第三节所采用的多年冻土计算参数，以及对国内外多年冻土隧道围岩参数的统计分析，选择三种不同强度等级的多年冻土围岩。为了便于计算，假定这三种围岩在融化后强度相同。计算参数如表 6.14 所示。

表 6.14　围岩计算参数表

围岩条件	状态	弹性模量/GPa	泊松比	黏聚力/MPa	重度/(N/m³)
W-1	未融化	2.0	0.28	0.6	2000
	融化	0.5	0.45	0	2000
W-2	未融化	1.3	0.35	0.6	2000
	融化	0.5	0.45	0	2000
W-3	未融化	0.9	0.40	0.6	2000
	融化	0.5	0.45	0	2000

在 $FLAC^{3D}$ 中，使用的变形参数为体积模量 K 和剪切模量 G，而不是杨氏模量 E 和泊松比 μ，需要通过以下公式进行换算：

$$K = \frac{E}{3(1-2\mu)},\quad G = \frac{E}{2(1+\mu)}$$

为了了解在隧道开挖后未支护状态下，围岩融化圈深度对隧道周边围岩位移的影响，考虑在实际工程中，多年冻土隧道开挖过后，融化圈深度最深可达 5m，故而分别设置围岩融化圈深度为 0m、1m、2m、3m、4m、5m，分别按 W-1、W-2、W-3 三种围岩条件进行计算。计算分析工况如表 6.15 所示。

表 6.15　围岩位移计算分析

支护情况	围岩条件	融化圈深度	监测位置
未支护	W-1	0	拱顶、边墙、拱腰
未支护	W-1	1	拱顶、边墙、拱腰
未支护	W-1	2	拱顶、边墙、拱腰
未支护	W-1	3	拱顶、边墙、拱腰
未支护	W-1	4	拱顶、边墙、拱腰
未支护	W-1	5	拱顶、边墙、拱腰
未支护	W-2	0	拱顶、边墙、拱腰
未支护	W-2	1	拱顶、边墙、拱腰
未支护	W-2	2	拱顶、边墙、拱腰
未支护	W-2	3	拱顶、边墙、拱腰
未支护	W-2	4	拱顶、边墙、拱腰

续表

支护情况	围岩条件	融化圈深度	监测位置
未支护	W-2	5	拱顶、边墙、拱腰
未支护	W-3	0	拱顶、边墙、拱腰
未支护	W-3	1	拱顶、边墙、拱腰
未支护	W-3	2	拱顶、边墙、拱腰
未支护	W-3	3	拱顶、边墙、拱腰
未支护	W-3	4	拱顶、边墙、拱腰
未支护	W-3	5	拱顶、边墙、拱腰

对每个工况内隧道拱顶、拱腰和拱底的位移进行监测，直到围岩位移稳定时取各部位位移值进行综合分析。

(二)隧道开挖后支护状态

结合青藏铁路风火山隧道设计施工时的情况，本模型采用锚喷支护与模筑混凝土支护结构进行计算，基本参数如表 6.16 所示。

表 6.16　支护结构计算基本参数

支护条件	弹性模量/MPa	泊松比	厚度/m	锚杆直径/m	抗压强度/MPa
喷射混凝土	20	0.3	0.1	—	15
锚杆	33	0.18	—	0.25	—
模筑混凝土	33	0.18	0.25	—	15

分别对围岩 W-1、W-2、W-3 条件下情况进行数值计算，模拟隧道开挖、支护情况下融化圈深度对围岩位移的影响。同样设置围岩融化圈深度为 0m、1m、2m、3m、4m、5m。计算工况如表 6.17 所示。

表 6.17　围岩位移计算分析

支护情况	围岩条件	融化圈深度	监测位置
支护	W-1	0	拱顶、边墙、拱腰
支护	W-1	1	拱顶、边墙、拱腰
支护	W-1	2	拱顶、边墙、拱腰
支护	W-1	3	拱顶、边墙、拱腰
支护	W-1	4	拱顶、边墙、拱腰
支护	W-1	5	拱顶、边墙、拱腰
支护	W-2	0	拱顶、边墙、拱腰
支护	W-2	1	拱顶、边墙、拱腰

续表

支护情况	围岩条件	融化圈深度	监测位置
支护	W-2	2	拱顶、边墙、拱腰
支护	W-2	3	拱顶、边墙、拱腰
支护	W-2	4	拱顶、边墙、拱腰
支护	W-2	5	拱顶、边墙、拱腰
支护	W-3	0	拱顶、边墙、拱腰
支护	W-3	1	拱顶、边墙、拱腰
支护	W-3	2	拱顶、边墙、拱腰
支护	W-3	3	拱顶、边墙、拱腰
支护	W-3	4	拱顶、边墙、拱腰
支护	W-3	5	拱顶、边墙、拱腰

对每个工况内隧道拱顶、拱腰和拱底的位移进行监测，直到围岩位移稳定时取各部位位移值进行综合分析。

三、计算结果分析

(一)未支护状态下围岩变形情况

通过平衡初始地应力场、模拟隧道开挖计算到围岩各部位位移稳定后，可得到各工况下隧道拱顶、边墙以及拱底位移值，数据如表 6.18 所示。

表 6.18　未支护情况下围岩位移值

围岩条件	位置	融化圈深度					
		0m	1m	2m	3m	4m	5m
W-1	拱顶	0.01	0.0131	0.0164	0.0177	0.0186	0.0216
	边墙	0.0102	0.0134	0.0167	0.0185	0.0195	0.0225
	拱底	0.0077	0.0101	0.0124	0.0136	0.0143	0.0164
W-2	拱顶	0.0136	0.0163	0.0193	0.0207	0.0219	0.0247
	边墙	0.0139	0.0165	0.02	0.0213	0.0229	0.0257
	拱底	0.0104	0.0123	0.0149	0.0156	0.0169	0.0191
W-3	拱顶	0.0162	0.0192	0.0217	0.0231	0.0257	0.0284
	边墙	0.0162	0.0199	0.0223	0.0237	0.0266	0.0295
	拱底	0.0122	0.0148	0.0165	0.0176	0.0196	0.0217

根据表 6.18 所列数据，作出不同条件下围岩融化深度与围岩位移的关系曲线，如图 6.17 所示。

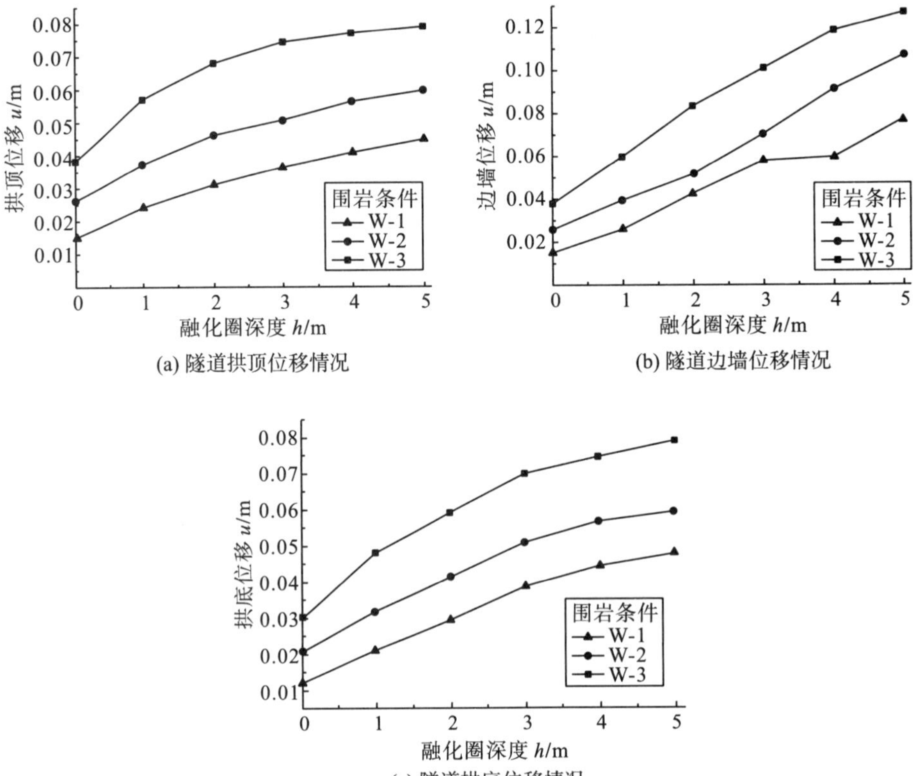

(a) 隧道拱顶位移情况 (b) 隧道边墙位移情况

(c) 隧道拱底位移情况

图 6.18 隧道围岩位移情况

通过以上计算结果数据以及整理出的曲线图，分析可得如下结论：

(1) 在未支护情况下，数值计算结果显示，围岩位移值、围岩变形趋势与理论解析解结果接近；

(2) 随着融化圈深度的增加，隧道拱顶、边墙、拱底位移随之增大，且增加幅度较大；

(3) 在同样融化圈深度下，边墙的围岩位移大于拱顶和拱底位移；

(4) 在未支护情况下，融化圈发展到 2m 时，隧道周边围岩位移几乎都超过 30mm，对围岩稳定性影响较大；

(5) 在未支护情况下，较差的 W-3 情况下围岩融化圈深度达到 1m 时，拱顶和边墙围岩位移皆超过了 50mm，对围岩稳定性影响较大。

表 6.19 所列为 W-2 围岩未支护条件下，融化圈深度为 0～5m 时，隧道竖直方向、水平方向的数值计算位移云图。

表 6.19　W-2 围岩未支护情况下数值模拟位移云图

融化圈深度/m	竖直方向位移云图	水平方向位移云图
0	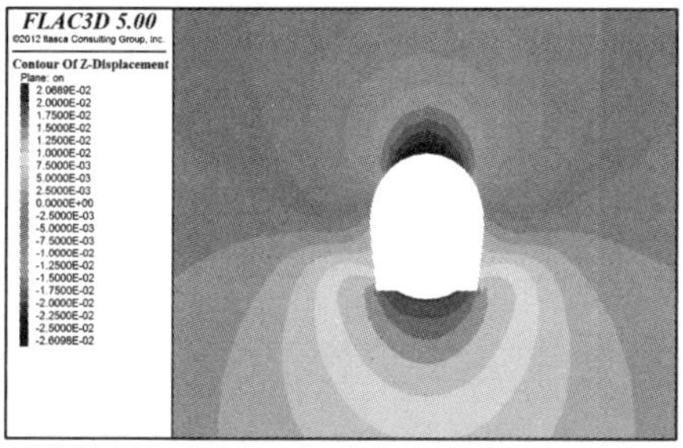	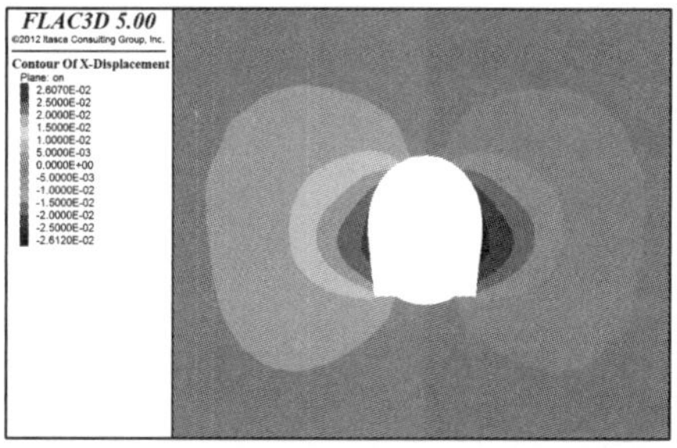
1	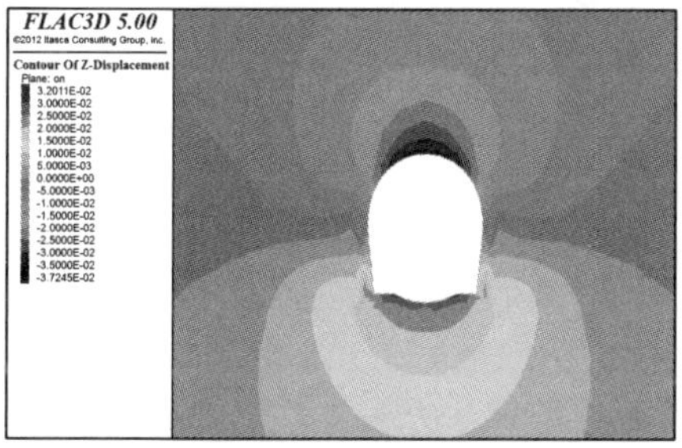	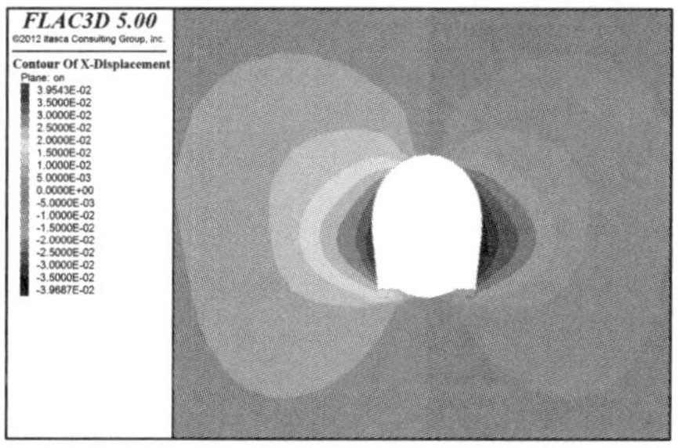
2	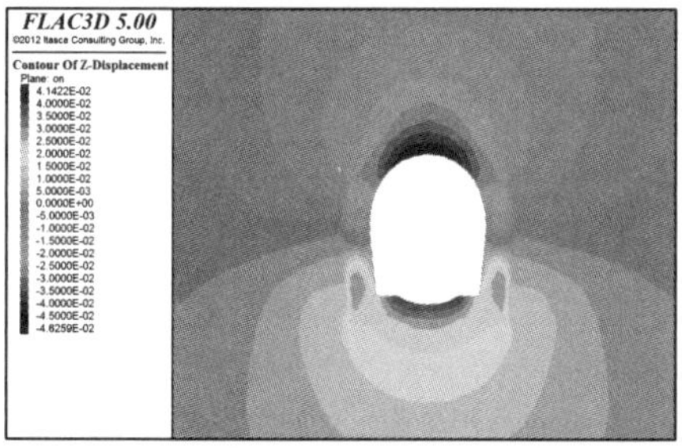	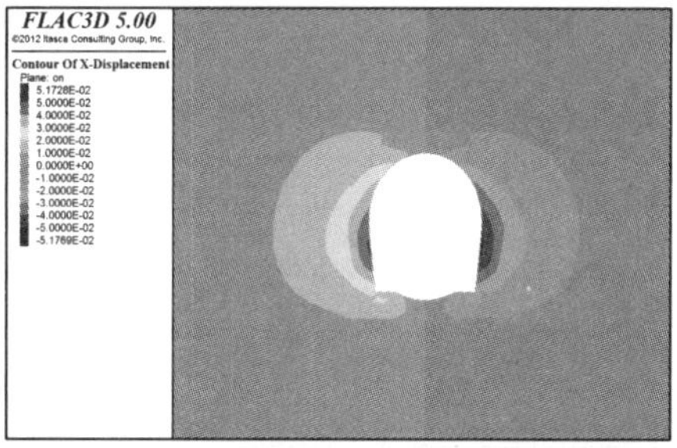
3	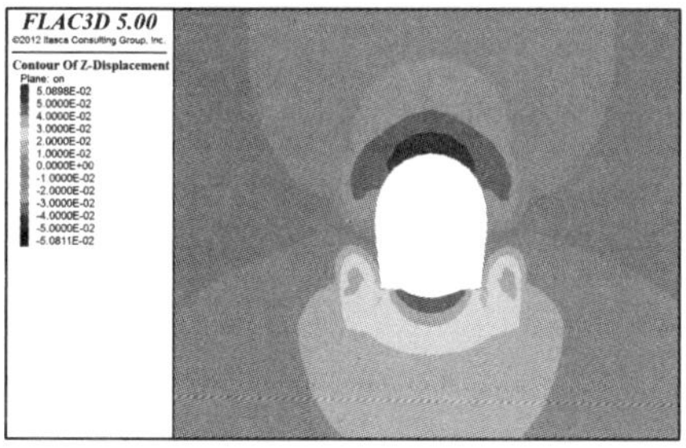	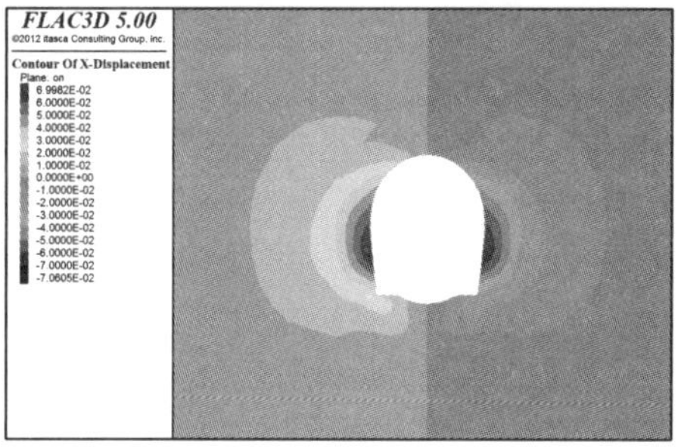
4	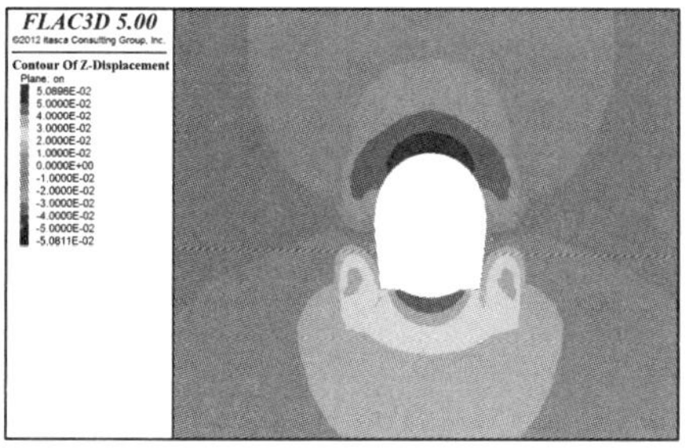	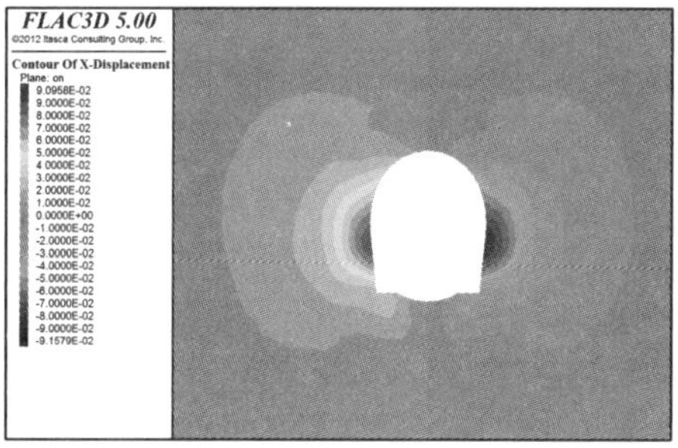

续表

融化圈深度/m	竖直方向位移云图	水平方向位移云图
5	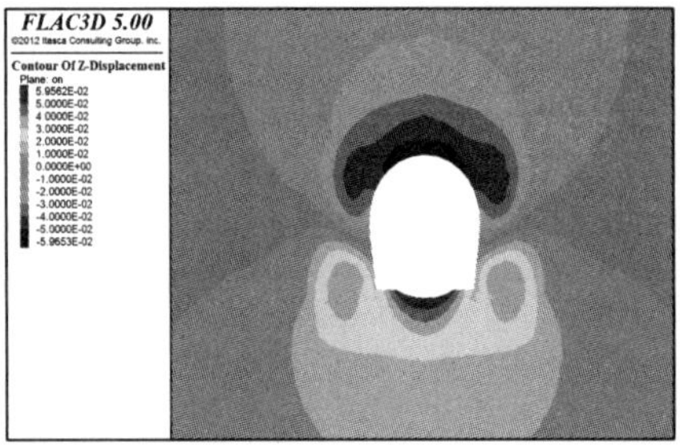	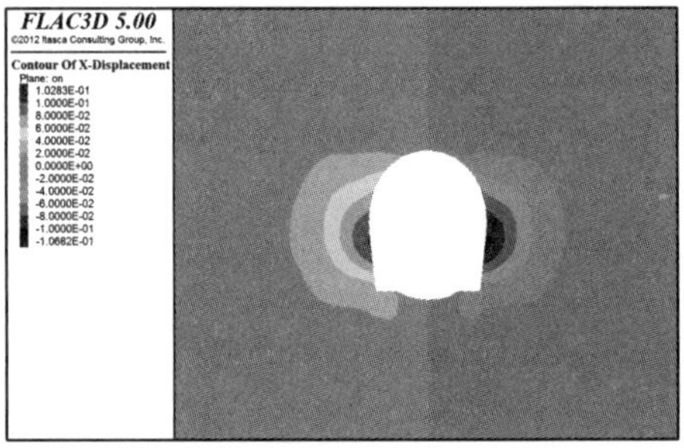

通过对比 W-2 围岩在未支护情况下，融化圈深度从 0m 到 5m 时围岩位移的数值模拟云图，分析可得，随着融化圈深度不断增大，拱顶沉降和边墙收敛皆不断增大，且融化圈内形成挤压变形区域，这是由于融化圈围岩黏聚力降低变得极为松散所致；随着融化圈深度增大，拱顶融化圈内形成较大变形区，且变形区域范围不断增大；拱顶融化圈内同样融化深度条件下，边墙收敛值大于拱顶沉降值以及拱底隆起值，在侧压力系数为 1 的条件下，由于边墙高度大于拱顶及拱脚宽度，且成拱效应更差，边墙需要更大的围岩变形来抵抗围岩重分布应力。

(二) 支护状态下围岩变形情况

通过地应力场初始平衡、模拟隧道开挖、模拟隧道支护计算到围岩各部位位移稳定后，可得到各工况下隧道拱顶、边墙以及拱底位移值，数据如表 6.20 所示。

表 6.20　支护情况下围岩位移值

围岩条件	位置	融化圈深度					
		0m	1m	2m	3m	4m	5m
W-1	拱顶	0.0153	0.024	0.0311	0.0365	0.0409	0.045
	边墙	0.0153	0.0262	0.0427	0.058	0.0601	0.0772
	拱底	0.0121	0.021	0.0294	0.0388	0.0445	0.048
W-2	拱顶	0.0261	0.0372	0.0463	0.0508	0.0564	0.0597
	边墙	0.0261	0.0397	0.0518	0.0706	0.0916	0.107
	拱底	0.0206	0.032	0.0414	0.0508	0.0569	0.0596
W-3	拱顶	0.0383	0.0571	0.0679	0.0744	0.0772	0.0792
	边墙	0.0382	0.0597	0.0836	0.101	0.1186	0.127
	拱底	0.0302	0.0481	0.0593	0.0699	0.0748	0.0792

根据表 6.20 所列数据，作出不同条件下围岩融化深度与围岩位移的关系曲线，如图 6.19 所示。

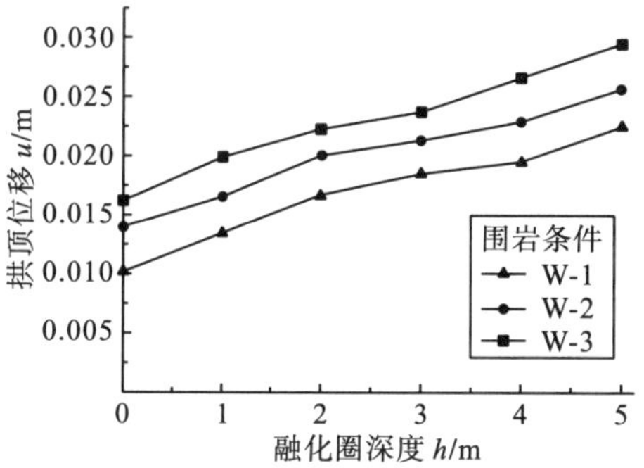

(a) 隧道拱顶位移情况

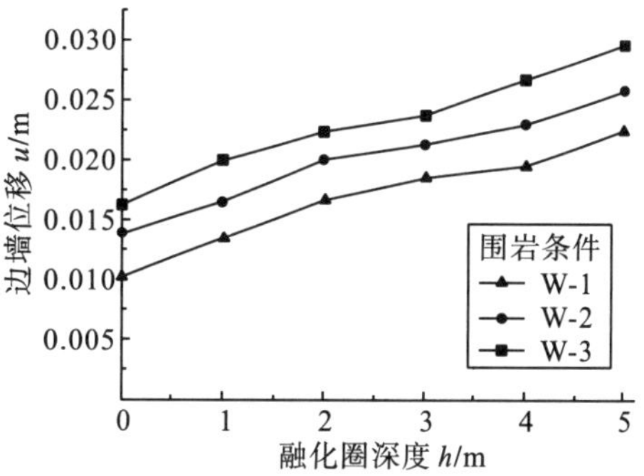

(b) 隧道边墙位移情况

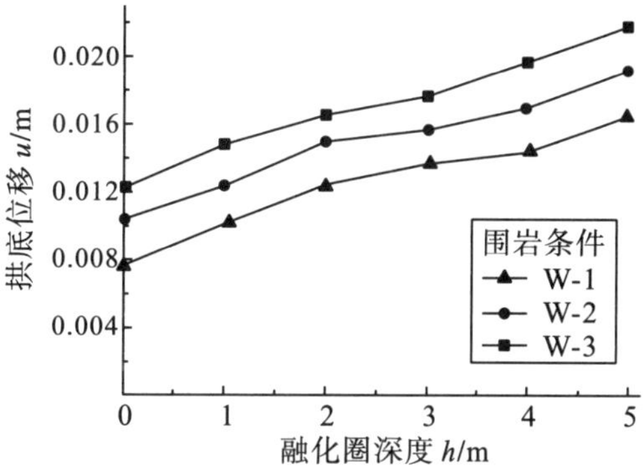

(c) 隧道拱底位移情况

图 6.19　隧道围岩位移情况

通过以上计算结果数据以及整理出的曲线图 6.19，分析可得如下结论：

(1) 在进行支护情况下，数值计算结果显示，围岩位移值、围岩变形趋势与理论解析解结果接近；

(2) 随着融化圈深度的增加，隧道拱顶、边墙、拱底位移随之增大，但增加幅度远小于未支护情况；

(3) 在同样融化圈深度下，边墙的围岩位移大于拱顶和拱底位移；

(4) 在未支护后，当融化圈发展到 5m 时，隧道周边围岩位移值都小于 30mm，较容易保证围岩稳定性。

表 6.21 所列为 W-2 围岩条件下，融化圈深度为 0～5m 时，隧道竖直方向、水平方向的数值计算位移云图。

表 6.21 W-2 围岩支护情况下数值模拟位移云图

融化圈深度/m	竖直方向位移云图	水平方向位移云图
0	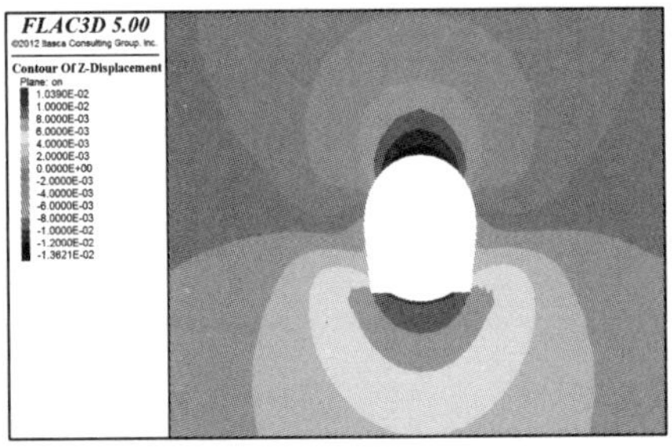	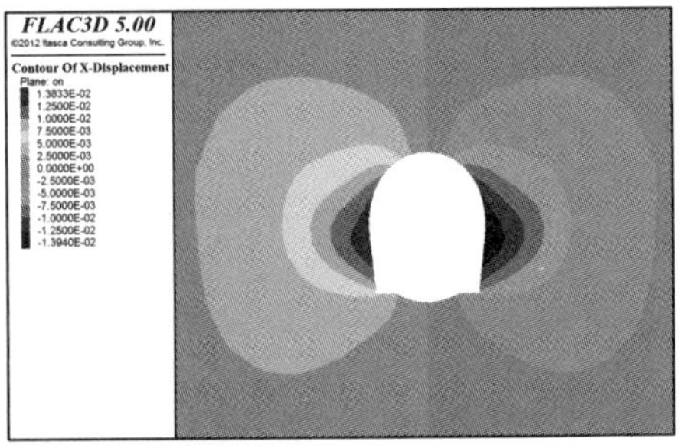
1	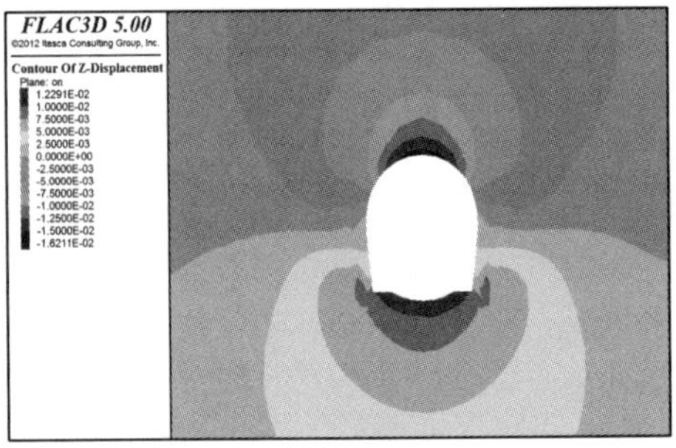	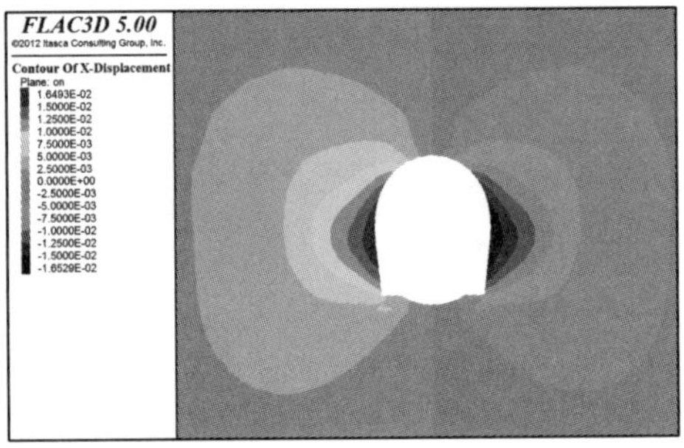
2	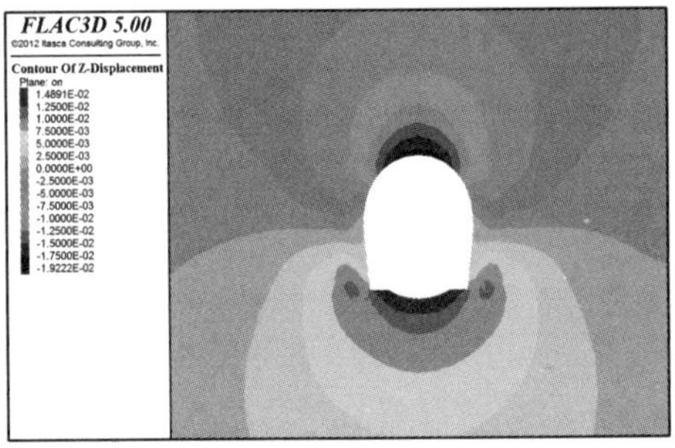	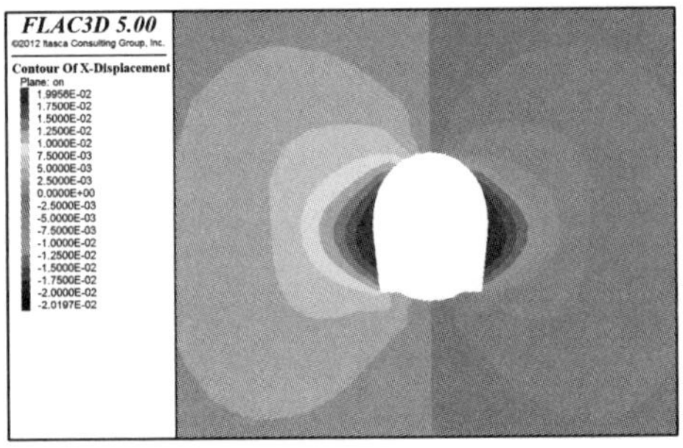
3	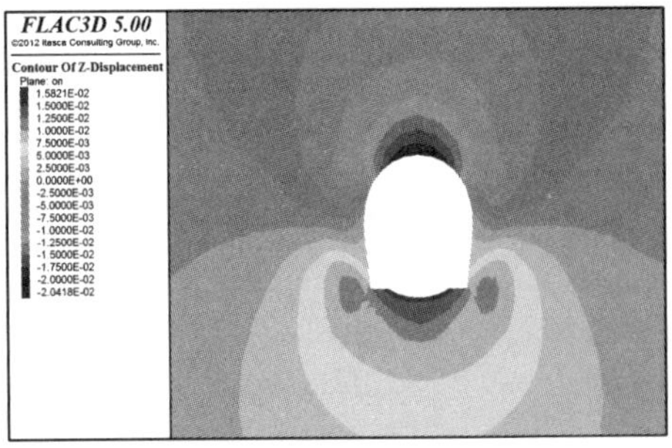	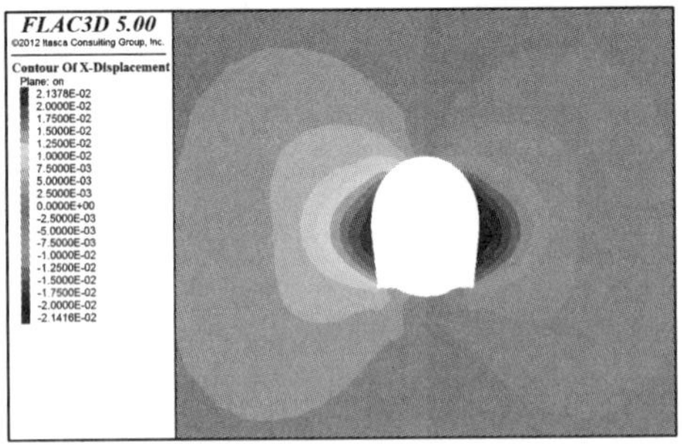

续表

<table>
<tr><th>融化圈深度/m</th><th>竖直方向位移云图</th><th>水平方向位移云图</th></tr>
<tr><td>4</td><td>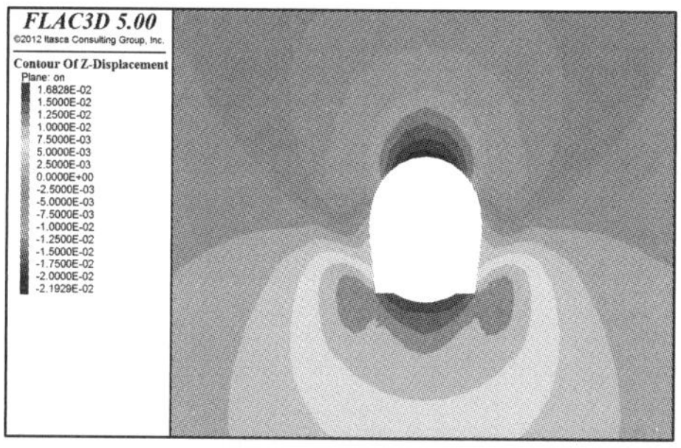
</td><td>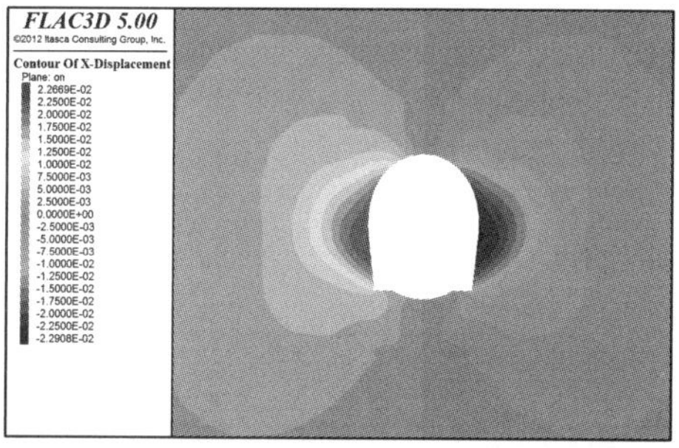
</td></tr>
<tr><td>5</td><td>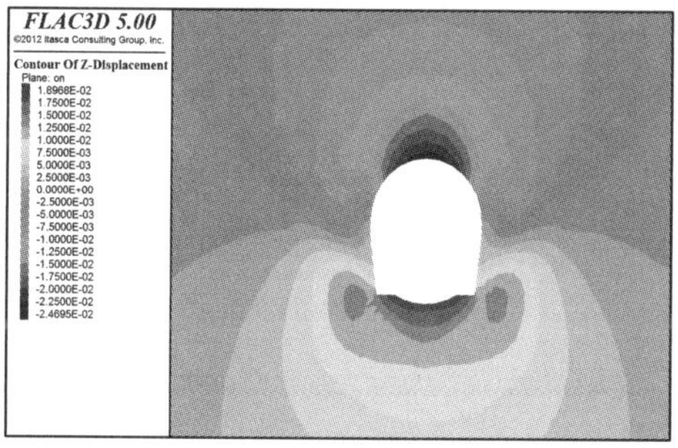
</td><td>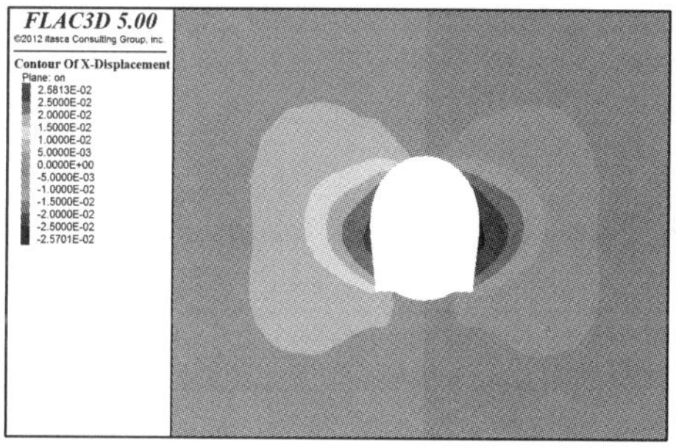
</td></tr>
</table>

通过对以上位移云图分析可得，对比未支护围岩位移，同样融化深度下，支护后围岩位移远小于未支护下围岩位移值。随着融化圈深度不断增大，拱顶沉降和边墙收敛皆随之增加，但是增加幅度远小于未支护时。和未支护一样，支护后融化圈内形成挤压变形区域，这是由于融化圈围岩黏聚力降低变得极为松散所致；和未支护状态相比，支护结构控制了隧道拱顶变形区域，有效限制了拱顶融化圈内松散区域变形，降低了拱顶坍塌的风险。

四、小结

为验证理论解析解建立模型及公式推导的合理性，本章引入了数值仿真模拟分析。选择专业的岩土工程数值模拟软件 FLAC^{3D}，依据风火山隧道设计结构，以典型的多年冻土隧道围岩参数，对融化作用下多年冻土隧道进行数值模拟，分析融化深度对围岩位移的影响，得到如下结论：

(1) 随着融化圈深度增大，隧道周边围岩位移相应增大。

(2) 在不施作支护条件下，隧道周边围岩位移较大，且随融化圈深度增大隧道周边围岩位移值增幅较大。围岩条件较好的 W-1 围岩在融化圈为 2m 时拱顶沉降值和边墙位移值皆大于 30mm，影响了隧道围岩稳定性。

(3) 在施作支护情况下，隧道周边围岩位移值随融化圈深度增加而增加，但增幅较小，远小于未支护情况。围岩条件较差的 W-3 围岩在融化圈深度为 5m 时，围岩位移值仍小于 30mm，有效保证了围岩稳定。

(4) 在未支护情况下，融化圈的存在造成隧道拱顶形成较大的变形区域，增加隧道拱顶塌方的风险；在进行支护过后，支护结构有效控制了变形区域的范围。

(5) 在实际工程中，多年冻土隧道在开挖后应当及时进行有效支护，以及温度保证融化圈范围不至于过大；在融化圈深度持续增大的情况下，及时支护能够保证隧道在施作衬砌前保持稳定。

第七章　强震山区隧道洞口段抗震设计理论

第一节　概　　述

近年来，国家在高速铁路、城际高铁以及城市轨道交通方面投入巨资来改善中西部交通设施。根据国家中长期铁路和公路建设规划，未来几年，我国中西部地区，尤其是西南地区交通设施建设将再次面临重大机遇。然而，我国是一个地震多发国家，地处亚欧板块、印度洋板块和太平洋板块相接处。由于印度板块以每年 50mm 的速度向亚洲板块俯冲，造成青藏高原快速隆升。同时，高原整体向东缓慢移动，在高原东缘地区沿龙门山构造产生向东挤压，这种挤压受到四川盆地之下刚性地块的顽强阻挡。经过长期的构造应力能量的累积，最终在映秀地区发生突然释放，破裂构造沿龙门山中央断裂带迅速扩展，产生了地震破裂带，于是造成了 2008 年“5・12”汶川地震。西南地区受到“5・12”汶川地震的影响，交通基础设施受到了不同程度的破坏。为保证交通安全和生命线畅通，交通基础设施抗震性能研究显得尤为重要。

和地面结构相比，地下工程在强震(震级等于或大于 6 级的地震)作用下因其围岩振动加速度小于地面，地震面波随着埋深的增加急剧衰减，且围岩本身具有足够刚度保持隧道形状不变，对隧道及地下结构的影响较小，其周围的岩土介质把从震源传来的地震波能量中的高频成分吸收，使其结构受到的地震荷载大大减小，历来被认为具有较好的抗震性能。因此，人们容易简单地认为隧道及地下结构在地震作用时比较安全稳固。尽管隧道结构为一种抗震性能比较好的交通建筑形式，但在强震作用下震害仍比较严重。对汶川地震区 40 座公路隧道的调查结果表明，其中有 40%的隧道地震破坏较为严重，20％的隧道有震害，剩余 40%的隧道受到了不同程度的破坏。由于隧道及地下结构具有不同于地面结构的抗震性能和破坏特征，在某些情形下，同样会发生严重甚至强于地面结构的破坏。1995 年日本阪神地震、1999 年台湾集集地震以及 2008 年汶川地震的震害特征及研究结果表明，隧道由于受到各种地质作用，围岩条件由内到外逐渐变差，洞口段(包括进出口)部位由于地层松散或隧道一侧临空且地表地质条件较差，地震直接导致边坡失稳而造成洞口塌方，隧道洞口段成为震害最严重的部位之一。隧道历来被认为具有较好抗震性能的这种传统观点被证明是不正确的，地下工程在强震作用下仍然会遭受地震的强烈破坏。隧道埋于地下且受到周围土体的影响，不像地上结构那样易于发现缺陷可及时进行补救，更多的是看不见的、不易发现的渐变过程，积累到一定程度后就会产生不可修复的破坏。隧道由于施工复杂难度大，很多遗留问题得不到及时处理，这些有问题的地方都是隧道在地震过程中最薄弱的地方。因此，研究隧道在地震过程中的内力变化规律，实施隧道减震抗震的措施及震后隧道修复等是非常有必要的。

隧道洞口段(包括隧道进出口)作为隧道建筑物的重要组成部分，是隧道进出口的咽喉，也是整个隧道抗震设防的薄弱环节。迄今为止，尽管我国《公路工程抗震设计规范》(JTJ004—89)和《铁路工程抗震设计规范》(GB50111—2006)关于隧道部分均规定“隧道的洞口浅埋和偏压地段，应为抗震设防地段。其设防长度可根据地形、地质条件确定。”两规范中隧道抗震验算范围大体为III级围岩以上的洞口、浅埋、偏压隧道和明洞，抗震验算方法为地震系数法，仅验算隧道结构横向抗震性能，对于纵向以及隧道深埋段不做验算。另外，两规范仅考虑水平地震作用。地震系数法即地震附加力静力法，这与地面结构一致，但对于地下结构来讲，计算结果比较保守。特别是强震作用下隧道洞口段界限还没有准确的定义，强震作用诱发隧道洞口段失稳的演化机理以及震害等级划分标准也没得到系统研究。高烈度强震山区隧道洞口段仍是整个隧道抗震设防的关键，研究强震山区公路隧道洞口段抗震设防长度对于推动高烈度地震区山岭隧道洞口段结构抗震设计有重要的现实意义和应用价值。

第二节　强震山区公路隧道震害特征及影响因素分析

本节基于现场调查资料，从地质调查角度分析汶川地震公路抢通保通及恢复重建过程中的震害调查成果。按照结构功能丧失程度，结合公路隧道的破坏程度、损伤特性，对公路隧道震害进行分级。从破坏机理角度，对隧道震害破坏特征及影响因素进行分析，以助于对强震山区公路隧道洞口段抗震设防进行进一步研究。

一、汶川地震公路震害统计分析

2008 年“5·12”地震发生后，为了解灾区公路的总体受损情况，以及科学制定公路抢通路线和抢通方案，相关单位主要采用技术人员深入灾区应急调查、遥感、航拍等技术手段进行探测，如图 7.1～图 7.3 所示。

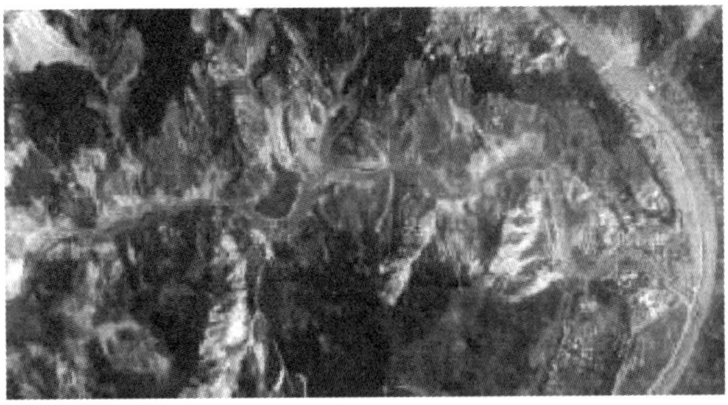

图 7.1　省道 303 线映秀附近震害遥感图

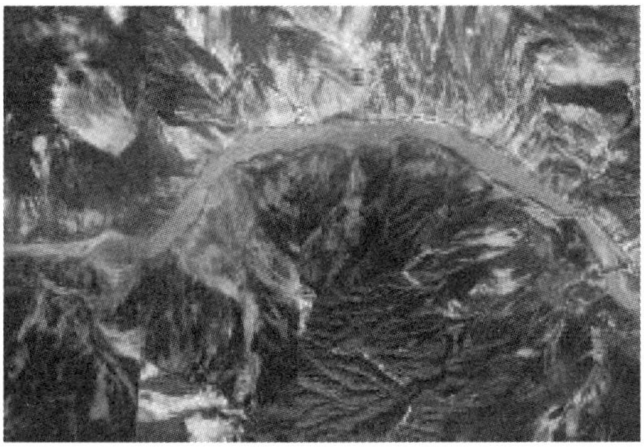

图 7.2　都汶路老虎嘴至太平驿段震害

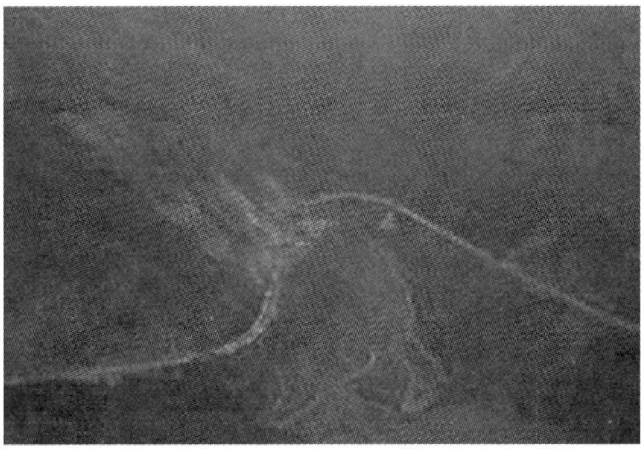

图 7.3　都汶路 K1024+250 左侧崩塌

根据统计资料，汶川地震致使公路损毁极其惨重，通往灾区的道路一度中断。地震灾区主要涉及四川、甘肃、陕西三省，共有 10 个极重受灾县(市)，41 个重受灾县(区、市)，186 个一般受灾县(区、市)。地震灾区范围公路分布总里程 62 671km，受损公路达 31 412km，占总里程 50.1%，直接经济损失约 612 亿，具体见表 7.1。

表 7.1　地震灾区公路损失统计表　单位：km

类别	总计	四川	甘肃	陕西
公路总里程	62 671	45 897	8 809	7 965
受损里程(比例)	31 412(50.1%)	24 103(52.5%)	5 518(62.6%)	1 791(22.5%)
国省干线受损里程(比例)	2 422(40.11%)	1 970(41.8%)	413(39.0%)	39(15.6%)
其他公路受损里程(比例)	28 990(51.2%)	22 133(53.74)	5 105(65.9%)	1 752(22.8%)

汶川地震公路的主要震害表现为：次生地质灾害(滑坡、崩塌、泥石流、落石)掩埋、摧毁道路；桥梁整体倒塌、被巨石砸断、梁体移位、桥墩开裂、墩身压溃、剪坏、挡块破坏、支座移位或滑落、桥台开裂、桥头路基沉陷；隧道洞口被滑坡崩塌掩埋、洞门开裂、结构破损、衬砌开裂掉块甚至坍塌、施工缝开裂错台、衬砌开裂后渗漏水等形式。汶川地震由龙门山断裂带的中央断裂(映秀—北川—青川断裂带)破裂诱发，受高山峡谷地形地貌、龙门山断裂带构造分布、地震破裂带走向控制，灾区公路震害具有以下特点：

(1) 公路震害总体沿发震断裂呈带状分布；

(2) 地表破裂带处公路遭到严重损害，如道路错断、桥梁倒塌、隧道衬砌破坏等；

(3) 垂直于发震断裂方向，距离断裂带越近，公路受损越严重；

(4) 高山峡谷区次生地质灾害极为发育，对公路损毁极大；

(5) 硬质岩区发育大量崩滑体，掩埋、砸毁道路、桥梁、隧道洞口；

(6) 断层上盘公路震害密度大于下盘。

二、隧道震害与分类

(一)隧道震害调查

通过对地震极重、重灾区内 14 条分布有隧道的线路进行震害调查、检测，总计完成 40 座隧道震害资料的收集和整理分析。隧道震害主要表现为：隧道洞口被山体滑坡崩塌掩埋、洞门开裂、结构破损，衬砌开裂掉块甚至坍塌、施工缝开裂错台、衬砌开裂后渗漏水，排水系统遭到堵塞和破坏、积水严重，路面及仰拱隆起、错台等。

震后对四川省 18 座隧道进行了系统性的调查，对震害部位进行迅速绘制，收集最原始的震害资料。具体细节和主要震害特征通过拍照和测量来记录。回弹仪和超声检测仪等也在损坏特别严重的隧道中被采用而且极好地保护了现场。统计结果如表 7.2 和表 7.3 所示。调查内容主要包括：隧道开裂垮塌、洞口开裂、衬砌开裂错位、路面隆起、加固钢筋变形等。在表 7.4 中划分了在紧急调查阶段得到的隧道不同部位的损坏程度。在被调查的 18 座隧道中，只有一座隧道较为完整，其余 17 座隧道都有不同程度的震害；94%的隧道洞口坍塌，44%的隧道洞口边墙严重损坏，33%的隧道衬砌和 50%的隧道洞口有不同程度的开裂，56%的隧道由于穿越了断裂破碎带遭受了灾难性的破坏。图 7.4 展示了不同震害的隧道数量。

可以看出，在地震中，洞口段是隧道最易遭受破坏的区段，穿越断裂破碎带的隧道比没有穿越断裂破碎带的隧道更容易受到毁灭性的损坏。

表 7.2 四川省隧道调查和震害类型

编号	隧道	长度/m	开挖方法	震中距/km	不良地质	震害程度
1	紫坪铺	4090	台阶法	50	地应力、断层	严重
2	龙洞子	1071	NATM	30	断层	严重
3	龙溪	3691	全断面	49	高地应力、断层	严重
4	烧火坪	451	NATM	20	断层	严重
5	龙池	1177	三台阶	50	地应力、断层	严重
6	皂角湾	1926	台阶法	35	断层	较轻
7	毛家湾	399	台阶法	42	无	中等
8	车地关	403	台阶法	32	断层	中等
9	福堂坝	2365	连续开挖	28	高应力	中等
10	桃关	625	台阶法	30	断层	中等
11	草破	759	台阶法	30	断层	较轻
12	单坎梁子	1567	台阶法	32	断层	较轻
13	马鞍石	282	台阶法	55	地应力	轻微
14	友谊	950	NATM	52	高地应力	严重
15	云顶山	451	台阶法	50	无	严重
16	映秀	40	台阶法	48	无	较轻
17	福堂	300	台阶法	45	无	较轻
18	飞沙关	100	台阶法	50	无	较轻

表 7.3　四川省隧道震害调查结果

编号	隧道	洞口段			洞身				
		衬砌开裂	边墙变形	坍塌	路面隆起	衬砌开裂	边墙变形	附属设施受损	渗漏水
1	紫坪铺	√		√		√	√	√	
2	龙洞子			√		√	√	√	√
3	龙溪	√		√	√	√	√	√	
4	烧火坪	√	√	√					
5	龙池	√	√	√	√	√	√	√	√
6	皂角湾		√	√				√	√
7	毛家湾		√	√				√	
8	车地关	√	√	√		√		√	
9	福堂坝	√	√	√		√			√
10	桃关		√	√				√	
11	草破			√					√
12	单坎梁子	√	√	√					
13	马鞍石								
14	友谊			√					
15	云顶山			√					
16	映秀			√					
17	福堂		√	√					
18	飞沙关			√					

表 7.4　隧道不同部位的损坏程度

破坏程度	震害描述						
	洞口段			洞身段			
	衬砌开裂	边墙变形	坍塌	路面隆起	衬砌开裂	衬砌错台	渗漏水
无破坏	无	无	无	无隆起	无	无	无
轻度破坏	$W<3$mm $L<5$mm	无变形	无边坡坍塌	无隆起	$W<3$mm $L<5$mm	剥落	无
中等破坏	$W>3$mm $L>5$mm	剥落	无边坡坍塌	无隆起	$W>3$mm $L>5$mm	连接缝错开	无
严重破坏	$W>3$mm $L>5$mm	大变形	边坡坍塌	隆起	$W>3$mm $L>5$mm	剪切	渗水

注：W 为裂缝宽度，L 为裂缝长度。

在隧道中观察到的损坏情况和一些具有代表性的震害形式如下：

(1) 当映秀断裂带和龙溪断裂带运动剪切时，所有的公路隧道无论尺寸及强度如何，都会产生大规模的剪切位移损坏；友谊隧道和白云山隧道就是最好的例子。调查研究表明：龙池隧道在地震后水平移动 65m，竖向移动了 70cm。图 7.5～图 7.7 展示了友谊隧道和白云山隧道受到断裂带运动产生的破坏情况。图 7.7 展示了白云山隧道衬砌混凝土的开裂情况。

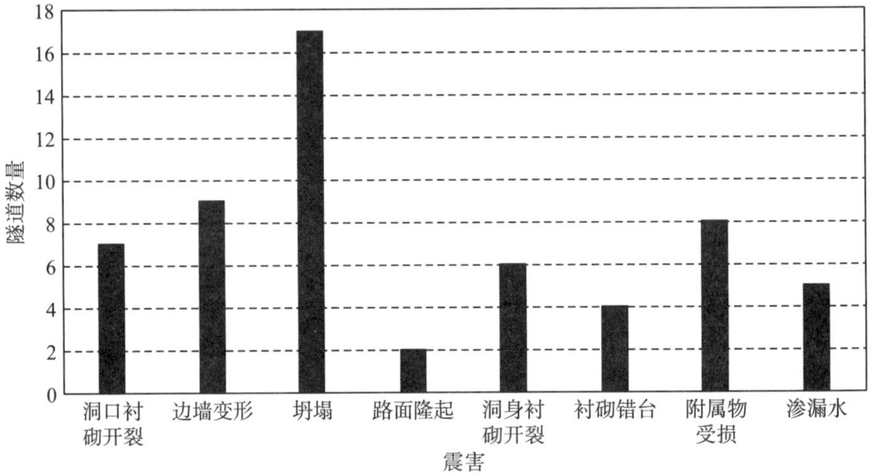

图 7.4　不同震害类型的隧道数量

图 7.5　友谊隧道破坏

图 7.6　白云山隧道破坏

图 7.7　白云山隧道混凝土衬砌剥落

(2) 在汶川地震中，洞口段边坡由于块碎石堆积，土体结构松散，许多隧道洞口被部分或完全掩埋。图 7.8、图 7.9 展示了都江堰—汶川高速线上具有代表性的毛家湾隧道和草坡隧道的震害情况。龙洞子隧道和福堂坝隧道洞口被完全掩埋的实况如图 7.10 和图 7.11 所示。地震波传播过程中会在地表面产生反射和折射，因此那些埋深较浅、地表倾斜的隧道会吸收地震波能量而垮塌。

图 7.8 毛家湾隧道洞口掩埋

图 7.9 草坡隧道洞口掩埋部分

图 7.10 龙洞子隧道洞口掩埋

图 7.11 福堂坝隧道洞口完全掩埋

(3) 在一些隧道中二衬出现许多平行于隧道轴线的裂缝，而且长度远大于隧道的直径。这种震害形式可以分成三种形式：拱顶纵向裂缝、交叉裂缝和边墙裂缝，具体如图 7.12 和图 7.13 所示。绝大多数纵向裂缝和对称裂缝并不错位只是相对分开；龙溪隧道和龙池隧道多是这种裂缝。

图 7.12 龙溪隧道裂缝

图 7.13 龙池隧道裂缝

(4)在龙池隧道和龙溪隧道中也出现许多垂直于隧道轴线的剪切裂缝，具体如图 7.14 和图 7.15 所示。这种裂缝通常位于路面上方拱部且伴随混凝土剥落和衬砌错位。

图 7.14　龙池隧道横向裂缝

图 7.15　龙溪隧道横向裂缝

(5)绝大部分斜向裂缝出现在龙池隧道和龙洞子隧道，从拱脚处以 10°～60°的水平角延伸，直到衬砌连接缝终止，具体情况如图 7.16 和图 7.17 所示。

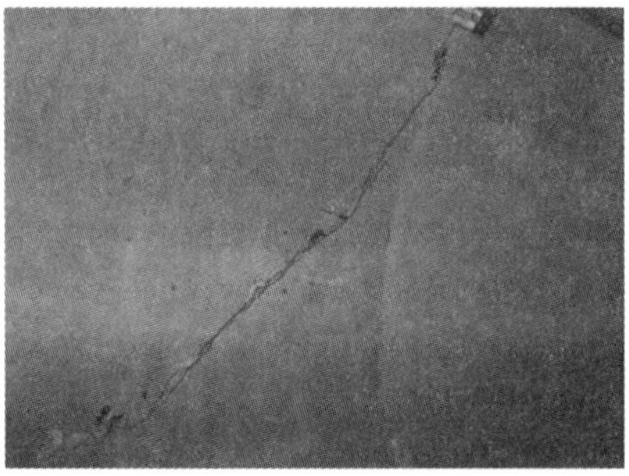

图 7.16　龙池隧道斜向裂缝

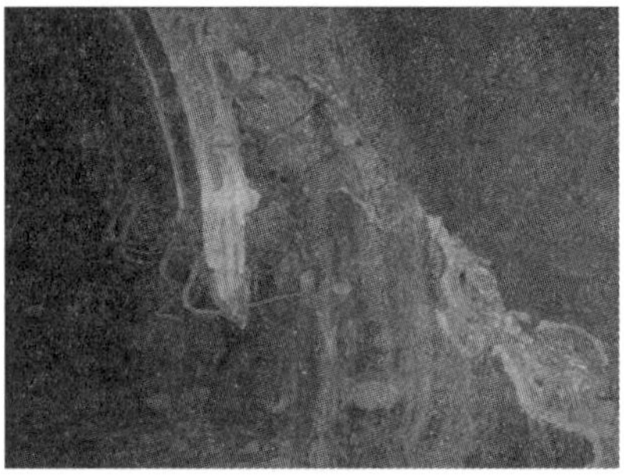

图 7.17　龙洞子隧道斜向裂缝

(6)在靠近地震中心的隧道中很容易发现环形衬砌破碎、坍塌，有些只是衬砌掉块，有些软弱围岩和衬砌一起坍入洞内阻塞隧道。这主要是由于隧道离震源较近，隧道横纵裂缝发育扩大，最终交合在一起成块掉下。这种现象在龙溪隧道中存在，具体如图 7.18 和图 7.19 所示。

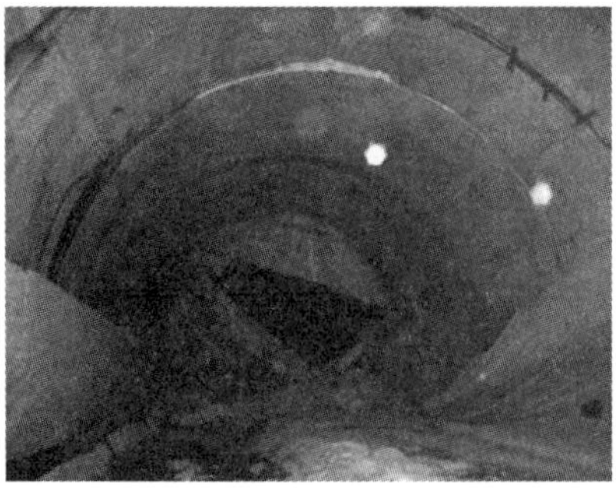

图 7.18　龙溪隧道横向裂缝

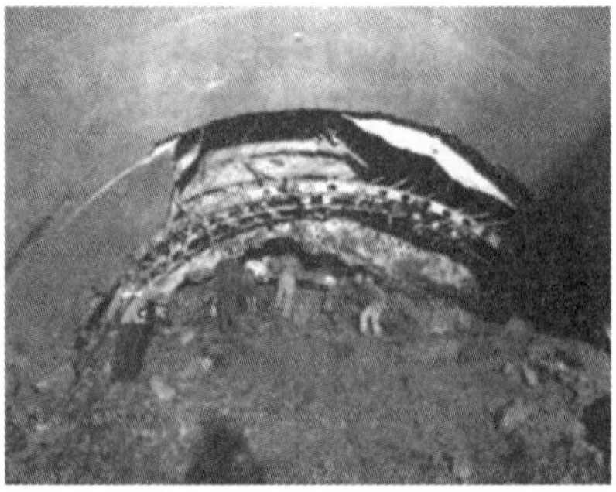

图 7.19　龙溪隧道衬砌塌方

(二)隧道震害的相关影响因素

在汶川地震区18座隧道的地质报告、设计文件、建筑详细资料和维修报告中收集得到基于以上震害可能的影响因素。对隧道震害的每个细节进行系统的调查，找到控制不同破坏形式机理的可能原因。其中，相关的主要因素包括：震中距、隧道洞口和地表倾斜程度、断层破碎带、衬砌混凝土强度、竖直边墙、软弱围岩过渡段、隧道截面变化处等。这些因素可以根据震害形式大致分为以下四种：

(1)隧道震害不仅跟地震的强度有关，而且跟隧道与震源的距离及震源深度有关。由于土层的阻碍和扩散作用，地震波在地层内扩大分散，损耗了一部分能量，但是当隧道距震源很近时仍会受到强大的动力冲击，所以那些震中距小的隧道破坏情况比震中距大的隧道严重得多。当地震波到达地表时会产生反射和折射，释放能量，那些浅埋隧道或者边坡倾斜的隧道就会吸收巨大的能量产生严重损坏。

(2)在都江堰—汶川高速线路上，绝大部分隧道穿越坚硬的围岩，只有少部分像龙溪隧道一样穿越断裂破碎带。在坚硬密实的围岩中，地震波扩散速度比软弱松散围岩的快，释放的能量也就相对较小，这就意味着在坚硬围岩中的隧道受到的损坏和变形程度就比较小。相反的，那些穿越软弱破碎带的隧道损坏就非常大。在软硬围岩交界处，由于地层位移和挤压，衬砌很容易张拉断裂。在隧道施工中出现隧道坍塌等不利事件时，会扩大隧道周围的塑性区，地震发生时，塑性区会继续扩大而出现过度震动造成破坏。在地震中，那些曾经遭受过挤压力、张拉力的部位都会加大震害的程度。

(3)有研究指出当隧道埋深超过50m时，震害程度会随着深度的增加而明显减小；当隧道埋深超过300m时，隧道几乎不会受到地震影响。例如在紫坪铺隧道的300m埋深部分震害程度远小于埋深50m以内部分的震害程度。

(4)隧道截面变化对震害也有影响。震害一般易在截面的交接处和结构变化明显的部位发生。例如在龙洞子隧道的LK20+194处，由于截面结构急剧变化，隧道上部衬砌开裂剥落现象严重。

通过对大量震害的持续研究可以评估隧道抗震能力，较高的抗震能力意味着更少的后期维修投入。基于18个隧道的研究概况，隧道的抗震能力取决于衬砌截面尺寸转变、衬砌强度、衬砌厚度、空洞、衬砌渗漏、衬砌剥落等。而整个隧道破坏最严重的部位主要集中于洞口段。因此，必须确定隧道洞口段的抗震设防长度，为后续抗震设计提供技术依据。

(三)隧道震害分级

依据震害调查、统计，为准确描述隧道震害程度，将隧道震害分为五级，如表7.5所示。

表7.5 隧道震害程度分级

震害程度	震害描述
无破坏(A)	地震对隧道无破坏
轻度破坏(B)	正常通车，局部破损，需要较小程度的修缮、加固

续表

震害程度	震害描述
中度破坏(C)	不影响通车，破损较严重，需要较大程度的修缮、加固
严重破坏(D)	较长时间不能通车，破坏严重
损毁(E)	不可修复

(四)隧道震害分类

导致隧道震害的两个原因是：

(1)围岩失稳，主要指围岩的变形、差异位移、震害和液化；

(2)地震惯性力，主要指强烈的地层运动在结构中所产生的惯性力所造成的破坏，洞口段受此影响较大。根据汶川地震隧道破坏情况，建议将隧道震害按震害原因与震害分级进行分类，以便在抗震救灾不同阶段确定对策措施。

由围岩失稳作用而导致的隧道震害，以衬砌开裂错台、衬砌垮塌、衬砌剥落、渗水、混凝土掉块、初支垮塌、塌方、仰拱隆起错台、沟槽破坏、中央排水沟上覆仰拱填充混凝土隆起以及沟槽侧墙向外倾倒、盖板脱落等为主要表现形态，其判定可按表 7.6 执行。

由地震惯性力作用而导致的隧道震害，以边仰坡崩塌、端墙帽石被砸坏、洞口段衬砌开裂渗水错台、洞口段衬砌防火涂料剥落、端墙破坏、拱圈开裂、护坡开裂、洞口堵塞以及明洞洞顶被落石砸坏等为主要表现形态，其判定可按表 7.7 执行。

表 7.6　围岩失稳作用所致隧道震害的判定标准

异常情况	衬砌开裂错台、剥落、掉块	衬砌垮塌、初支垮塌、塌方	衬砌渗水	路面隆起错台、沟槽破坏、中央排水沟上覆仰拱填充混凝土隆起以及沟槽侧墙向外倾倒、盖板脱落
B	存在裂缝，几乎不影响行车安全	—	从衬砌裂缝等处渗水，几乎不影响行车安全	沟槽破坏、中央排水沟上覆仰拱填充混凝土隆起以及沟槽侧墙向外倾倒、盖板脱落
C	存在裂缝、错台及剥落，部分影响行车安全	衬砌垮塌，垮塌面积较小	从衬砌裂缝等处涌水，部分影响行车安全	路面隆起错台，程度较小，部分影响行车安全
D	存在裂缝、错台、剥落及掉块，结构物功能明显下降	衬砌垮塌、初支垮塌、塌方	从衬砌裂缝等处喷射水流，严重影响行车安全	路面隆起错台，隆起错台值较大，严重影响行车安全

表 7.7　地震惯性力作用所致隧道震害的判定标准

异常情况	边仰坡崩塌、端墙帽石被砸坏、端墙破坏、拱圈开裂、护坡开裂、洞口堵塞以及明洞洞顶被落石砸坏	洞口段衬砌开裂错台、防火涂料剥落	洞口段衬砌渗水
B	边仰坡崩塌、端墙帽石被砸坏、端墙破坏、拱圈开裂、护坡开裂，损坏程度较小，几乎不影响行车安全	存在裂缝或防火涂料剥落，几乎不影响行车安全	从衬砌裂缝等处渗水，几乎不影响行车安全
C	边仰坡崩塌、端墙帽石被砸坏、端墙破坏、拱圈开裂、护坡开裂明洞洞顶被落石砸坏，损坏程度较严重，已经部分影响行车安全	存在裂缝、错台、防火涂料剥落，部分影响行车安全	从衬砌裂缝等处涌水，部分影响行车安全
D	边仰坡崩塌、端墙帽石被砸坏、端墙破坏、拱圈开裂、护坡开裂、洞口堵塞以及明洞洞顶被落石砸坏，结构物应有的功能明显下降，已严重影响行车安全	存在裂缝、错台、防火涂料剥落，结构物应有的功能明显下降	从衬砌裂缝等处喷射水流，严重影响行车安全

三、小结

通过对汶川地震隧道进行震害调查、资料收集、统计分析等，对隧道洞口段和洞身段分别进行震害分类，统计隧道震害比例，可知围岩失稳和地震惯性力是影响震害程度的主要因素；分析不同类型震害的特征，从而提出隧道震害的判定标准。所调查的 18 个隧道洞口段结构受损严重，是整个隧道的抗震薄弱环节。

第三节　强震山区隧道洞口段抗震设防长度计算方法

隧道因其埋于地下，纵向可长可短且被围岩包围，抗震设计比较复杂。如何保证地下隧道在未来强震中安全可靠地发挥应有的功能，是隧道工程界亟待解决的问题。

国内外学者已对地下隧道洞口段抗震进行了研究，其结果分析出隧道洞口段为抗震的薄弱区域，需要进行加固减震处理。即便对隧道洞口抗震设防的研究取得众多成果，但是洞口段的设防长度仍然没有明确的结论。现行铁路隧道规范明确规定：隧道洞口段抗震设防长度可根据地形、地质条件及设防烈度确定，不得小于 2.5 倍结构跨度。上述抗震设防长度主要是根据宏观震害调查确定的，没有明确的理论依据。因此，要确定隧道抗震设防长度就必须对隧道抗震性能进行研究，由此得到强震作用下隧道应力的变化规律和影响范围，从而确定隧道洞口段抗震设防长度。

一、基本假设

强震作用下隧道变形及内力分析非常复杂，寻找一种适用有效的简化方法对于设计者来说尤为重要。然而，隧道作为一种埋设在地层围岩介质中的空间延伸结构，与地下管道变形特征具有很大相似性，故利用相关文献的研究思路建立隧道的运动方程，推算出隧道结构内力在强震作用下的变化规律，推导隧道洞口段抗震设防长度。

尽管地下结构的形状对周围应力分布有影响，但是仅限于棱角局部地方，对总体地层空间应力场的演变规律作用不大。因此，非圆形隧道断面可以采用当量半径折算成标准圆形隧道进行分析计算，这不仅有益于模型简化分析，而且更加适配管道的内力变形理论。

本节将隧道围岩视为弹性地基梁，以隧道结构为研究对象，建立动力微分方程分析隧道内力和变形。在计算之前，对模型做如下假设：

(1) 地层水平分层且为半无限均质各向同性的线弹性介质。

(2) 将隧道围岩视为弹性地基梁，隧道结构同围岩用弹簧连接。

(3) 考虑隧道与围岩之间的相互作用，以及强震作用下隧道的轴向变形和横向变形。

地震作用下隧道运动-变形分析模型如图 7.20 和图 7.21 所示。

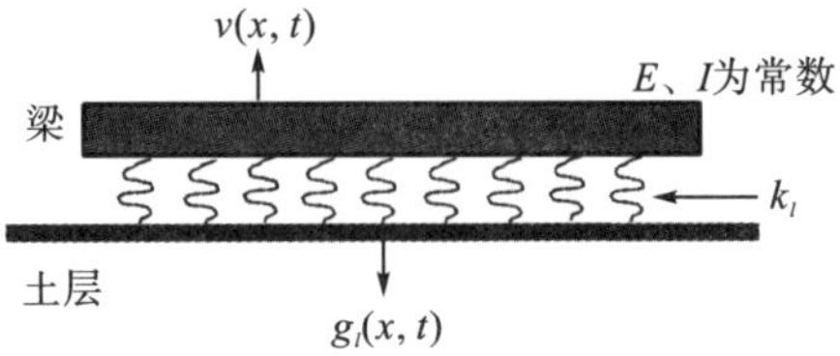

图 7.20 隧道横向运动模型

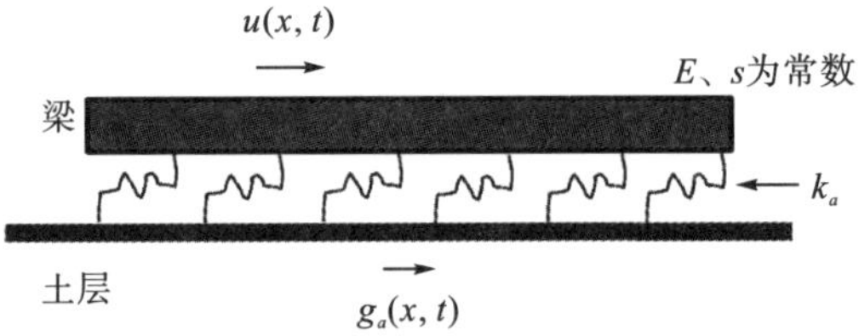

图 7.21 隧道轴向运动模型

二、隧道结构动力特性研究

(一)隧道运动微分方程

从地基梁上取出如图 7.22 所示长度为dx 的单元进行分析。对梁单元由动力平衡条件可得

$$\frac{\partial Q}{\partial x}\mathrm{d}x+k_l\left[v(x,t)-g_l(x,t)\right]\mathrm{d}x+\rho s\frac{\partial^2 v(x,t)}{\partial t^2}\mathrm{d}x=0 \tag{7.1}$$

式中，Q——梁截面剪力；k_l——地基梁横向变形系数，$k_l=aG$，$a=1\sim3$，G——地基土的剪切模量；$v(x,t)$——隧道横向位移；$g_l(x,t)$——地基土的纵向位移；ρ——梁密度；s——梁横截面面积。

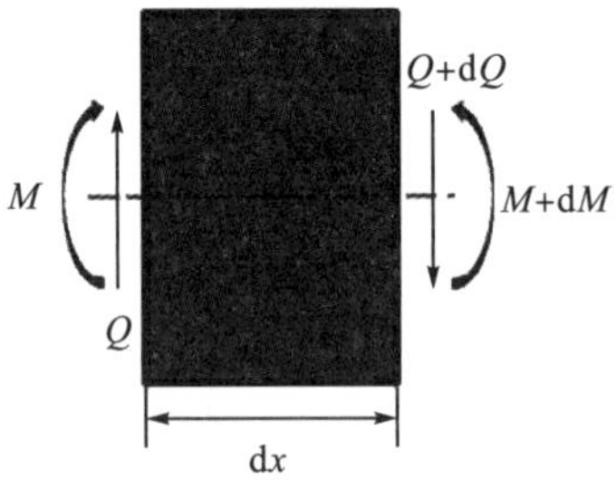

图 7.22 隧道截取单元分析模型

由力矩平衡条件可得

$$\frac{\partial M}{\partial x}\mathrm{d}x-Q\mathrm{d}x+k_l\left[v(x,t)-g_l(x,t)\right]\mathrm{d}x\cdot\frac{\mathrm{d}x}{2}+\rho s\mathrm{d}x\cdot\frac{\partial^2 v(x,t)}{\partial t^2}\cdot\frac{\mathrm{d}x}{2}=0 \tag{7.2}$$

式中，M——梁的弯矩。

由式(7.2)简化可得

$$\frac{\partial M}{\partial x}\mathrm{d}x - Q\mathrm{d}x = 0 \tag{7.3}$$

将式(7.3)代入式(7.1)得

$$\frac{\partial^2 M}{\partial x^2}\mathrm{d}x + k_l\left[v(x,t) - g_l(x,t)\right]\mathrm{d}x + \rho s\mathrm{d}x\cdot\frac{\partial^2 v(x,t)}{\partial t^2} = 0 \tag{7.4}$$

由初等弯曲理论可得

$$M = EIv''(x,t) = EI\frac{\partial^2 v(x,t)}{\partial x^2} \tag{7.5}$$

式中，E——梁的弹性模量；I——梁截面的惯性矩。

将式(7.5)代入式(7.3)得

$$\frac{\partial^2}{\partial x^2}\left[EI\frac{\partial^2 v(x,t)}{\partial x^2}\right] + k_l\left[v(x,t) - g_l(x,t)\right] + \rho s\frac{\partial^2 v(x,t)}{\partial t^2} = 0 \tag{7.6}$$

假定隧道弯曲刚度不随 x 变化，故地震波作用下隧道横向振动的运动方程为

$$\rho s\frac{\partial^2 v(x,t)}{\partial t^2} + k_l\left[v(x,t) - g_l(x,t)\right] + EI\frac{\partial^4 v(x,t)}{\partial x^4} = 0 \tag{7.7}$$

同理，根据地震动理论，取 dx 的微元进行分析可得轴向振动的运动方程为

$$\rho s\frac{\partial^2 u(x,t)}{\partial t^2}\mathrm{d}x - Es\frac{\partial^2 u(x,t)}{\partial x^2}\mathrm{d}x + k_a\left[u(x,t) - g_a(x,t)\right]\mathrm{d}x = 0 \tag{7.8}$$

进一步简化可得

$$\rho s\frac{\partial^2 u(x,t)}{\partial t^2} - Es\frac{\partial^2 u(x,t)}{\partial x^2} + k_a\left[u(x,t) - g_a(x,t)\right] = 0 \tag{7.9}$$

联立式(7.7)和式(7.9)可得到在地震作用下隧道的二维运动微分方程为

$$\begin{cases}\rho s\dfrac{\partial^2 v(x,t)}{\partial t^2} + k_l\left[v(x,t) - g_l(x,t)\right] + EI\dfrac{\partial^4 v(x,t)}{\partial x^4} = 0\\[2ex]\rho s\dfrac{\partial^2 u(x,t)}{\partial t^2} + k_a\left[u(x,t) - g_a(x,t)\right] - Es\dfrac{\partial^2 u(x,t)}{\partial x^2} = 0\end{cases} \tag{7.10}$$

如果不考虑地震惯性力，上面的二维运动微分方程可以写成

$$\begin{cases}k_l\left[v(x,t) - g_l(x,t)\right] + EI\dfrac{\partial^4 v(x,t)}{\partial x^4} = 0\\[2ex]k_a\left[u(x,t) - g_a(x,t)\right] - Es\dfrac{\partial^2 u(x,t)}{\partial x^2} = 0\end{cases} \tag{7.11}$$

（二）变形传递系数求解

为从宏观上研究隧道洞口段抗震设防长度，根据地震波运动学理论，隧道周围岩土体在地震作用下的运动可以看成简谐平面波，不考虑地震波的随机性、时频特性及反射和散射，其波动形状位移函数可写为

$$w(x',t) = A'\sin 2\pi\left(\frac{t}{T} - \frac{x'}{\lambda'}\right) = A'\sin\left(wt - \frac{2\pi}{\lambda'}x'\right) \tag{7.12}$$

式中，w——地震波的圆频率；λ'——地震波的波长；A'——地震波的振幅；x'——剪切波前进方向坐标。

假设地震波为剪切波，入射方向与隧道的轴线成φ角，剪切波对隧道轴线方向波动的影响如图 7.23 所示。

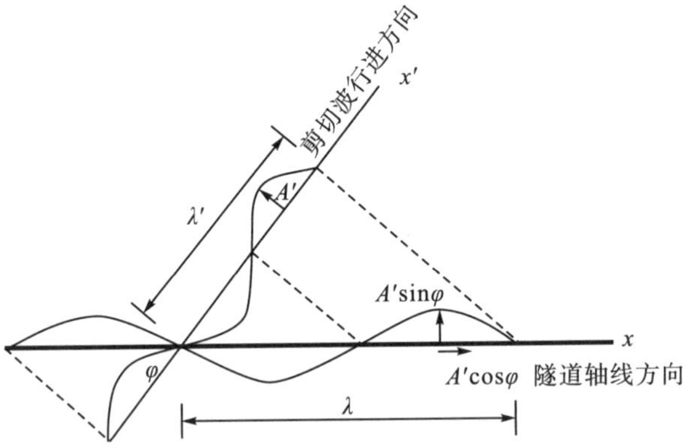

图 7.23 剪切波沿隧道轴线方向分解

剪切波作用下，隧道周围土体产生的横向位移 $g_l(x,t)$ 及轴向位移 $g_a(x,t)$ 分别为

$$\begin{cases} g_l(x,t)=A_1\sin\left(wt-\dfrac{2\pi x}{\lambda}\right)=A'\cos\varphi\sin\left(wt-\dfrac{2\pi x}{\lambda'}\cos\varphi\right) \\ g_a(x,t)=A_2\sin\left(wt-\dfrac{2\pi x}{\lambda}\right)=A'\sin\varphi\sin\left(wt-\dfrac{2\pi x}{\lambda'}\cos\varphi\right) \end{cases} \tag{7.13}$$

根据相对变形理论，考虑隧道与围岩相互作用，引入隧道横向变形系数η_1和轴向变形系数η_2，则隧道横向振动和轴向振动时位移为

$$\begin{cases} v(x,t)=\eta_1 g_l(x,t)=\eta_1 A'\cos\varphi\sin\left(wt-\dfrac{2\pi x}{\lambda'}\cos\varphi\right) \\ u(x,t)=\eta_2 g_a(x,t)=\eta_2 A'\sin\varphi\sin\left(wt-\dfrac{2\pi x}{\lambda'}\cos\varphi\right) \end{cases} \tag{7.14}$$

将式(7.14)代入式(7.10)中，并考虑隧道地震惯性力，得到隧道横向变形系数η_1和轴向变形系数η_2为

$$\begin{cases} \eta_1=\dfrac{1}{1+\dfrac{EI}{k_l}\left(\dfrac{2\pi}{\lambda'}\cos\varphi\right)^4+\dfrac{\rho s}{k_l}w^2} \\ \eta_2=\dfrac{1}{1+\dfrac{Es}{k_a}\left(\dfrac{2\pi}{\lambda'}\cos\varphi\right)^2+\dfrac{\rho s}{k_a}w^2} \end{cases} \tag{7.15}$$

（三）隧道结构地震应力特性

将式(7.15)代入式(7.14)中可得到剪切波作用下隧道产生的横向位移和轴向位移分

别为

$$\begin{cases} v(x,t)=\dfrac{1}{1+\dfrac{EI}{k_l}\left(\dfrac{2\pi}{\lambda'}\cos\varphi\right)^4+\dfrac{\rho s}{k_l}w^2}A'\cos\varphi\sin\left(wt-\dfrac{2\pi x}{\lambda'}\cos\varphi\right) \\ u(x,t)=\dfrac{1}{1+\dfrac{Es}{k_a}\left(\dfrac{2\pi}{\lambda'}\cos\varphi\right)^2+\dfrac{\rho s}{k_a}w^2}A'\sin\varphi\sin\left(wt-\dfrac{2\pi x}{\lambda'}\cos\varphi\right) \end{cases} \tag{7.16}$$

对 $u(x,t)$ 求偏导可以得到隧道的轴向应变为

$$\varepsilon_a=\frac{\partial u(x,t)}{\partial x}=\frac{\pi A'\sin 2\varphi\cos\left(wt-\dfrac{2\pi x}{\lambda'}\cos\varphi\right)}{\lambda'\left[1+\dfrac{Es}{k_a}\left(\dfrac{2\pi}{\lambda'}\cos\varphi\right)^2+\dfrac{\rho s}{k_a}w^2\right]} \tag{7.17}$$

对 $v(x,t)$ 求二阶偏导得曲率为

$$\frac{1}{\beta}=\frac{\partial v^2(x,t)}{\partial x^2}=\frac{4\pi^2 A'\cos^3\varphi\sin\left(wt-\dfrac{2\pi x}{\lambda'}\cos\varphi\right)}{(\lambda')^2\left[1+\dfrac{EI}{k_l}\left(\dfrac{2\pi}{\lambda'}\cos\varphi\right)^2+\dfrac{\rho s}{k_l}w^2\right]} \tag{7.18}$$

由初等弯曲理论可以推导出隧道的弯曲应变为

$$\varepsilon_l=\frac{y}{\beta}=\frac{4\pi^2 yA'\cos^3\varphi\sin\left(wt-\dfrac{2\pi x}{\lambda'}\cos\varphi\right)}{(\lambda')^2\left[1+\dfrac{EI}{k_l}\left(\dfrac{2\pi}{\lambda'}\cos\varphi\right)^2+\dfrac{\rho s}{k_l}w^2\right]} \tag{7.19}$$

由此可以得到隧道的最大弯曲应变和最大轴向应变为

$$\begin{cases} \varepsilon_{l\max}=\dfrac{4\pi^2 A'D\cos^3\varphi}{(\lambda')^2\left[1+\dfrac{EI}{k_l}\left(\dfrac{2\pi}{\lambda'}\cos\varphi\right)^4+\dfrac{\rho s}{k_l}w^2\right]} \\ \varepsilon_{a\max}=\dfrac{\pi A'\sin 2\varphi}{\lambda'\left[1+\dfrac{Es}{k_a}\left(\dfrac{2\pi}{\lambda'}\cos\varphi\right)^2+\dfrac{\rho s}{k_a}w^2\right]} \end{cases} \tag{7.20}$$

在抗震研究中，一般只考虑横向剪切波对隧道的作用，这种波不仅传递了大部分能量，而且使地层产生如图 7.24 所示的横向正弦式位移。

假设基岩固定，基岩至地表面的距离为 H；T_s 为土层的固有振动周期，$T_s=4H/V_s$；S_v 为速度反应谱的值；V_s 为土层的剪切波速。则距离地表面任意深度 z 处的土层振动的振幅可以近似表示为

$$A'(z)=\frac{2}{\pi^2}S_vT_s\cos\left(\frac{\pi z}{2H}\right) \tag{7.21}$$

则隧道处的地层振幅可以近似用下面式子计算：

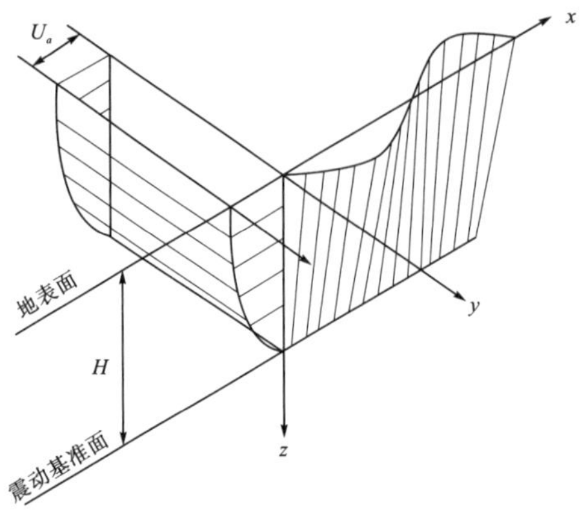

图 7.24 地震时地层的竖向位移和水平位移分布

$$A'(z)=\frac{2}{\pi^2}S_vT_s\cos\left(\frac{\pi h}{2H}\right) \tag{7.22}$$

式中，h——隧道中心埋深。

地震波的波长λ'可以近似按下式计算：

$$\lambda'=\frac{2\lambda_1'\lambda_2'}{\lambda_1'+\lambda_2'} \tag{7.23}$$

式中，λ_1'和λ_2'——土层和基岩层的剪切波长，$\lambda_1'=V_sT_s$，$\lambda_2'=V_0T_s$；V_0——基岩层剪切波波速。

将式(7.22)代入式(7.20)求得隧道的最大弯曲和轴向应力为

$$\begin{cases}\sigma_{l\max}=\dfrac{8ES_vT_sD\cos\left(\dfrac{\pi h}{2H}\right)\cos^3\varphi}{(\lambda')^2\left[1+\dfrac{EI}{k_l}\left(\dfrac{2\pi}{\lambda'}\cos\varphi\right)^4+\dfrac{\rho s}{k_l}w^2\right]}\\ \sigma_{a\max}=\dfrac{2ES_vT_s\cos\left(\dfrac{\pi h}{2H}\right)\sin2\varphi}{\pi\lambda'\left[1+\dfrac{Es}{k_a}\left(\dfrac{2\pi}{\lambda'}\cos\varphi\right)^2+\dfrac{\rho s}{k_a}w^2\right]}\end{cases} \tag{7.24}$$

将惯性矩和截面面积代入式(7.24)中可得

$$\begin{cases}\sigma_{l\max}=\dfrac{8ES_vT_sD\cos\left(\dfrac{\pi h}{2H}\right)\cos^3\varphi}{(\lambda')^2+\dfrac{E\pi^5\cos^4\varphi\left(D^4-d^4\right)}{4k_l(\lambda')^2}+\dfrac{\gamma\pi\left(D^2-d^2\right)}{4k_lg}\dfrac{(\lambda')^2}{T_1^2}}\\ \sigma_{a\max}=\dfrac{2ES_vT_s\cos\left(\dfrac{\pi h}{2H}\right)\sin2\varphi}{\pi\lambda'+\dfrac{\pi^4E\cos^2\varphi\left(D^2-d^2\right)}{k_a\lambda'}+\dfrac{\pi^2\gamma\left(D^2-d^2\right)\lambda'}{4k_agT_1^2}}\end{cases} \tag{7.25}$$

式中，γ ——隧道的重度；D 和 d ——隧道的等效外径和等效内径；g ——重力加速度；T_1 ——地震波的振动周期。

若不考虑围岩自重惯性力的影响，隧道的最大弯曲应力和轴向应力为

$$\begin{cases}\sigma_{l\max}=\dfrac{8ES_vT_sD\cos\left(\dfrac{\pi h}{2H}\right)\cos^3\varphi}{\left(\lambda'\right)^2+\dfrac{E\pi^5\cos^4\varphi\left(D^4-d^4\right)}{4k_l\left(\lambda'\right)^2}}\\ \sigma_{a\max}=\dfrac{2ES_vT_s\cos\left(\dfrac{\pi h}{2H}\right)\sin2\varphi}{\pi\lambda'+\dfrac{\pi^4E\cos^2\varphi\left(D^2-d^2\right)}{k_a\lambda'}}\end{cases} \tag{7.26}$$

若不计围岩-结构的相互作用影响时，隧道横向变形系数和轴向变形系数都取 1，则地震作用下的隧道结构应力计算公式为

$$\begin{cases}\sigma_{l\max}=\dfrac{8ES_vT_sD\cos\left(\dfrac{\pi h}{2H}\right)\cos^3\varphi}{\left(\lambda'\right)^2}\\ \sigma_{a\max}=\dfrac{2ES_vT_s\cos\left(\dfrac{\pi h}{2H}\right)\sin2\varphi}{\pi\lambda'}\end{cases} \tag{7.27}$$

由公式(7.27)可知，隧道的最大轴向应力和最大弯曲应力与地震波的入射方向、隧道埋深、场地剪切波速、隧道跨径等因素有关。

三、理论计算参数确定

(一)地层简化

剪切波作用下地层变形非常复杂，为了计算方便将多层地层换算成单一地层。此外必须选择适合的地震振动基准面。一般情况下基准面不小于地面以下 25m，也不小于地下结构以下 10m，具体工程要根据实际确定地震影响范围。

(二)场地固有周期

根据结构场地的剪切波速来计算固有周期。多层土的固有周期特征值为 $T_G=4\sum h_i/V_{si}$；由于勘测时地层应变大于地震发生时的地层应变，一般取 $T_s=1.25T_G$。

(三)剪切波速的确定

剪切波速应从勘测报告中提取，考虑到勘测条件与地震实际条件不同，按勘测报告数值的 2/3 采用。

(四)振动基准面速度反应谱

$$S_v = K_h V_h \tag{7.28}$$

式中，K_h——设计水平地震系数，按照地震规范取值，考虑埋深和场地修正时，$K_h = C_g C_u$，C_g、C_u 分别为场地修正系数和埋深修正系数；V_h——单位水平地震系数的速度反应谱，根据图 7.25 可以确定。

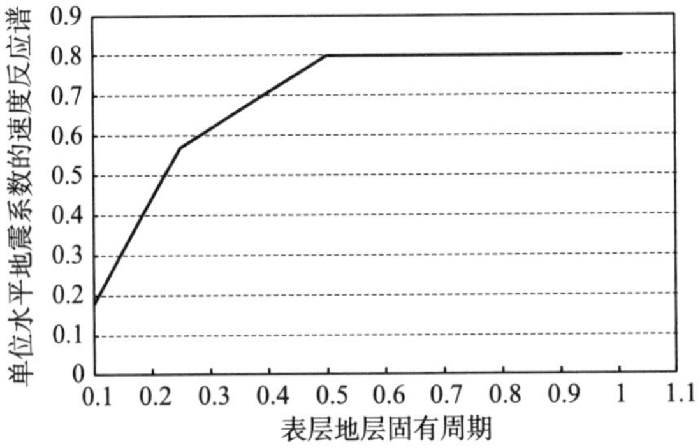

图 7.25 水平地震系数为 1 时的速度反应谱

(五)弹性地基系数的确定

弹性地基系数的取值不仅与结构形状尺寸、地层条件及埋深有关，而且与隧道施工方法有关。关于 k_l 和 k_a 的确定可以采用有限元分析程序计算得到，也可以采用日本《化工设备抗震准则》的简化办法，即

$$k_l = k_a = 3G_s \tag{7.29}$$

式中，G_s——地基土的剪切模量。

为了方便分析隧道应力在隧道纵向的影响规律，从而为隧道设防长度的确定提供依据，二类场地地震动峰值加速度为 0.1g，地震动反应谱特征周期为 0.4s。根据《铁路工程抗震设计规范》，实例分析中进行了一定参数的简化，剔除一些复杂的计算取值后隧道参数、围岩参数和地层参数分别如表 7.8～表 7.10 所示。

表 7.8 隧道参数

弹性模量/GPa	隧道埋深/m	隧道内径/m	衬砌厚度/m	泊松比	隧道外径/m
30	48	8.2	0.55	0.21	9.4

表 7.9 围岩参数

弹性模量/GPa	重度/(kN/m³)	黏聚力/MPa	内摩擦角/(°)	泊松比	剪切模量/GPa
1.5	18	0.1	22	0.35	0.556

表 7.10　地层参数

特征周期/s	剪切波速/(m/s)	地层速度谱/(m/s)	水平地震系数	地震波输入角度/(°)	地层总高/m
0.4	210	0.192	0.2	30	80

四、理论计算结果分析

基于隧道应力公式(7.27)代入参数计算，从地震波入射角度、隧道埋深、剪切波速等参数分析隧道应力变化和其对隧道抗震设防的影响。

(一)地震波入射角度对隧道的影响

由图 7.26 可知：地震波入射角度对隧道的应力影响很大。最大隧道轴向应力随地震波入射角度的增加先增大然后逐渐减小，当入射角度为 45°时，隧道轴向应力达到最大值；隧道的最大弯曲应力则随着地震波入射角的增加而减小。45°入射角可用于计算设防长度。

(二)隧道埋深对隧道应力的影响

当隧道埋深变化时，卓越周期也随之变化，假设场地的硬度不变，其平均剪切波速也不变。由图 7.27 可知：隧道轴向应力在埋深小于 50m 时变化不明显；在埋深大于 50m 时，隧道应力随着隧道埋深增大而急剧减小。由此可以推断：隧道的设防长度随着埋深的增加而变小，尤其对于浅埋隧道或者隧道的洞口段区域，地震对隧道的影响很大；在实例分析的条件下，若以隧道弯曲应力作为标准，埋深小于 50m 时需要考虑隧道设防。隧道洞口段一般为斜长边坡，埋深一般比较浅，且土层不稳定，是隧道抗震的重点部位。

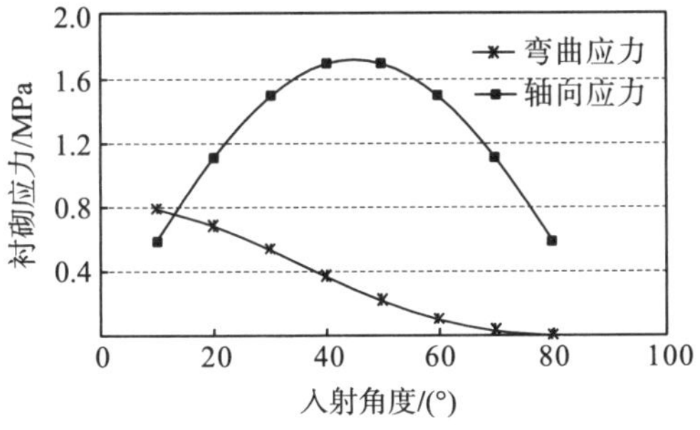

图 7.26　地震波入射角度对隧道衬砌纵向弯曲和轴向应力的影响

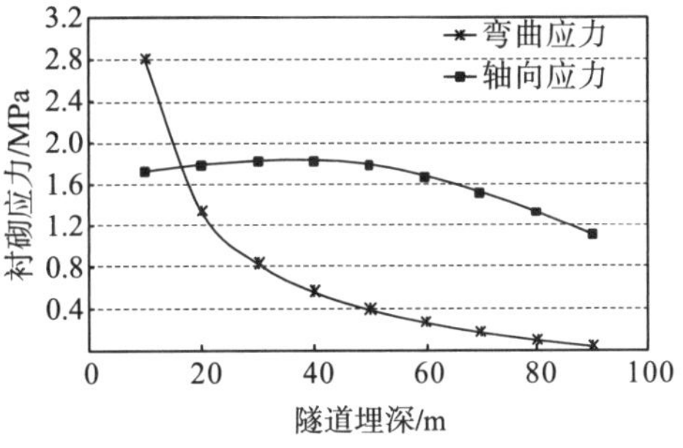

图 7.27　隧道埋深对隧道衬砌纵向弯曲和轴向应力的影响

(三)剪切波速对隧道应力的影响

由图 7.28 可知：在地震波作用下，隧道应力均随着土层剪切波速的增大而减小，其中弯曲应力减小得比较快，而地层剪切波速与其软硬程度有关，这说明坚硬土层中隧道要比软土隧道的抗震性能好，设防长度随着剪切波速的增大而减小；根据图 7.28 可以分析出剪切波速小于 150m/s 左右的场地需要考虑隧道设防。而在隧道洞口段一般为土石堆积体或坡积体，剪切波速较小，这又一次验证了隧道洞口段是抗震设防的重点区段。

(四)地震波不同入射角度下隧道埋深对隧道应力的影响

由图 7.29～图 7.31 可知：隧道衬砌弯曲应力和轴向应力随着隧道埋深的增加均减小；隧道处地层变形随着距离地表的深度越大也逐渐变小；地震波入射角的变化对隧道衬砌应力的影响很大，随着地震波入射角度扩大，隧道结构由以弯曲受力为主逐渐变成以拉压受力为主，这点与横截面积小的地下管线不同，地下管线可以忽略横向弯曲应力只考虑轴向拉压的影响，而隧道等横截面积大的地下线状结构，横向弯曲应力则占有较大的比重，是不可忽视的。

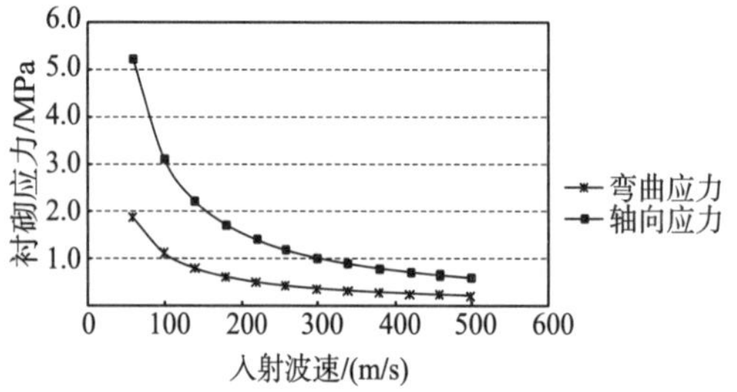

图 7.28　剪切波速对隧道衬砌纵向弯曲和轴向应力的影响

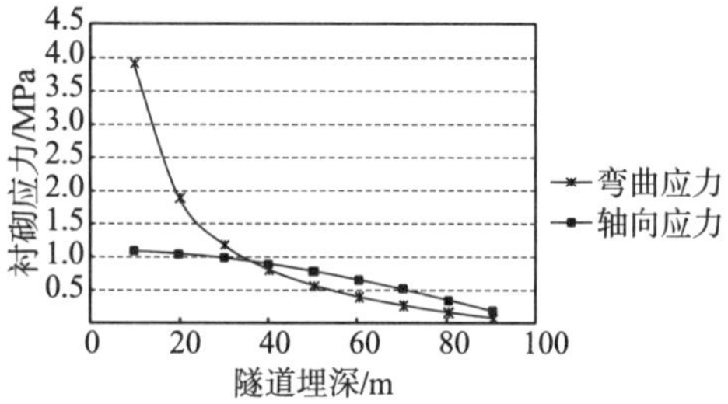

图 7.29　15°入射角时隧道埋深与纵向应力关系

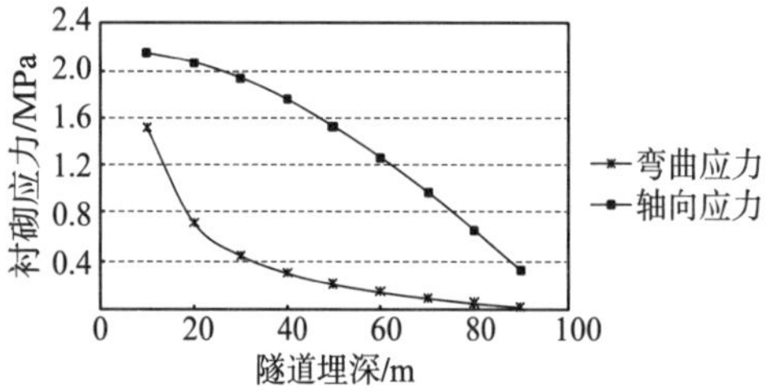

图 7.30　45°入射角时隧道埋深与纵向应力关系

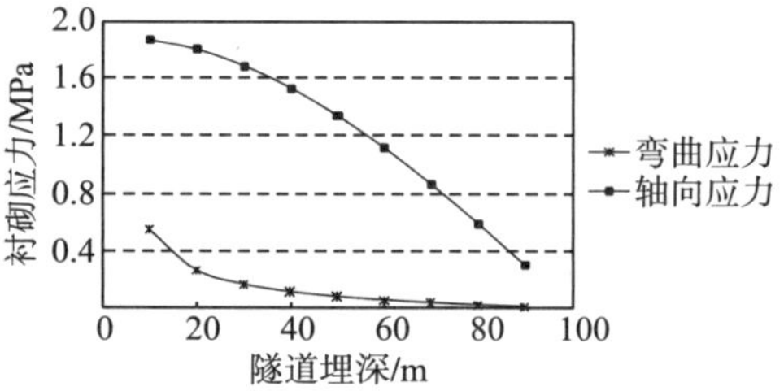

图 7.31　60°入射角时隧道埋深与纵向应力关系

(五)强震山区公路隧道抗震设防长度计算方法

基于地层曲率的评价方法，不考虑隧道围岩相互作用并进行一定条件简化可以得到在地震波作用下隧道洞口段抗震设防长度如图 7.32 所示。

假设混凝土弯曲应力容许值$[\sigma]$为$0.5\times1.3\text{MPa}$，其中 1.3 为地震时强度提高系数，则通过式(7.27)隧道弯曲应力与其条件屈服应力关系可以得到基于地层曲率评价隧道最大抗震设防长度$l_{\max}$为

$$l_{\max}=2\left|\frac{V_sT_s\arcsin\left[\dfrac{V_s^2T_s^2[\sigma]}{8ES_vD\cos^3\varphi\cos(\pi h/2H)}\right]}{2\pi\cos\varphi}-\frac{V_sT_s}{4\cos\varphi}\right| \tag{7.30}$$

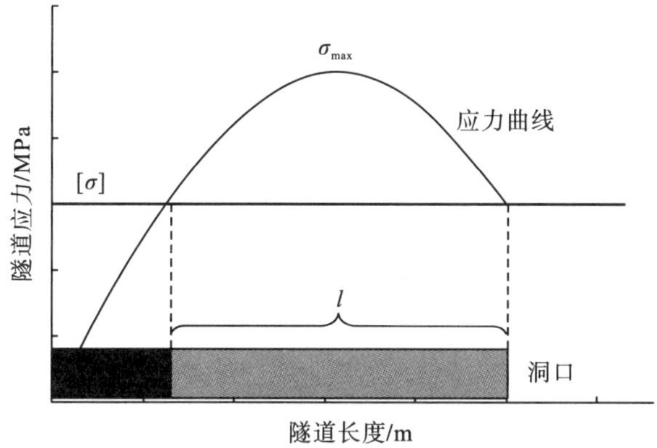

图 7.32　隧道应力和隧道设防长度关系图

简化得

$$l_{max} \approx \left| \frac{V_s^3 T_s^3 [\sigma]}{8\pi E S_v D \cos^4 \varphi \cos(\pi h/2H)} - \frac{V_s T_s}{2\cos\varphi} \right| \tag{7.31}$$

由图 7.26～图 7.28 可以得到曲线图的拐点，根据拐点处对应的数值，分别为 45°入射角、50m 埋深和 150m/s 动力波速，代入计算可以得到 $l_{max} \approx 25.18\text{m}$。

当考虑隧道围岩相互作用时，相当于给隧道周围布置了一层减震层，计算得到的设防长度最值相对减小，将数值代入式(7.15)中计算得到横向变形系数为 1.04，可以将此系数乘以弯曲应力容许值重新计算，最终可以得到隧道洞口设防长度值为 24.37m，约为 3 倍洞跨。

五、小结

通过对地震波作用下隧道的抗震性能进行详细分析，得到了隧道埋深、剪切波速和入射角对隧道应力的影响变化规律。由曲线分析可知，抗震设防长度的确定同实际地震波、场地、隧道等众多因素相关，这对隧道设防长度的确定具有一定参考性。最后提出了隧道洞口段抗震设防长度公式，计算得到隧道洞口段抗震设防长度值为 3 倍洞跨。考虑到公式的参数繁多、推导过程条件的简化，可为隧道抗震设防长度的确定提供参考，但需要依据具体工程进一步简化和修正。

第四节　强震山区隧道洞口段抗震性能数值模拟

高烈度地震区隧道洞口段是隧道抗震的薄弱部位之一。由于各种地质作用，隧道围岩条件在洞口段由里到外逐渐变差。在隧道进出口处结构松散碎石堆积，在地震影响下可能导致边坡失稳，威胁隧道结构并对隧道造成破坏。为了验证第三节隧道洞口段抗震设防长度计算的合理性，需要利用数值模拟方法对隧道洞口段结构进行地震响应分析来进行验证。

一、计算模型

以汶川龙池隧道为参考建模，进行有限差分数值分析。在众多的数值分析软件当中，$FLAC^{3D}$ 是进行地下结构地震动力分析的软件之一，其简单明了，可控性好。随着计算机技术发展和硬件配置提高，数值分析方法可以很好地满足研究学者们的科研需求，一定程度上代替了原型试验和模拟试验，因此，本节利用 $FLAC^{3D}$ 模拟分析隧道洞口段的地震动力响应。通过模拟计算，了解洞口段的动力响应情况，找出洞口段的软化长度；从多个角度进行对比分析，研究不同因素的动力响应。隧道洞口段失稳主要因素包括：地震波特性、隧道埋深、围岩级别、衬砌结构形式和偏压等。这些因素对隧道洞口段的影响不一，考虑本章的分析方法和手段，选择围岩条件、隧道埋深这两个因素进行分析。

(一)非线性动力抗震分析的基本假定

进行非线性动力抗震分析时有几个基本假定：

(1)地震时，地震波通过隧道下方某一深处的基岩面向上传递，使基岩面上面的岩土和埋在内部的隧道结构相对基岩发生运动，而且围岩与结构不会发生脱离和相对滑动，即满足位移协调的条件。

(2)将地震波的速度大于某一定值的面定义为基岩面，并假设地震波是从模型底部 X、Y、Z 三个方向入射。

(3)将地震惯性力等效为离散体的节点力。

(4)分析时不考虑孔隙水和沙土地震液化的影响。

动力分析一般先进行一定地质条件下的静力平衡计算，即初始地应力平衡，然后再施加动荷载(地震波)进行动力响应分析，而合理的计算模型关系到 $FLAC^{3D}$ 抗震非线性动力分析的精准性。

(二)计算模型

(1)单元类型。整个模型采用实体单元进行模拟。初期支护和二次衬砌采用弹性本构，围岩单元采用弹塑性本构并满足 Mohr-Coulomb 屈服准则。从宏观角度出发，模型生成时没有建立专门的锚杆单元，只考虑了锚杆对隧道围岩的加固效应，因此在分析过程中通过提高锚杆区域的弹性模量来实现对锚杆加固作用的模拟。本次隧道动力分析模型最多共有 89 584 个单元和 95 692 个单元节点。

(2)隧道截面形式选择。计算模型采用公路隧道如图 7.33 所示断面，隧道内径为 8.2m，外径为 9.4m，衬砌厚度 0.55m。在动力计算过程中对隧道拱顶、拱肩、拱腰、拱脚和仰拱分别进行记录，在隧道纵向每隔 2.5m 记录一次，共有 37 个记录截面。

(3)隧道围岩。汶川地震区多山，隧道洞口段围岩条件一般比较差，周边地层分别选取Ⅳ级和Ⅴ级围岩。当隧道围岩条件更好时，不但隧道地震动力响应和震害程度会减小，隧道的截面形式也会有较大的变化，不利于数值模型的统一和结果对比分析。

(4)隧道埋深。隧道埋深是隧道研究需要考虑的一个重要因素，对震害的调查研究也说明隧道埋深对隧道动力分析结果有非常巨大的影响。隧道按照埋深可以分为浅埋隧道、深埋隧道和超埋隧道，具体划分依据公路隧道和铁路隧道不尽相同。为了更加完善地分析地震对隧道洞口段的动力响应，本节选择的隧道埋深为38m和48m两种情况。

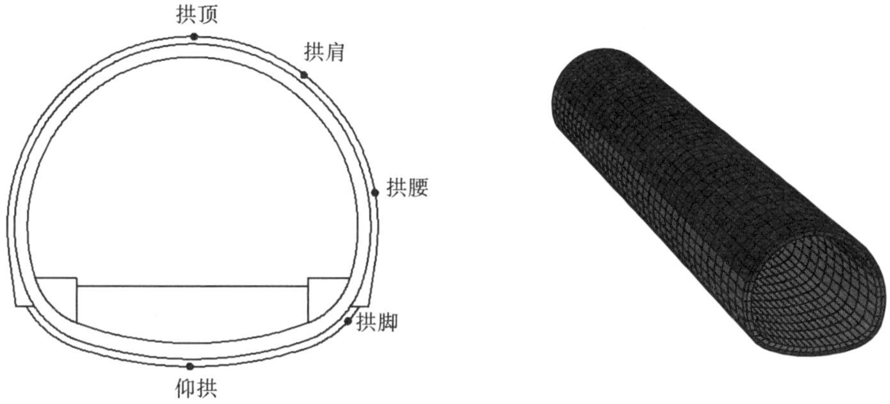

图7.33　衬砌截面形式和关键监测点布置图

(5)计算模型范围。隧道一般修在半无限的岩土体中，根据分析，在数值模型建立时，同时考虑足够的求解精度和保证最小的模型尺寸，一般数值模型边界取隧道跨径的5～8倍，通过施加人工边界将半无限边界转化为有限边界。

在保证足够的计算精度和计算速度前提下，最终确定模型的高度为80m，宽度为60m。模型纵向尺寸需要将隧道设防长度考虑在内，根据前文的总结分析，隧道的设防长度为3倍隧道洞跨，而且《铁路工程抗震设计规范》也规定洞口段抗震设防长度不能小于2.5倍结构洞跨。综合考虑计算边界的影响，模型沿隧道纵向长度为100m。

综上所述，确定计算模型如图7.34和图7.35所示。

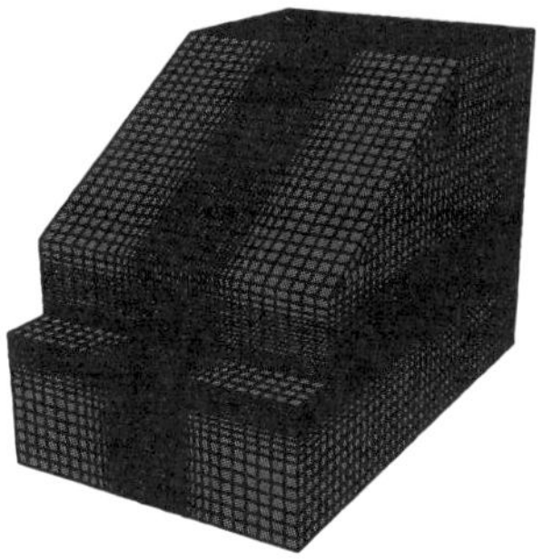

图7.34　38m埋深隧道

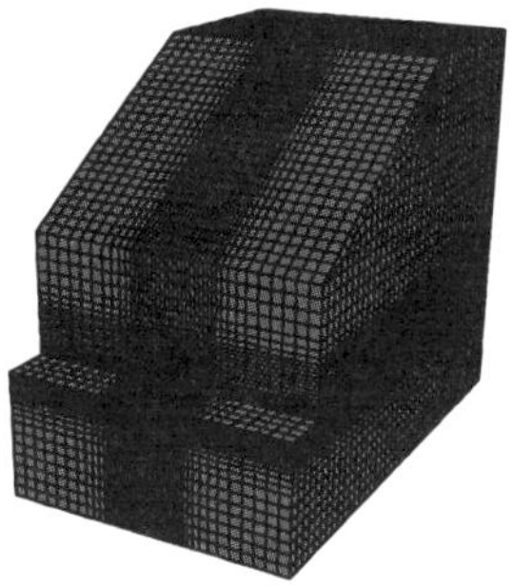

图7.35　48m埋深隧道

(三)计算参数选取

有研究指出，隧道结构弹性模型的动弹性模量比静弹性模量高出30%～50%，锚杆加固区岩体的弹性模量分别提高5%～20%，初期支护选用C30混凝土，二次衬砌选用C35

混凝土。为了让研究成果具有更普遍的意义，岩体力学参数选取参考《公路隧道设计规范》(JTG D70—2004)。所以至此，计算模型所用到的所有材料主要力学参数见表 7.11。

表 7.11 模型计算参数

	材料重度/(kN/m³)	弹性模量/GPa	泊松比	内摩擦角/(°)	黏聚力/MPa
Ⅳ级围岩	22	3	0.3	33	0.4
Ⅴ级围岩	18	1.5	0.35	22	0.1
锚杆加固区(Ⅳ)	22	5.5	0.3	33	0.5
锚杆加固区(Ⅴ)	18	2.2	0.45	25	0.1
初期支护	22	30	0.22	—	—
二次衬砌	25	31	0.2	—	—

(四)边界条件

在进行地下结构动力分析时，很多研究者提出了各种不同边界处理方法，如 Smith 的混合边界、Lysmer 的黏性边界、Alheid 的传递边界等。在动力问题分析中，模型周围边界的选择是一个主要考虑的内容。模型边界对入射波存在反射作用，会影响到动力响应分析结果的精准度。如果模型边界范围取得很大，计算机就会产生巨大的负担，不同边界处理计算的结果又有很大的差别。在 $FLAC^{3D}$ 中提供了黏性边界和自由场边界两种边界条件来减少波的反射。

本节隧道模型四周选用自由场边界条件，模型底部选用静态边界条件，模型顶部是自由面。自由场边界生成后的模型如图 7.36 所示。

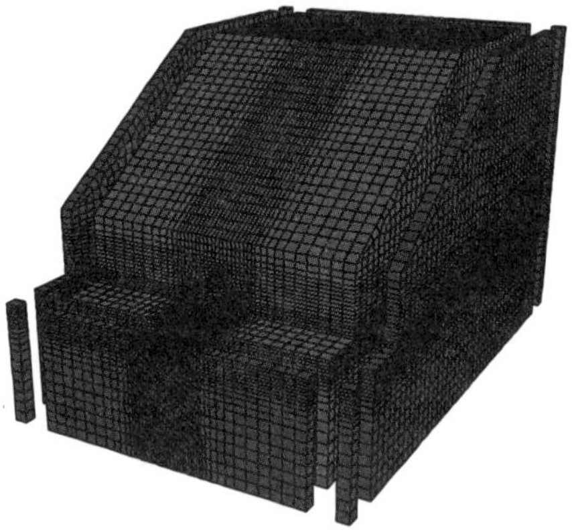

图 7.36 加入边界条件后的整体模型

(五)地震波的选取

输入的地震动力波可以是场地的速度时程、位移时程、应力时程或加速度时程，本次动力分析选用在模型底部输入加速度时程进行地震响应分析。一般说来，地震波的选择由工程抗震等级来决定。一些抗震等级高的工程，如大坝、核工程和水电站，往往需要根据当地地震台网记录来按比例具体分析得到不同的抗震设防标准数据。大型水电站的设防标准为1600～2500年一遇的罕见地震，即为50年超越概率为2%的地震。一般建筑物的设防标准是50年超越概率为10%的地震。当没有地震台网监测数据时，可以用人工合成地震波作为计算使用的动力波。很久以来，我国的地震监测台站数量太少，分布不均，强地震动监测数据非常缺乏，因此在编制地震动参数区域规划图、确定抗震设计加速度和地震动设计反应谱时，只能参考国外的强震记录数据。但是由于台站场地条件差异，不同地质条件的地震动特性不同，所以借鉴国外地震记录分析得到的结果在国内的适用性有待商榷。汶川地震后，我国获得了大量的地震动记录数据，数字强震动仪的记录质量很高，台站场地资料非常详细，这为我国重新编制地震区划图、确定抗震设计加速度和地震动设计反应谱、对地震动的研究都提供了珍贵的资料。

根据龙池隧道检测报告，场地地震动峰值加速度为0.1g，对应为7度地震烈度，地震动反应谱特征周期为0.4s。II类场地，场地系数为1.0。

本次计算选用2008年5月12日四川汶川8.0级地震的地震波，加速度时程时间间隔0.002s，截取其前20s的波形供本次动力分析，包含最大加速度为3.04m/s^{2}的波段。经过滤波、基线校正后具体波段如图7.37～图7.40所示。

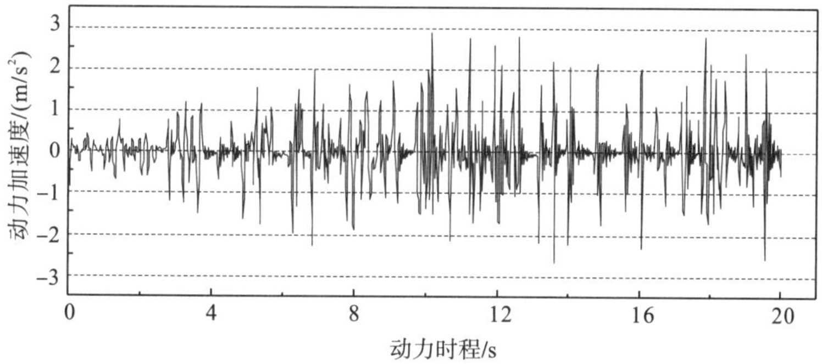

图7.37　20s地震动力加速度时程曲线(动力时程与动力加速度)

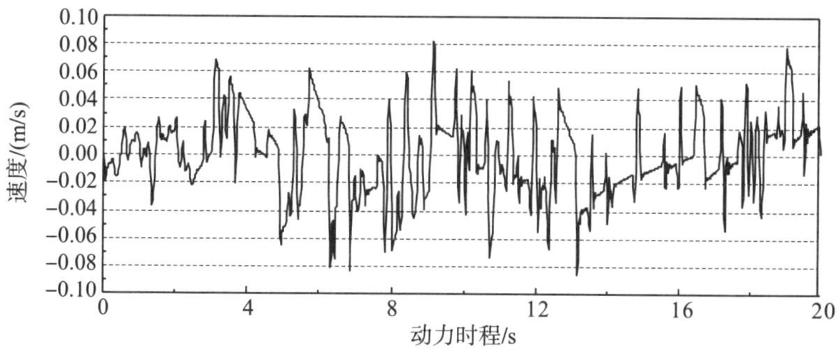

图7.38　20s地震动力速度时程曲线

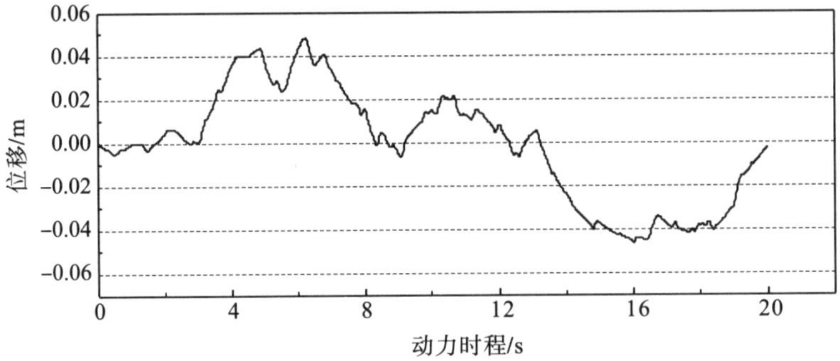

图 7.39 20s 地震动力位移时程曲线

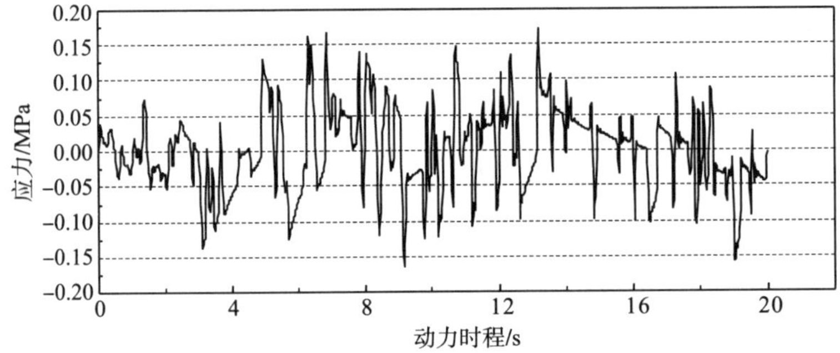

图 7.40 20s 地震动力应力时程曲线

1. 地震波入射方向的确定

当在模型底部输入地震波时，需要考虑动力入射角的问题。有研究表明：在同样模型条件下，当地震波入射方向与隧道纵向垂直时，对隧道结构动力响应最显著。本次动力分析地震动力波从 X 和 Y 方向入射。

2. 力学阻尼的确定

结构动力特性包括振型、阻尼和自振频率，其中阻尼主要反映结构在振动过程中的能量耗散(材料的内部摩擦和接触表面滑动)。FlAC^{3D} 动力分析时，最关键的是设置好适当的阻尼形式、阻尼参数和边界条件。瑞利阻尼由于其理论被人们所熟悉，而且计算结果与实际相比误差较小，因此选用瑞利阻尼进行本次结构动力分析。根据表 7.12 可以确定瑞利阻尼的两个参数：最小阻尼比和最小中心频率；阻尼比可以直接选取岩土体的经验参数为 0.05。

表 7.12 不同围岩计算参数取值

围岩	最小阻尼比 α	最小中心频率 β
Ⅳ级围岩	0.030	0.002
Ⅴ级围岩	0.045	0.0024

二、隧道洞口段地震响应结果与分析

在隧道地震动力数值结果分析中采用最多的指标是应力，但是应力指标无法直观地反映隧道破坏情况，因此，在本节数值分析中不仅对衬砌关键点的应力进行监测，还包括隧道各监测点的位移。对于隧道地震动力分析，位移也是非常重要的考查因素；在地震中，隧道周围岩土体强迫隧道结构跟随产生位移变形，可以将这种效果视为地下隧道结构受地震动最主要的影响。

(一) V级围岩 38m 埋深结果与分析

(1) 隧道竖向峰值位移变化曲线见图 7.41，位移变化量云图见图 7.42，时程曲线见图 7.43。

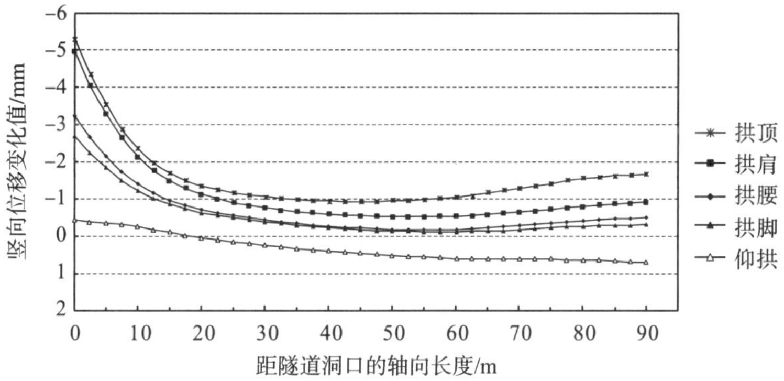

图 7.41 隧道竖向峰值位移沿隧道轴向变化曲线

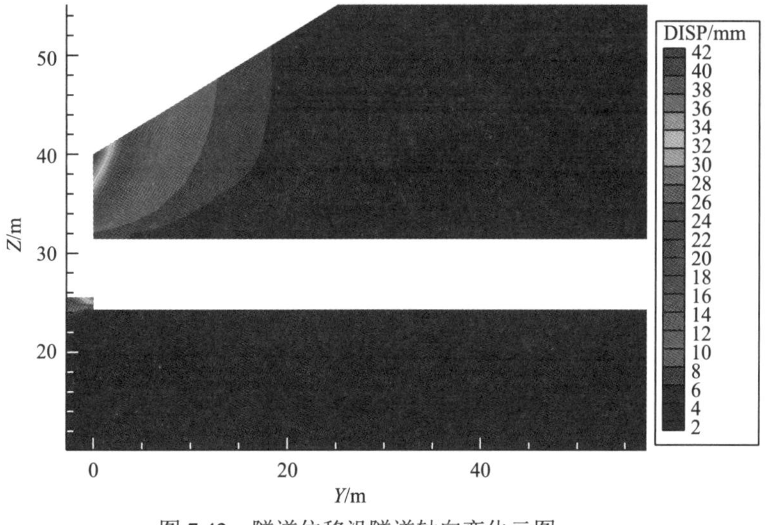

图 7.42 隧道位移沿隧道轴向变化云图

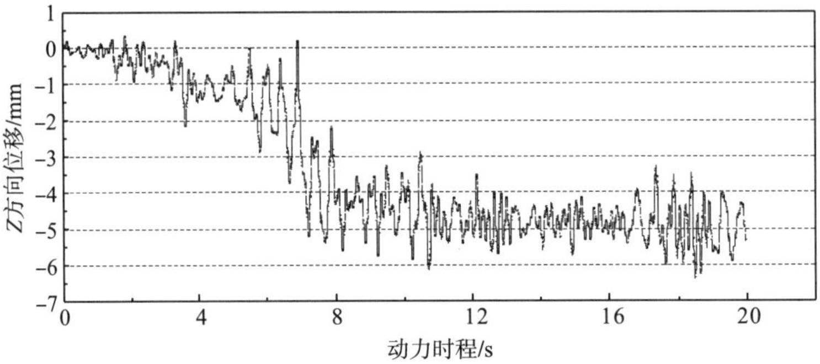

图 7.43 洞口拱顶竖向位移时程曲线

从以上各图可以分析：各个监测点的竖向位移变化值峰值均发生在洞口处，最大峰值发生在洞口处拱顶，拱肩、拱腰及拱脚次之，仰拱最小；隧道竖向位移变化量由洞口向洞内逐渐减小，在 23m 左右处竖向位移变化量达到平衡。从洞口处拱顶竖向位移时程曲线可以看出：拱顶在地震作用下上下起伏，逐渐偏离初始位置向下运动，产生沉降，在 12s 左右开始趋于平衡。

(2)隧道内力变化量见图 7.44～图 7.47，内力云图见图 7.48～图 7.53，时程曲线见图 7.54。

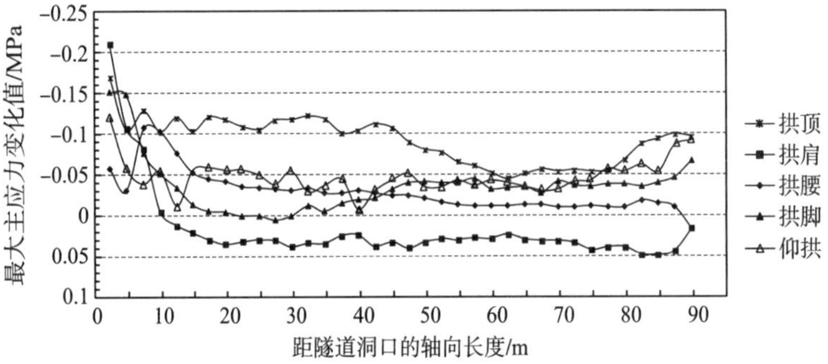

图 7.44 隧道最大主应力沿隧道轴向变化曲线

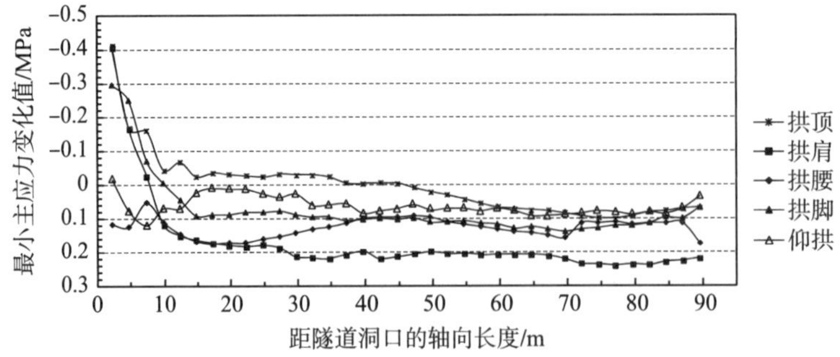

图 7.45 隧道最小主应力沿隧道轴向变化曲线

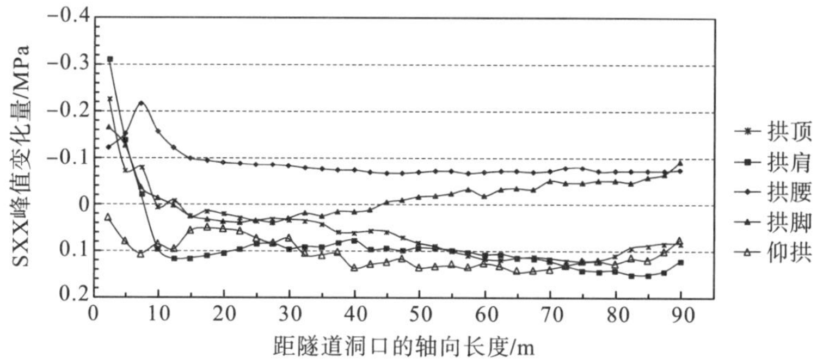

图 7.46 隧道 XX 应力沿隧道轴向变化曲线

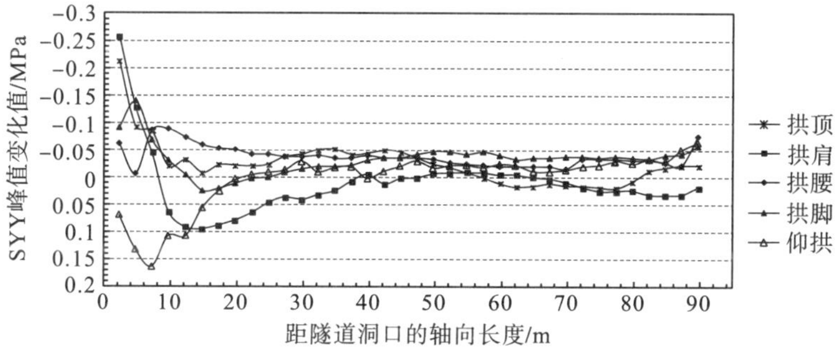

图 7.47 隧道 YY 应力沿隧道轴向变化曲线

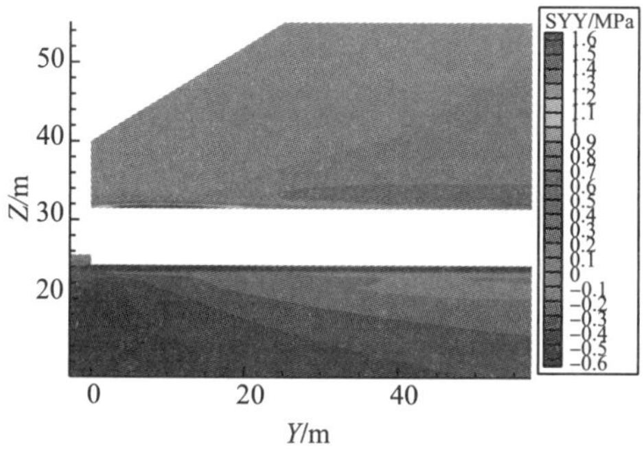

图 7.48 隧道 YY 应力变化云图

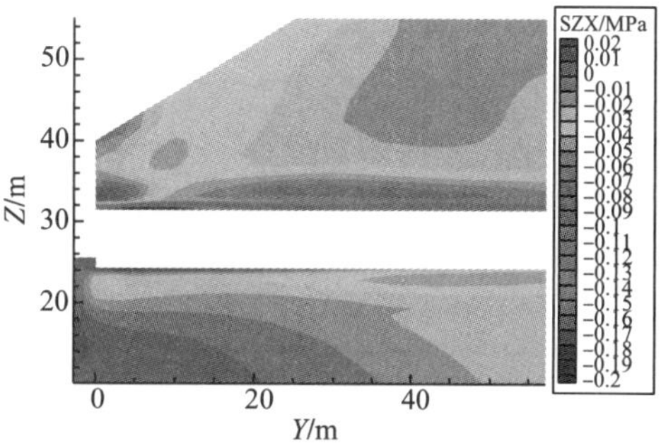

图 7.49 隧道 ZX 应力变化云图

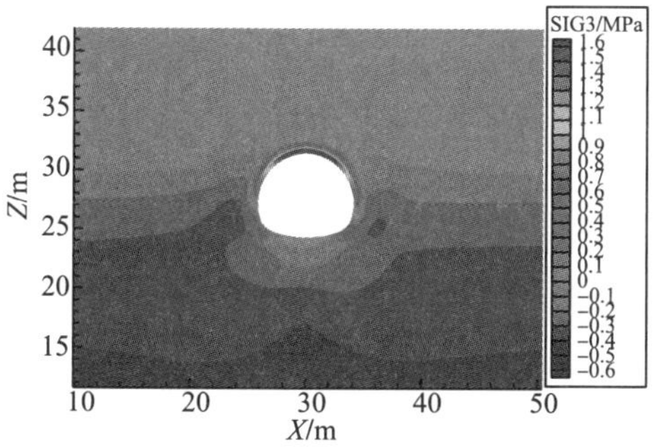

图 7.50 Y=10m 处最小主应力云图

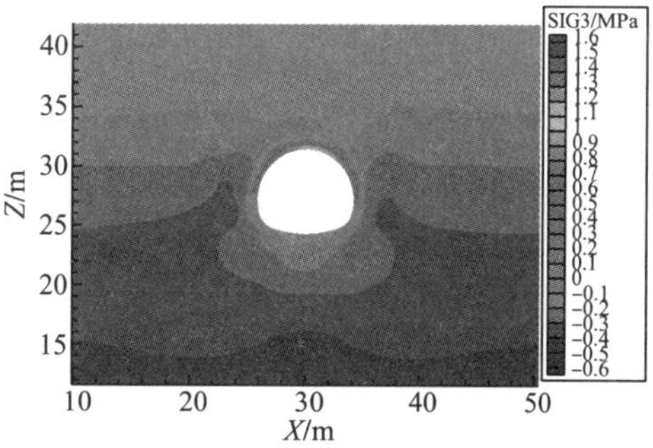

图 7.51 Y=20m 处最小主应力云图

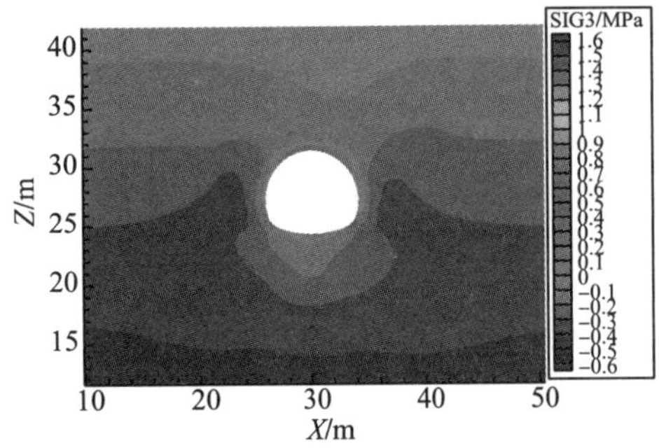

图 7.52　Y=30m 处最小主应力云图

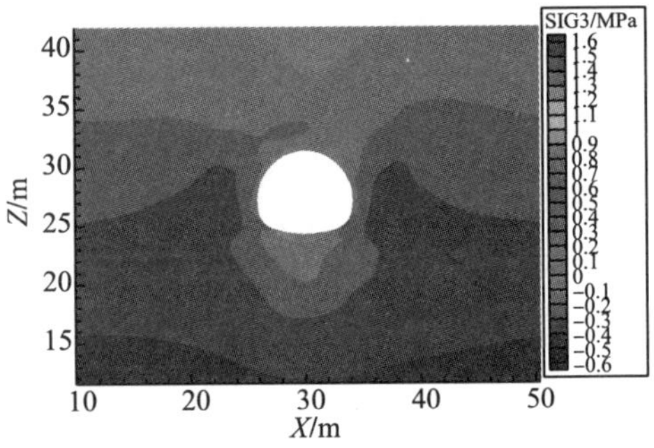

图 7.53　Y=40m 处最小主应力云图

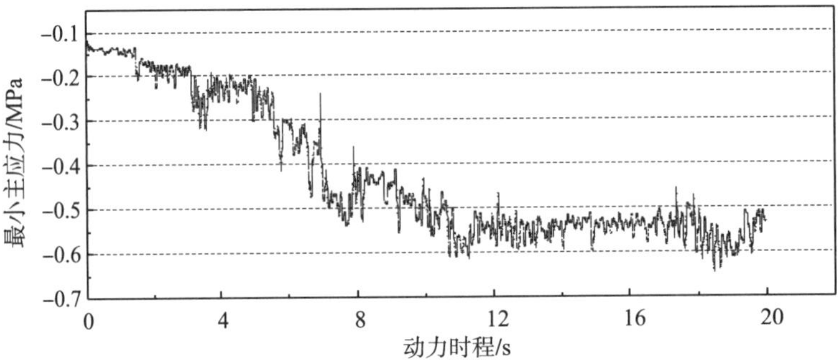

图 7.54　隧道洞口拱顶最小主应力时程曲线

从计算结果可以分析：隧道内力变化量在距洞口 10m 内非常不稳定，变化幅值非常大；在距洞口 23m 内，内力变化量随着离隧道洞口的距离增加而逐渐变小，在距隧道洞口 23m 左右处内力变化量才开始趋于稳定。由洞口处最小主应力时程曲线图可以看出：在地震作用下洞口拱顶最小主应力值上下起伏，逐渐偏离初值而变大，最后在 12s 左右最小主应力值才趋于平缓。

(二) Ⅴ级围岩 48m 埋深结果与分析

(1) 隧道竖向峰值位移变化量见图 7.55，位移云图见图 7.56，位移时程曲线见图 7.57。

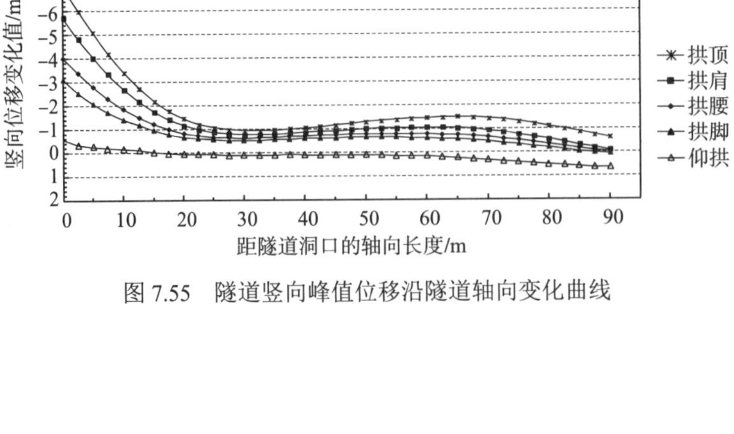

图 7.55　隧道竖向峰值位移沿隧道轴向变化曲线

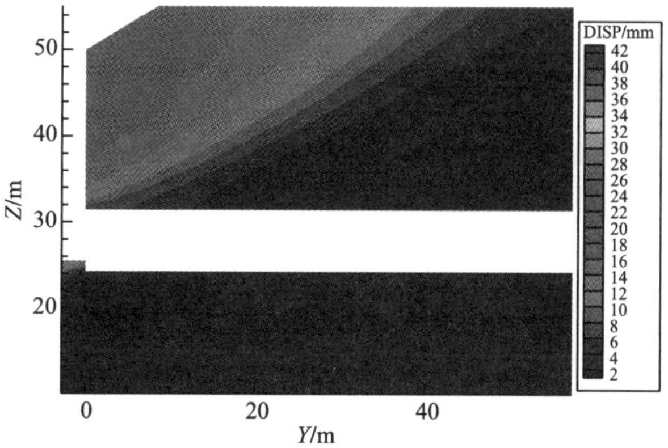

图 7.56 隧道位移沿隧道轴向变化云图

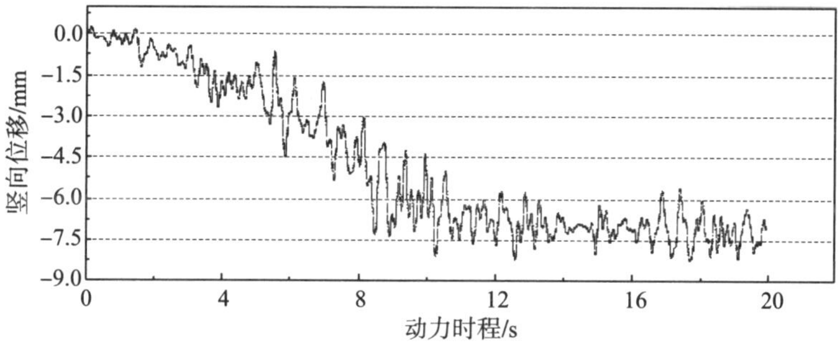

图 7.57 洞口拱顶竖向位移时程曲线

由上图分析可得：各个监测点的竖向位移变化量峰值均发生在洞口处，最大峰值发生在洞口处拱顶，拱肩、拱腰及拱脚次之，仰拱最小；隧道竖向位移变化量由洞口向洞内逐渐减小，在 25m 左右处竖向位移变化量达到平衡。从洞口处拱顶竖向位移时程曲线可以分析：拱顶在地震作用下上下起伏，逐渐偏离初始位置向下运动，产生沉降，在 10s 左右趋于平衡。

(2)隧道内力变化量见图 7.58～图 7.61，内力云图见图 7.62～图 7.67，最小主应力时程曲线见图 7.68。

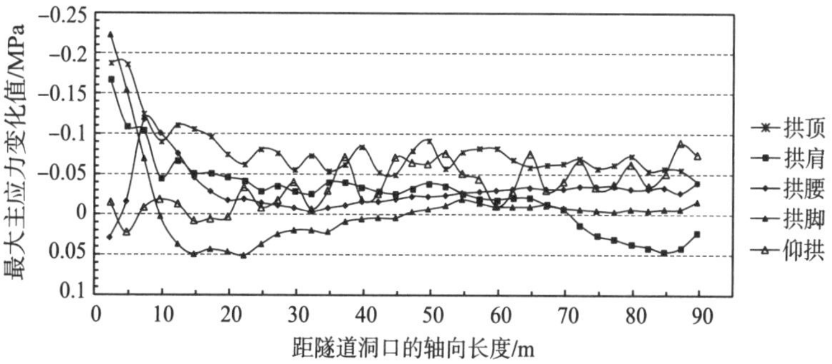

图 7.58 隧道最大主应力沿隧道轴向变化曲线

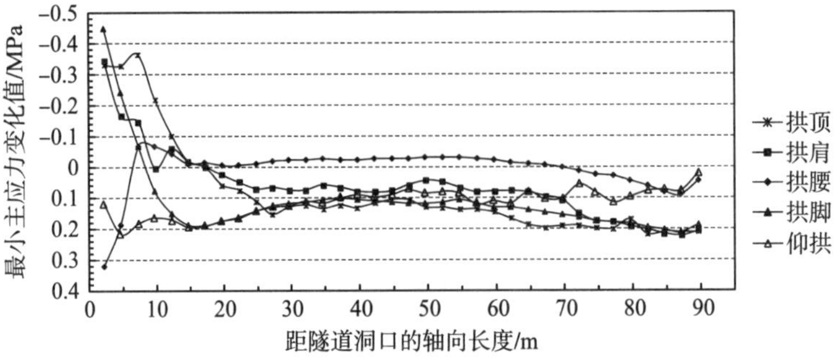

图 7.59 隧道最小主应力沿隧道轴向变化曲线

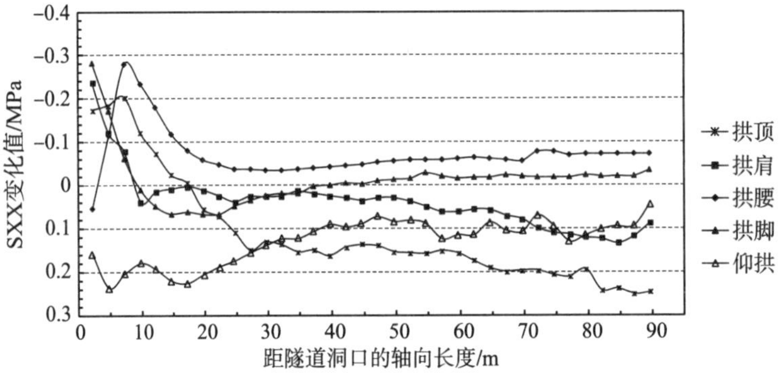

图 7.60 隧道 XX 应力沿隧道轴向变化曲线

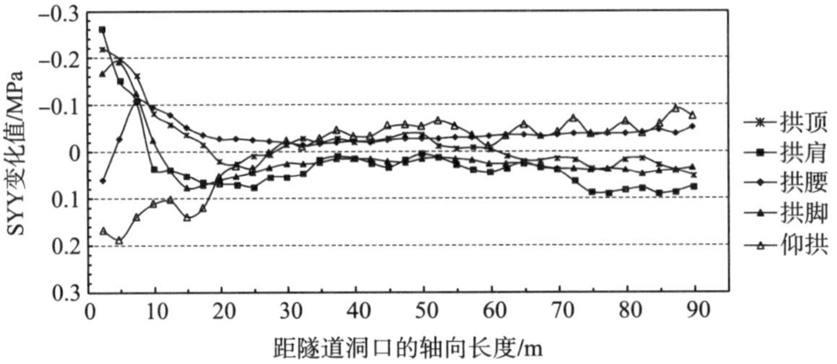

图 7.61 隧道 YY 应力沿隧道轴向变化曲线

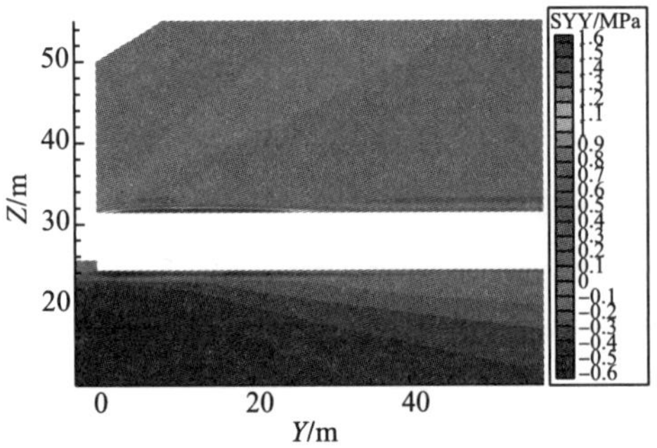

图 7.62 隧道 YY 应力变化云图

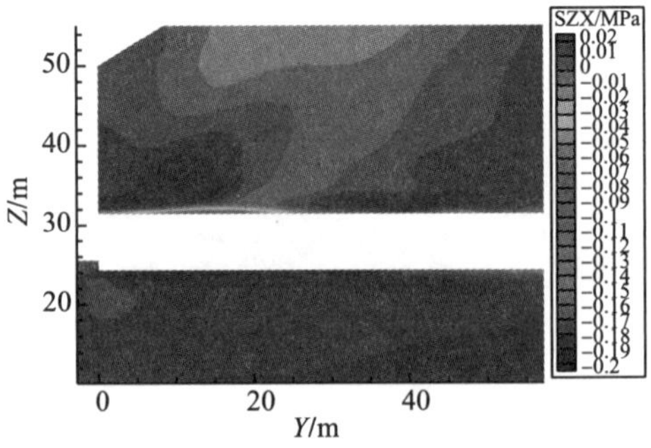

图 7.63 隧道 ZX 应力变化云图

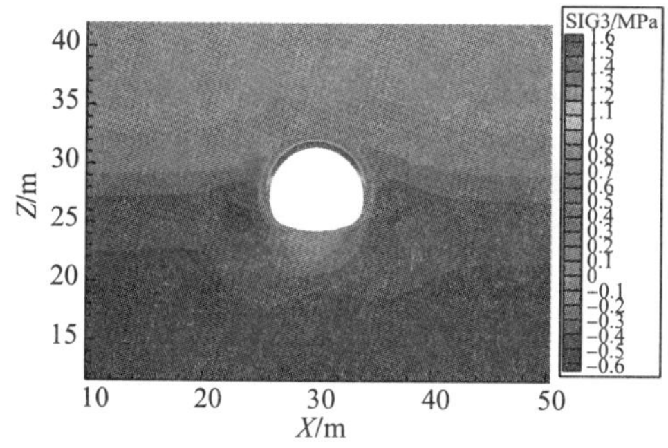

图 7.64　Y=10m 处最小主应力云图

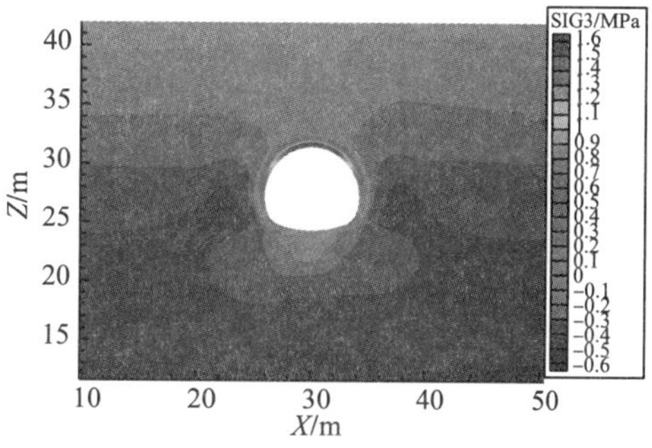

图 7.65　Y=20m 处最小主应力云图

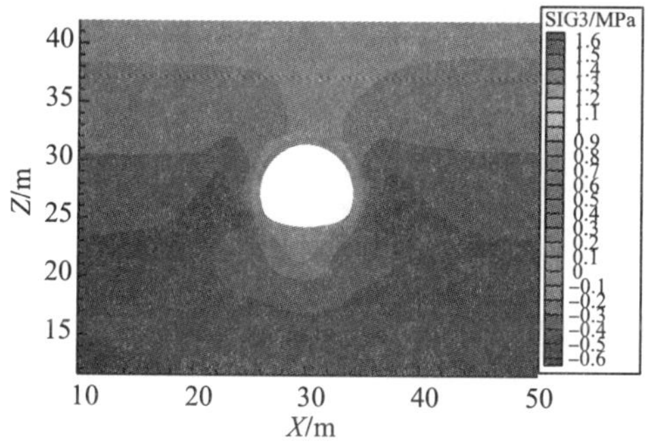

图 7.66　Y=30m 处最小主应力云图

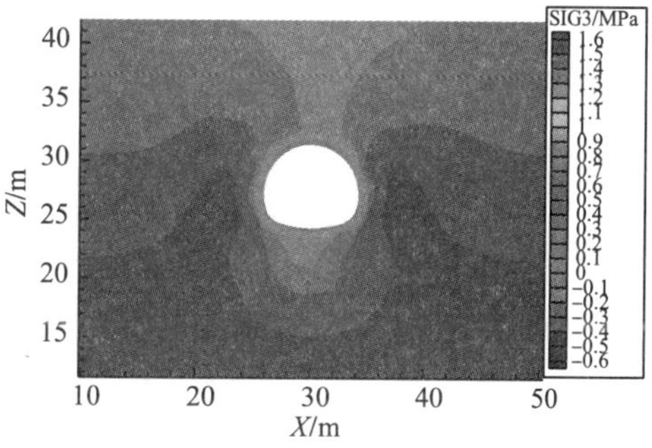

图 7.67　Y=40m 处最小主应力云图

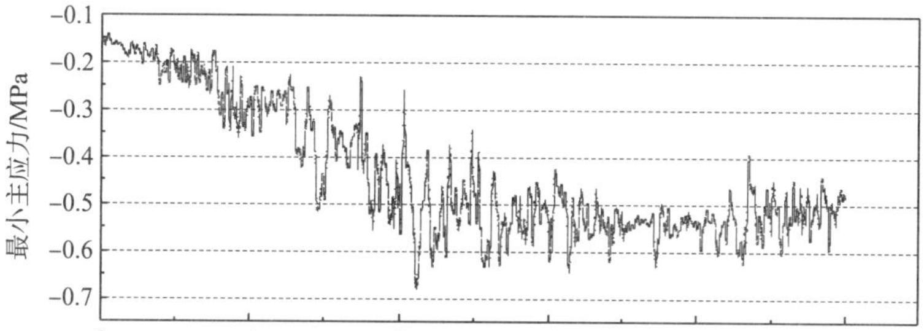

图 7.68　隧道洞口处拱顶最小主应力时程曲线

从计算结果可以分析：隧道内力变化量在距洞口 10m 内非常不稳定，变化幅值非常大；之后在距洞口 25m 内，内力变化量随着离隧道洞口的距离增加而逐渐变小，在距隧道洞口 25 m 左右内力变化量才开始趋于稳定。由洞口处最小主应力时程曲线图可以分析：在地震作用下，洞口拱顶最小主应力值上下起伏，逐渐偏离初值而变大，在 10s 左右最小主应力值才趋于平缓。

(三) Ⅳ级围岩 38m 埋深结果与分析

(1) 隧道竖向位移变化曲线见图 7.69，位移变化云图见图 7.70，时程曲线见图 7.71。

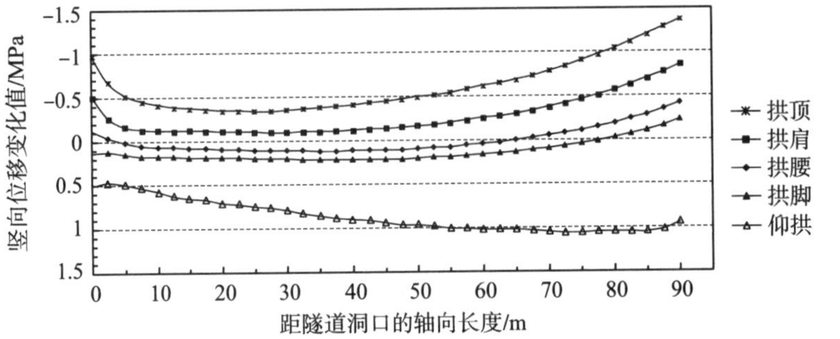

图 7.69 隧道竖向峰值位移沿隧道轴向变化曲线

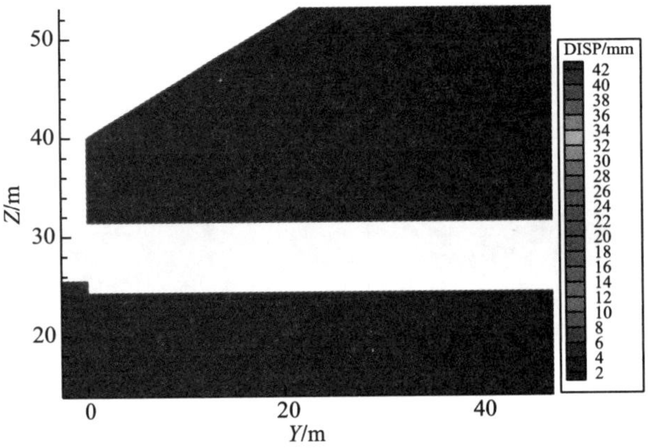

图 7.70 隧道位移沿隧道轴向变化云图

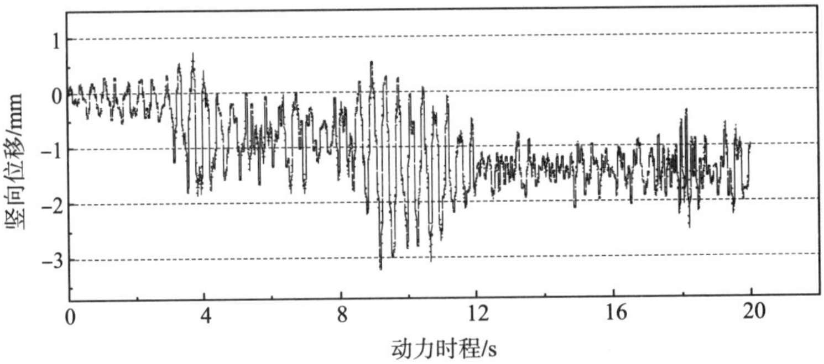

图 7.71 洞口拱顶竖向位移时程曲线

由以上图分析可得：各个监测点的竖向位移变化值峰值均发生在洞口处，最大峰值发生在洞口处拱顶，拱肩、拱腰及拱脚次之，仰拱最小；隧道竖向位移变化量由洞口向洞内逐渐减小，在 15m 左右处竖向位移变化量达到平衡。由洞口处拱顶竖向位移时程曲线分析可知：拱顶在地震作用下上下起伏，逐渐偏离初始位置向下运动，产生沉降，但沉降量明显减小，达到平衡的时间也变短。

(2) 隧道内力变化量见图 7.72～图 7.76，内力云图见图 7.77～图 7.82，时程曲线见图 7.83。

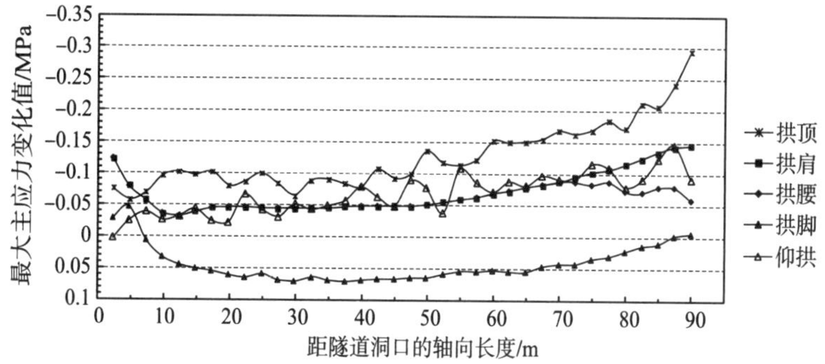

图 7.72　隧道最大主应力沿隧道轴向变化曲线

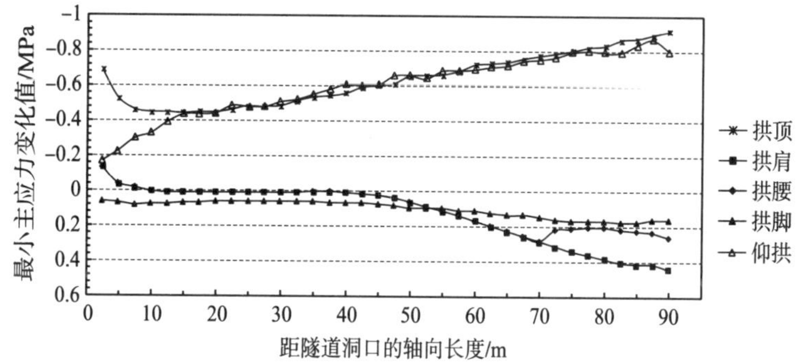

图 7.73　隧道最小主应力沿隧道轴向变化曲线

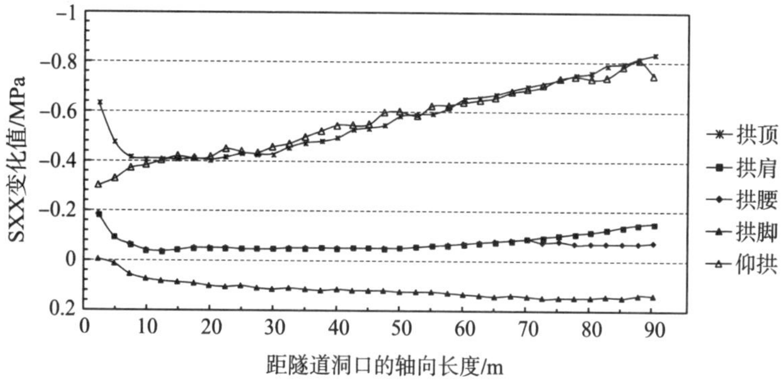

图 7.74　隧道 XX 应力沿隧道轴向变化曲线

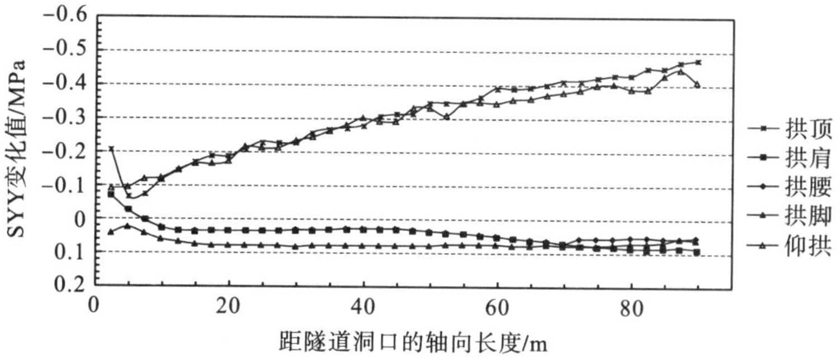

图 7.75　隧道 YY 应力沿隧道轴向变化曲线

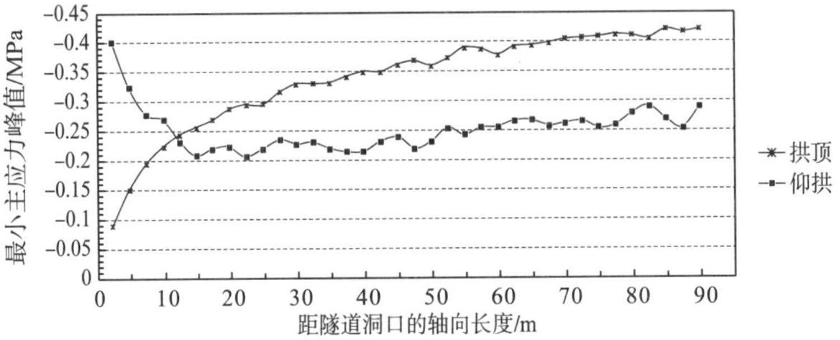

图 7.76 隧道最小主应力峰值沿隧道轴向变化曲线

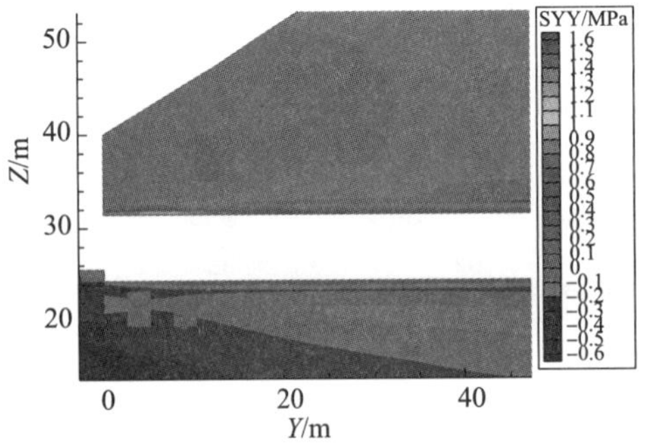

图 7.77 隧道 YY 应力变化云图

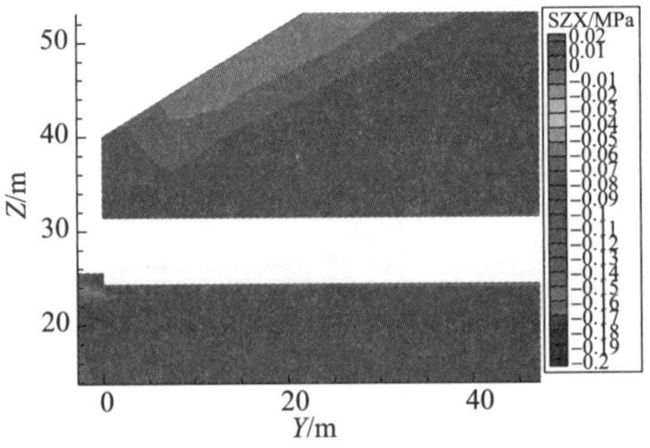

图 7.78 隧道 ZX 应力变化云图

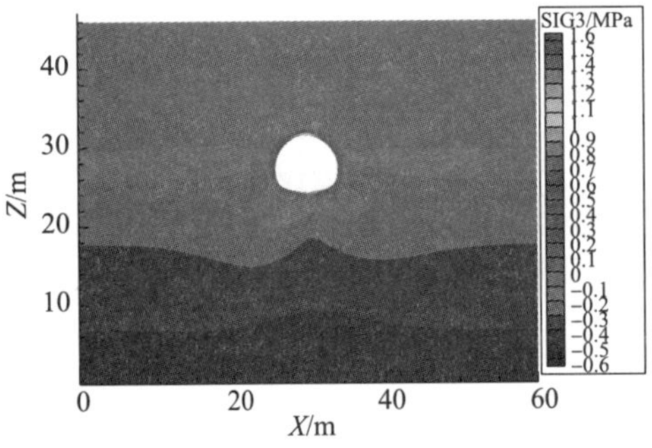

图 7.79 Y=10m 处最小主应力云图

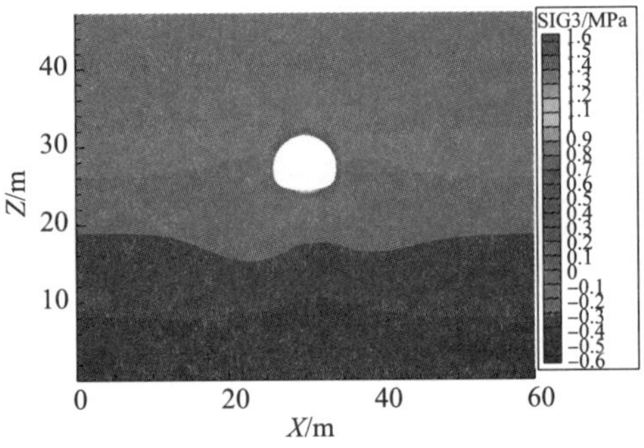

图 7.80 Y=20m 处最小主应力云图

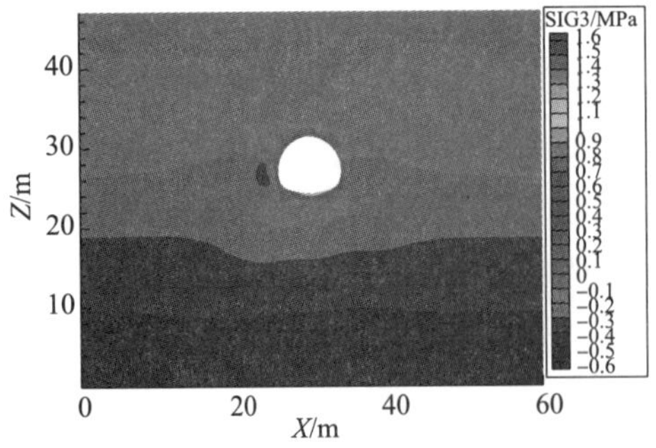

图 7.81 Y=30m 处最小主应力云图

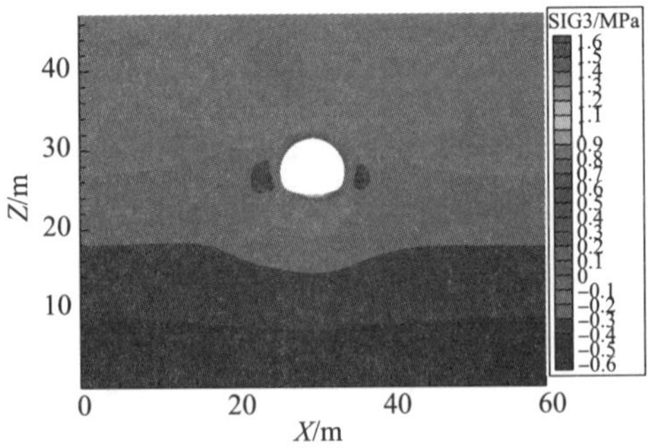

图 7.82 Y=40m 处最小主应力云图

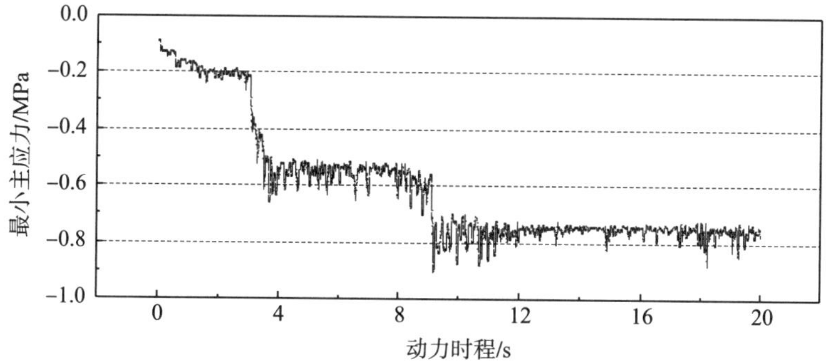

图 7.83　隧道洞口处最小主应力时程曲线

从计算结果可以分析：隧道内力变化量在距洞口 10m 内非常不稳定，变化幅值非常大；除拱顶和仰拱外，之后在距洞口 15m 内，内力变化量随着离隧道洞口的距离增加而逐渐变小，在距隧道洞口 15m 左右内力变化量才开始趋于稳定。根据图 7.76 也可以看出拱顶和仰拱的最小主应力峰值曲线在 15m 后也达到稳定。由洞口处最小主应力时程曲线图可以分析：在地震作用下洞口拱顶最小主应力值上下起伏，逐渐偏离初值而变大，最后在 12s 左右最小主应力值才趋于平缓。不同工况下洞口段影响长度如表 7.13 所示。

表 7.13　不同工况下洞口段影响长度及比例

	Ⅳ级围岩 38m	Ⅴ级围岩 38m	Ⅴ级围岩 48m
洞口段影响长度/m	15	23	25
隧道跨径/m	8.2	8.2	8.2
长度与跨径比	2	2.8	3

(四)隧道监控点在不同工况下的竖向位移分析

在不同工况下，隧道不同部位的竖向位移沿隧道轴向分析如图 7.84～图 7.88 所示；不同工况下结构位移峰值变化分析如表 7.14 和图 7.89 所示。

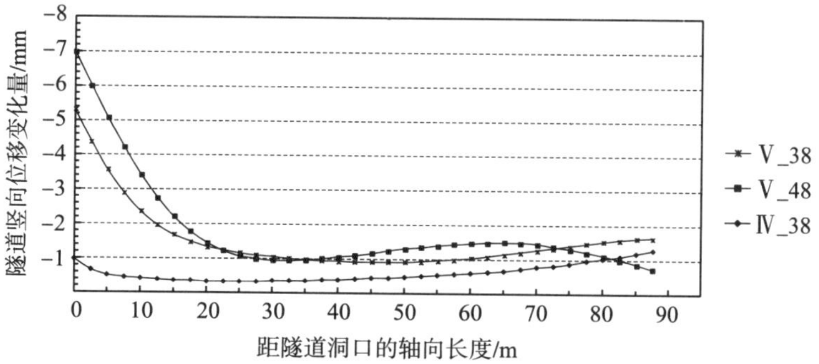

图 7.84　不同工况下拱顶竖向位移沿隧道轴向变化曲线

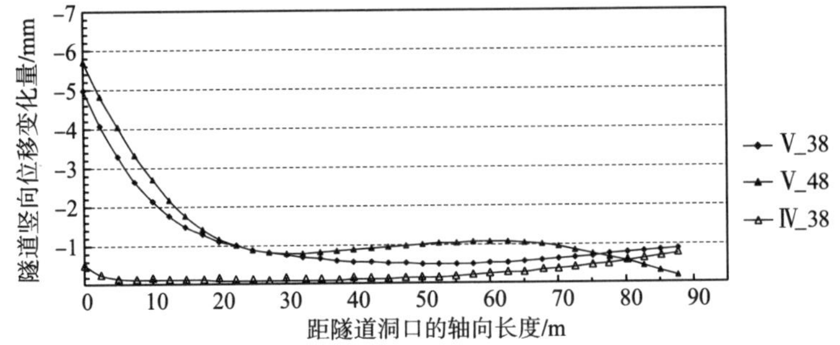

图 7.85 不同工况下拱肩竖向位移沿隧道轴向变化曲线

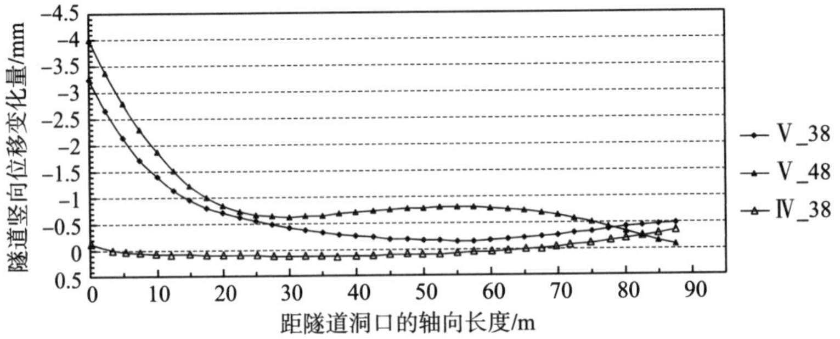

图 7.86 不同工况下拱腰竖向位移沿隧道轴向变化曲线

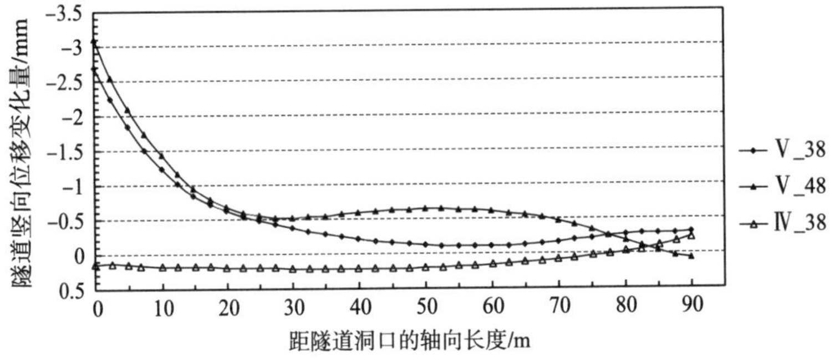

图 7.87 不同工况下拱脚竖向位移沿隧道轴向变化曲线

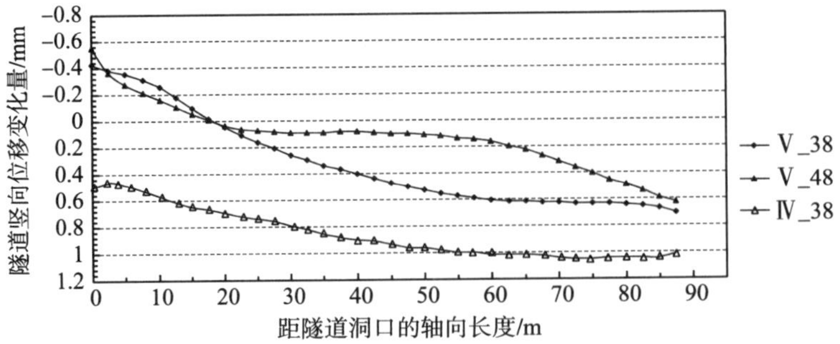

图 7.88 不同工况下仰拱竖向位移沿隧道轴向变化曲线

表 7.14 不同工况下结构位移峰值变化分析

监测部位	拱顶		拱肩		拱腰		拱脚		仰拱	
竖向位移	峰值/mm	增幅/%	峰值/mm	增幅/%	峰值/mm	增幅/%	峰值/mm	增幅/%	峰值/mm	增幅/%
Ⅳ级围岩 38m	0.98	81.58	0.52	89.56	0.13	96.00	0.13	—	0.5	—
Ⅴ级围岩 38m	5.32		4.98		3.25		2.69		0.42	
Ⅴ级围岩 48m	6.99	23.89	5.72	12.94	4	18.75	3.1	13.23	0.55	23.64

通过对以上图表分析可知：围岩级别的位移增幅远大于隧道埋深的位移增幅，三种工况下，围岩级别对隧道洞口段的影响远大于隧道埋深的影响，在隧道抗震中要重视围岩级别对隧道的影响。在同一工况下，拱顶、拱肩、拱腰和拱脚的竖向位移变化峰值依次逐渐变小；Ⅴ级围岩 48m 埋深的位移变化最大，Ⅴ级围岩 38m 埋深的次之，Ⅳ级围岩 38m 埋深的最小。围岩级别越高，围岩性质越差，其位移变化峰值越大，隧道洞口段影响长度越大。影响长度由拱顶、拱肩、拱腰、拱脚到仰拱逐渐变大。隧道埋深在 50m 以内时，埋深越大，其位移变化峰值有小幅度增加，但不明显。具体如图 7.89 所示。

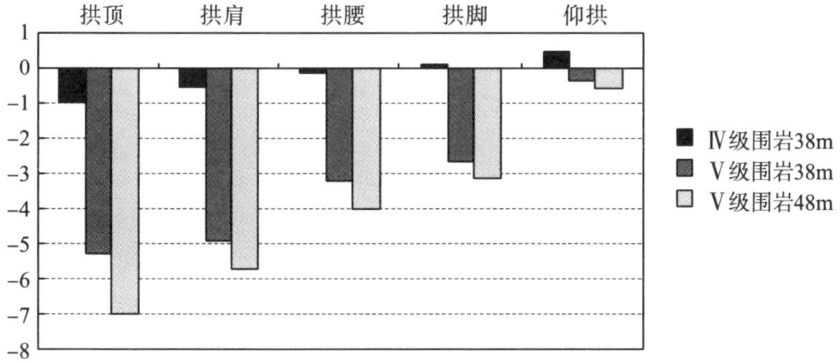

图 7.89 不同工况下竖向位移峰值比较分析图

三、小结

隧道洞口段围岩条件差，存在深埋浅埋的问题，隧道衬砌内力位移变化较大，是隧道抗震设防的薄弱部位。通过隧道埋深和围岩级别的不同组合，讨论隧道埋深和围岩级别对隧道洞口段设防长度的影响，结论如下：

(1) 围岩级别越大，隧道洞口段抗震设防长度越大。

(2) 埋深小于 50m 时，随着埋深的增加，隧道洞口段抗震设防长度有小幅度变化，但并不违背抗震设防长度随埋深增加而减小的规律；在此埋深范围内，地震动力效应对隧道起主导作用逐渐变化为围岩约束起主导作用。

(3) V级围岩 38m 埋深隧道洞口段设防长度为 23m 左右，为隧道跨径的 2.8 倍；V级围岩 48m 埋深隧道设防长度为 25m 左右，为隧道跨径的 3.0 倍；Ⅳ级围岩 38m 埋深隧道设防长度为 15m 左右，未超过理论推导的隧道洞口段抗震设防长度值；三者验证了理论分析的正确性，可以为隧道洞口段抗震设防长度设计提供理论依据。

参 考 文 献

[1] ANAGNOSTOU G, KOVÁRI K. Face stability conditions with earth-pressure-balanced shields[J]. Tunnelling & Underground Space Technology, 1996, 11(2): 165-173.

[2] DAVIS E H, GUNN M J, MAIR R J, et al. The stability of shallow tunnels and underground openings in cohesive material[J]. Géotechnique, 2015, 30(30): 397-416.

[3] LECA E, DORMIEUX L. Upper and lower bound solutions for the face stability of shallow circular tunnels in frictional material[J]. Géotechnique, 1990, 40(4): 581-606.

[4] HORN N. Horizontaler erddruck auf senkrechte abschlussflächen von tunnelröhren[J]. Landeskonferenz der ungarischen Tiefbauindustrie, 1961, 26(3): 87-102.

[5] JANCSECZ S, STEINER W. Face Support for a Large Mix-Shield in Heterogeneous Ground Conditions[M]. Springer US, 1994: 531-550.

[6] 马积新. 隧道工作面形状与稳定性的研究[J]. 现代隧道技术, 1997, 5(4): 40-46.

[7] BROERE W. Criteria for face support of microtunneling TBMs[J]. ISST, 2013, 3(9): 44-57.

[8] 朱伟, 秦建设, 卢廷浩. 砂土中盾构开挖面变形与破坏数值模拟研究[J]. 岩土工程学报, 2005, 27(8): 897-902.

[9] 魏纲, 徐日庆. 软土隧道盾构法施工引起的纵向地面变形预测[J]. 岩土工程学报, 2005, 27(9): 1077-1081.

[10] 李昀. 软土中超大直径泥水平衡盾构开挖面稳定性研究[D]. 上海：同济大学, 2008.

[11] 高健, 张义同, 乔金丽. 渗透力对隧道开挖面稳定性影响分析[J]. 岩土工程学报, 2009, 31(10): 1547-1553.

[12] 肖晓春. 新加坡地铁 C855 标盾构隧道开挖面稳定性分析及泥水压力设定[J]. 现代隧道技术, 2012, 49(1): 20-26.

[13] MOLLON G, DIAS D, SOUBRA A H. Continuous velocity fields for collapse and blowout of a pressurized tunnel face in purely cohesive soil[J]. International Journal for Numerical & Analytical Methods in Geomechanics, 2013, 37(13): 2061-2083.

[14] 李鹏飞, 张顶立, 赵勇. 渗流作用下海底隧道开挖面围岩稳定性分析[J]. 中国公路学报, 2013, 26(3): 130-136.

[15] 周森, 张学民, 杨峰, 等. 浅埋软弱围岩隧道掌子面失稳破坏模式研究[J]. 公路交通科技（应用技术版）, 2013,9(11):291-294.

[16] 冯利坡, 郑永来, 李文峋, 等. 盾构隧道开挖面对数螺旋破坏模式研究[J]. 华中科技大学学报(自然科学版), 2013, 41(6): 103-107.

[17] PERAZZELLI P, LEONE T, ANAGNOSTOU G. Tunnel face stability under seepage flow conditions[J]. Tunnelling & Underground Space Technology Incorporating Trenchless Technology Research, 2014, 43: 459-469.

[18] 杨忠年, 刘泉维, 刘林胜, 等. 泥水盾构开挖面稳定性影响因素敏感性分析[J]. 现代隧道技术, 2016, 53(2): 141-147.

[19] HAN K, ZHANG C, ZHANG D. Upper-bound solutions for the face stability of a shield tunnel in multilayered cohesive–frictional soils[J]. Computers & Geotechnics, 2016, 79: 1-9.

[20] 王建宇. 隧道围岩渗流和衬砌水压力荷载[J]. 铁道建筑技术, 2008, (2): 1-6.

[21] 王建秀, 冯波, 张兴胜, 等. 岩溶隧道围岩水力破坏机制研究[J]. 岩石力学与工程学报, 2010, 29(7): 1363-1370.

[22] 黄润秋, 王贤能, 陈龙生. 深埋隧道涌水过程的水力劈裂作用分析[J]. 岩石力学与工程学报, 2000, 19(5): 573-573.

[23] 李利平, 李术才, 张庆松. 岩溶地区隧道裂隙水突出力学机制研究[J]. 岩土力学, 2010, 31(2): 523-528.

[24] 郭佳奇. 岩溶隧道防突厚度及突水机制研究[D]. 北京：北京交通大学, 2011.

[25] 周毅, 邓辉, 徐静. 叙(永)大(村)铁路某高压充水溶洞隧道安全厚度数值模拟[J]. 中国地质灾害与防治学报, 2012, 23(3): 82-85.

[26] 刘超群, 彭红君. 隧道掌子面与溶洞安全距离分析[J]. 现代隧道技术, 2012, 49(3): 109-113.

[27] 孙谋, 刘维宁. 高风险岩溶隧道掌子面突水机制研究[J]. 岩土力学, 2011, 32(4): 1175-1180.

[28] 资谊, 马士伟. 岩溶隧道涌突水灾害发生机理与工程防治[J]. 铁道工程学报, 2011, 28(2): 84-89.

[29] 张有天. 隧洞及压力管道设计中的外水压力修正系数[J]. 水力发电, 1996, (12): 30-34.

[30] FARMER I W, JENNINGS D H. Effect of strata permeability on the radial hydrostatic pressures on mine shaft linings[J]. International Journal of Mine Water, 1983, 2(3): 17-24.

[31] ЛОМИЕ Г М. Фильтрация в трещиноватых породах[J]. БАЙОНИР КОРПОРЕЙШН, 1951,5(6): 22-32.

[32] LOUIS C, MAINI Y N. Determination of in-situ hydraulic parameters in jointed rock[J]. International Society of Rock Mechanics Proceedings, 1970, (1):1-19.

[33] TSANG Y W, WITHERSPOON P A. Hydromechanical behavior of a deformable rock fracture subject to normal stress[J]. Journal of Geophysical Research Solid Earth, 1981, 86(B10): 9287-9298.

[34] BARENBLATT G I, ZHELTOV I P, KOCHINA I N. Basic concepts in the theory of seepage of homogeneous liquids in fissured rocks [strata][J]. Journal of Applied Mathematics & Mechanics, 1960, 24(5): 1286-1303.

[35] WILSON C R, WITHERSPOON P A. Steady state flow in rigid networks of fractures[J]. Water Resources Research, 1974, 10(2): 328-335.

[36] 邹成杰. 水利水电岩溶工程地质[M]. 北京：水利电力出版社, 1994.

[37] 张祉道. 山岭隧道地下水处理及结构设计探讨[J]. 铁道工程学报, 1995, 12(1): 103-111.

[38] 邓谊明. 圆梁山隧道毛坝向斜有关岩溶水文地质问题的浅见[J]. 铁道工程学报, 2002, 19(1): 42-46.

[39] 郑波. 隧道衬砌水压力荷载的实用化计算研究[D]. 北京：中国铁道科学研究院, 2010.

[40] HARR M E. Groundwater and seepage[J]. Soil Science, 1962, 95(95): 289-308.

[41] KOLYMBAS D. Groundwater ingress to tunnels-The exact analytical solution[J]. Tunnelling & Underground Space Technology, 2007, 22(1): 23-27.

[42] 王梦恕, 皇甫明. 海底隧道修建中的关键问题[J]. 建筑科学与工程学报, 2005, 22(4): 1-4.

[43] 王秀英, 王梦恕, 张弥. 计算隧道排水量及衬砌外水压力的一种简化方法[J]. 北京交通大学学报, 2004, 28(1): 8-10.

[44] 南泽寿, 朱银贞, 崔圭哲, 等. 海底隧道衬砌-地基的水力相互作用(英文)[J]. 岩石力学与工程学报, 2007, 26(s2): 3674-3681.

[45] BANSAL N K, SODHA M S, BHARADWAJ S S. Performance of earth air tunnels[J]. International Journal of Energy Research, 2010, 7(4): 333-345.

[46] 乜风鸣. 寒冻地区铁路隧道气温状态[J]. 冰川冻土, 1988, 10(4): 450-453.

[47] 张先军. 青藏铁路昆仑山隧道洞内气温及地温分布特征现场试验研究[J]. 岩石力学与工程学报, 2005, 24(6): 1086-1089.

[48] 吴紫汪, 赖远明, 臧恩穆, 等. 寒区隧道工程[M]. 北京：海洋出版社, 2003.

[49] 孙继东, 何川, 翁汉民, 等. 鹧鸪山隧道海拔修正系数的现场测试研究[J]. 隧道建设, 2008, 28(2): 148-150.

[50] 陈建勋, 昝勇杰. 寒冷地区公路隧道防冻隔温层效果现场测试与分析[J]. 中国公路学报, 2001, 14(4): 75-79.

[51] 赖金星, 谢永利, 李群善. 青沙山隧道地温场测试与分析[J]. 中国铁道科学, 2007, 28(5): 78-82.

[52] 黄双林. 昆仑山隧道施工期间围岩冻融圈的初步研究[J]. 冰川冻土, 2003, 25(b08): 100-103.

[53] 刘志春, 李文江, 朱永全, 等. 青藏铁路风火山隧道洞内外温度实测与分析[J]. 铁道标准设计, 2004, (11): 56-58.

[54] SHAMSUNDAR N. Formulae for freezing outside a circular tube with axial variation of coolant temperature[J]. International Journal of Heat & Mass Transfer, 1982, 25(10): 1614-1616.

[55] 赖远明, 喻文兵, 吴紫汪, 等. 寒区圆形截面隧道温度场的解析解[J]. 冰川冻土, 2001, 23(2): 126-130.

[56] 张耀, 何树生, 李靖波. 寒区有隔热层的圆形隧道温度场解析解[J]. 冰川冻土, 2009, V31(1): 113-118.

[57] 夏才初, 张国柱, 肖素光. 考虑衬砌和隔热层的寒区隧道温度场解析解[J]. 岩石力学与工程学报, 2010, 29(9): 1767-1773.

[58] KAWAMURA T, MIKAMI T, FUKUMOTO K. An estimation of inner temperatures at cold region tunnel for heat insulator design[J]. Kozo Kogaku Ronbunshu A, 2008, 54: 32-38.

[59] 夏才初, 黄继辉, 卞跃威, 等. 融化作用下多年冻土隧道围岩的弹塑性解及其与支护的相互作用分析[J]. 岩土力学, 2013, (7): 1987-1994.

[60] COMINI G, GUIDICE S D, LEWIS R W, et al. Finite element solution of non - linear heat conduction problems with special reference to phase change[J]. International Journal for Numerical Methods in Engineering, 2010, 8(3): 613-624.

[61] 晏启祥, 何川, 曾东洋. 寒区隧道温度场及保温隔热层研究[J]. 工程科学与技术, 2005, 37(3): 24-27.

[62] 张学富, 苏新民, 赖远明, 等. 寒区隧道三维温度场非线性分析[J]. 土木工程学报, 2004, 37(2): 47-53.

[63] 赖远明, 吴紫汪, 朱元林, 等. 寒区隧道温度场、渗流场和应力场耦合问题的非线性分析[J]. 岩土工程学报, 1999, 21(5): 529-533.

[64] 何春雄, 吴紫汪, 朱林楠. 严寒地区隧道围岩冻融状况分析的导热与对流换热模型[J]. 中国科学, 1999, (S1): 2-8.

[65] 郭海庆, 靳晓亮, 孙凯. 考虑相变的寒区隧道温度与渗流耦合的理论与数值模拟[J]. 河南科学, 2014, (6): 1046-1051.

[66] 谢红强, 何川, 李永林. 寒区公路隧道保温层厚度的相变温度场研究[J]. 岩石力学与工程学报, 2007, 26(s2): 4395-4401.

[67] 王星华, 汤国璋, 江亦元, 等. 多年冻土隧道开挖稳定性分析[J]. 矿冶工程, 2006, 26(3): 12-14.

[68] 李现者. 高海拔冻土隧道洞内施工环境温度场数值模拟[D]. 石家庄: 石家庄铁道大学, 2004.

[69] OKADA H, HA Y C. Comparison of wind tunnel and full-scale pressure measurement tests on the Texas Texh Building[J]. Journal of Wind Engineering & Industrial Aerodynamics, 1992, 43(s1-3): 1601-1612.

[70] GRECHISHCHEV S Y. Basic laws of thermorheology and temperature cracking of frozen ground [J]. Proceedings of the 2nd International Permafrost Conference, USSR Contribution，1978: 228-233.

[71] 贾晓云, 李文江, 朱永全. 高原冻岩隧道施工中融化圈深度对围岩稳定性的影响分析[J]. 岩石力学与工程学报, 2005, 24(a02): 5693-5697.

[72] 汪仁和, 曹荣斌. 双排管冻结下冻结壁温度场形成特征的数值分析[J]. 冰川冻土, 2002, 24(2): 181-185.

[73] 徐兵魁, 丁靖康, 米维军, 等. 中俄输油管线多年冻土埋地管道地基融化圈计算方法研究[C]. Recent Development of Research on Permafrost Engineering and Cold Region Environment-Proceedings of the Eighth International Symposium on Permafrost Engineering, 2009.

[74] 汤国璋, 王星华. 多年冻土隧道工程的施工控制与预报[J]. 岩土力学, 2005, 26(11): 1761-1765.

[75] 姚海波, 王梦恕, 谭忠盛. 高原多年冻土区隧道暗挖法安全稳定性三维数值分析[J]. 中国安全科学学报, 2004, 14(7): 26.

[76] 江亦元, 王星华. 高原冻土隧道支护技术及工艺试验研究[J]. 岩土力学, 2006, 27(8): 1339-1343.

[77] 冯强, 王刚, 蒋斌松. 季节性寒区隧道围岩融化分析的一种解析计算方法[J]. 岩土工程学报, 2015, 37(10): 1835-1843.

[78] 沈世伟, 夏才初, 黎岩, 等. 喷射混凝土对多年冻土区公路隧道围岩冻融圈的影响规律研究[J]. 现代隧道技术, 2015, 52(1): 82-88.

[79] WANG W L, WANG T T, SU J J, et al. Assessment of damage in mountain tunnels due to the Taiwan Chi-Chi Earthquake[J]. Tunnelling & Underground Space Technology Incorporating Trenchless Technology Research, 2001, 16(3): 133-150.

[80] 吉随旺，唐永建，胡德贵，等. 四川省汶川地震灾区干线公路典型震害特征分析[J]. 岩石力学与工程学报，2009，28(6): 1250-1260.

[81] 高波，王峥峥，袁松，等. 汶川地震公路隧道震害启示[J]. 西南交通大学学报, 2009, 44(3): 336-341.

[82] 申玉生，高波，王英学. 强震区山岭隧道洞口段结构动力特性分析[J]. 岩石力学与工程学报, 2009, 28(s1): 3131-3136.

[83] 李林，何川，耿萍，等. 浅埋偏压洞口段隧道地震响应振动台模型试验研究[J]. 岩石力学与工程学报，2011，30(12): 2540-2548.

[84] 李泽泽，沈军辉，顾涛，等. 龙溪隧道出口段在地震荷载下变形破裂特征及其数值模拟分析[J]. 现代隧道技术，2009，46(5): 40-45.

[85] 蒋树屏，文栋良，郑升宝. 嘎隆拉隧道洞口段地震响应大型振动台模型试验研究[J]. 岩石力学与工程学报，2011，30(4): 000649-000656.

[86] 范厚彬，樊志华，冯紫良. 强震作用下考虑岩石塑性应变梯度的地下隧道失稳分析[J]. 力学季刊, 2002, 23(1): 105-108.

[87] 索然绪，王艳艳. 瑞利波作用下隧道洞口段的抗震设防长度[J]. 公路, 2011, 48(9): 13-18.

[88] 耿萍，曹东杰，唐金良，等. 铁路隧道洞口合理抗震设防长度[J]. 西南交通大学学报, 2012, 47(6): 942-948.

[89] 高峰，石玉成，严松宏，等. 隧道洞口段的抗震设防长度[J]. 中国公路学报, 2006, 19(3): 65-69.

[90] 周德培. 强震区隧道洞口段的动力特性研究[J]. 地震工程与工程振动, 1998, 18(1).

[91] 李育枢，李天斌. 高烈度地震区山岭隧道洞口减震问题的数值模拟研究[J]. 公路交通科技, 2009, 26(10): 100-104.

[92] 王云飞，李长洪，郑晓娟，等. 不同开挖方式地下硐室压力拱的演变机理研究[J]. 矿业研究与开发, 2009, (3): 12-14.

[93] 李奎. 水平层状隧道围岩压力拱理论研究[D]. 成都：西南交通大学, 2010.

[94] 汪成兵，朱合华. 隧道塌方机制及其影响因素离散元模拟[J]. 岩土工程学报, 2008, 30(3): 450-456.

[95] 刘洪洲. 隧道塌方分类及其围岩力学特性分析[C]. 全国岩土力学与工程学术讨论会, 1999.

[96] 王毅才. 隧道工程[M]. 2 版. 北京：人民交通出版社, 2006.

[97] DIAS D. Convergence-confinement approach for designing tunnel face reinforcement by horizontal bolting[J]. Tunnelling & Underground Space Technology, 2011, 26(4): 517-523.

[98] YOO C. Finite-element analysis of tunnel face reinforced by longitudinal pipes[J]. Computers & Geotechnics, 2002, 29(1): 73-94.

[99] 杨成，姚济敏，赵林，等. 藏北高原多年冻土区地表反照率时空变化特征[J]. 冰川冻土, 2016, 38(6): 1518-1528.

[100] 况成明. 高海拔隧道青藏铁路风火山隧道施工关键技术[J]. 现代隧道技术, 2006, 43(3): 23-30.

[101] 韩风雷. 寒区隧道融化盘时空变化规律研究[D]. 重庆：重庆交通大学, 2014.